आय दोगुनी करने हेतु आधुनिक कृषि एवं लाभकारी उद्यमिता विकास —मध्य भारत के परिदृश्य में

अनिल कुमार सिंह

श्याम रंजन कुमार सिंह

जय सिंह

रश्मि शुक्ला

ओम गुप्ता

Today & Tomorrow's Printers and Publishers

4436/7, Ansari Road, Daryaganj, New Delhi - 110 002

Ph : 23242621; 23241021; Fax 23242621;

E-mail: ttppindia@gmail.com; info@ttppbooks.com

Web : ttpp.in

ISBN 10: 81-7019-698-4
ISBN 13: 9788170196983

Published by:

Today and Tomorrow's Printers and Publishers

4436/7, Ansari Road, Daryaganj, New Delhi - 110 002 (India)
Ph : 23242621; 23241021; Fax 23242621;

लेखको के बारे में

डॉ. अनिल कुमार सिंह ने अपने कैरियर की शुरुआत वर्ष 1992 में राजा बलवंत सिंह कॉलेज आगरा (उ.प्र.) में एक रिसर्च प्रोजेक्ट से की, इसके बाद उन्होंने केन्द्रीय औषधीय एवं सगंध पौधा संस्थान, लखनऊ, (उ.प्र.) में जूनियर रिसर्च फेलो के रूप में की एक वर्ष तक कार्य किया। सुदूर संवेदन उपयोग केन्द्र उत्तर प्रदेष, लखनऊ में परियोजना वैज्ञानिक के रूप में उन्होंने जून 1994 से जनवरी, 2007 तक 12 से अधिक वर्षो तक सेवा की। वे 27 जनवरी 2007 को जवाहरलाल नेहरू कृषि विश्वविद्यालय, जबलपुर में वैज्ञानिक (मृदा विज्ञान और कृशि रसायन) के रूप में पदस्थापित हुए। उन्होंने मृदा विज्ञान, रिमोट सेंसिंग और जीआईएस के क्षेत्र में कई उन्नत प्रशिक्षण पाठ्यक्रमों में भाग लिया। कई राष्ट्रीय और अंतर्राष्ट्रीय सेमिनार व संगोष्ठी में भाग लेकर उन्होंने 18 शोध पत्र प्रस्तुत किए। उनकी साख में राष्ट्रीय और अंतर्राष्ट्रीय पत्रिकाओं में प्रकाशित 35 शोध पत्र, प्रतिष्ठित खेती पत्रिकाओं और कृषि समाचार पत्रों में 130 लोकप्रिय लेख, 85 प्रसार पत्रक व पैम्फलेट और पांच पुस्तक अध्याय शामिल हैं। वे तीन किताबों, 10 तकनीकी बुलेटिन, एक प्रयोगषाला मैनुअल और तीन प्रशिक्षण मैनुअल के लेखक हैं। इसके अलावा कई शोध और तकनीकी रिपोर्ट, सफलता की कहानियां और केस स्टडीज उनके द्वारा तैयार किए गए हैं। उन्होंने मृदा परीक्षण, मृदा परीक्षण के महत्व, पोषक तत्वों के संतुलित अनुप्रयोग, मृदा स्वास्थ्य और पोषक तत्व प्रबंधन, और फसलों के निरंतर उत्पादन और उत्पादकता के लिए एकीकृत पोषक तत्व प्रबंधन पर 23 आकाशवाणी तथा 7 टीवी वार्ताएँ दी हैं।

डॉ. श्याम रंजन कुमार सिंह, ए.आर.एस. में शीर्ष पर रहे और विवेकानंद पर्वतीय कृषि विज्ञान संस्थान (आईसीएआर), अल्मोड़ा, उत्तराखंड में वैज्ञानिक (कृषि विस्तार) के रूप में अपना करियर शुरू किया। उन्होंने कृषि विज्ञान संस्थान, बनारस हिंदू विश्वविद्यालय, वाराणसी (यू.पी.) से कृषि में स्नातक की डिग्री प्राप्त की। उन्होंने एम.एससी और पीएच.डी. डेयरी विस्तार में राष्ट्रीय डेयरी अनुसंधान संस्थान, करनाल (हरियाणा) से

पूरी की। उन्होंने पूरे शैक्षणिक काल में योग्यता छात्रवृत्ति प्राप्त की।

डॉ. सिंह वर्तमान में भारत में भा.कृ.अनु.परि.–अटारी, जबलपुर, प्रधान वैज्ञानिक के रूप में कार्यरत हैं। वह दस पुरस्कारों के प्राप्तकर्ता हैं जिनमें एसईई फेलो अवार्ड, आईएसईई फेलो अवार्ड, बेस्ट मोबिलाइजर अवार्ड, बेस्ट एक्सटेंशन साइंटिस्ट, बेस्ट एक्सटेंशन प्रोफेशनल अवार्ड, तीन यंग साइंटिस्ट अवार्ड्स के साथ अन्य पुरस्कार और मान्यता षामिल हैं। उन्होंने राश्ट्रीय और अंतरराष्ट्रीय स्तर पर प्रतिष्ठित पत्रिकाओं में 100 लेख प्रकाशित किए हैं। 18 पुस्तकों के अलावा, 53 बुलेटिन, 16 पुस्तक अध्याय भी उनके क्रेडिट में हैं। वर्तमान में वह मध्य और पूर्वी भारत में आईसीएआर की कृषि विज्ञान केन्द्रों की प्रणाली के साथ अनुसंधान और विस्तार में लगे हुए हैं। उन्होंने केवीके–केएमए, केवीके–रिंग कॉन्सेप्ट, केवीके टेक्नोलॉजी पार्क, केवीके–एटीएमए कन्वर्जेंस मॉडल और मेथोडोलॉजिकल इनिशिएटिव्स फॉर एक्सटेंशन रिसर्च, न्यूट्री–एसएमएआरटी विलेज, एग्री–प्रीनशिपशिप जैसी अवधारणाओं को शुरू किया और लागू किया है। वह आईसीएआर स्तर पर विभिन्न महत्वपूर्ण समितियों के सदस्य और कृषि विश्वविद्यालयों में विस्तार मामलों के सलाहकार रहे हैं।

डॉ. जय सिंह, वैज्ञानिक (पौध संरक्षण) ने कृषि विज्ञान केन्द्र, सिंगरौली द्वारा कृषि तकनीकी विस्तार क्षेत्र में सेवा का प्रारम्भ जवाहरलाल नेहरू कृषि विश्वविद्यालय, जबलपुर के नियन्त्रणाधीन कृषि विज्ञान केन्द्र, सीधी से दिनांक 29 मार्च 2007 से प्रारम्भ किया। श्री सिंह द्वारा 6 राष्ट्रीय एवं एक अन्तराष्ट्रीय प्रशिक्षणों में भाग लिया गया तथा अब तक श्री सिंह द्वारा राष्ट्रीय एवं अंतरराष्ट्रीय शोध पत्रिकाओं में कुल 33 शोध पत्रों का प्रकाशन, 4 बुक चैप्टर, 4 रिव्यू आर्टिकल, एवं विभिन्न सेमीनार, कान्फ्रेंस व सिम्पोजियम में कुल 43 शोध पत्रों का प्रस्तुतीकरण किया जा चुका है जिसमें से एक मौखिक प्रस्तुतीकरण एवं दो पोस्टर प्रस्तुतीकरण हेतु पुरस्कृत भी किया गया। डॉ. जय सिंह द्वारा कृषकों के ज्ञानोन्मुखी कृषि की उन्नत तकनीकी विषयक 3 पुस्तकों, 15 लघु पुस्तकों, 65 लोकप्रिय लेखों का भी सम्पादन किया गया। डॉ. जय सिंह को उनके उत्कृष्ट कार्यों के लिए विभिन्न समितियों के द्वारा असोसिएट यंग साइंटिस्ट, यंग साइटिस्ट, बेस्ट एक्सटेंन्शन साइंटिस्ट, आउट स्टैंडिंग सर्विस जैसे अवार्डों के साथ–साथ

पदस्थापना जिलों के कलेक्टर महोदय द्वारा समय समय पर उत्कृष्ट कार्य हेतु प्रशस्ति पत्र प्रदान किया गया है। डॉ. सिंह के नेतष्त्व में कृषि विज्ञान केन्द्र, सिंगरौली को जवाहरलाल नेहरू कृषि विश्व विद्यालय, जबलपुर द्वारा दो बार उत्कृष्ट कार्यों हेतु प्रशस्ति पत्र प्रदान किया गया।

डॉ. रश्मि शुक्ला ने 1993 में ह्यूमन रिसोर्स मैनेजमेंट में मास्टर डिग्री एवं 2004 में डॉक्टरेट की उपाधि प्राप्त की। डॉ. शुक्ला ने 01 फरवरी 2019 में कृषि विज्ञान केंद्र के प्रमुख (मुखिया) के रूप में पदभार संभाला। सन 2019 में ही ज.ने.कृ.वि.वि. एवं बी.एस.एल.कांफ्रेंस एंड एक्जीबिशन प्राइवेट लिमिटेड ,न्यू दिल्ली द्वारा आयोजित "राष्ट्रीय कृषि उदय मेला" में डॉ. शुक्ला को "टेक्नोलॉजिकल एक्जीबिशन अवार्ड" से नवाजा गया। उद्यान शास्त्र विभाग ज.ने.कृ.वि.वि. द्वारा 2019 में सर्वश्रेष्ठ पोस्टर अवार्ड एवं बंसल न्यूज द्वारा "प्रगति के पथ पर मध्यप्रदेश" कार्यक्रम में सम्मान पत्र प्राप्त हुआ। सन् 2020 में सोसाइटी ऑफ फार्मकोग्नोसी एंड फाईटोकेमिस्ट्री ,न्यू दिल्ली द्वारा प्रख्यात वैज्ञानिक पुरुस्कार से सम्मानित किया गया। विभिन्न जर्नलों में लगभग 35 शोध पत्र प्रकाशित हो चुके हैं। 2 टेक्स्ट बुक, 2 एडिटेड बुक एवं लगभग 4 बुक चैप्टर प्रकाशित हो चुके हैं। इसके अतिरिक्त 80 प्रसार प्रचार लिटरेचर एवं 83 आलेख विभिन्न पत्र पत्रिकाओं में प्रकाषित हो चुके हैं। बुकलेट्स एवं बुलेटिन के लगभग 53 प्रकाशन हैं।

डॉ. ओम गुप्ता का जन्म सन् 1956 में हुआ। उन्होंने जवाहरलाल नेहरू कृषि विश्वविद्यालय, जबलपुर से प्लांट पैथोलॉजी में स्नात्कोत्तर तथा रानी दुर्गावती विश्वविद्यालय, जबलपुर से डॉक्टोरेट की उपाधि प्राप्त की। उन्होंने जवाहरलाल नेहरू कृषि विश्वविद्यालय में 37 वर्षों तक विभिन्न पदों पर रहते हुए प्रोफेसर और हेड प्लांट पैथोलॉजी पद तक कार्य किया। 2014 में जवाहरलाल नेहरू कृषि विष्वविद्यालय की प्रथम महिला अधिष्ठाता बनीं और 2018 में प्रथम निदेशक विस्तार सेवायें के रूप में चुना गया। दलहनी फसलों विशेषतः चना के रोगों पर काम किया तथा ख्याति और प्रसिद्धि हासिल की। आईसीएआर द्वारा

2006 से 2014 तक राश्ट्रीय स्तर पर अखिल भारतीय चना अनुसंधान परियोजना के प्रमुख अन्वेशक (फसल संरक्षण) रूप में नामांकित किया गया। डॉ. गुप्ता को वर्ष 2003 में आई.एस.पी.आर.डी. अवार्ड, कृषि और प्रौद्योगिकी में वैज्ञानिक विकास सोसायटी द्वारा 2016 में प्लांट पैथोलॉजी लाइफ टाइम अचीवमेंट अवार्ड, 2017 में हरित रत्न अवार्ड, 2020 में डी.पी. मिश्रा और आर. एन. पाण्डे आई.पी.एस. सर्वोच्च महिला वैज्ञानिक 2019 अवार्ड और फरवरी, 2020 में भोपाल में आयोजित अंतर्राष्ट्रीय सम्मेलन में इंडियन सोसाइटी ऑफ पल्स रिसर्च एंड डेवलपमेंट द्वारा आई.एस.पी.आर.डी. उत्कृष्ट पुरस्कार प्राप्त हुआ। डॉ गुप्ता ने राष्ट्रीय एवं अन्तर्राष्ट्रीय स्तर पर 85 से अधिक शोध पत्र प्रकाशित किये हैं। इसके अतिरिक्त विभिन्न तकनीकी पुस्तिकायें, मैनुअल, पुस्तक अध्याय एवं समीक्षा शोध पत्रों के प्रकाशन आपके द्वारा किए गए हैं। आपने इकार्डा–आईसीएआर द्वारा आयोजित अंतर्राष्ट्रीय सम्मेलन की यात्रा कार्यशाला में भारत का प्रतिनिधित्व करते हुए नेपाल, मोरक्को एवं नीदरलैंड का दौरा किया तथा शोध पत्र प्रस्तुत किये।

विषय सूची

1. प्रमुख फसलों का राष्ट्रीय एवं मध्य भारत में परिदृश्य

भारत एक कृषि प्रधान देश है। इसकी लगभग दो तिहाई आबादी अपनी आजीविका के लिए कृषि पर निर्भर है। भारतीय कृषि में कई असफलताओं के बावजूद महत्वपुर्ण बदलाव हुए है। हरित क्रांति के द्वारा भारत न केवल अपनी खाद्यान्न की कमी को दूर किया बल्कि अधिशेष (अधिक उत्पादन) को खाद्य बाजार में बदल दिया। भारत ने तीन दशको के अंतराल में स्वयं को खाद्यान्न के शुद्ध निर्यातक के रूप में स्थापित किया है। हमारा देश कृषि उत्पादन के मामले में दुनिया में दूसरे स्थान पर है। हरित क्रांति के द्वारा भारतीय कृषि का व्यवसायीकरण संभव हो पाया है।

भारत में मुख्यतया रबी, खरीफ और जायद तीन मौसमों में खेती की जाती है। रबी मौसम में मुख्यतया गेहूँ, चना, मटर और सरसों का उत्पादन होता है और खरीफ के मौसम में धान, मक्का, ज्वार, बाजरा, अरहर, मूँग, उड़द, कपास, जूट, मूँगफली और सोयाबीन का उत्पादन होता है। हमारा देश गेहूँ एवं चावल का दूसरा सबसे बड़ा उत्पादक देश है। वर्तमान में, भारतीय कृषि में विविधीकरण का एक चरण देख रही है। फसलों की पारंपरिक प्रजातियों की जगह उच्च उपज वाली किस्मों के उत्पादन के प्रति किसानों में अधिक जागरूकता देखी गयी है। इसके साथ ही भू–मशीनीकरण आधारित कृषि को भी बढ़ावा दिया जा रहा है, जिससे श्रमिको की कमी की समस्या से निजात पाने में सहायता मिल रही है। अधिक उत्पादन के लिए उचित बीज दर, रासायनिक उर्वरकों के साथ जैविक खाद व कीटनाशको की सही मात्रा के उपयोग को बढ़ावा मिला और किसानों में इसे अपनाने के प्रति जागरूकता बढ़ी है।

धान व गेंहू भारत की प्रमुख धान्य फसलें हैं। यह भारत का मुख्य खाद्यान्न है। हमारा देश चीन के बाद दूसरा सबसे बड़ा चावल उत्पादक राज्य है। धान की फसल भारत की अधिकतम जनसँख्या के संस्कृतिक, सामाजिक और आर्थिक जीवन में परस्पर जुड़ी हुई है और यह देश की खाद्य और पोषण सुरक्षा की कुंजी है। धान उत्पादन की उन्नत तकनीकों के द्वारा उत्पादकता को बढ़ाया गया है। धान लगाने की श्री पद्धति से धान के उत्पादन में वृद्धि हुई है तथा धान की सीधे बुवाई से कम पानी की उपलब्धता वाले क्षेत्रों में भी इसका अधिक उत्पादन प्राप्त हो रहा है। धान की संकर किस्मों के द्वारा उत्पादन में वृद्धि हुई है तथा इसे और अधिक प्रोत्साहित करने की आवयष्कता है। धान मुख्यतया पश्चिम बंगाल, उत्तरप्रदेश, आँध्रप्रदेश, पंजाब और तमिलनाडु है। छत्तीसगढ़ को धान का कटोरा कहा जाता है क्योकि इस राज्य की यह प्रमुख फसल है। जिसका खरीफ में शुद्ध बोये क्षेत्र के 69.70 प्रतिशत भाग में धान लगाई जाती है। यहाँ पर खरीफ व रबी दोनो मौसम में धान उगायी जाती है। धान की मुख्य किस्में एमटीयू-1010, एमटीयू-1001, जेआरएच-5, आईआर-64, जेआरएच -9, पीए-6444, दन्तेश्वरी, वंदना,पुर्णिमा, बम्बलेश्वरी, आर 1027, इंदिरा सोना आदि है।

गेंहू भारत की दूसरी मुख्य धान्य फसल है। वर्ष 2006–07 में गेंहू का उत्पादन 75.81 मिलियन टन था जो वर्ष 2011–12 में बढ़कर 94.88 मिलियन टन हो गया। गेंहू की उत्पादकता वर्ष 2004–05 में 2602 किग्रा प्रति हेक्टेयर थी जो वर्ष 2011–12 में बढ़कर 3140 किग्रा प्रतिवर्ष हो गयी थी। गेंहू की उत्पादकता में मुख्य वृद्धि हरियाणा, पंजाब और उत्तरप्रदेश राज्य में हुई जबकि गेंहू उत्पादन के अंतर्गत सबसे अधिक क्षेत्र में वृद्धि मध्यप्रदेश में हुई है, जिससे मध्यप्रदेश का नाम अधिक गेंहू उत्पादन व गुणवत्ता के लिए जाना जाने लगा है। यह सब गेंहू की वैज्ञानिक खेती, उच्च उपज वाली किस्म व उन्नत तकनीकों को अपनाने से हुआ है। संरक्षण कृषि के अंतर्गत बिना जुताई के सीधे बुवाई (जीरो टिलेज) व रेज्ड बेड बुवाई के द्वारा ना केवल प्राकृतिक संसाधनों का संरक्षण होता है बल्कि उत्पादन में वृद्धि के साथ लागत और उर्जा उपयोग में कमी व किसान की आय में भी वृद्धि हुई है। भारत में ड्यूरम गेंहू का सबसे ज्यादा उत्पादन मध्यप्रदेश में होता है। गेंहू की मुख्य किस्में एचआई 8759 (पूजा तेजस), एच डी 4728 (पूसा मालवी), एच डी 1605 (पूसा उजाला), जी डबल्यु 322 आदि है।

दालें :– दुनिया में भारत दालों का सबसे बड़ा उत्पादक और उपभोगता है। यह शाकाहारियों के लिए प्रोटीन का मुख्य स्त्रोत है। भारत में दालों को मुख्य उत्पादक राज्य मध्यप्रदेश, उत्तर प्रदेश, राजस्थान, महाराष्ट्र और कर्नाटक है। भारत में दालों के कुल उत्पादन में चना का योगदान 40 प्रतिशत है, इसके बाद 15 से 20 प्रतिशत अरहर एवं उड़द व मूँग का 8–10 प्रतिशत योगदान है। दालें प्रोटीन का मुख्य स्त्रोत के साथ–साथ ये मृदा की उर्वरकता व स्वास्थ्य को बनाये रखती है तथा जलवायु परिवर्तन के नकारात्मक प्रभाव को भी कम करती है। यह वायुमंडलीय नाइट्रोजन को स्थिरीकरण जड़ में पाये जाने वाली ग्रंथियों के द्वारा करती है। ये लगभग 72 से 350 किग्रा नाइट्रोजन/हेक्टेयर/वर्ष स्थिरीकृत करती है।

मध्यप्रदेश दाल उत्पादन के क्षेत्र एवं उत्पादन में प्रथम स्थान पर है जिसमे कुल दालों का 25 प्रतिशत क्षेत्र व 32 प्रतिशत उत्पादन यहाँ होता है। जबकि छत्तीसगढ़ का दालों के क्षेत्र में तीन प्रतिशत व उत्पादन की दृष्टि से 2.15 प्रतिशत योगदान के साथ अंतिम स्थान है। चना मध्यप्रदेश की प्रमुख दाल है तथा इसका उत्पादन रबी में होता है।

चने की मुख्य किस्में आरवीजी – 2020, जे जी –12, जे जी –14, जे जी – 130, आर वी जी –201, काबुली बोल्ड, जाकी 1218, उज्जवल आदि है। चने के उत्पादन व क्षेत्र में वृद्धि उच्च उपज वाली किस्मों, रोग प्रतिरोधी किस्मों, जैव उर्वरकों के साथ उचित पोषक तत्वों का उपयोग, एकीकृत कीट प्रबंधन , उन्नत बुवाई की विधियाँ जैसे पंक्ति में बुवाई, नमी संरक्षण के लिए मेढ़ एवं नाली पद्धति , रेज्ड बेड व ब्रोड बेड फरो में बुवाई के द्वारा संभव हो पाई है।

अरहर मध्यप्रदेश की दूसरी मुख्य दाल है अरहर के उत्पादन में प्रमुख समस्याएं लगातार सुखा, फली छेदक इल्ली का अधिक प्रकोप, गलन रोग व अधिक अवधि की किस्मों के कारण पाला का अधिक प्रकोप आदि है। अरहर की कम अवधि की किस्मों के आ जाने के कारण अरहर के उत्पादन व उत्पादन क्षेत्र दोनो में वृद्धि हुई है। इन किस्मों के कारण न केवल फसल की पाले से रक्षा हो जाती है बल्कि अरहर के बाद गेहूँ की फसल भी आसानी से ली जा सकती है। छत्तीसगढ़ में मेड़ो पर भी अरहर का उत्पादन किया जाता है। अरहर की मुख्य किस्में टीजेटी 501, आईसीपीएल–88039, राजीव लोचन, पुसा 992, आईसीपीएल–87, आईसीपीएल 151, पुसा–33 आदि है। अरहर की खेती धारवाड़ विधि (एस.पी.आई.) से करने से अधिक उत्पादन प्राप्त होता है तथा नमी

का सही उपयोग भी होता है। ब्रॉड बेड फरो एवं मेड़ व नाली पद्धति के साथ किया जा रहा है।

तिलहन :– भारत का तिलहन उत्पादन का दुनिया में बहुत बड़ा देश है एवं भारत की कृषि अर्थव्यवस्था में तेल से संबंधित सेक्टर का महत्वपुर्ण भाग है। धान्य फसलों के बाद तिलहन भारत की मुख्य फसलें है। सोयाबीन, मूँगफली, सरसों, सूरजमुखी, तिल, कुसुम और रामतिल खाने योग्य तेल देने वाली फसलें है व अरण्डी व अलसी न खाने योग्य तेल देने वाली फसलें है। तिलहन फसलों का उत्पादन व क्षेत्र मुख्यतया भारत के मध्य व दक्षिण भागों में अधिक होता है। जिसमें मध्यप्रदेश, गुजरात, राजस्थान, आंध्रप्रदेश और कर्नाटक मुख्य राज्य है।

मध्यप्रदेश सोयाबीन उत्पादन करने वाला प्रमुख राज्य है, जिसके द्वारा सोयाबीन के कुल उत्पादन का 44 प्रतिशत उत्पादन यहाँ उत्पादित होता है। छत्तीसगढ़ में भी मुख्य तिलहन सोयाबीन व रामतिल है। सोयाबीन की प्रमुख किस्में आर वी एस 2001–04, जे एस 95–60, जे एस 20–34, जे एस 20–29, जे एस 20–69 व जे एस 93–20 है, जिनका उत्पादन के लिए उपयोग होता है।

सोयाबीन के बाद सरसों मध्यप्रदेश की दूसरी मुख्य तिलहन फसल है। सरसों के द्वारा भोजन का स्वाद बढ़ जाता है और भोजन की ग्राहयता बढ़ जाती है साथ ही अधिक ऊर्जा भी देता है। भारतीय सरसों में आनुवांशिक वर्षद्धि के द्वारा उच्च उपज देने वाली नई किस्मों का बनाया गया है जिनका व्यापारिक स्तर पर उत्पादन हो रहा है। अब ऐसी किस्म उपलब्ध है जिनके द्वारा 2.5 टन/हेक्टेयर बीज का उत्पादन प्राप्त हो रहा है। आर एच–749, जे एम–3, एन आर सी डी आर–2, एन आर सी एच बी 101, पुसा जय किसान, पुसा तारक, आर एच 751, आर वी एम–2, वरूण आदि सरसों की मुख्य किस्में है।

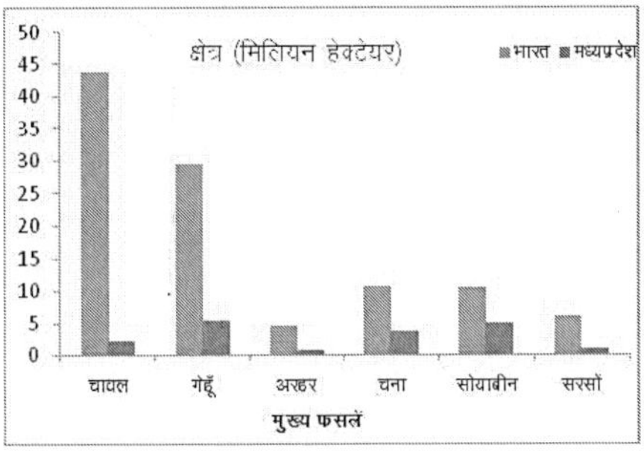

चित्र 1: वर्ष 2017–18 में मुख्य फसलों का क्षेत्र (मिलियन हेक्टेयर)

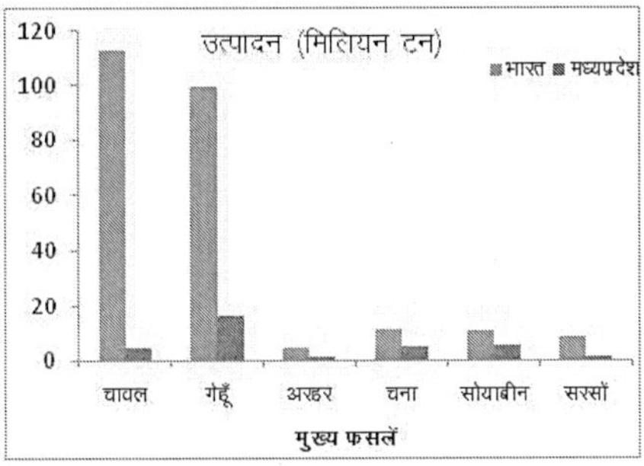

चित्र 2: वर्ष 2017–18 में मुख्य फसलों का उत्पादन (मिलियन टन)

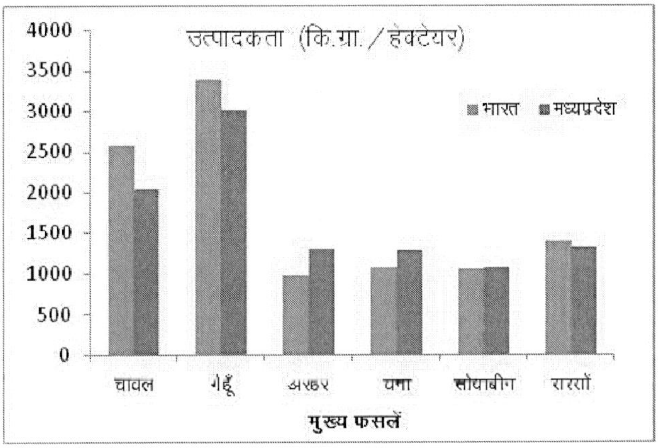

चित्र 3: वर्ष 2017–18 में मुख्य फसलों की उत्पादकता (किग्रा. / हेक्टेयर)

स्त्रोत : कृषि सांख्यिकी एक नजर में 2018 (अर्थशास्त्र और सांख्यिकी निदे□ालय, भारत सरकार)

2. प्रमुख फसलों की उन्नत उत्पादन तकनीक

2.1. धान्य फसलें

2.1.1 धान

हमारे देश में धान की खेती लगभग 43.86 लाख हैक्टर में होती है। धान क्षेत्रफल एवं उत्पादन की दृष्टि से भारत का विश्व में चीन के बाद दूसरा स्थान है। भारतवर्ष में धान का वार्षिक वर्तमान उत्पादन 104.32 मिलियन टन तथा औसत उत्पादकता 2390 किग्रा प्रति हेक्टेयर है। पष्चिम बंगाल, उत्तर प्रदेश, पंजाब, तमिलनाडु, आंध्र प्रदेश, बिहार, छत्तीसगढ़, उड़ीसा, असम, हरियाणा, व मध्यप्रदेश, धान के प्रमुख उत्पादक राज्य हैं।

मध्यप्रदेश के लगभग 16.54 लाख हेक्टर भूमि में धान की खेती की जाती है। प्रदेश में वार्षिक धान उत्पादन 13.13 लाख टन तथा औसत उत्पादकता 794 किग्रा प्रति हेक्टेयर है। प्रदेश के बालाघाट, रीवा, सतना, सीधी, शहडोल, उमरिया, कटनी, जबलपुर, सिवनी, डिण्डोरी, मण्डला, आदि जिलों के अधिकांष क्षेत्रों में धान की खेती की जाती है। जबकि दमोह, ग्वालियर, होशंगाबाद एवं रायसेन जिलों के सीमित क्षेत्रों में धान की खेती का प्रचलन है। प्रदेश में धान की खेती अधिकतर वर्षा आधारित दशा में होती है। जिसका धान के कुल क्षेत्रफल का 75 प्रतिशत है। सिंचित क्षेत्रों में धान की खेती बालाघाट एवं जबलपुर जिलों में की जाती है।

भूमि का चुनाव

धान विभिन्न प्रकार की भूमियों में उगाई जाती है। परन्तु गहरी एवं मध्य दोमट भूमि पर्याप्त वर्षा वाले क्षेत्रों के लिए उपयुक्त होती है।

धान की खेती की प्रचलित पद्धतियां

सीधे बीज बोने की पद्धति

धान की सीधी बुआई बलुई दोमट से लेकर भारी चिकनी मिट्टी में, जहाँ पर धान की रोपाई की जाती है, उन सभी प्रकार की भूमियों में धान की सीधी बुआई भी की जा सकती है। धान की सीधी बुआई करने के लिए खेत का समतल होना आवश्यक है। यदि सम्भव हो तो लेजर लैण्ड लेवलर की सहायता से खेत को समतल करें। सीधी बुआई की अच्छी पैदावार लेने के लिए गेहूँ कटाई के बाद एक जुताई कर पाटा लगा कर खेत को समतल करें। इसके बाद पलेवा कर खेत को हल्की जुताई कर तैयार करें और सीडडिल से कतारों में या व्यासी विधि से धान की सीधी बुआई करें। धान की सीधी बुआई खेत में सूखे या नमी युक्त भूमि में की जा सकती हैं।.सूखी भूमि में धान की बुआई के बाद बीजों के जमाव के लिए हल्की सिंच.ाई की आवश्यकता होती है। नम भूमि में बुआई के लिए पलेवा (बुआई से पहले की सिंचाई) करने के बाद या वर्षा के बाद बुआई करें। धान की सीधी बुआई का उपयुक्त समय 20 मई से 30 जून तक होता है। देर से बुआई करने पर थोड़े समय बाद ही भारी बारिश की आशंका होने का खतरा रहता है। भारी वर्षा विशेष रूप से मटियार मिट्टी पर बुआई प्रभावित कर सकती है।

रोपाई पद्धति

रोपाई के लिए नर्सरी की बुवाई जून के द्वितीय सप्ताह से अंतिम सप्ताह तक कर देना चाहिये। रोपणी में पौध तैयार कर लगभग 15–21 दिन की पौध को मचऊआ करने के बाद खेत में रोपाई की जाती है। पौध से पौध एवं कतार से कतार की दूरी किस्म के आधार पर निश्चित होती है।

क्र.	प्रजातियां एवं रोपाई का समय	अन्तरण (पौध एवं कतार दूरी) (सेमी.)
1.	जल्दी पकने वाली प्रजातियॉ उपयुक्त समय पर	15 एवं 15
3.	मध्यम अवधि की प्रजातियॉ उपयुक्त समय पर	20 एवं 15
3-	देर से पकने वाली प्रजातियॉ उपयुक्त समय पर	25 एवं 20

उपयुक्त प्रजातियॉ

भूमि के प्रकार, बोने का समय, जलवायु आदि के आधार पर उपयुक्त जाति का चुनाव करना चाहिये।

किस्म का नाम	पकने की अवधि	पैदावार (क्विं./हे.)
शीघ्र पकने वाली किस्में		
जे.आर. 201	90—95	35—40
दंतेश्वरी	100—105	40—45
बी.व्ही.डी.109	75—80	35—40
सहभागी	90—95	35—40
मध्यम अवधि में पकने वाली किस्में		
महामाया	120	40—45
क्रांति	125	45—50
पूसा सुगंधा 03	120	40—45
पूसा सुगंधा 04 (पूसा 1121)	120	40—45
पूसा, सुगंधा 05 (पूसा 2511)	120	40—45
पूसा बासमती 1509	120	42—45
पूसा बासमती	135—140	40—45
डब्ल्यू.जी.एल 32100	125	60—65
जे.आर. 353	110—115	25—30
आई.आर. 36	115—120	45—50
जे.आर. 34	125	45—50
पूसा 1460	120—125	50—55
एम.टी.यू. 1010	110—115	50—55
एम.टी.यू.1081	115	50—55
आई.आर. 64	125—130	50—55
बम्लेश्वरी	135—140	55—60
संकर प्रजातियाँ		
जे.आर. एच. 4	100—105	70—75
जे.आर. एच. 5	100	70—75

जे.आर. एच. 8	100–105	65–70
जे.आर. एच. 12	90	65–70
के.आर. एच. 2	135	70
पी.एच. बी. 71	130	75
पी. ए. 6441	130	75

किस्मों का चयन एवं बीजदर

रोपित धान में प्रयोग की जाने वाली प्रजातियों तथा संकर प्रजातियों की भी धान की सीधी बुआई कर सकते हैं। उपरिवार (अपलैण्ड) क्षेत्रों में सिंचाई की आवश्यकता को कम करने तथा समय से गेहूँ की बुआई करने के लिए धान की कम अवधि वाली प्रजातियों को प्राथमिकता देनी चाहिए। जबकि जल भराव (लोलैण्ड) वाले क्षेत्र में जहां जल निकासी का उचित प्रबंध नहीं है वहाँ लम्बी अवधि वाली प्रजाति लगा सकते है। जीरो टिलेज मशीन से धान की सीधी बुआई करने के लिए सामान्य प्रजातियों की बीज की मात्रा 40–45 किलोग्राम/हे0 तथा संकर धान 15–18 किग्रा/हे0 प्रयोग करें। धान की बुआई के समय गहराई का विशेष ध्यान रखें तथा गहराई 2–3 सेमी0 से अधिक नहीं होनी चाहिए।

रोपाई हेतु 20 से 25/हे. तथा संकर किस्मों में 8 से 10 किलो बीज/हे. पर्याप्त होता है। सीधी बुवाई या नर्सरी की बुवाई से पूर्व बीज का उपचार मिश्रित फफूँदनाशी (कार्बेंडाजिम+मेंकोजेब) 2 ग्राम एवं थायोमेथाक्जिम–75 डब्ल्यू.एस की 3 ग्राम मात्रा से /किग्रा बीज की दर से बीजों को उपचारित करना चाहिये। उक्त उपचारित बीज को जैव उर्वरक जैसे पी.एस.बी. एवं एजोटोबैक्टर की 5 ग्राम/किग्रा की दर से भी बीज को उपचारित करते हैं।

पोषक तत्व प्रबंधन

धान की फसल से अधिक उत्पादन प्राप्त करने हेतु सनई अथवा ढैंचा को हरी खाद के रूप में उगाकर फूल आने के पूर्व मिट्टी में मिलाकर उसके उपरान्त धान की रोपाई करना चाहिये। जिससे मिट्टी में 50–60 किग्रा नत्रजन प्रति हेक्टेयर की दर से प्राप्त हो जाता है। खेत की तैयारी के समय 6–8 टन सड़ी गोबर की खाद अथवा 5 क्विंटल वर्मीकम्पोस्ट प्रति हेक्टेयर की दर से

मिट्टी में अच्छी तरह से मिला दें। उर्वरकों का प्रयोग मृदा परीक्षण परिणामों के आधार पर करना चाहिये। सामान्यतः धान की फसल में उर्वरक की मात्रा प्रजातियों एवं बुवाई के तरीकों पर निर्भर करता है। बुवाई के तरीके पर उर्वरक की मात्रा निर्भर होती है।

पोषक तत्व	**सीधी बुवाई हेतु**	**रोपाई विधि हेतु**	**संकर प्रजाति हेतु**
नत्रजन	60 किग्रा/हे.	80–100 किग्रा/हे.	120–150 किग्रा/हे.
स्फुर	40 किग्रा/हे.	60 किग्रा/हे	50–60 किग्रा/हे.
पोटैशियम	30 किग्रा/हे.	40 किग्रा/हे.	40–50 किग्रा/हे.

नत्रजन की 1/3 मात्रा एवं स्फुर व पोटाश की पूर्ण मात्रा बुवाई या रोपाई के पूर्व खेत तैयारी के समय तथा नत्रजन की शेष मात्रा को दो भागों में पहले सीधी बुवाई में 25–30 दिन बाद एवं रोपाई के 15–20 दिन बाद तथा दूसरी मात्रा पौधों की 40–45 दिन की अवस्था पर (कल्ले निकलते समय) देना चाहिये। इसके अतिरिक्त धान की फसल में 25 किग्रा जिंक सल्फेट को रोपाई से पूर्व अच्छी तरह मिट्टी में मिला दें।

खरपतवार नियंत्रण

धान में नींदा नियंत्रण धान की बुवाई अनुसार अलग–अलग ढंग से की जाती है रासायनिक विधि से निम्नाकिंत शाकनाशी रसायनों का निम्नानुसार प्रयोग करना चाहिये।

खरपतवारनाशी रसायनों की आवश्यक मात्रा को 500–600 लीटर पानी में घोल बनाकर प्रति हेक्टेयर की दर से समान रूप से छिड़काव करना चाहिए। ब्यूटाक्लोर को 50–60 किलो रेत में मिलाकर/हे. की दर से छिड़काव किया जा सकता है।

सिंचाई प्रबंधन

पानी की कमी व सिंचाई करने में खर्च बढ़ती जा रही है। इसके लिए बिना पैदावार घटाये पानी बचाने के लिए सिंचाई का सावधानी से प्रबंधन करने की जरूरत होती है। धान के अच्छे विकास और पैदावार के लिए खेत में लगातार पानी के भरे रहने की जरूरत नहीं होती है। धान की खेती कुछ समय के अन्तराल के माध्यम पर सिंचाई यानी मिट्टी की सतह सूखने पर

धान में खरपतवार नियंत्रण के लिए कुछ शाकनाशियों का ब्यौरा

खरपतवारनाशी रसायन	व्यापारिक नाम	प्रयोग दर मात्रा प्रति हे.	प्रयोग का समय
ब्युटाक्लोर– 50 ई.सी	मचेटी	2.5–3.0 लीटर	रोपाई के 3–4 दिन तक
एनिलोफास–30 ई.सी.	एलीनोगार्ड	1.25–1.5 लीटर	रोपाई के 3–4 दिन बाद
पेंडीमेथालिन–38.7 प्रतिशत	स्टाम्प एक्सट्रा	1 किग्रा	बुवाई के 1–2दिन बाद
आक्सीडायजान–25 प्रतिशत	रोन्स्टार	3–4 किग्रा	रोपाई के 3–4 दिन बाद
प्रेटिलाक्लोर–50 ई.सी.	रिफिट	1.25 लीटर	रोपाई के 3–4 दिन बाद
2,4–डी, सोडियम साल्ट	2,4–डी	1.3 लीटर	बुवाई/रोपाई के 25–30 दिन बाद
फेनाक्सप्राप, पी.ईथाइल–9 ई.सी.	व्हिप सुपर	600 मिली.	रोपाई/बुवाई के 20–25 दिन बाद
बिस्पाइरीबैक सोडियम 10 प्रतिशत	नोमिनी गोल्ड, एडोरा	250 ग्राम	बुवाई के 15–25 दिन बाद
पायरोजोसल्यूरान	साथी	200 ग्राम	रोपाई के 3–4 दिन तक
क्लोरोम्यूरान ईथाइल 10 प्रतिशत+ मेटसल्यूरान 10 प्रतिशत	आलमिक्स	200 ग्राम	रोपाई के 20–25 दिन बाद

समय–समय पर सिंचाई करके कामयाब हो सकती है। धान की सीधी बुआई में सिंचाई की जरूरत काफी हद तक मौसम और मिट्टी के प्रकार पर निर्भर करती है। बारिश न होने पर अधिक हल्की (कम चिकनी से अधिक बलुई) मिट्टी के लिए कम दिनों के अन्तर पर सिंचाई की जरूरत होती है। बीज के सही तरह से जमाव के लिए सीधी बुआई वाले धान को बुआई के बाद पहले तीन सप्ताह में पानी की आपूर्ति की जरूरत होती है। जब धान की सीधी बुआई गर्म और शुष्क स्थितियों में की जाती है तो जड़ क्षेत्र में मिट्टी नम रखने के लिए 3–5 दिनों के अन्तराल में 1–2 सिंचाई की जरूरत पड़ती है। सक्रिय कल्ले बनने के चरण के दौरान जो कि बुआई के 30–45 दिन के बाद की अवस्था तथा बाली निकलने से लेकर दाना भरने की अवस्था में मिट्टी का ऊपरी भाग (0–15 सेमी) का संतृप्त के नजदीक होना अनिवार्य है।

धान की सघनीकरण पद्धति (एस.आर.आई.)

धान सघनता पद्धति (एस.आर.आई) अथवा श्री उत्पादन तकनीक मुख्यतः एक रोपाई तकनीक है जिसका प्रयोग सर्वप्रथम मेडागास्कर नामक स्थान पर हुआ इसलिए यह मेडागास्कर पद्धति के नाम से भी जानी जाती है। इसके अंतर्गत कई विषिश्ट तकनीकों को विकसित किया गया, जिनका क्षेत्र के अनुसार परीक्षण आवश्यक बताया गया। इस विधि को अपनाने पर लागत को कम करके 50 से 300 प्रतिशत तक बढाया जा सकता है। साथ ही यह पद्धति पर्यावरण की दृश्टि से ईको फ्रेंडली व समगतिशील कृशि (स्थिर उत्पादन प्राप्त करने) हेतु उपयोग सिद्ध हुई है। एसआरआई पद्धति से धान उत्पादन के मुख्य बिन्दु निम्न हैं।

1. धान एक जलीय पौधा नहीं है अपितु इसकी जड़ों में पाये जाने वाले पैरेनकाइमा ऊतकों के कारण यह जलभराव की स्थिति में भी अपने आपको जीवित रख पाता है। भरे हुये पानी में इसकी जड़े 6 से0मी0 की गहराई तक जाती है और पौधें में प्रजनन अवस्था प्रारंभ हो जाती है। इसे रोकने के लिये अच्छी जल निकासी वाली भूमियों का चुनाव करना चाहिये या खेत में जल निकास की उचित व्यवस्था होनी चाहिए।

2. 15 दिन से अधिक की पौध रोपण करने पर इसकी वृद्धि कम हो जाती है तथा इसमें कल्लों की संख्या भी कम हो जाती है जिससे उत्पादन

प्रभावित होता है। अतः 8–14 दिनों की पौध की रोपाई करना चाहिये।

3. पारम्परिक पद्धति में धान की पौध उखाड़ कर छोड़ देते है एवं बाद में इनकी रोपाई की जाती है, जिससे कि पौधों की वृद्धि एवं कल्लों की संख्या में कमी आ जाती है साथ ही जड़ों का विकास भी प्रभावित होता है। इसलिये नर्सरी से पौध को ऐसे निकाला जाये जिससे की उसकी जड़ों को नुकसान न हो एवं निकलने के तुरंत बाद (1/2 घंटे के अंदर) ही रोपाई करनी चाहिये।

4. पौधे से पौधे के बीच की दूरी अधिक रखने से जड़ क्षेत्र में पर्याप्त वायु संचार होता है एवं जड़ों की वृद्धि अच्छी होती है तथा कल्ले भी अधिक संख्या में निकलते है। जिससे की पौधे स्वस्थ होंगें एवं अधिक उत्पादन प्राप्त होगा।

5. पौधों की दूरी अधिक होने पर वायु संचार सुचारू होने के कारण सूक्ष्म जीवों का प्रतिस्थापन होगा, जिससे पौधों में कीटों एवं व्याधियों के प्रति प्रतिरोधक क्षमता बढ़ती है।

कृषि कार्यमाला : उपरोक्त बिन्दुओं को ध्यान में रखते हुऐ निम्नलिखित कार्यमाला अपनानी चाहिए।

1. **खेत का चुनाव** : इस पद्धति से धान की खेती हेतु जल निकास की व्यवस्था उचित हो ऐसी भूमि का चुनाव करना चाहिए।

2. **बीज की मात्रा** : इस पद्धति से धान की खेती हेतु 5–8 कि.ग्रा. प्रति हे0 बीज की आवश्यकता होती है जबकि पारम्परिक रोपाई विधि से धान की खेती हेतु 50–60 कि.ग्रा. बीज की आवश्यकता होती है।

3. **किस्मों का चुनाव** : अधिक उत्पादन हेतु उच्च गुणवत्ता वाली ऐसी किस्मों का चुनाव करना चाहिये जिसमें अधिक उत्पादन देने की क्षमता होती है।

नर्सरी हेतु खेती की तैयारी एवं बीज बुवाई

खेत की 2 से 3 जुताई करके मिट्टी को भली भांति भुरभुरी कर लेते हैं। इसके पश्चात एक मीटर चौड़ी व 10 मी0 लम्बी क्यारियाँ तैयार कर लेते हैं। क्यारियाँ सतह से 15 से.मी. ऊँची बनानी चाहिये साथ ही क्यारियों के दोनों तरफ सिंचाई नाली बनानी चाहिए। इन तैयार क्यारियों में 50–60 कि.ग्रा. तैयार

जैविक खादों का प्रयोग करना चाहिये। इसके उपरान्त उपचारित बीजो को इन क्यारियों में बीजों की बुवाई करें। यदि बीजों की बुवाई कतारों में की जाये तो अधिक उपयुक्त होता है। बीजोपचार हेतु ट्राइकोडर्मा 5 ग्राम प्रति किलो बीज की दर से अथवा मिश्रित फफूँदनाशी (कार्बेंडाजिम+मेंकोजेब) 2 ग्राम + थायोमेथाक्जिम–75 डब्ल्यू.एस. की 3 ग्राम मात्रा से बीज को उपचारित करने हेतु प्रयोग करना चाहिये तथा बीज बुवाई के बाद वर्मी कम्पोस्ट/गोबर की खाद की पतली परत बिछाकर के बीजों को भली भांति ढँक देना चाहिए। रोपणी हेतु प्रति क्यारी 120 ग्राम या प्रतिवर्ग मीटर 12 ग्राम बीज बोने से स्वस्थ पौध तैयार होते हैं। रोपणी में बीज बुवाई के उपरांत हजारे या स्प्रिंकलर के माध्यम से हल्की सिंचाई करनी चाहिए एवं बाद में सिंचाई नालियों के माध्यम से करनी चाहिए। चूंकि इस पद्धति में 8–14 दिनों की पौधे की रोपाई की जाती है इसलिये इनके रखरखाव के दौरान नुकसान से बचने के लिये यदि पौध प्लास्टिक या जूट की बोरियों पर तैयार की जाये तो पौध को नुकसान से बचाया जा सकता है। साथ ही पौधो को नर्सरी से रोपण क्षेत्र में आसानी से पहुँचाया जा सकता है।

रोपाई हेतु खेत की तैयारी

खेत की अच्छी तरह से जुताई कर मिट्‌टी को भुरभुरा कर लेते हैं। यदि खेत में हरी खाद हेतु सनई या ढैंचा आदि बोया गया है तब उसको बोनी के 20–30 दिनों बाद भूमि में अच्छी तरह मिलाकर पाटा चलाकर 3–4 दिनों के लिए छोड़ देते हैं। इसके उपरांत खेत में आवश्यकतानुसार 8–15 टन गोबर की खाद/नाडेप कम्पोस्ट प्रति हे0 प्रयोग करना चाहिए। रोपाई से पूर्व पौधों की जड़ो को स्यूडोमोनास फ्लोरीसेन्स की 5–10 ग्राम मात्रा प्रति लीटर की दर से तैयार घोल में 20 मिनट तक डुबोकर उपचारित कर ही बुवाई करें। रोपण हेतु खेत तैयार करके 8–14 दिनों की पौध रोपाई हेतु उपयुक्त होती है। इन पौधों को जड़ सहित सावधानी पूर्वक उखाड़ने के पष्चात् आधे धण्टे के अंदर खेत में रोपाई कर देनी चाहिय। एक स्थान पर केवल एक ही पौध रोपित की जानी चाहिए एवं रोपाई एक से दो से.मी. की गहराई तक तथा जड़ें सीधी होनी चाहिए। रोपाई के समय खेत में जल भराव बिल्कुल नहीं होना चाहिये। इस विधि से धान की रोपाई करने पर पौधों में अधिक कंसे निकलते हैं।

रोपण दूरी

इस विधि में पौधो की रोपाई वर्गाकार की जाती है। कतार से कतार एवं पौधों से पौधों के बीच की दूरी सामान्यतः 25 से.मी. रखी जाती है। यदि किसी कारण से पौध की रोपाई 15 दिनों से अधिक की करनी पडती है अथवा जल भराव वाली भूमियों में की जाती है तो यह दूरी घटाकर 20 से.मी. कर देनी चाहिए। वर्गाकार विधि से रोपाई करने से निदाई गुडाई यंत्रों (कोनोवीडर)के माध्यम से आसानी से की जा सकती है। जिससे की भूमि में बराबर वायु संचार बना रहेगा एवं जड़ें मजबूत होंगी। जिससे पौधे स्वस्थ होंगे एवं इनमें कीटों एवं व्याधियों से लड़ने की क्षमता अधिक होती है।

खाद एवं उर्वरक

मृदा परीक्षण के उपरांत तत्वों की उपलब्धता जानने के बाद खाद की मात्रा सुनिश्चित की जाती है। कार्बनिक खादों के उपयोग से पौधों को प्रमुख तत्वों के साथ ही सूक्ष्म तत्वों की उपलब्धता भी सुनिश्चित होती है जिसका सीधा प्रभाव धान की उत्पादकता पर पड़ता है। खेत में हरी खाद के लिए सनई/ढैंचा की बोनी कर 20–30 दिन बाद इसे खेत में पलट देना चाहिए तथा भलि भांति मिट्टी में मिलाकर 3–4 दिनों के लिये छोड़ देना चाहिए। इसके उपरांत 10–15 टन नाडेप कम्पोस्ट या गोबर की खाद अथवा वर्मी कम्पोस्ट 5–8/हे. व 5 किग्रा. पी.एस.बी. कल्चर मिला देना चाहिए एवं इसके बाद खेत में पौध की रोपाई करनी चाहिए।

कार्बनिक खाद उपलब्ध न होने पर एनःपीःके 80:50:30 किग्रा प्रति हे. दी जानी चाहिये। नाईट्रोजन का प्रयोग तीन भागों में करना चाहिए। 1/3 भाग रोपाई के एक सप्ताह बाद, 1/3 भाग कल्ले फूटते समय एवं 1/3 भाग गभोट के प्रारंभ होने के समय की जानी चाहिये। फास्फोरस एवं पोटाश की पूरी मात्रा खेत की तैयारी के समय डालनी चाहिए, साथ ही 25 कि.प्रति. हे. जिंक सल्फेट का प्रयोग किया जाना फायदेमंद होता है।

सिंचाई या जल प्रबंधन

भूमि में जल भराव की स्थिति में उचित जल निकास की व्यवस्था की जानी चाहिए साथ ही यह ध्यान रखे कि नमी पर्याप्त बनी रहे। वानस्पतिक वृद्धि के समय भूमि के प्रकार के आधार पर सिंचाई की जावे। धान के कंसे निकलने की अवस्था के समय कुछ दिनों (2–6दिन) तक सूखा छोड़ते हैं जिससे कि भूमि

में हल्की दरार आ जाये। इस प्रक्रिया से पौधों की सम्पूर्ण शक्ति कल्ले निकलने में लगेगी एवं कल्ले समान निकलते हैं। बालियाँ निकलने एवं दाने भरते समय खेत में पर्याप्त नमीं बनाए रखना चाहिए जिससे कि अधिकतम उत्पादन प्राप्त होता है।

उपज

50–300 प्रतिशत अर्थात 1.5 गुना से तीन गुना अधिक (पारंपरिक विधि) की तुलना में उपज मिलती है।

धान में समेकित कीट एवं व्याधि प्रबंधन

प्रमुख कीट

1. तना छेदक

इस कीट की मादा के अगले जोड़ी पंख पीले रंग के होते है जिसके मध्य में काले रंग का बिन्दु होता है। कीट के पिछले पंख भूरे रंग जैसे होते हैं। मादा कीट के उदर की नोंक पर भूरे पीले रंग के बालों का गुच्छा होता है। इस कीट की पूर्ण विकसित सूंडी का रंग पीला सफेद होता है। जिसका सिर नारंगी पीले रंग का होता है। इस कीट के वयस्क रात्रिचर होते हैं।

इस कीट का वयस्क सूंडिया फसल को हानि पहुँचाती है। मादा वयस्क पत्तियों पर समूह में अण्डे देती है। जिसमें से सूंडिया निकलती हैं ये सूडिंया रेंगकर पौधे के निचले भाग पर पहुँच जाती हैं। फिर सूंडिया तने के निचले भाग में बेध कर तने मे प्रवेश कर जाती हैं और उसे अंदर से खोखला कर देती हैं जिसके कारण तना सूख जाता है और खींचने पर आसानी से बाहर आ जाता है। आरंभ में पौधे की वानस्पतिक वृद्धि की अवस्था में आक्रमण होने पर ''डेड हार्ट'' या मृत गोभ बनता है तथा बालियाँ निकलते समय आक्रमण होने पर दाने रहित सफेद बालियाँ निकलती हैं जिससे ''व्हाइट इयर हेड'' बनता है। इस कीट का आर्थिक क्षति स्तर 10 प्रतिशत मृत केन्द्र (डेड हार्ट) या एक वयस्क कीट प्रति वर्ग मीटर।

समेकित प्रबंधन

- फसल को भूमि की सतह से मिलाकर काटना चाहिये जिससे कम से कम ठूँठ बचे और कीट ठूँठों के अंदर न रह पायें।

- फसल कटाई के उपरान्त खेत की गहरी जुताई करके उसमें पानी भर दे ताकि तना छेदक की सभी सूंडियाँ मर जायें।
- एक ही खेत लगाकर धान की फसल नही लेनी चाहिये।
- मुख्य खेत में पौधे क़ी रोपाई से पहले पौधे के ऊपर की तरफ से 1.5–2 इंच पत्तियाँ काट देनी चाहिये ताकि मुख्य खेत में कीड़े के अंडे न पहुंच पायें।
- खेत में 10 फेरोमोन ट्रेप प्रति हेक्टेयर के हिसाब से लगाये तथा प्रत्येक 10–12 दिन बाद ल्यूर को बदलते रहना चाहिये।
- फसल की रोपाई के एक महीना बाद या खेत में तना छेदक कीट के अंडे दिखाई देने पर ट्राईकोग्रामा जेपोनिकम 50,000–1,00,000 अंडे प्रति हेक्टेयर की दर से ट्राइकोकार्ड को काटकर पत्तियों के नीचे लगाना चाहिये। इस क्रिया को 5–6 बार, 8–10 दिन के अंतराल पर दोहराना चाहिये।
- तना छेदक कीट का कल्ला निकलने की अवस्था में प्रकोप आर्थिक क्षति स्तर से ऊपर दिखाई दे तो कॉरटाप हाइड्रोक्लोराइड 4 जी की 18 किग्रा मात्रा या कार्बोपयूरॉन 3 जी की 25 किग्रा या फिप्रोनील 0.3 जी की 25 किग्रा/हेक्टेयर के हिसाब से सूखे रेत में मिलाकर खेत में बिखेर देना चाहिये।
- कीटनाशक का प्रयोग करते समय खेत में हल्का पानी होना चाहिये। पुष्पन अवस्था में संक्रमण होने पर फिप्रोनील–5 एस.सी की 800 ग्राम का प्रति हेक्टेयर की दर से छिड़काव करना चाहिये।

2. पत्ती लपेटक कीट

इस कीट का प्रौढ़ भूरे नारंगी रंग का होता है। जिसके पंखो के किनारे भूरे रंग के होते हैं। इस कीट द्वारा प्रजनन के उपरान्त 1–2 दिन में हल्के पीले रंग के अंडे पत्तियों के मध्य सिरे के आसपास देना प्रारंभ कर देती है। सूंडियों का रंग हल्के पीले होते हैं। फसल को हानि इसकी सूंडियों द्वारा ही पहुँचाया जाता है। ये सूंडियां पत्ती के दोनों किनारो को आपस में लपेटकर उसके भीतरी भाग से हरे पदार्थ को खाती है जिससे पत्ती पर प्रारंभ में सफेद धारियाँ दिखाई देती है और धीरे–धीरे ये पत्तियाँ सूख जाती हैं। पत्तियों के सूखने से पौधा

कमजोर पड़ जाता है जिसके फलस्वरूप उपज पर प्रतिकूल प्रभाव पड़ता है। इस कीट का आर्थिक क्षति स्तर 2 ग्रसित नई पत्तियाँ/हिल (कंसा)।

समेकित प्रबंधन

- फसल में संतुलित मात्रा में उर्वरकों का प्रयोग करना चाहिये। अधिक यूरिया के प्रयोग से पत्ती लपेटक कीट का प्रकोप फसल में बढ़ जाता है जबकि पोटाश के प्रयोग करने पर कीट का प्रकोप कम होता है।
- ट्राइकोग्रामा जेपोनिकम 50,000–1,00,000 अंडे प्रति हेक्टेयर की दर से "ट्राइको कार्ड" को काटकर पत्तियों के नीचे लगाना चाहिये। इस प्रक्रिया को 5–6 बार 8–10 दिन के अंतराल पर दोहराना चाहिये।
- नीम पर आधारित कीटनाशी जैसे नमार्क, नीमगोल्ड, निम्बेसिडिन का 5 मिली./ली. पानी में घोल बनाकर फसल के उपर छिड़काव करना चाहियें।
- यदि कीट की संख्या आर्थिक क्षति स्तर से ऊपर पहुँचा जाये तो फसल मे ट्राइजोफास 40 ई.सी. 1 लीटर या फिप्रोनील–5 एस.सी. 600 ग्राम /हेक्टेयर मात्रा को प्रति हेक्टेयर की दर से छिड़काव करना चाहिये।

3. धान के फुदके

धान में प्रायः तीन प्रकार के फुदके नुकसान पहुँचाते हैं सफेद पीठ वाला भूरा फुदका, भूरा फुदका तथा हरा फुदका इस कीट की मादा पत्ती के मध्य सिरे के आसपास चीरा लगाकर अंडे देती है। अंडो से शिशु (निम्फ) निकलते हैं तथा पौधों के विभिन्न भागों से रस चूसकर फसल को नुकसान पहुँचाते हैं।

तीनों कीटों में भूरा फुदका सबसे अधिक नुकसान पहुँचाता है। इस कीट के प्रकोप से पत्तियाँ सूखी हुई एवं भूरी हो जाती हैं और फसल की इस अवस्था को फुदका झुलसा या हापर बर्न कहा जाता है। इस कीट का आर्थिक क्षति 5–10 कीट प्रति झुण्ड (हिल) है।

समेकित प्रबंधनः

- खेत को खरपतवार मुक्त रखें।
- यदि फसल में संस्तुत दर से अधिक नाइट्रोजन का प्रयोग किया गया

है एवं लगातार पानी पड़ा है तो ऐसी फसल में कीट की संख्या तेजी से बढती है। अतः फसल हेतु निर्धारित मात्रा में ही नत्रजन का प्रयोग करें।

- कीट का प्रकोप दिखाई देते ही फसल में यूरिया की टॉप ड्रेसिंग रोक देनी चाहिये एवं खेत से पानी निकालना लाभदायक होता है।
- 1.5 लीटर नीमसत/हे. की दर से छिड़काव करें।
- यदि कीट की संख्या आर्थिक क्षति स्तर से उपर पहुँच जाये तो फसल के उपर इथोफेनप्राक्स 10 ई.सी. की 500 मिली. अथवा थायोमेथाक्सिम 25 डब्ल्यू.एस 125 ग्राम या इमिडाक्लोरोप्रिड 125 मिली. या ऐसीफेट 50 डब्ल्यू.पी. की 950 ग्राम/हेक्टेयर की दर से छिड़काव करना चाहिये।

4. **गन्धी बगः**

इस कीट के प्रौढ़ चपटे हरे भूरे रंग के होते है एवं निम्फ हरे रंग के होते हैं। मादा कीट पत्तियों के निचली सतह पर लाइनो में अंडे देती है। एक मादा अपने जीवनकाल में 150–200 अंडे देती है। इस कीट का आगमन अगस्त माह में हो जाता है और नवम्बर माह तक इन्हे खेत में देखा जा सकता है।

इसकी पहचान किसान इन कीड़ों में से आने वाली दुर्गन्ध द्वारा आसानी से कर सकते हैं। इसके वयस्क तथा शिशु दूधिया दानों को चूसकर हांनि पहुँचाते हैं जिससे दानो पर भूरे धब्बे बन जाते हैं तथा दाने खोखले रह जाते हैं।

समेकित प्रबंधनः

- खेतों के किनारों से खरपतवारो को निकालते रहना चाहिये। क्योंकि ये कीट इन पर पलते हैं तथा दूधिया दाने बनने की अवस्था मे ही फसल पर आक्रमण करते हैं।
- बिवेरिया बेसियाना की 2.5 किग्रा मात्रा को 500–600 लीटर पानी में मिलाकर छिड़काव करें।
- फूल आने के बाद औसतन 2–3 कीट/हिल दिखाई पड़े तो कार्बोरिल 5 चूर्ण का 25 किग्रा प्रति हैक्टेयर की दर से शाम के समय बुरकाव

करना चाहिये। मानोक्रोटोफास–36 डब्ल्यू.एस.सी. की 1.5 लीटर या कार्बोरिल 50 डब्ल्यू.पी. की 1.2 किग्रा मात्रा का प्रति हेक्टेयर की दर से छिड़काव करना चाहिये।

प्रमुख रोगः

1. झोंका (ब्लास्ट) रोग

यह एक फफूँद जनित रोग है। जो पायरीकुलेरिया ओराइसी नामक फफूँद द्वारा होता है। यह रोग पौधे की किसी भी अवस्था में आ सकता है। रोग का विशेष लक्षण पत्तियों पर दिखाई देता है। इसके अतिरिक्त लेकिन इसे पर्णच्छंद, पुष्पक्रम, गाँठों तथा दानों के छिलकों पर भी देखा जा सकता है। इस रोग के कारण पत्तियों पर आँख के आकार के धब्बे दिखाई देते हैं इनके किनारे भूरे रंग के होते हैं एवं मध्य का भाग धूसर होता है। बाद में ये आँख जैसे धब्बे काफी लम्बे हो जाते हैं और आपस में मिलकर पत्तियों को सुखा देते हैं। कल्लों के गाँठों पर भूरे धब्बे से पौधे टूट जाते हैं। पुश्प गुच्छ के निचले डंठल में जब रोग का आक्रमण होता है तो धान की उपज पर बहुत ही प्रतिकूल असर पड़ता है। बालियों के निचले डंठल पर बादामी या भूरे रंग के धब्बे पड़ने से वहाँ सड़न पैदा हो जाती है जिसे ग्रीवा विगलन कहते हैं। ऐसी अवस्था में दाने सफेद रह जाते हैं।

2. भूरा धब्बा या पर्णचित्ती रोग

मुख्य रूप से यह रोग पत्तियों, पर्णछन्द तथा दानो पर आक्रमण करता है। पत्तियों पर गोल अंडाकार से आयताकार छोटे भूरे धब्बे बनते हैं जिससे पत्तियाँ झुलस जाती हैं तथा पूरा का पूरा पौधा सूखकर मर जाता है। दाने पर भूरे रंग के धब्बे बनते हैं तथा दाने हल्के रह जाते हैं।

3. पर्णच्छंद अंगमारी या शीथ ब्लाइट

यह रोग राइजोक्टोनिया सोलेनी नामक फफूँद के कारण होता है। इस रोग का लक्षण धान की रोपाई के 5–6 हफ्ते के बाद ही देखा जा सकता है। प्रारंभ में पर्णच्छंद और पत्तियों पर पानी की सतह के ऊपर 1 सेमी. लम्बे गोल या अंडाकार हरे या मटमैले धब्बे प्रकट होते हैं जो बाद में बढ़कर 2–3 सेमी. चौड़े अनियमित आकार के हो जाते हैं। अनुकूल परिस्थितियों में रोगजनित फफूँद छोटे–छोटे भूरे काले रंग के दाने पत्तियों की सतह पर बन जाते हैं

जिन्हे स्कलेरोशियम कहते हैं।

4. जीवाणु जनित झुलसा रोग

इसमें भूरे रंग की पट्टियाँ पत्ती के एक या दोनों किनारे पर पत्ती के शीर्ष भाग से शुरू होकर बनती है। ये लम्बाई व चौड़ाई दोनो में बढ़ते हैं और पत्तियाँ सूख जाती हैं यह रोग बाद में पर्णच्छंद तथा तने में बढकर पूरी दौजियों या पूरे पौधे को सूखा देता है इसकी सबसे रोग सर्वांगी (सभी भाग में) होता है तथा पत्तियाँ लिपटकर नीचे को झुककर पीली या भूरी हो जाती हैं और पौधे सूख जाते हैं। यह रोग जेन्थोमोनास ओराइजी नामक एक जीवाणु के द्वारा होता है

5. धान का आभासी कण्डवा रोग

बाली में कुछ दानों की जगह पीले हरे रंग के मखमली गोलाकार बीजाणु समूह बनते हैं। यह बीजाणु समूह में कवक जाल एवं कोनिडिया होते हैं। बीज प्रारंभिक संक्रमण संक्रमित श्रोत का कार्य करते हैं।

समन्वित रोग नियंत्रण के लिये किसान भाइयों को निम्न उपाय करना चाहिये –

1. उचित फसल चक्र अपनाते हुये प्रक्षेत्र की ग्रीष्मकालीन गहरी जुताई करनी चाहिये।
2. रोग रहित एवं प्रमाणित बीजों का ही उपयोग करना चाहिये।
3. हल्के बीज एवं कचरा को बीज से अलग करने के लिये बीज को 20 प्रतिशत नमक के घोल में डुबो देना चाहिये जिससे हल्के बीज एवं कचरा ऊपर तैरने लगते हैं। उन्हे निकालकर फेंक देना चाहिये। नीचे बैठे भारी बीजों को अलग कर पानी से अच्छी तरह धुलकर बुवाई से पूर्व कार्बान्डाजिम की 2 ग्राम अथवा ट्राइसाक्लाजोल की 3 ग्राम/किलो बीज की दर से घोल में 6–12 घंटे तक बीजो को डुबाना चाहिये उसके उपरान्त छाये में सुखाकर नर्सरी में बुवाई करनी चाहिये। जीवाणु जनित रोगों के नियंत्रण हेतु बीज को स्ट्रेप्टोसाइक्लिन की 6 ग्राम मात्रा 20 लीटर पानी में घोलकर उसमें बीज को 10 घंटे तक डुबोकर उपचारित करना चाहिये।

4. खरपतवार एवं रोगी पौधों को प्रक्षेत्र से अलग कर नष्ट कर देना चाहिये।

5. रोग रोधी अथवा सहनशील प्रजातियों का क्षेत्रानुसार चयन बुवाई के लिये करना चाहिये।

रोग	प्रतिरोधी / सहन□ील प्रजातियाँ
झुलसा या झोंका	पूसा सुगंधा 5, पूर्णिमा, जे.आर.एच. 4, जे आर.एच. 5, जे. आर.एच. 8, जे.आर. 201
भूरा धब्बा	आई.आर. 36, क्रांति, कर्नाटक संकर धान 2, पूसा सुगंधा 5, पूर्णिमा
जीवाणु पर्ण अंगकारी	आई.आर. 64, जे.आर.एच. 4, जे.आर.एच. 5, पूसा सुगंधा 5, पूसा सुगंधा 4
पर्णछद झुलसा (शीथ ब्लाइट)	दन्तेश्वरी, एम.आर 219, पी.एस. 3, पी.एस. 5, बिरसा धान 1, जे.आर. 201, स्वर्णा
धान का आभासी कण्डवा रोग	जे.आर.एच. 4, जे.आर.एच. 5,

6. उर्वरकों की सन्तुलित मात्रा का उपयोग करें क्योकि नत्रजन की अधिकता से झौंका (ब्लास्ट), पर्णछंद झुलसा, जीवाणु पर्ण झुलसा रोगो का संक्रमण अधिक होता है।

7. जल निकास का उचित प्रबंधन हो तथा रोगों के आक्रमण के समय पर खेत से जल निकाल देना चाहिये।

8. जैविक नियंत्रण

भूमि उपचारः

ट्राइकोडरमा हजिएनम या स्यूडोमोनास फ्लुओंरेसेंज से पूर्व कालोनिकृत 50 किग्रा गोबर की खाद का प्रयोग करना चाहिये। गोबर की खाद को पूर्व जैव अभिकर्ताओं के कलोनीकरण के लिये गोबर की खाद के गड्ढे में ट्राइकोडरमा हर्जिएनम/स्यूडोमोनास फ्लुओरेसेंस को 5.0 किग्रा प्रति 50 किग्रा गोबर की खाद की दर से बायोएजेन्ट मिलाये इसके उपरान्त गोबर की खाद को ढक दे। आर्द्रता बनाये रखने के लिये नियमित अन्तराल पर पानी का छिड़काव करें।

बीजोपचारः

नमक मिले जल से बीजोपचार के बाद 5 ग्राम प्रति किग्रा बीज की दर से ट्राइकोडरमा हार्जिएनम से बीजोपचार करें। अथवा स्यूडोमोनास फ्लुओंरेसेंस की 10 ग्राम प्रति किग्रा बीज को जैव अस्तारित करें।

पौध उपचारः

पौधे के उखाड़ने से एक दिन पूर्व नर्सरी की मृदा की मृदा को स्यूडोमोनास फ्लुओरेसेंस की 1 ग्राम /वर्ग मीटर की दर से भिगो देना चाहिये। अथवा जड़ों को स्यूडोमोनास फ्लुओंरेसेंस की 5 ग्राम/लीटर पानी की दर तैयार निलम्बन में डुबोकर रोपाई करना चाहिये।

9. फसलों पर रोग के लक्षण दिखाई देते ही निम्नांकित दवाओं का प्रयोग करना चाहिए।

धान के प्रमुख फफूँद जनित रोगों के प्रबंधन हेतु उपयुक्त कवकना□ी का छिड़काव रोग के लक्षण दिखाई देते ही तुरंत करना चाहिये–

फफूँद जनित प्रमुख रोग	**फँफूदना□ी/जीवाणुना□ी**
झोंका (ब्लास्ट)	बीजोपचार हेतु (दर प्रति किग्र्र बीज) ट्राइसाइक्लोजोल–75 डब्लू.पी. @ 2 ग्राम अथवा कारबेन्डाजिम–50 डब्लू.पी. @ 2 ग्राम छिड़काव (दर प्रति लीटर पानी) ट्राइसाइक्लोजोल–75 डब्लू.पी. @ 0.6 ग्राम या आइसोप्रोथियोलेन–40 ई.सी. @ 1.5 मिली. या आईप्रोबेनफास–48 ई.सी. @ 2 ग्राम या कारबेन्डाजिम–50 डब्लू.पी. @ 1 ग्राम या प्रोपीकोनोजोल–25 ई.सी. @ 1 मिली.
पर्णछंद झुलसा (षीथ ब्लाइट)	छिड़काव (दर प्रति लीटर पानी) वलिडामाइसिन –3 एल. @ 2.5 मिली., या हैक्साकोनोजोल–5 ई.सी. @ 2 मिली, या प्रोपीकोनोजोल–25 ई.सी. @ 1 मिली. अथवा कारबेन्डाजिम–50डब्लू.पी. @ 1 ग्राम
पर्ण धब्बा रोग	बीजोपचार (दर प्रति किग्रा बीज) आइप्रोडिओन–50 डब्लू.पी. @ 2. ग्राम अथवा मैकोजेब–75 डब्लू.पी. @ 2.5 ग्रामछिड़काव (दर प्रति लीटर पानी) मैन्कोजेब–75 डब्लू.पी. @ 2.5 ग्राम अथवा कारबेन्डाजिम–50 डब्लू.पी. @ 1 ग्राम

बन्ट	छिड़काव (दर प्रति लीटर पानी) क्लोरोथैलोनिल–75 डब्लू.पी. @ 2 मिली. या हैक्साकोनोजोल–5 ई.सी. की 2 मिली. मात्रा का 50 प्रतिशत बाली निकलने पर छिड़काव करना चाहिये।
जीवाणु पर्ण झुलसा/अंगमारी	बीजोपचार हेतु (दर/किग्रा बीज) स्ट्रेप्टोसाइक्लिन की 0. 1 ग्राम + कॉपर सल्फेट की 0.1 ग्राम अथवा एग्रीमाइसीन–100 की 0.3 ग्राम + कापर आक्सीक्लोराइड की 0.1 ग्राम मात्रा का प्रति लीटर पानी की दर से घोल बनाकर बीज को इस घोल में 20 मिनट तक डुबोने के उपरान्त नर्सरी में बुवाई करते हैं। छिड़काव (दर प्रति लीटर पानी) कापर आक्सीक्लोराइड 0.25 प्रतिशत + स्ट्रेप्टोसाइक्लीन की 100 पी.पी.एम. के घोल का रोग का लक्षण दिखाई देते ही छिड़काव करना चाहिये।
खैरा रोग	जिंक सल्फेट की 20–25 किग्रा मात्रा प्रति हेक्टेयर की दर से रोपाई पूर्व मिट्‌टी में मिलाना चाहिये। अथवा 2 प्रतिशत जिंक आक्साइड के घोल में पौधों के जड़ो को 10 मिनट तक डुबोने क उपरान्त ही रोपाई करना चाहिये। खड़ी फसल में जिंक की कमी के लक्षण दिखाई देने पर 0.25 जिंक सल्फेट के घोल का छिडकाव करना चाहिये।
धान का आभासी कण्डवा रोग	बीजोपचार हेतु (दर प्रति किग्र बीज):कारबेन्डाजिम–50 डब्लू.पी. @ 2 ग्राम छिड़काव (दर प्रति लीटर पानी)आइसोप्रोथियोलेन–40 ई.सी. @ 1.5 मिली. या आईप्रोबेनफास–48 ई.सी. @ 2 ग्राम या कारबेन्डाजिम–50 डब्लू.पी. @ 1 ग्राम या प्रोपीकोनोजोल–25 ई.सी. @ 1 मिली.

जीवाणु पर्णझुलसा/अंगमारी से बचने के लिये धान की रोपाई छायादार स्थानों में नहीं करनी चाहिये क्योंकि छायादार स्थानों पर एक बार जीवाणु अंगमारी का आक्रमण हो जाने पर व शेष प्रक्षेत्र के लिये निवेषद्रव्य का स्त्रोत बन जाता है।

गेहूं

रबी फसलों में गेहूँ का देश में प्रमुख स्थान है। वर्तमान में भारतवर्ष में गेहूं की खेती 30.5 मिलियन हेक्टेयर रकबे में होती है एवं कुल उत्पादन 94.57 मिलियन टन व औसत उत्पादकता 31 क्विंटल/हैक्टर है। मध्य प्रदेश में गेहूँ रबी मौसम की प्रमुख फसल है। प्रदेश में गेहूँ की खेती करीब 36 लाख हेक्टेयर भूमि पर की जाती है। प्रतिवर्ष वर्षा के आधार पर यह क्षेत्रफल घटता बढ़ता रहता है। प्रदेश में गेहूँ के कुल क्षेत्रफल का 60–65 प्रतिशत भाग असिंचित/अर्धसिंचित (1 से 2 सिंचाई) के अन्तर्गत आता है। राज्य में गेहूँ की औसत उत्पादकता 18 क्विंटल/हैक्टर है जो राष्ट्रीय औसत से काफी कम है। गेहूं के कम उत्पादन होने के प्रमुख कारणों में बुवाई के समय अधिक तापमान होना, फसल अवधि औसतन 125 दिन से कम होना, एवं सिंचाई जल की कमी है। प्रदेश में गेहूँ उत्पादन की अपार सम्भावनायें हैं। उन्नत किस्मों के प्रयोग तथा समुचित एवं संतुलित तत्व उपयोग से उत्तम मृदा स्वास्थ्य बनाये रखते हुए उत्पादन एवं उत्पादकता में वष्द्धि की जा सकती है।

भूगि का चुनाव

गेहूं की खेती उचित जल प्रबंधन के साथ सभी प्रकार की भूमियों में की जा सकती है। विपुल उत्पादन के लिये गहरी एवं मध्यम दोमट मिट्‌टी अधिक उपयुक्त होती है परंतु कंकरीली–पथरीली भूमि गेहूं के लिये उपयुक्त नहीं होती।

खेत की तैयारी

प्रदेश में अधिकांश क्षेत्रों में सोयाबीन–गेहूं (60 प्रतिशत क्षेत्र) प्रचलित फसल चक्र है। सोयाबीन की कटाई एवं गेहूं की बुवाई के बीच लम्बा अंतराल होता है अतः सोयाबीन की कटाई के तुरंत बाद जुताई कर खेत तैयार करें एवं भूमि की नमी का संरक्षण करते एवं मिटट्‌ी को भुरभुरी व पोली बनाने के लिये जुताई के साथ पाटा अवश्य लगायें।

धान–गेहूँ फसल प्रणाली में धान की कटाई के बाद गेहूँ की बुवाई के लिए खेत की तैयारी करना श्रम साध्य, अधिक लागत की आवश्यकता के साथ उचित समय चाहने वाली एक आवश्यक कृषि क्रिया है। साथ ही गेहूँ की बुवाई

में अवांछित विलंब के कारण कम उत्पादन एवं ग्रीष्मकालीन फसलों की विलंब से बोनी के कारण किसानों को बहुत कम उत्पादकता प्राप्त होती है। गहरी काली भारी मृदाओं में धान की कटाई के उपरांत परंपरागत ढंग से खेत की तैयारी करके आगामी गेहूँ फसल की बुवाई करने पर 20 से 25 दिन का समय लग जाता है। इस बहुमूल्यवान समय की बचत करने के लिए हैप्पी टर्बो सीडर का प्रयोग करके जीरो टिलेज तकनीक से बोनी की जा सकती है।

बुवाई का समय

विभिन्न किस्मों को उनकी सिंचाई की अवस्था के आधार पर निम्नानुसार बुवाई करनी चाहिए।

1. असिंचित गेहूं – 15 अक्टूबर से 31 अक्टूबर तक
2. अर्धसिंचित गेहूं – 15 अक्टूबर से 10 नवम्बर तक
3. सिंचित गेहूं समय पर – 10 नवम्बर से 25 नवम्बर तक
4. सिंचित गेहूं देरी से – 5 दिसम्बर से 20 दिसम्बर तक

गेहूं की उन्नत नवीनतम किस्में

असिंचित अवस्था

क्र.	किस्म	अनुशंसित वर्ष व संस्था	अवधि (दिन)	उपज (क्वि./है.)
1	एच.डब्ल्यू. 2004 (अमर)	1997, भा. कृ. अनुसंधान संस्थान, नई दिल्ली	130–135	15–18
2	एच.डी. 4672 (मालव रत्न)	2000, भा.कृ. अनुसंधान संस्थान, इंदौर	120–125	15–18
3	एच.आई. 1500 (अमृता)	2002, भा.कृ. अनुसंधान संस्थान, इंदौर	120–125	15–18

अर्धसिंचित अवस्था

क्र.	किस्म	अनुशंसित वर्ष व संस्था	अवधि (दिन)	उपज (क्वि./है.)
1	एच.आई. 1605 (पूसा उजाला)	2016, भा.कृ.अनुसंधान संस्थान, इंदौर	105–110	40–45
2	जे. डब्ल्यू. 3020	2004, ज.ने.कृ.वि.वि., जबलपुर	130–135	30–35
3	एच.आई. 8627 (मालव कीर्ति)	2005, भा.कृ. अनुसंधान संस्थान, इंदौर	130–135	35–40
4	एच.आई. 1531 (हर्षिता)	2006, भा.कृ. अनुसंधान संस्थान, इंदौर	130–135	40–45
5	जे. डब्ल्यू. 3211	2008, ज.ने.कृ.वि.वि., जबलपुर	120–130	38–42
6	जे. डब्ल्यू. 3173	2008, ज.ने.कृ.वि.वि., जबलपुर	120–130	35–40
7	जे. डब्ल्यू. 3269	2010, ज.ने.कृ.वि.वि., जबलपुर	120–130	42–45
8	जे. डब्ल्यू. 3288	2010, ज.ने.कृ.वि.वि., जबलपुर	120–130	42–45

सिंचित अवस्था समय पर

क्र.	किस्म	अनुशंसित वर्ष व संस्था	अवधि (दिन)	उपज (क्वि./है.)
1	एच.आई. 8759 (पूसा तेजस)	2016, भा.कृ. अनुसंधान संस्थान, इंदौर	115–120	75–80
2	एच.आई. 8381 (मालवश्री)	1994, भा.कृ. अनुसंधान संस्थान, इंदौर	115–120	50–60
3	जी. डब्ल्यू. 273	1997, गु.कृ.वि.वि., जूनागढ़	115–120	50–55
4	एच.आई. 8498 (मालव शक्ति)	1999, भा.कृ. अनुसंधान संस्थान, इंदौर	120–125	50–60
5	एच.आई. 1479 (स्वर्णा)	2002, भा.कृ. अनुसंधान संस्थान, इंदौर	110–115	45–50
6	जी. डब्ल्यू. 322	2003, गु.कृ.वि.वि., जूनागढ़	115–.120	60–62

7	म-पी- 1206 (सुधा)	2003, ज.ने.कृ.वि.वि., जबलपुर	115–120	55–60
8	जी. डब्ल्यू. 366	2006, गु.कृ.वि.वि., जूनागढ़	115–120	60–65
9	एच.आई. 8663 (पोषण)	2007, भा.कृ. अनुसंधान संस्थान, इंदौर	115–120	55–60
10	एच.आई. 1544 (पूर्णा)	2007, भा.कृ. अनुसंधान संस्थान, इंदौर	115–120	50–55
11	,म-पी-ओ. 1215	2009, ज.ने.कृ.वि.वि., जबलपुर	115–120	50–55
12	जे. डब्ल्यू. 1201	2011, ज.ने.कृ.वि.वि., जबलपुर	115–120	55–60
13	एच.आई. 8713 (पूसा मंगल)	2012, भा.कृ. अनुसंधान संस्थान, इंदौर	115–120	60–65
14	एच.आई. 8737 (पूसा अनमोल)	2014, भा.कृ. अनुसंधान संस्थान, इंदौर	115–120	60–65
15	जे. डब्ल्यू. 3382	2015, ज.ने.कृ.वि.वि., जबलपुर	120–125	55–60
16	डब्ल्यू.बी. 2	2017, भारतीय गेंहूँ एवं जौ अनुसंधान संस्थान, करनाल	130–135	52–58

सिंचित अवस्था व देर से बुवाई

क्र.	किस्म	अनुशंसित वर्ष व संस्था	अवधि (दिन)	उपज (क्वि. / है.)
1	एच.आई. 1563 (पूसा प्राची)	2016, भा.कृ. अनुसंधान संस्थान, इंदौर	110–115	45–47
2	डी.एल. 788–2	1996, भा. कृ. अनुसंधान संस्थान, नई दिल्ली	105–.110	35–40
3	,म-पी- 4010	2002, ज.ने.कृ.वि.वि., जबलपुर	110–115	40–45
4	एच.डी. 2864	2004, भा. कृ. अनुसंधान संस्थान, नई दिल्ली	105–110	40–45
5	एच.डी. 2932	2007, भा. कृ. अनुसंधान संस्थान, नई दिल्ली	105–110	40–42

6	म-पी- 1203	2008, ज.ने.कृ.वि.वि., जबलपुर	110–115	40–45
7	म-पी- 1202	2010, ज.ने.कृ.वि.वि., जबलपुर	110–115	40–45
9	म-पी- 3336	2012, ज.ने.कृ.वि.वि., जबलपुर	110–115	40–45

बीज दर

बीज की मात्रा का निर्धारण दाने की वजन एवं अंकुरण क्षमता पर निर्भर करता है सामान्यतः 100 किलो बीज प्रति हैक्टेयर की दर से बुवाई करें, देर से बोनी की अवस्था पर बीज दर 20–25 प्रतिशत तक बढ़ाकर बुवाई करें व खाद की मात्रा में 20–25 प्रतिशत तक की कमी कर बुवाई करें।

बीजोपचार

दीमक से नियंत्रण हेतु गेहूं को कीटनाशक दवा क्लोरपाइरीफॉस दवा से 5 मि.ली./किलो बीज के हिसाब से उपचारित करें। उसके पष्चात फफूंदनाषक दवा थायरम या कार्बेन्डाजिम 3 ग्राम प्रति किलो बीज से उपचारित करें। फफूंदनाषक दवा से उपचार के बाद गेहूं को एजोटोबैक्टर एवं पी.एस.बी. कल्चर से 10 ग्राम/किलो बीज दर के हिसाब से उपचारित कर ही बुवाई करें।

बुवाई का समय व तरीका

गेहूं की बुवाई का समय औसत तापमान द्वारा निर्धारित होता है जब औसत तापमान 20–23 डिग्री के मध्य हो तव गेहूं की बुवाई का उपयुक्त समय है अगर गेहूं की बुवाई उच्च तापमान (25 डिग्री या इससे अधिक) पर की जाती है तो गेहूं का अंकुरण प्रतिशत कम हो जाता है। फसल में अधिक तापमान के कारण कल्ले एवं पोरे पड़ने की दर कम हो जाती है फसल वृद्धि के लिये अनुकूलन तापमान 17 डिग्री से 27 डिग्री सेल्सियस के मध्य होना चाहिये।

गेहूं की बुवाई का समय एवं तरीका

अवस्था	उपयुक्त समय	कतारों के मध्य की दूरी (से.मी.)	बुवाई की गहराई (सें.मी.)
असिंचित गेहूं	15 अक्टूबर से 31 अक्टूबर	30	3–5
अर्धसिंचित गेहूं	15 अक्टूबर से 10 नवम्बर	25–30	3–4

सिंचित गेहूं (समय पर)	10 नवम्बर से 25 नवम्बर	20—22.5	3—4
सिंचित गेहूं (देर से)	5 दिसम्बर से 20 दिसम्बर	15—18	3—4

खाद व उर्वरक

असिंचित दशा में आवश्यक पोषक तत्व बुवाई के समय ही दे देना चाहिये, किन्तु अर्धसिंचित एवं सिंचित दषा में स्फुर व पोटाश की सम्पूर्ण मात्रा तथा नत्रजन की आधी मात्रा बोते समय एवं नत्रजन की शेष आधी मात्रा अगली दो सिंचाई के समय यूरिया के द्वारा देनी चाहिये। गंधक व जस्ता तत्व की पूति के लिये दो वर्ष मे एक बार जिंक सल्फेट 25 किलो प्रति हैक्टेयर अवश्य प्रयोग करें।

गेहूं में प्रमुख तत्वों की पूर्ति हेतु विभिन्न समूहों द्वारा प्रदत्त उर्वरकों की मात्रा

अवस्था	तत्वों की अनुशंसित मात्रा (किग्रा/हेक्टेयर)			समूह–1			समूह–2			समूह–3		
	नत्रजन	स्फुर	पोटाश	यूरिया	एस.एस.पी.	म्यू. पोटाश	डी.ए.पी.	यूरिया	म्यू.	एन.पी. पोटाश 32:16)	यूरिया के.(12:	म्यू. पोटाश
असिंचित	30	20	10	65	125	27	43	48	27	63	49	—
अर्धसिंचित	60	40	20	130	250	34	87	118	34	125	95	—
सिंचित (समय से बुवाई)	100	60	40	217	375	67	130	166	67	188	168	27
सिंचित (देर से बुवाई)	80	40	20	174	250	34	87	140	34	125	141	—

सिंचाई प्रबंधन

गेहूं फसल मी जल मांग 40–50 से.मी. है गेहूं की फसल में सिंचाई क्रांतिक अवस्थाओं पर की करें। गेहूं की फसल में सिंचाई हेतु खेत में 7–10 मीटर की दूरी पर ढाल के अनुसार नालियाँ बनाकर सिंचाई करने से कम पानी लगेगा। यदि सिंचाई के लिये पानी की उपलब्धता कम हो तो स्प्रिंकलर पद्धति से भी सिंचाई की जा सकती है कम सिंचाई उपलब्ध होने की स्थिति में बेड प्लांटिंग तकनीक का उपयोग कर छोटी–छोटी नालियों द्वारा सिंचाई करने से पानी की बचत की जा सकती है।

गेहूं में सिंचाई के लिये क्रांतिक फसल अवस्थाएं

किस्म	सिंचाई के लिए जल उपलब्धता	क्रांतिक अवस्थाएं	बोनी के बाद (दिन)
1. देशी किस्में	एक सिंचाई की सुविधा होने पर	1. शीर्ष जड़ प्रारंभ होना	25–30
2. बौनी किस्में	दो सिंचाई की सुविधा होने पर	1.शीर्ष जड़ प्रारंभ होना	25–30
		2. गभोट के समय	70–75
	एक सिंचाई	1. किरीट जड़ प्रारंभ होना	20–25
	दो सिंचाई उपलब्धता में	1. किरीट जड़	20–25
		2. पुष्पन अवस्था	80–85
	तीन सिंचाई उपलब्धता में	1. किरीट जड़ अवस्था	20–25
		2. गांठे बनने की अवस्था	60–65
		3. दूधिया अवस्था	100–105
	चार सिंचाई उपलब्धता में	1. किरीट जड़ अवस्था में	20–25
		2. कल्ले फूटने पर	40–45
		3. फूल अवस्था में	70–75
		4. दूधिया अवस्था में	100–105

पांच सिंचाई उपलब्धता में	1. किरीट जड़ अवस्था मे	20–25
	2. कल्ले फूटने पर	40–45
	3. फूल अवस्था में	80–85
	4. दूधिया अवस्था में	100–105
	5. दाना पड़ने पर	108–110
छः सिंचाई उपलब्धता में	1. किरीट जड़ अवस्था	20–25
	2. कल्ले फूटने पर	40–45
	3. गांठे बनने पर	60–65
	4. फूल बनने पर	80–85
	5. दूधिया अवस्था पर	100–105
	6. दूध सूखने पर	112–117

खरपतवार नियंत्रण

उन्नत कृषि तकनीक में खरपतवार नियंत्रण एक महत्वपूर्ण प्रक्रिया है खरपतवार प्रकाश, नमी पोषक तत्वों व स्थान के लिये फसल के पौधों से प्रतिस्पर्धा कर उत्पादन में कमी लाते हैं। गेहूं की फसल में नींदा नियंत्रण के आभाव में 16 से 30 प्रतिशत तक की कमी आ जाती है। गेहूं की फसल में मुख्य रूप से सकरी पत्ती वाले खरपतवार, जंगली जई, गेहूं का मामा, दूब घास, मोथा एवं चौड़ी पत्ती वाले खरपतवार बथुआ, कृशणनील, दुधी, हिरनखुरी, सेजी का अकरा–अकरी मुख्य रूप से आते हैं।

खरपतवार नियंत्रण की पद्धतियां

1. **हाथ से नींदा नियंत्रण** – यह एक प्रचलित व प्रभावषाली नियंत्रण पद्धति है जिसमें खुरपी द्वारा खरपतवार नियंत्रण किया जाता है।
2. **कृषि यंत्रों से खरपतवार नियंत्रण** – इस पद्धति का उपयोग कतार पद्धति में बोये गये खेतों में ही कर सकते हैं। इसके लिये ताउची गुरमा या हैंड वीडर गेहूं में पहली सिंचाई के पहले या बाद में मनुष्यों द्वारा आसानी से चलाकर खरपतवारों को नियंत्रित किया जा सकता है।

3. रासायनिक विधि

क	रसायन	मात्रा/हे. सक्रिय तत्व	प्रयोग विधि	खरपतवार प्रबंधन
1	पेन्डीमेथैलिन	1–1.5 लीटर सक्रिय तत्व	अंकुरण पूर्व छिड़काव (बुवाई के 0–3 दिन तक) करना चाहिये।	वार्शिक कुल के चौड़ी पत्ती वाले खरपतवार
2	सल्फोसल्यूरान	25 ग्राम सक्रिय तत्व	प्रथम सिंचाई के बाद बुवाई के 25–30 दिन के अंदर छिड़काव करना	चौड़ी एवं सकरी पत्ती वाले खरपतवार
3	मेट्रीब्यूजीन	175 ग्राम सक्रिय तत्व	प्रथम सिंचाई के बाद बुवाई के 25–30 दिन के अंदर छिड़काव करना	चौड़ी एवं सकरी पत्ती वाले खरपतवार
4	क्लोडीनोफॉप	60 ग्राम सक्रिय तत्व	प्रथम सिंचाई के बाद बुवाई के 25–30 दिन के अंदर छिड़काव करना	सकरी पत्ती वाले खरपतवार
5	फिनोक्साफॉप–पीईथाइल	80–120 ग्राम सक्रिय तत्व	प्रथम सिंचाई के बाद बुवाई के 25–30 दिन के अंदर छिड़काव करना	सकरी पत्ती वाले खरपतवार
6	ट्रालकोक्सीडियम	350 ग्राम सक्रिय तत्व	प्रथम सिंचाई के बाद बुवाई के 25–30 दिन के अंदर छिड़काव करना	सकरी पत्ती वाले खरपतवार
7	आइसोप्रोट्यूरॉन	1 –1.2 लीटर	प्रथम सिंचाई के बाद बुवाई के 25–30 दिन के अंदर छिड़काव करना	सकरी पत्ती वाले खरपतवार
8	मेटसल्फ्यूरॉन	1–1.2 किग्रा सक्रिय तत्व	बुवाई के तुरंत बाद बीज उगने से पहले अथवा प्रथम सिंचाई के उपरान्त	सकरी पत्ती वाले खरपतवार

9	2–4–डी (सोडियम साल्ट)	400–500 ग्राम सक्रिय तत्व	प्रथम सिंचाई के बाद बुवाई के 25–30 दिन के अंदर छिड़काव करना	चौड़ी पत्ती वाले खरपतवार
10	क्लोडिनोफॉप प्रोपारजिल 15 प्रतिषत डब्ल्यू.पी.+ मेटसल्फ्यूरान मिथाइल 5 प्रतिषत डब्ल्यू.पी. (मिश्रित)	60 ग्राम सक्रिय तत्व एवं 6 ग्राम सक्रिय तत्व	प्रथम सिंचाई के बाद बुवाई के 25–30 दिन के अंदर छिड़काव करना	चौड़ी एवं सकरी पत्ती वाले खरपतवार

महत्वपूर्ण सुझाव :–

1. खरपतवार नाषियों का छिड़काव पहली सिंचाई के एक सप्ताह बाद ही करें ताकि उपयुक्त नमी उपलब्ध हो व खरपतवार अंकुरित हो जायें ।
2. खपतरवारनाशी तथा पानी के उचित मिश्रण का उपयोग करें ।
3. दवाई का छिड़काव धूप में ही करें ।
4. छिड़काव उपरांत भूमि को न छेड़ें ।
5. ड्यूरम या कठि या गेहूं में आइसोप्रोटयूरान की मात्रा घटाकर 0.5 कि. ग्रा. सक्रिय तत्व/हे. कर दें तथा 3–4 दिन बाद स्प्रे करें ।
6. रेतीली जमीन में खरपतवारनाषियों का प्रयोग न करें।
7. दवा का छिड़काव स्प्रेयर में फ्लेट फेन नोजल से करना चाहिए ।
8. छिड़काव एक समान मात्रा में करना चाहिए। इसके लिये कम से कम 500–600 ली./हे. पानी का उपयोग अवष्य करें ।
9. दानेदार दवाओं के प्रयोग के लिए खेत की मिट्टी ढेले रहित होना चाहिए ताकि दवा का वितरण एक समान हो सके ।
10. दवा का छिड़काव करते समय हाथ में रबर के दास्ताने व आंखों पर चश्मा का उपयोग करना चाहिए।
11. दवा का छिड़काव 30–35 दिनों के भीतर करना उपयोगी सिद्ध होगा अन्यथा इसका उपज पर विपरीत प्रभाव पड़ता है।
12. दवा का छिड़काव हवा चलने की दिशा में करें जिससे छिड़काव करने वाले के ऊपर न पड़े।

रोग नियंत्रण

गेहूं की फसल में मुख्यतः गेरुआ (काला एवं भूरा) कडुंवा रतुआ का प्रकोप देखने को मिलता है इन रोगों का प्रकोप पूर्णतः मौसम के मिजाज पर निर्भर करता है।

गेरुआ

गेहूं में तीन प्रकार के गेरुओं का प्रकोप होता है – काला, भूरा एवं

पीला गेरुआ जबकि मध्यप्रदेश में केवल काला एवं भूरा गेरुआ का प्रकोप ही देखने को मिलता है। इस रोग से फसल के बचाव के लिए यह आवश्यक है कि बीज का चुनाव करते समय गेहूं की नवीनतम संस्तुत की गई प्रजातियों को ही प्रयोग में लाये। नई विकसित प्रजातियां रोगों के प्रति अवरोधी एवं सहनशील होने पर ही संस्तुत की जाती है।

ध्वज कडुंवा

इस रोग की बीमारी से बालों में दाने न भरकर एक प्रकार का काला चूर्ण भर जाता है। यह रोग दाने के अन्दर रहने वाले कवक के द्वारा होता है। अतः यह आवश्यक है कि बीज को बोने के पहले उपचारित एवं शोधित कर लिया जाये। बीज को कार्बेन्डाजिम नामक दवा की 2.5 ग्राम मात्रा को एक कि. ग्राम बीज की दर से उपयोग में लाया जा सकता है। इसके अलावा बीज को सोलर ट्रीटमैंट भी देने से इस बीमारी से बचा जा सकता है। मई–जून के महीने के महीने में जब तेज धूप हो, बीज को सुबह 4 घंटे तक पानी में भिगोने के बाद धूप में अच्छी तरह सुखा लें। ऐसा करने से बीज के अंदर मौजूद कवक नष्ट हो जाता है।

आल्टरनेरिया झुलसा रोग

यह रोग पत्तियों पर फैलता है, जिससे सभी पत्तियां सूखी हुई दिखाई देती है। प्रायः यह रोग पुरानी पत्तियों से होकर नये पत्तियों की तरफ अग्रसर होता है। इसकी रोकथाम के लिये आवश्यक है कि नई अनुशंसित जातियों का ही चुनाव करें एवं रोग के रोकथाम के लिए मैंकोजेब या डायथेन एम–45 या इन्डोफिल एम–45 नामक दवा की 2 किग्रा. मात्रा 500–600 ली. पानी में अथवा प्रोपीकोनाजोल 0.25 प्रतिशत क्रियाशील तत्व की 500 मि.ली. मात्रा का 500–600 लीटर पानी के साथ प्रति हे. छिड़काव करें।

भ्रूर्ण पर काली चित्ती (ब्लैक प्वाइंट)

इसकी पहचान यह है कि यदि गेहूं के दानों के भ्रूण तल में भूरे या काले चित्ते दिखाई दें, तो यह फफूंद द्वारा फैलता है जो बीज की अंकुरण क्षमता को घटाता है जिससे खेत में उचित पौध संख्या की कमी हो जाती है तथा उपज कम प्राप्त होती है। इसकी रोकथाम हेतु बोनी के पूर्व बीजोपचार आवश्यक है।

कीट प्रबंधन

1. खेत की अच्छी तरह जुताई करना चाहिए ।
2. कच्ची या अधपकी गोबर की खाद का प्रयोग नहीं करना चाहिए, क्योंकि इसके प्रयोग से दीनक के प्रकोप की संभावना अधिक होती है।
3. खेत के आसपास मेड़ों में यदि दीमक का बमीठा (घर) हो तो उसे गहरा खोदकर नष्ट कर देना चाहिए।
4. गेहूं की बोनी समय पर करें तथा बीजोपचार करना न भूलें। जिन क्षेत्रों में दीमक, जड़माहो, वायरवर्म, कटुआ इल्ली, झीगुर एवं सफेद ग्रब का प्रकोप प्रतिवर्ष होता हो तो बीज को क्लोरपायरीफास 20 ई.सी. 0.5 ग्राम सक्रिय तत्व प्रति किलोग्राम बीज के हिसाब से उपचारित कर बुवाई करें ।
5. खड़ी फसल पर कीटों का प्रकोप होने पर क्लोरोपायरीफास 20 ई.सी. की 1500 मिली मात्रा को 500 से 600 लीटर पानी में घोल कर छिडकाव करना चाहिये ।

भण्डारण के कीटों की रोकथाम

अनाज भण्डारण के कीटों को नियंत्रण करने की अपेक्षा अनाज को इससे सुरक्षित रखना अधिक उपयोगी एवं लाभकारी अतः निम्नलिखित उपायों का उपयोग करें –

1. भण्डारण के पहले गेहूँ को अच्छी तरह से सुखा लें ।
2. भण्डारण गष्हों की दरारों एवं छिद्रों को सीमेन्ट से बन्द कर दें।
3. कोठियों एवं बार दानों पर मेलाथियान (1:100) के घोल का छिड़काव करें ।
4. बोरियों में अनाज भण्डारण के लिए फर्श पर 4से 6 भूसे के बोरे या बॉस की चटाईयां लकड़ी के पटों पर बोरियों की दीवार से एक मीटर छोडकर लगावें।
5. गोदामों को क्लोरोपायरीफास डस्ट से उपचारित करें।
6. हवा रहित भण्डार गष्हों में धूम्रयुक्त दवाओं को रखना चाहिए जैसे–ई. डी.बी. 3 मि.ली./क्विंटल की दर से उपयोग में लायें ।

कटाई

बीज उत्पादन में फसल कटाई का महत्व सर्वोपरि है, इसमें असावधानी बरतने पर उपज एवं गुणवत्ता में कमी आती है। अतः फसल पकने की स्थिति में तकनीकी बिन्दुओं का निरीक्षण एवं प्रमाणीकरण कराकर ही फसल को काटना चाहिए । फसल कटाई का अनुकूल समय वही होता है जब बीज पूरी तरह से परिपक्व हो । कटाई करते समय इस बात को ध्यान रखना चाहिए कि बीजों को यांत्रिक क्षति न हो, बीजों में यांत्रिक संदूषण न हो तथा बीज ढेर की पहचान बनाये रखी जाये। बीज फसल की कटाई के समय बीज में नमी की मात्रा 15 प्रतिशत से अधिक नहीं होना चाहिए।

गहाई

बीज फसल की विभिन्न किस्मों की गहाई अलग खलियान में करनी चाहिए, जिससे अपमिश्रण न होने पाये। गहाई बीज में नमी की मात्रा 15 प्रतिशत से कम होने पर करनी चाहिए। गहाई से पूर्व गहाई यंत्र को अच्छी तरह साफकर लेना चाहिए जिससे उसमें पहले गहाई की गई किस्मों के दाने न रह गये हो।

बीजों को सुखाना

गेहूं के बीजों में कटाई उपरांत आर्द्रता मानक स्तर से अधिक होती है। अतः 10 से 12 प्रतिशत तक आर्द्रता प्रतिशत लाने के लिए बीजों को सुखाना अति आवश्यक होता है। बीजों को फार्म में बने पक्के फर्श या टारपोलिन बिछाकर उस पर बीज फैलाकर सुखाया जाता है।

भण्डारण

गेहूं के सूखे हुए बीज को जूट वाली बोरियों में भंडारण करना सर्वथा उचित होगा एवं इन बोरों को आर्द्रता रहित, साफ–सुथरे पक्के गोदामों में भंडारित करना चाहिए । गोदामों में कीडों, चूहों का प्रकोप न हो इसके लिए कीटनाशक, फ्यूमीगेशन व चूहों को मारने हेतु जिंक फास्फाइड का उपयोग करना चाहिए। भंडारित बीजों को अलग–अलग किस्म के आधार पर टैग/लेबल लगाकर रखना चाहिए। जिससे किसी भी प्रकार का सम्मिश्रण न हो । भंडार ग्रह मे एक्जास्ट पंखा लगाने से अंदर के गर्म–नम हवा को समय–समय पर निकाला जा सकता है।

दलहनी फसलें

उड़द

उड़द कम समय में पककर तैयार होने वाली खरीफ की महत्वपूर्ण फसल है। मध्यप्रदेश में खरीफ में उड़द की खेती लगभग 2 लाख हेक्टेयर की जाती है व प्रदेश की उत्पादकता 3 4 क्विंटल/हेक्टेयर है। उड़द की फसल कम समय में पककर तैयार होने के कारण सघन फसल प्रणाली के लिये भी उपयुक्त हैं साथ ही दलहनी फसलें होने से आगामी फसल के लिए नत्रजन छोड़ती है जिससे भूमि की उर्वरा षक्ति में वृद्धि होती है। उड़द की पकी हुई फसल से दाना निकालने के उपरांत भूसा बहुत ही पौश्टिक तथा स्वादिष्ट होता है जिसको पशु बड़े ही चाव से खाते हैं। उड़द में 25 प्रतिशत प्रोटीन व प्रचुर मात्रा में फास्फोरिक अम्ल पाया जाता है इस फसल का चारा पशुओं में दूध की मात्रा को भी बढ़ाता है। अतः उड़द की हरी फसल पशुओं को हरे चारे के रूप में खिलाई जाती है एवं फलियों की तुड़ाई के बाद इसकी हरी खाद भी बनाई जा सकती है जिससे मृदा में जीवांश कार्बन व पोशक तत्वों की उपलब्धता में बढ़ोत्तरी होती है एवं मृदा स्वास्थ्य बेहतर होता है।

उड़द की उत्पादकता कम होने के कारण

- अधिक उत्पादन क्षमता एवं उन्नत बीजों की कमी
- सीमान्त एवं अनउपजाऊ भूमियों में उगाना एवं उन्नत शस्य तकनीकियों को न अपनना
- असंतुलित एवं अपर्याप्त उर्वरक प्रयोग, मुख्य रूप से फॉस्फोरस की कमी।
- पीला मोजेक रोग का प्रकोप

भूमि का चुनाव व तैयारी

हल्की रेतीली दुमट या मध्यम प्रकार की भूमि जिसका पी0एच0 7– 8 के मध्य हो व पानी का निकास की समुचित व्यवस्था हो वह उड़द के लिये उपयुक्त है। दो–तीन बार हल चलाकर खेत की मिट्टी को भुरभुरा व नींदा रहित करें साथ ही पाटा लगाकर खेत को समतल करना चाहिए।

बीज का चुनाव, मात्रा एवं बोने का समय

पानी के समुचित निकास वाली जमीन में उड़द की खेती अच्छी होती है । वर्षाआरम्भ होने के बाद दो–तीन बार हल चला कर खेत तैयार करना चाहिये। बोनी हेतु शुद्ध, प्रमाणित व स्वस्थ बीज की 15–20 किग्रा. मात्रा प्रति हैक्टेयर उपयोग करना चाहिये जिससे 3 से 3.5 लाख तक पौध संख्या (प्रति हैक्टेयर) मिल सकेगी। जून के अंतिम सप्ताह से लेकर जुलाई के द्वितीय सप्ताह तक बोनी करना चाहिए। बीज 4 से.मी. की गहराई पर 10 से.मी. दूरी रखते हुए बोना चाहिये । कतारों से कतारों की दूरी 30 से.मी. रखना चाहिये।

बीजोपचार

बोनी से पहले बीज को फफूंदनाशक दवा कार्बेन्डाजिम या कार्बेन्डाजिम + थायरम की 2 ग्राम मात्रा से उपचारित करना चाहिये। उपचारित बीज को राइजोबियम व पी. एस. बी. कल्चर से निवेशित (उपचारित) करना चाहिए। इस हेतु कल्चर की 5–10 ग्राम प्रति किग्रा. बीज के मान से उपयोग करना चाहिए।

उड़द की उन्नत किस्में

क्र.	किस्म	पकने की अवधि	प्रति हैक्टेयर उपज (किग्रा)	अन्य विवरण
1.	टी 9	70–80	1000–1200	पौधा सीधा तथा दाने काले होते हैं। पूरे प्रदेश के लिए विशेषकर द्विफसली क्षेत्रों हेतु उपयुक्त।
2.	जवाहर उड़द 2	75–80	1200–1500	सतपुड़ा विंध्यांचल तथा बुंदलेखण्ड क्षेत्र के लिए उपयुक्त।
3.	जवाहर उड़द 3	70	1500–2000	सम्पूर्ण मध्य प्रदेश के लिए उपयुक्त। पीला मोजेक प्रतिरोधी।

4.	जे. यू. 86	75—80	1000—1200	सम्पूर्ण मध्य प्रदेश के लिए उपयुक्त। पीला मोजेक सहनशील।
5.	खरगोन 3	90	1000—1200	दाना बड़ा व काला, साधारण फैलने वाली निमाड़ एवं मालवा क्षेत्र के लिए उपयुक्त।
6.	पंत यू 19	75—80	1000—1200	पीला मोजेक प्रतिरोधी।
7	पंत यू 30	10	1200—1500	दाना मध्यम व काले रंग का। पीला मोजेक प्रतिरोधी
8	पंत यू 31	75—80	1200—1500	सम्पूर्ण मध्य प्रदेश के लिए उपयुक्त। पीला मोजेक प्रतिरोधी
9	पंत यू 40	75—80	1200—1500	सम्पूर्ण मध्य प्रदेश के लिए उपयुक्त। पीला मोजेक सहनशील
10	के. यू. 96—3	70—72	1200—1500	सम्पूर्ण मध्य प्रदेश के लिए उपयुक्त। पीला मोजेक सहनशील
11	एल.बी.जी. 20	75—80	1000—1200	सम्पूर्ण मध्य प्रदेश के लिए उपयुक्त। पीला मोजेक प्रतिरोधी
12	आई.पी.यू. 94—1	70—75	1200—1400	सम्पूर्ण मध्य प्रदेश के लिए उपयुक्त। पीला मोजेक प्रतिरोधी
13	पी.डी.यू. 1	70—80	1200—1400	जायद के लिये उपयुक्त तथा पीत विर्षाणु रोग के प्रति अवरोधी
14	टी.पी.यू. 4	70—80	1000—1200	दाना मध्यम आकार का होता है।
15	एल.बी.जी 402	78	1080	दाना बड़ा होता है।
16	प्रताप उड़द 1	70—75	1200—1400	पीला मोजेक प्रतिरोधी, खरीफ एवं जायद के लिये उपयुक्त
17	आई.पी.यू. 2—43	70—75	1300—1500	पीला मोजेक प्रतिरोधी, खरीफ एवं जायद के लिये उपयुक्त

खाद व उर्वरक

खेत की मिट्टी परीक्षण के बाद उर्वरकों की संतुलित मात्रा का प्रयोग करना ज्यादा लाभदायी रहेगा। भूमि की उर्वरा शक्ति बनाये रखने के लिए हर दो या तीन वर्ष में एक बार अपने खेतों में सड़ी हुई गोबर की खाद (100–150 क्वि. प्रति हे.) या वर्मीकम्पोस्ट आदि का उपयोग करना चाहिये। उड़द के बेहतर उत्पादन हेतु 20 किलो नत्रजन और 50 किलो स्फुर 20 किलो पोटाष प्रति हैक्टेयर प्रयोग करना चाहिये। जिसकी पूर्ति डी.ए.पी. 100 कि.ग्रा. + म्युरेट ऑफ पोटाश 30 कि.ग्रा अथवा एन. पी. के (12:32:16) 150 कि.ग्रा. अथवा यूरिया 40 कि.ग्रा.+ सुपर फास्फेट 250 कि.ग्रा + म्युरेट ऑफ पोटाश 30 कि.ग्रा. से की जा सकती है । खाद उर्वरक की संपूर्ण मात्रा बूवाई पूर्व खेत में डालना चाहिये।

सिंचाई

फसल की क्रांतिक अवस्था (फूल–फल बनने की अवस्था) पर यदि खेत में नमी न हो तो फूल कम लगते हैं तथा फलियों में दाने कम भरते हैं साथ ही दानों का आकार छोटा हो जाता है जिससे उत्पादन प्रभावित होता है अतः ऐसी स्थिति में एक सिंचाई अवष्य करनी चाहिये।

निंदाई–गुड़ाई व खरपतवार नियंत्रण

फसल एवं खरपतवार की प्रतिस्पर्धा की अंतिम अवधि बुवाई के 15–30 दिनों तक रहती है इस बीच निंदाई करने या डोरा चलाने से खरपतवार नष्ट हो जाते हैं साथ ही भूमि में वायु का संचार होता है जिससे पौधों की ग्रंथियों में क्रियाशील जीवाणुओं द्वारा वायुमण्डलीय नत्रजन एकत्रित करने में सहायता मिलती है। प्रथम निदाई बुवाई के 15–20 दिन बाद व दूसरी निदाई 35–40 दिन की अवस्था पर करें। अथवा बोनी के बाद तथा अंकुरण के पूर्व पेंडिमिथलीन 30 ई.सी. 3 लीटर को 500 लीटर पानी में मिलाकर प्रति हेक्टेयर के मान से भूमि में छिड़काव करें। तत्पश्चात् 25–30 दिन की अवस्था पर निदाई करें। खड़ी फसल में नीदा नियंत्रण हेतु इमेजाथापर 750 मि. ली. 12–15 दिन की अवस्था पर छिड़काव करें।

पौध संरक्षण

प्रमुख कीट

1. **फलीछेदक कीट** – यह कीट प्रारंभ में हरी मुलायम पत्तियों को

खाता है। फली बनने पर फलियों में छेदकर दानों को खाकर क्षति पहुँचाता है। हेलिकोवर्पा, तम्बाकू की सुंडी एवं चित्तीदार फली छेदक कीट प्रमुख रूप से क्षति पहुँचाते है। इनके जैविक प्रबंधन हेतु वैसिलस थुरिनजैन्सिस की 1 किग्रा/हेक्टेयर अथवा एच.एन.पी.व्ही.–250 एल. ई की 1 मिली अथवा निम्बोली का सत 5 प्रतिशत की 50 ग्राम मात्रा प्रति लीटर अथवा 3000 पी.पी.एम नीम की तेल की 20 मिली मात्रा का प्रति लीटर पानी की दर से घोल बनाकर छिड़काव करें। रसायनिक प्रबंधन हेतु इमामेक्टिंग बेन्जोएट की 5 एस.जी. की 0.2 ग्राम मात्रा अथवा प्रोपेनोफॉस 50 ई.सी. की 2 मिली अथवा रिनाक्सीपायर 20 एस. सी. की 0.15 मिली. मात्रा का प्रति लीटर पानी की दर से घोल बनाकर छिड़काव करें।

2. **कबंल कीड़ा (बिहारी हेयरी केटर पिलर)** – इल्लियाँ पत्तियों को नुकसान पहुँचाती हैं । अधिक प्रकोप से फसल को अधिक नुकसान होता है । इसकी रोकथाम के लिए पैराथियान 2 प्रतिशत डस्ट का 25 किलो प्रति हैक्टेयर के हिसाब से भुरकाव करें । भुरकाव इल्लियों की आरम्भिक अवस्था में करें ।

3. **एफिड्स व जेसिड्स** – इसके शिशु, वयस्क कोमल व नरम पत्तियों का रस चूसकर नुकसान पहुँचाते हैं । सफेद मक्खी विषाणुजनित पीत रोग का भी संचारण रोगी पौधों से स्वस्थ पौधों तक करती है। पूर्व के वर्षों में यदि इस कीट/रोग का प्रकोप हुआ हो तब थायोमेथोक्सेम 70 प्रतिशत की 3 ग्राम मात्रा द्वारा प्रति किग्रा बीज को उपचारित कर बुवाई करें।

4. **सफेद मक्खी** – यह कीट पौधों के कोमल भागों का रस चूसकर क्षति पहुँचाती है। तथा पीत विषाणु रोग के प्रसार में महत्वपूर्ण भूमिका निर्वहन करती है। सफेद रंग का यह कीट पत्तियों की निचली सतह पर रहकर रस चूसती है। इस कीट के प्रबंधन हेतु रोगग्रस्त पौधो को उखाड़कर गाड़ दें या जला दें। इनके रासायनिक प्रबंधन हेतु इमिडाक्लोप्रिड–17.8 एस.एल की 0.2 मिली. प्रति लीटर अथवा एसीफेट–75 एस.पी. की एक ग्राम मात्रा का प्रति लीटर की दर से घोल बनाकर छिड़काव करें अथवा नीम के तेल (3000 पी.पी.एम) की 20 मिली. प्रति लीटर की दर से घोल बनाकर छिड़काव करें।

प्रमुख बीमारियाँ

1. **सर्कोस्पोरा पर्णधब्बा रोग** – यह रोग सर्कोस्पोरा कैनीसेन्स नामक फफूँद से फैलता है। संक्रमित पत्तियों पर भूरे से लेकर हल्के हरे रंग के धब्बे बनते हैं जिनके किनारे रक्ताव भूरे रंग के होते हैं। अनूकूल अवस्था में रोग के लक्षण तना, पर्णवृन्त एवं फलियेां पर भी देखे जा सकते हैं। अधिक संक्रमण में पत्तियाँ झड़ जाती है। इनके प्रबंधन हेतु बीजों को बुवाई से पूर्व थीरम + कार्बेन्डाजिम (2:1) की 3 ग्राम मात्रा से प्रति किलो बीज को उपचारित कर बुवाई करें। पौधों पर रोग के लक्षण दिखाई देते ही कार्बेन्डाजिम 50 डब्ल्यू.पी. की 0.1 प्रतिशत अथवा मैन्कोजेब 45 डब्ल्यू.पी. की 0.2 प्रतिशत घोल का छिड़काव करें।

2. **पीत शिरा रोग** – विर्षाणु जनित पीत षिरा रोग (येलो मोजेक) का प्रकोप उड़द की फसल में प्रमुखता से होता है। जिससे 50 से 90 प्रतिशत तक उपज में कमी होती है। रोग के लक्षण वुवाई के 4–5 सप्ताह बाद दिखने लगते है सर्वप्रथम पत्तियों पर गोलाकार पीले रंग के धब्बे दाने के आकार के बनते है जो धीरे–धीरे बढ़कर हरे पीले से चकत्तों के रूप में बदल जाते है तथा धीरे–धीरे पूरी पत्ती पीली पड़ कर सूख जाती है। रोग का प्रसारण सफेद मक्खी नामक रसचुसक कीट द्वारा होता है। रोग नियंत्रण हेतु प्रतिरोधी जातियों खेत में खरपरवार सहित रोगी पौधों को समय समय पर निकालकर नष्ट करें व वाहक कीट सफेद मक्खी से बचाव हेतु बीज का इमिडाक्लोप्रिड 600 (48 प्रतिशत) अथवा थायोमेथोक्सिम 70 डब्ल्यु.पी. 3 ग्राम मात्रा द्वारा प्रति कि.ग्रा. की दर से उपचारित कर बोयें एवं आवश्यकता पड़ने पर एसिटामिप्रिड़ या इमिडाक्लोप्रिड की 100 मिली. ग्राम या थायोक्लोप्रिड 21.7 एस.सी. की 300 मि.ली. मात्रा प्रति एकड़ के मान से छिड़काव करें।

3. **भभूतिया रोग** – इस रोग के कारण पत्तियों पर सफेद रंग का पाउडर जमा हो जाता है नियंत्रण हेतु घुलनशील गंधक की 500 ग्राम मात्रा 200 ली0 पानी में अथवा 100 ग्राम कार्बेन्डाजिम को 200 लीटर पानी में घोलकर प्रति एकड़ के मान से छिड़काव करें।

4. **भयामवर्ण रोग** – इस रोग में सर्वप्रथम पत्तियों पर गोलाकर भूरे ध ासे हुये धब्बे बनते हैं। जिनके मध्य भाग गहरे एवं किनारे हल्के रंग के

होते हैं। अनुकूल वातावरण में इस रोग का संक्रमण पौधे के समस्त वायुवीय भाग पर देखे जा सकते हैं। पत्तियों के संक्रमित धब्बे सूख कर गिर जाते हैं जिससे पत्तियों पर छिद्र बन जाते हैं। इस रोग के प्रबंधन हेतु बीजों को बुवाई से पूर्व कार्बेन्डाजिम 50 डब्ल्यू.पी. की 2 ग्राम मात्रा अथवा थायरम + कार्बेन्डाजिम (2:1) की 3 ग्राम मात्रा अथवा कार्बाक्सिन (बीटावेक्स पावर) की 2 ग्राम मात्रा से प्रति किलो बीज को उपचारित कर बुवाई करें। रोग का संक्रमण दिखाई देते ही पौधों पर कार्बेन्डाजिम की 50 डब्ल्यू.पी. की 0.1 प्रतिशत अथवा हेक्साकोनाजोल की 0.1 प्रतिशत घोल का छिडकाव करें।

कटाई गहाई एवं उपज

जब 70–80 प्रतिशत फलियाँ पक जायें तक कटाई आंरम्भ करें। फसल को खलिहान में 3–4 दिन तक सुखाकर गहाई करें। इस प्रकार उन्नत तरीके से खेती करने पर 10–12 क्विंटल उपज प्रति हेक्टेयर प्राप्त होती है। फलियां गुच्छों में लगती हैं तथा अधिकांश प्रजातियों में फलियां एक साथ नहीं पकती अतः 2–3 बार तुड़ाई पर पूरी फसल की फलियां तोड़ ली जाती हैं। उड़द के दानों को बैल चलाकर या डंडे से पीटकर अलग किया जाता है। भूसे से दानों को हवा द्वारा अलग करके अच्छी तरह साफ कर सुखाने के बाद ही भंडारण करते हैं। उन्नत सस्य क्रियाएं व पौध संरक्षण अपनाने पर 10–12 क्विंटल उड़द प्रति हेक्टेयर प्राप्त होती है। इस प्रकार 60 से 75 दिन में एक एकड़ क्षेत्र में 7000– 8000 रु0 लागत आने पर 15000–18000 की शुद्ध आय होती है।

मूंग

खरीफ एवं जायद (ग्रीष्म) मौसम में कृषक अन्य फसलों की तुलना में कम लागत में मूंग की फसल लेकर अधिक लाभ ले सकते हैं। हमारे देश में मूंग की खेती लगभग 34.5 लाख हैक्टर में होती है जिससे 15.91 लाख टन उत्पादन प्राप्त होता है। मूंग क्षेत्रफल एवं उत्पादन की दृष्टि से भारत का विश्व में प्रथम स्थान है। राजस्थान, महाराष्ट्र, कर्नाटक, तमिलनाडु, पंजाब, झारखण्ड, मध्यप्रदेश, उत्तरप्रदेश, व आंध्रप्रदेश मूंग के प्रमुख उत्पादक राज्य हैं। मध्य प्रदेश में इसकी खेती करीब 2.51 लाख हेक्टेयर रकबे में की जाती है। प्रदेश में इसका उत्पादन 1.16 लाख टन और उत्पादकता 464 किलोग्राम/हेक्टेयर है जो कि राष्ट्रीय औसत उपज 461 कि.ग्रा./हे. से अधिक है। 100 ग्राम शुष्क मूंग के दानों में 1.15 ग्राम वसा, 23.86 ग्राम प्रोटीन, 16.3 ग्राम रेषा, 62.62 ग्राम कार्बोहाइड्रेट पाया जाता है। यह दलहनी फसल होने के कारण नत्रजन का स्थिरीकरण करती है जिसका स्वयं उपयोग के साथ ही आगामी फसल के लिए भी मृदा में नत्रजन छोड़ती है जिससे भूमि की उर्वरा शक्ति में वृद्धि होती है। मूंग की फसल कम समय (60 से 70 दिन) में पककर तैयार होने के कारण सघन फसल प्रणाली के लिये भी उपयुक्त है। फलियों की तुड़ाई के बाद इसकी हरी खाद भी बनाई जा सकती है जिससे मृदा में जीवांश कार्बन व पोषक तत्वों की उपलब्धता में बढ़ोत्तरी होती है एवं मृदा स्वास्थ्य बेहतर होता है। मूंग की पकी हुई फसल से दाना निकालने के उपरांत भूसा बहुत ही पौष्टिक तथा स्वादिष्ट होता है जिसको पशु बड़े ही चाव से खाते हैं।

भूमि का चुनाव व तैयारी

हल्की रेतीली दुमट या मध्यम प्रकार की भूमि जिसका पी0एच0 7– 8 के मध्य हो व पानी का निकास की समुचित व्यवस्था हो वह मूंग के लिये उपयुक्त है। दो–तीन बार हल या कल्टीवेटर चलाकर खेत की मिट्टी को भुरभुरा व नींदा रहित कर पाटा लगाकर खेत को समतल कर लेना चाहिए।

मूंग की उन्नत किस्में

क्र.	किस्म	विकसित वर्ष	अवधि (दिन)	प्रति हैक्टेयर उपज (किग्रा)	अन्य विवरण
1.	के. 851	1982	60–65 (ग्रीष्म) 70–80 (खरीफ)	8–10 10–12	ग्रीष्म व खरीफ दोनों मौसम के लिए उपयुक्त, 50–60 फलियां प्रति पौधा, 10–12 दाना प्रति फली, 100 दानों का वजन 4–4.5 ग्राम।
2.	पी.डी.एम. 11	1987	65–75	10–12	ग्रीष्म व खरीफ दोनों मौसम के लिए उपयुक्त, पीला मोजेक रोग प्रतिरोधी।
3.	जे.एम. 721	1996	65–70 (ग्रीष्म) 70–75 (खरीफ)	10–12 12–14	सम्पूर्ण मध्य प्रदेश तथा ग्रीश्म व खरीफ दोनों मौसम के लिए उपयुक्त, 50–60 फलियां प्रति गुच्छा, 10–12 दाना प्रति फली,, पीला मोजेक व भभूतिया रोग सहनशील।
4.	एच.यू.एम. 1 (हम–1)	1999	65–70	8–9	ग्रीष्म व खरीफ दोनों मौसम के लिए उपयुक्त, 40–55 फलियां प्रति पौधा, 8–12 दाना प्रति फली, पीला मोजेक व पर्णदाग रोग सहनशील।
5.	पूसा विर्षाल	2000	60–65	12–14	ग्रीष्म व खरीफ दोनों मौसम के लिए उपयुक्त, फली की लम्बाई 9. 5–10.5 सेमी., पीला मोजेक रोग सहनशील।

6.	पी.डी.एम. 139	2001	58–62	10–12	ग्रीष्म व खरीफ दोनों मौसम के लिए उपयुक्त, पीला मोजेक रोग प्रतिरोधी।
7.	टी.जे.एम. 3	2007	60–70 (ग्रीष्म) 70–80 (खरीफ)	10–12 12–14	ग्रीष्म व खरीफ दोनों मौसम के लिए उपयुक्त, 8–11 दाना प्रति फली, 100 दानों का वजन 3.4–4.4 ग्राम, पीला मोजेक व भभूतिया रोग प्रतिरोधी ।
8.	आई.पी. एम. 2–3	2008	65–70	10–12	ग्रीष्म व खरीफ दोनों मौसम के लिए उपयुक्त, पीला मोजेक रोग सहनशील।
9.	आई.पी.एम. 2–14	2009	62–65	10–11	ग्रीष्म व खरीफ दोनों मौसम के लिए उपयुक्त, पीला मोजेक रोग सहनशील।
10.	एम.एच. 421	2014	65–70	10–12	ग्रीष्म व खरीफ दोनों मौसम के लिए उपयुक्त, पीला मोजेक रोग सहनशील।
11.	आई.पी.एम. 205–7 (विराट)	2016	52–56	10–11	ग्रीष्म व खरीफ दोनों मौसम के लिए उपयुक्त, पीला मोजेक रोग प्रतिरोधी।
12.	आई.पी.एम. 410–3(शिखा)	2016	65–70	11–12	ग्रीष्म व खरीफ दोनों मौसम के लिए उपयुक्त, पीला मोजेक व भभूतिया रोग प्रतिरोधी।

बीज की मात्रा व उपचार

बीज शुद्ध, प्रमाणित व रोग मुक्त होना चाहिए। भंडारित बीज को साफ करके, अंकुरण परीक्षण करने के बाद बोने हेतु उपयोग में लाना चाहिए। बोनी हेतु उन्नत किस्मों का 8–10 किग्रा. बीज प्रति एकड़ के मान से उपयोग करना चाहिए। बुवाई से पूर्व बीज को मिश्रित फफूँदनाशी–कार्बेन्डाजिम + मेनकोजेब की 2 ग्राम मात्रा प्रति किग्रा. बीज दर से उपचारित कर बोना चाहिए ताकि बीज जनित रोगों से छुटकारा मिल सके। साथ ही पीला मोजेक रोग जो कि सफेद मक्खी नामक कीट से फैलता है, के नियंत्रण हेतु इमिडाक्लोप्रिड 48 प्रतिशत एफ.एस. की 2 मिली. मात्रा द्वारा प्रति किग्रा. बीज दर से उपचारित करना चाहिए तत्पश्चात बीज को राइजोबियम कल्चर 5–10 ग्राम प्रति किग्रा. बीज के मान से निवेशित (उपचारित) करना चाहिए।

बुवाई का तरीका

मूंग की बोनी हेतु कतार से कतार के बीच की दूरी 30 सेमी. रखें साथ ही बीज को 3–4 सेमी. की गहराई पर बोएं। जल प्रबंधन व फसल की उत्तम बढ़वार हेतु रेज्ड बेड प्लांटर द्वारा बोनी करें।

बुवाई का समय

ग्रीष्मकालीन मूंग की बुवाई 25 मार्च से 10 अप्रैल तक कर देनी चाहिए। इस अवधि के पष्चात बोनी करने पर पुष्पन अवस्था पर अधिक तापमान के कारण फलियां कम बनती हैं जिस कारण उपज प्रभावित होती है। खरीफ मौसम की फसल की बोनी जून–जुलाई माह में की जाती है। बोनी से पूर्व बीज का उपचार बहुत आवश्यक है ताकि बीज नष्ट न हों एवं प्रति इकाई क्षेत्र में वांछित पौध संख्या प्राप्त हो सके।

खाद व उर्वरक

बेहतर उत्पादन हेतु मृदा परीक्षण की संस्तुति के आधार पर खाद व उर्वरकों का उपयोग करना चाहिए। मूंग की फसल को नत्रजन, फास्फोरस व पोटाश की 20:50:20 किग्रा. प्रति हेक्टेयर मात्रा की आवश्यकता होती है। इस हेतु 40 किग्रा. डीएपी व 13 किग्रा. म्यूरेट ऑफ पोटाश अथवा 15 किग्रा. यूरिया, 100–120 किग्रा. सिंगल सुपर फास्फेट व 13 किग्रा. म्यूरेट ऑफ पोटाश प्रति एकड़ उपयोग करना चाहिए। इसके अतिरिक्त 12–15 क्विंटल कम्पोस्ट प्रति

एकड़ उपयोग करना चाहिए। साथ ही फॉस्फेट उर्वरकों यथा डीएपी, सिंगल सुपर फास्फेट की तत्व उपयोग दक्षता वृद्धि हेतु पी.एस.बी. कल्चर 2 किग्रा. प्रति एकड़ एवं माइकोराइजा 3 किग्रा. प्रति एकड़ की दर से कम्पोस्ट के साथ प्रयोग करना चाहिए।

सिंचाई

ग्रीष्मकालीन मूंग की फसल को 5–6 सिंचाइयों की आवश्यकता पड़ती है। शाखा बनते समय, फलियां बनते समय तथा दाना भरते समय सिंचाई करना चाहिए। सिंचाई अधिक करने से नींदा अधिक आते हैं। अतः 15 एवं 30 दिनों के बाद खेत से नींदा निकालना चाहिए। खरीफ मौसम की फसल में जल भराव होने की दशा में अतिरिक्त पानी खेत से बाहर निकाल देना चाहिए।

खरपतवार नियंत्रण

फसल एवं खरपतवार की प्रतिस्पर्धा की अंतिम अवधि वुवाई के 15–30 दिनों तक रहती है इस बीच निंदाई करने या डोरा चलाने से खरपतवार नश्ट हो जाते हैं साथ ही भूमि में वायु का संचार होता है जिससे पौधों की ग्रंथियों में क्रियाशील जीवाणुओं द्वारा वायुमण्डलीय नत्रजन एकत्रित करने में सहायता मिलती है। रासायनिक नियंत्रण हेतु बोनी के बाद तथा अंकुरण के पूर्व एलाक्लोर 50 ई.सी. 2 लीटर या पेंडिमिथलीन 30 ई.सी. 3 लीटर को 600–700 लीटर पानी में मिलाकर प्रति हेक्टेयर के मान से भूमि में छिड़काव करें तत्पष्चात् 25–30 दिन की अवस्था पर निदाई करें। खड़ी फसल में नीदा नियंत्रण हेतु इमेजाथापर की 1.0 ली मात्रा अथवा इमेजाथापर + इमेजामोक्स की 75 ग्राम मात्रा फसल की 15–20 दिन की अवस्था पर छिड़काव करना चाहिए।

पौध संरक्षण

प्रमुख रोग

पर्णदाग रोग : मूंग की फसल पर पर्णदाग का प्रकोप होता है जिसमें पत्तियों पर भूरे रंग के धब्बे बनते हैं जो फैलकर पूरे पौधे को झुलसा देती है। साथ ही भभूतिया रोग का प्रकोप होता है। इस रोग में पत्तियों पर सफेद चूर्ण जमा हुआ दिखता है। दोनों ही रोगों के नियंत्रण हेतु कार्बेन्डाजिम की एक ग्रम मात्रा प्रति लीटर पानी में घोलकर छिडकाव करें।

भभूतिया रोग : इस रोग के कारण पत्तियों पर सफेद रंग का पाउडर जमा हो जाता है नियंत्रण हेतु घुलनशील गंधक की 500 ग्राम मात्रा 200 ली0 पानी में अथवा 100 ग्राम कार्बेन्डाजिम को 200 लीटर पानी में घोलकर छिड़काव करें।

पीत शिरा रोगः विषाणु जनित पीत षिरा रोग (येलो मोजेक) का प्रकोप मूंग की फसल में प्रमुखता से होता है। जिससे 50 से 80 प्रतिशत तक उपज में कमी होती है। रोग के लक्षण वुवाई के 4–5 सप्ताह बाद दिखने लगते हैं। सर्वप्रथम पत्तियों पर गोलाकार पीले रंग के धब्बे दाने के आकार के बनते है जो धीरे–धीरे बढ़कर हरे पीले से चकत्तों के रूप में बदल जाते हैं तथा धीरे–धीरे पूरी पत्ती पीली पड़ कर सूख जाती है। रोग का प्रसारण सफेद मक्खी नामक रसचुसक कीट द्वारा होता है। रोग नियंत्रण हेतु प्रतिरोधी जातियों खेत में खरपरवार सहित रोगी पौधों को समय समय पर निकालकर नष्ट करें व वाहक कीट सफेद मक्खी से बचाव हेतु बीज का इमिडाक्लोप्रिड 600 (48 प्रतिशत) अथवा थायोमेथोक्सिम 70 डब्ल्यु.पी. 3 ग्राम मात्रा द्वारा प्रति कि.ग्रा. की दर से उपचारित कर बोयें एवं आवश्यकता पड़ने पर एसिटामिप्रिड़ या इमिडाक्लोप्रिड की 100 मिली. ग्राम या थायोक्लोप्रिड 21.7 एस.सी. की 300 मि.ली. मात्रा प्रति एकड़ के मान से छिड़काव करें।

समन्वित रोग प्रबन्धन

- गर्मी में खेत की गहरी जुताई करें।
- रोग प्रतिरोधी अथवा सहनशील किस्मो का चयन करें।
- प्रमाणित एवं स्वस्थ बीजो का प्रयोग करें।
- समय से बुबाई करें।
- पीला चितकबरी (मोजैक) रोग के प्रबंधन के लिये बीज की बुवाई जुलाई के प्रथम सप्ताह तक कतारों में करें प्रारम्भिक अवस्था में रोग ग्रसित पौधों को उखाडकर नष्ट करें। यह रोग विषाणु जनित है जिसका वाहक सफेद मक्खी कीट है जिसे नियंत्रित करने के लिये ट्रायजोफॉस 40 ईसी, 2 मिली प्रति लीटर अथवा थायोमेथोक्साम 25 डब्लू. जी. 2 ग्राम/ली. या डायमेथोएट 30 ईसी, 1 मिली./ली. पानी में घोल बनाकर 2 या 3 बार 10 दिन के अन्तराल पर आवश्यकतानुसार छिड़काव करें।

- सर्कोस्पोरा पर्णदाग रोग के लक्षण दिखाई देने पर मेन्कोजेब 75 डब्लू. पी. की 2.5 ग्राम लीटर या कार्बेन्डाइजिम 50 डब्लू. पी. की 1 ग्राम/ली. दवा का घोल बनाकर 2–3 बार छिड़काव करें।
- एन्थ्राक्नोज रोग के प्रबंधन के लिये फफूँदनाशक दवा जैसे मेन्कोजेब 75 डब्लू. पी. 2.5 ग्राम/ली. या कार्बेन्डाजिम 50 डब्लू. पी. की 1ग्राम/ली. का छिड़काव बुबाई के 40 एवं 55 दिन पष्चात करें।
- भभूतिया (पावडरी मिल्डयू) रोग के लक्षण दिखाई देने पर कैराथन या सल्फर पाउडर 2.5 ग्राम/ली. पानी की दर से छिड़काव करें।

प्रमुख कीट

फलीछेदक कीट – यह कीट प्रारंभ में हरी मुलायम पत्तियों को खाता है। फली बनने पर फलियों में छेदकर दानों को खाकर क्षति पहुँचाता है। हेलिकोवर्पा, तम्बाकू की सुंडी एवं चित्तीदार फली छेदक कीट प्रमुख रूप से क्षति पहुँचाते है। इनके जैविक प्रबंधन हेतु वैसिलस थुरिनजैन्सिस की 1 किग्रा/हेक्टेयर अथवा एच.एन.पी.व्ही.–250 एल.ई की 1 मिली अथवा निम्बोली का सत 5 प्रतिशत की 50 ग्राम मात्रा प्रति लीटर अथवा 3000 पी.पी.एम नीम की तेल की 20 मिली मात्रा का प्रति लीटर पानी की दर से घोल बनाकर छिड़काव करें। रसायनिक प्रबंधन हेतु इमामेक्टिन बेन्जोएट की 5 एस.जी. की 0.2 ग्राम मात्रा अथवा प्रोपेनोफॉस 50 ई.सी. की 2 मिली अथवा रिनाक्सीपायर 20 एस.सी. की 0.15 मिली. मात्रा का प्रति लीटर पानी की दर से घोल बनाकर छिड़काव करें।

जेसिड्स – इसके शिशु, वयस्क कोमल व नरम पत्तियों का रस चूसकर नुकसान पहुँचाते हैं। सफेद मक्खी विर्षाणुजनित पीत रोग का भी संचारण रोगी पौधों से स्वस्थ पौधों तक करती है। पूर्व के वर्षों में यदि इस कीट/रोग का प्रकोप हुआ हो तब थायोमेथोक्सेम 70 प्रतिशत की 3 ग्राम मात्रा द्वारा प्रति किग्रा बीज को उपचारित कर बुवाई करें।

सफेद मक्खी – यह कीट पौधों के कोमल भागों का रस चूसकर क्षति पहुँचाती है। तथा पीत विषाणु रोग के प्रसार में महत्वपूर्ण भूमिका निर्वहन करती है। सफेद रंग का यह कीट पत्तियों की निचली सतह पर रहकर रस चूसती है। इस कीट के प्रबंधन हेतु रोगग्रस्त पौधो को उखाड़कर गाड़ दें या जला दें। इनके रासायनिक प्रबंधन हेतु इमिडाक्लोप्रिड–17.8 एस.एल की 0.2 मिली. प्रति

लीटर अथवा एसीफेट–75 एस.पी. की एक ग्राम मात्रा का प्रति लीटर की दर से घोल बनाकर छिड़काव करें अथवा नीम के तेल (3000 पी.पी.एम) की 20 मिली. प्रति लीटर की दर से घोल बनाकर छिड़काव करें।

उपज

उन्नत सस्य क्रियाएं व पैाध संरक्षण अपनाने पर 10–12 क्विंटल मूंग प्रति हेक्टेयर प्राप्त होती है। इस प्रकार 60 से 70 दिन में एक एकड़ क्षेत्र में 7000–8000 रु. की लागत से 16000–18000 रु0 की शुद्ध आय प्राप्त होती है।

मूंग का अधिक उत्पादन लेने के लिए प्रमुख बिन्दु

- स्वस्थ एवं प्रमाणित बीज का उपयोग करें।
- सही समय पर बुवाई करें, देर से बुवाई करने पर उपज कम हो जाती है।
- किस्मों का चयन क्षेत्रीय अनुकूलता के अनुसार करें।
- बीजोपचार अवश्य करें जिससे पौधों को बीज एवं मृदा जनित बीमारियों से प्रारंभिक अवस्था में प्रभावित होने से बचाया जा सके।
- मिट्टी परीक्षण के आधार पर संतुलित उर्वरक उपयोग करें जिससे भूमि की उर्वरा शक्ति बनी रहती है जो टिकाऊ उत्पादन के लिए जरूरी है।
- खरीफ मौसम में मेड नाली पद्धति से बुबाई करें।
- समय पर खरपतवारों नियंत्रण एवं पौध संरक्षण करें जिससे रोग एवं बीमारियों का समय पर नियंत्रण किया जा सके।

अरहर

अरहर मध्य प्रदेश की एक प्रमुख दलहन फसल है जो कि खरीफ मौसम में उगायी जाती है। प्रदेश में अरहर की खेती लगभग 4 लाख हेक्टेयर में की जाती है तथा उत्पादकता 870 किग्रा प्रति हेक्टेयर है। जो इसकी उत्पादन क्षमता (2500–3000 किग्रा/हेक्टेयर) से काफी कम है अतः इसका उत्पादन बढ़ने की प्रबल संभावना है। अरहर गहरे जड़ वाली फसल है अतः वायुमण्डलीय नत्रजन का स्थिरीकरण पर्याप्त मात्रा में कर मृदा उर्वरता में वृद्धि करती है। अरहर की दाल में प्रोटीन की प्रचुरता के साथ–साथ लोहा व आयोडीन जैसे तत्व भरपूर मात्रा में होते हैं। दलहनी फसलों की उत्पादकता कम होने के कारण प्रति व्यक्ति दाल की उपलब्धता लगभग 30 ग्राम प्रतिदिन है जो विश्व स्वास्थ्य संगठन की अनुषंसा (80 ग्राम/व्यक्ति/दिन) से काफी कम है। प्रदेश में अरहर की कम उत्पादकता के प्रमुख कारण हैं अनुपयुक्त प्रजातियों का चयन एवं अधिक पौध संख्या, सीमांत एवं कम उपजाऊ भूमियों में अरहर की खेती, अनुचित फसल प्रबंधन एवं असंतुलित उर्वरक उपयोग, अधिक या कम वर्षा से फसल पर प्रतिकूल प्रभाव, दाना भरते समय कम नमी व पाले के प्रकोप से उपज पर प्रतिकूल प्रभाव तथा बीमारियों एवं कीड़ों के संक्रमण से फसल पर प्रतिकूल प्रभाव। उत्तम फसल प्रबंधन हेतु सामयिक सस्य क्रियायें यथा खरपतवार प्रबंधन एवं कीट व्याधि प्रबंधन सुगमतापूर्वक कर अरहर का विपुल उत्पादन प्राप्त किया जा सकता है।

उन्नत शस्य कियाएं

हल्की दुमट या मध्यम प्रकार की प्रचुर स्फुर वाली भूमि जिसमें पानी का निकास अच्छा हो अरहर के लिए उपयुक्त है खेत की उपयुक्त तैयारी हेतु गर्मी में मिट्टी पलटने वाले हल से खेत की गहरी जुताई करें तथा देशी हल या बखर से दो जुताई करके मिट्टी को भुरभुरी कर लें। वर्षा आरंभ होने के बाद बखर चलाकर घास फूस निकास कर खेत तैयार करें।

मानसून के आते ही अरहर की बुवाई करना चाहिये। सबसे उपयुक्त समय जून के अंतिम सप्ताह से जुलाई के प्रथम सप्ताह तक रहता है। किन्तु देर से वर्षा होने या लगातार वर्षा होने के कारण बुवाई में देरी हो जाये तो

अरहर की जल्दी पकने वाली किस्मों की बोनी किसान भाई कर सकते है। बोने से पहले बीज को फफूंदनाषक दवा थाइरम 2 ग्राम तथा कार्बेन्डाजिम 1 ग्राम को मिलाकर प्रति किलो बीज की दर से उपचारित कर लें अथवा मिश्रित फफूंदनाशक कार्बेन्डाजिम + मेंकोजेब की 2 ग्राम मात्रा से उपचारित करें। नई भूमि पहली बार अरहर की बुआई के समय राइजोबियम कल्चर एवं पी.एस.बी. की 5–5 ग्राम मात्रा प्रति किलो बीज की दर से मिलाकर बुआई करें। बीज 2. 5 से 5 से.मी. गहराई में कतारों में बोयें।

पकाव अवधि के अनुसार बीज दर एवं अंतरण

क्र.स.	पकने की अवधि	बीज दर किलो/हे.	बुआाई का अंतरण
1	शीघ्र पकने वााली जातियॉ	30	30 X 10
2	मध्यम समय में पकने वााली जातियॉ	20	50 X 15
3	देरी से पकने वाली जातियॉ	20	60 X 20
4	अधिक देरी से पकने वाली जातियॉ	15	75 X 25

अरहर की प्रमुख उन्नत प्रजातियॉ

क्र.स.	किस्म का नाम	अवधि दिन	औसत उपजक्वि. हें.	विशेषतायें
1	प्रगति (आई. सी. पी. एल.–87)	135–140	12–15	उकटा सहनशील
2	जागृति (आई. सी. पी. एल.87–151)	135–140	15–20	विषाणु रोग के लिये प्रतिरोधी
5	जवाहर अरहर–4	160–170	15–20	उकटा अवरोधी, सूखा तथा फलीछेदक सहनशील
6	जे.के.एम.–7	165–170	15–20	उकटा रोधी
7	जे.के.एम.–189	165–170	15–20	उकटा रोधी
8	टी. जे. टी.–501	145–150	15–20	उकटा रोधी

9	आशा (आई. सी. पी. एल. 87–119)	180–195	18–20	उकटा रोग अवरोधी
10	ग्वालियर–3	220–250	18–20	देरी से पकने वाली
11	बी.एस.एम.आर. 853 (वैशाली)	150–160	18–20	उकटा अवरोधी, मध्यम अवधि
12	बी.एस.एम.आर. 736	150–160	18–20	उकटा अवरोधी, मध्यम अवधि

पोषक तत्व प्रबंधन :– भूमि की भौतिक दशा को ठीक रखने के लिये 5 टन गोबर की खाद अथवा 2 टन वर्मी कम्पोस्ट अथवा 2 टन बायोगैस स्लरी को खेतों में डालें। मृदा परीक्षण की सिफारिश के अनुसार रासयनिक उर्वरकों का उपयोग करें। सामान्यतः अरहर फसलों हेतु प्रति हेक्टेयर 20 किग्रा नत्रजन व 50 किग्रा फास्फोरस व 20 किग्रा पोटाश की आवश्यकता होती है जिसकी पूर्ति 100 किग्रा डी.ए.पी. व 33 किग्रा म्यूरेट ऑफ पोटाश से हो जाती है। बुवाई पूर्व अरहर के बीज को राइजोबियम जैव उवर्रक की 10 ग्रा0 मात्रा तथा स्फुर घोलक जीवाणु की 5 ग्रा0 मात्रा प्रति किग्रा बीज के हिसाब से निवेशित कर बोयें।

खरपतवार प्रबंधन :– बोनी के 20 – 25 दिन बाद हस्तचलित हो या कुल्फा चलायें जिससे खरपतवार नष्ट होने के साथ साथ भूमि में वायु संचार भी होता है जिससे फसल की बढ़वार ठीक होती है। रासायनिक विधि से नियंत्रण में शाकनाशी रसायनों की अनुसंशित मात्रा को लगभग 600 मीटर पानी में घोल बनाकर प्रति हेक्टेयर के मान से फ्लेटफेन नोजल लगाकर निर्धारित समय पर समान रूप से छिड़काव करें।

शाकनाशी का नाम	**मात्रा / हेक्टेयर**	**प्रयोग**	**खरपतवार नियंत्रण**
फ्लूक्लोरालिन	3000 मिली0	बुवाई पूर्व	समस्त खरपतवार
पेंडीमेथेलीन	3000 मिली0	बुवाई के बाद अंकुरण पूर्व	संकरी पत्ती वाले
इमेजाथाईपर	750 मिली0	बुवाई पश्चात् 15–20 दिन बाद	संकरी व चौड़ी पत्ती वाले

सिंचाई एवं जल निकास व्यवस्था

यदि सिंचाई की सुविधा उपलब्ध हो तो फसल में फूल आने के पूर्व एक सिंचाई लाभप्रद होगी। अरहर की फसल अधिक पानी भरने की स्थिति में मर जाती है अतः किसान भाई खेत में वर्षा के पानी को न ठहरने दें उचित जल निकास की व्यवस्था अवष्य करें।

अरहर के साथ अंतवर्तीय फसल पद्धति

- लम्बी अवधि की वर्षा आधारित फसल होने व जोखिम के कारण किसानों का ध्यान कम अवधि की फसलों की ओर आकर्षित हुआ है। साथ ही जलवायु परिवर्तन के कारण तापमान में वृद्धि के कारण कम फूल आना व कम दाना बनने से उत्पादन लगातार कम हो रहा है। वर्षा आधारित क्षेत्रों में जहाँ मुख्य रुप से अरहर की फसल ली जाती है वहाँ उन्नत तकनीकी पर आधारित अरहर– सोयाबीन (2:4) या अरहर–ज्वार (2:2) अंतवर्तीय फसल पद्धति को अपनाकर प्रति इकाई क्षेत्र से फसल चक्र के सिद्धान्त के अनुरूप अन्तर्वर्ती फसलों की खेती करने पर सभी फसलों की कतारों की दूरी 30 सेमी. रखना चाहिए। दलहनी फसल के साथ ज्वार लेकर भूमि की उर्वरा शाक्ति का समुचित उपयोग कर सकते हैं।
- ज्वार या मक्का के साथ–अरहर की एक कतार+ज्वार या मक्का की एक या दो कतार या अरहर की दो कतार+ज्वार/मक्का की 4 कतार।
- अरहर की 2 कतार + मूँगफली या सोयाबीन की 4 कतार।
- अरहर की एक कतार + मूँग/उड़द की 2 कतार।
- अरहर की एक कतार + तिल की 3 कतार

रोपण विधि अरहर की द्वारा खेती

रोपण हेतु अरहर की उपयुक्त प्रजातियॉ

उकठा रोधी एवं विषाणु जनित बंध्य रोग के प्रति प्रतिरोधक क्षमता वाली प्रजातियॉ जिनकी अवधि 140 से 180 दिन हो, रोपण हेतु उपयुक्त होती हैं। मध्य प्रदेश हेतु शीघ्र पकने वाली उपयुक्त उन्नतशील प्रजातियां यथा प्रगति (आई.सी.सी.पी.एल. 87), उपास–120, टी.जे.टी. 501, खरगौन–2, मारूति (आई.सी.पी. 8863) तथा मध्यम अवधि की प्रजातियां यथा जे.के.एम.–7, जे.के.एम. 189, आई. सी.पी.एल. 87119 (आशा), बी.एस.एम.आर. 853 (वैशाली), जवाहर अरहर–4, बी.एस.एम.आर. 736 एवं आई.सी.पी.एच. 2671 (विजया) रोपण विधि से खेती हेतु उपयुक्त हैं।

बीजदर व बीजोपचार

रोपण विधि में बीज की मात्रा 2 किग्रा/हेक्टेयर पर्याप्त होती है। उकठा एवं जड़ गलन रोग से बचाव हेतु बीज को ट्राइकोडर्मा विरडी द्वारा 5 ग्राम प्रति किग्रा बीज की दर से उपचारित करें। तत्पष्चात् राइजोबियम फेसियोलाई व पी.एस.बी. कल्चर द्वारा 5 ग्राम/किग्रा बीज के हिसाब से निवेशित कर छायादार स्थान में सुखा लें।

नर्सरी की तैयारी व समय

नर्सरी हेतु 6″ X 3″ या 5″ X 3″ आकार की पॉलीबैग लेकर इन्हें गोबर की खाद मिश्रित मिट्टी द्वारा भर दें तथा इन्हें छायादार स्थान पर रख दें। मई के मध्य अथवा 15 से 20 मई तक इनमें उपचारित बीज के एक–एक दानों की बुवाई कर प्रतिदिन सिंचाई करते रहें। एक सप्ताह बाद इनमें अंकुरण व इसके एक सप्ताह बाद पौधे चार पत्ती के हो जायेंगे। 25 से 30 दिन की नर्सरी होने पर इनकी रोपाई कर देनी चाहिए।

खेत की तैयारी एवं रोपण

ग्रीश्म ऋतु में खेत की गहरी जुताई करें ताकि खरपतवार के बीज, कीड़ों के अण्डे, लार्वा आदि नष्ट हो जायें। रोपाई से पूर्व गोबर की खाद 4–5 टन अथवा केंचुआ खाद 2 से 2.5 टन प्रति हेक्टेयर प्रयोग करें, यदि संभव हो तो पौध रोपण मेड़ों पर करें ताकि अधिक अथवा कम वर्षा से फसल प्रभावित न हो।

पौध अंतरण एवं अन्तराशस्यन

नर्सरी 25–30 दिन की होने पर पौधों को पॉलीथिन बैग से निकालकर खेत में रोपाई करें। रोपाई विधि में पौधे से पौधे की दूरी 90 सेमी. तथा कतार से कतार की दूरी 150 से.मी. रखनी चाहिए। मध्यम अवधि की किस्मों में कतार से कतार की दूरी 180 से.मी. या अधिक रखी जा सकती है। अन्तराशस्यन फसल के रूप में सोयाबीन, अदरक व तिल की बोनी 1:3 (मुख्य व अंतराशस्यन फसल) के अनुपात में तथा प्याज की बोनी 1:8 के अनुपात में की जा सकती है।

पोषक तत्व प्रबंधन

रोपण विधि में सम्पूर्ण खेत में पोषक तत्वों को उपयोग के बजाय पौधावार तत्वों का प्रयोग करने से पौध अवषीषण बढ़ता है तथा तत्वों का ह्रास बहुत कम होता है जिसके फलस्वरूप उत्पादन में वृद्धि होती है। रोपाई के 4–6 दिन पश्चात् पौधावार पोषक तत्वों का उपयोग थाले में करना चाहिए। विभिन्न अंतरण पर पौध संख्या एवं प्रति पौधा तत्वों का उपयोग तालिका–1 में दर्शित है।

तालिका–1 प्रति पौधा पोषक तत्व व उर्वरकों की मात्रा (ग्राम में)

क्रं.	पौध अंतरण (सेमी)	पौध संख्या / एकड	नत्रजन	स्फुर	पोटाष	जिंक	यूरिया	सिं. सु. फास्फेट	म्यूरेट ऑफ पोटाश	जिंक सल्फेट (21%)
1	150X 90	2904	3.4	6.88	1.72	0.41	7.38	43.00	2.87	2.06
2	180 X 90	2420	4.13	8.26	2.06	0.49	8.96	51.63	3.44	2.47
3	210 X 75	2490	4.01	8.03	2.00	0.66	8.70	50.18	3.34	3.30
4	210 X 90	2074	4.82	9.64	2.41	0.58	10.46	60.25	4.02	2.89
5	240 X 75	2178	4.60	9.18	2.29	0.55	9.98	57.38	3.82	2.75
6	240 X 90	1815	5.50	11.01	2.75	0.66	11.94	68.81	4.59	3.30

शीर्ष कलिका विच्छेदन

रोपाई के 20 दिन बाद प्रत्येक पौधे की षीर्श कलिका को तोड़ देना चाहिए। इस प्रक्रिया से पौधों में षाखाएँ अधिक निकलती हैं जिसके फलस्वरूप पैदावार में बढ़ोत्तरी होती है।

निंदाई–गुड़ाई एवं खरपतवार प्रबंधन

रोपण के 20–25 दिन बाद प्रथम एवं फूल आने से पूर्व द्वितीय निंदाई हस्तचलित हो या कुल्पा द्वारा करनी चाहिए ताकि खरपतवार नियंत्रण के साथ–साथ मिट्टी में पर्याप्त वायु संचार बना रहे एवं फसल की बढ़वार ठीक हो। रासायनिक विधि से नियंत्रण में षाकनाशी रसायनों यथा फ्लूक्लोरोलिन या पेंडीमेथेलीन की व्यवसायिक मात्रा 3 लीटर प्रति हेक्टेयर रोपण पूर्व अथवा इमाजाथाईपर 750 मि0ली0 लगभग 600 लीटर पानी में घोल बनाकर प्रति हेक्टेयर के मान से रोपण पष्चात् 15–20 दिन बाद फ्लेट फेन नोजल लगाकर निर्धारित समय पर समान रूप से छिड़काव करें।

सिंचाई

विभिन्न क्रांतिक अवस्थाओं यथा रोपण के समय, फूल आने से पूर्व व फली आते समय सिंचाई आवश्यक रूप से करनी चाहिए।

प्रमुख रोग–कीट व उनका एकीकृत नियंत्रण

अ. प्रमुख रोग– अधिक वर्षा वाले क्षेत्रों में जहां पानी ठहरता हो वहां फाइटोप्थोरा ब्लाइट रोग से अधिक हानि होती है। रोग के लक्षण पौधे के मुख्य तने या शाखाओं पर वर्षा के बाद गहरे भूरे रंग के धब्बों के रूप में प्रकट होते हैं इस स्थान पर तना कमजोर होकर टूट जाता है।

सूखा रोग (उकठा या विल्ट)– अरहर उगाने वाले क्षेत्रों में सबसे अधिक हानि इसी रोग द्वारा होती है। रोग जनक फ्यूजेरियम उडम मृदा में रहती है व अरहर के पौधों में जड़ों के माध्यम से प्रवेश कर उसके संवहन तंत्र को अवरुद्ध करती है जिससे धीरे–धीरे पूरा पौधा सूख जाता है। इन प्रभावित पौधों के तने की छाल निकालने पर लंबाई में गहरे भूरे रंग की काली धारियां तने पर दिखती हैं।

ब. प्रमुख कीट– अरहर की इल्ली पीली, हरी, गुलाबी, भूरी या काली होती है व इनके शरीर के किनारों पर हल्की एवं गहरी धारियां होती हैं, छोटी इल्लियां हरे पदार्थ को खुरचकर खाती है, बड़ी इल्लियां कलियां, फूलों एवं फलियों को नुकसान पहुंचाती है। प्रौढ़ कीट भूरे रंग की होती है, अगले पंखों में सेम की बीज के समान एक–एक काला धब्बा रहता है। पिछले पंखों के बाहरी किनारों पर काली पट्टी रहती है।

फली बग (पॉड बग)– भूरे व हरे रंग के फली वग पौधों के विभिन्न कोमल भागों से रस चूसकर नुकसान पहुंचाते हैं। आरंभिक अवस्था में ये अपने सुई जैसे मुखांग से कोमल तनों, पत्तियों व फूल फलियों का रस चूसते हैं बाद में फल्लियों के नरम दानों का रस चूसते हैं फसलस्वरूप फल्लियां सिकुड़ जाती हैं व दाने छोटे तथा सिकुड़े बनते हैं।

पिच्छी की शलभ– इसकी इल्लियां हरे या भूरे रंग की होती हैं तथा शरीर में छोटे–छोटे रूयें तथा धारियां रहती हैं। प्रौढ़ भूरे रंग का होता है इसके आगे के पंखों मे सफेद धब्बा रहता है व पिछले पंखों में एक–एक काला धब्बा रहता है। इस कीट की इल्लियां पुश्प कलिका एवं पुष्पों को खाती हैं, फलियां आने पर यह फलियों में छेद करके अंदर घुस जाती हैं व दानों को खाती हैं।

स. एकीकृत नियंत्रण

- गर्मियों में गहरी जुताई करें, में पूर्व लगी अरहर की फसल के अवर्षेषों

को इकट्ठा कर नश्ट करें तथा अच्छे जल निकास वाले खेतों में अरहर लगाएं।

- बीज को फफूंदनाषक दवा थायरम + बाविस्टीन (2:1) की 3 ग्राम मात्रा या ट्राइकोडर्मा की 10 ग्राम मात्रा द्वारा प्रति किलोग्राम बीज की दर से उपचारित कर बोयें।
- 50 प्रतिशत पुष्पन पूर्ण होने पर फ्लूबेन्डामाइड 480 एस. सी. 125 ग्राम दवा को 700–800 लीटर पानी में घोलकर प्रति हेक्टेयर की दर से छिड़काव करें।
- प्रथम छिड़काव के लगभग 20 दिन बाद जबकि फलियां बन चुकी हों तब डायमिथियेट 30 ई.सी. 1 लीटर या मिथाइल डेमेटान 25 ई.सी. 1 लीटर दवा 700–800 लीटर पानी में घोलकर प्रति हेक्टेयर छिड़काव करें।

कटाई एवं गहाई

जब पौधों की पत्तियॉ गिरने लगें व फलियॉ सूखकर भूरे रंग की हो जायें तब फसल कटाई का उपयुक्त समय होता है। कटाई उपरांत फसल को खलिहान में सुखाकर ट्रेक्टर अथवा बैलों द्वारा गहाई करनी चाहिए। बीज को 8–10 प्रतिशत नमी की अवस्था पर भण्डारित करना चाहिए।

उपज

परंपरागत पद्धति द्वारा अरहर की खेती कर 18–20 एवं रोपण विधि द्वारा 25–30 क्विंटल प्रति हेक्टेयर उपज प्राप्त की जा सकती है।

चना

चना, रबी मौसम की प्रमुख दलहनी फसल है जो कि मृदा की उत्पादकता को नत्रजन स्थिरीकरण के माध्यम से टिकाऊ बनाता है। चना की गहरी जड़ भूमि में काफी गहराई तक जाती है जिसमें मृदा में वायुसंचार अच्छी तरह से होता है। परम्परागत पुरानी किस्मों का उपयोग, चने में लगने वाला फली छेदक व उक्ठा रोग का प्रकोप इसकी उत्पादकता में प्रमुख बाधा हैं।

खेत की तैयारी

खेतों में अक्टूबर के प्रारम्भ में जुताई कर कचड़ा एकत्र कर नश्ट कर देना चहिये तत्पश्चात पलेवा लगायें। बतर आने पर जुताई करें व पाटा लगाकर बुवाई का कार्य करें।

बीजदर व उन्नतशील प्रजातियाँ

बीज स्वस्थ, सुडौल, रोगरहित होना चाहिए। देशी चने की 75 कि0ग्रा0 जबकि बड़े आकार के काबुली चने की 125 कि0ग्रा0 मात्रा प्रति हें. के मान से उपयोग करना चाहिए ताकि एक वर्ग मीटर क्षेत्र में 25–30 पौधे हों। लाइन से लाइन 30 से0मी0 तथा पौधे से पौधे की दूरी 10 सेमी. चाहिए।

कमांक	किस्म	अवधि	उपज (कि0/हे0)	विशेशतायें
1.	जी0जी0 130	110	18–20	उक्ठा प्रतिरोधी, इल्ली हेतु सहनशील
2.	जे0 जी0 16	112	18–20	उक्ठा निरोधी
3.	जे0 जी0 11	100	15	उक्ठा निरोधी, सिंचित व असिंचित क्षेत्रों हेतु उपयुक्त
4.	जे0 जी0 74	120–125	15–18	उक्ठा व भण्डारण कीट रोधी, देर से बोनी हेतु उपयुक्त
5.	जे0 जी0 63	120–125	15–18	उक्ठा व भण्डारण कीट रोधी, देर से बोनी हेतु उपयुक्त
6.	आई0सी0सी0व्ही0 10 (विजय)	115–120	15–18	उक्ठा निरोधी, बड़ा दाना

7.	जे0 के0 जी0 1	120–125	15–18	उक्ठा प्रतिरोधी, छोले वाली किस्म
8.	जे0 जी0 12	105–115	18–20	उक्ठा निरोधी, सिंचित व असिंचित क्षेत्रों हेतु उपयुक्त
9.	जे0 जी0 12	100–105	18–19	देर से बोनी हेतु उपयुक्त, तापरोधी, उक्ठा, ड्राय रूट रॉट व हेलिकोवर्पा के प्रति मध्यम रोधी
10.	जे0 जी0 36	110–120	18–20	सिंचित व असिंचित क्षेत्रों हेतु उपयुक्त, उक्ठा के प्रति सहनशील
11.	आर.व्ही.जी. 202	102	20	सिंचित व देर से बोनी हेतु उपयुक्त, शुष्क जड़ सड़न व पद सड़न के प्रति मध्यम रोधी
12.	आर.व्ही.जी. 203	100	19	सिंचित व देर से बोनी हेतु उपयुक्त, शुष्क जड़ सड़न के प्रति मध्यम रोधी

बीजोपचार

बीज की मृदा जनित फफूंदिगों से सुरक्षा हेतु बोनी से पूर्व बीजोपचार आवश्यक है अतः कार्बेन्डाजिम की 2 ग्राम मात्रा अथवा कार्बोक्सिन 2 ग्राम + ट्राइकोडर्मा विरिडी 5 ग्राम अथवा मिश्रित फफूंदनाशी कार्बेन्डाजिम + मेन्कोजेब की तीन ग्राम मात्रा अथवा मिश्रित फफूंदनाशी थायरम + कार्बोक्सिन की 2 ग्राम मात्रा द्वारा प्रति किग्रा0 की दर से उपचारित करें। फफूंदनाशक दवा से उपचार के पष्चात् 5 ग्राम राइजोबियम व 5 ग्राम पी.एस.बी. से बीज को निवेशित करना चाहिये। राइजोबियम जीवाणु, पौधों में जड़ ग्रंथियों की संख्या बढ़ाने में सहायक होते हैं तथा पी.एस.बी. कल्चर जमीन में स्थिर स्फुर को घुलनशील अवस्था में लाकर पौधों को उपलब्ध करवाता है।

उर्वरकों का उपयोग

मृदा परीक्षण की संसतुति के आधार पर उर्वरकों का उपयोग करना चाहिये। सामान्यतौर पर दलहनी फसल होने के कारण चने को 20 कि.ग्रा. नत्रजन व 60 कि.ग्रा. फास्फोरस 20 कि.ग्रा. पोटाश की आवश्यकता सिंचित अवस्था में जबकि असिंचित अवस्था में 10 कि.ग्रा. नत्रजन व 30 कि.ग्रा.

फॉस्फोरस की आवश्यकता होती है जिसकी पूर्ति निम्न में से किसी एक उर्वरक समूह से की जा सकती है।

सिंचित अवस्था में उर्वरक की मात्रा	**असिंचित अवस्था में उर्वरक की मात्रा**
डी.ए.पी. 100 कि.ग्रा. + म्यूरेट ऑफ पोटाश 30 कि.ग्रा (प्रति हे.)	डी.ए.पी. 50 कि.ग्रा. प्रति हे.
एन. पी. के. (12:32:16) 150 कि.ग्रा. (प्रति हे.)	एन.पी.के. (12:32:16) 60 कि.ग्रा. प्रति हे.
यूरिया 40 कि.ग्रा.+ सुपर फास्फेट 350 कि.ग्रा + म्यूरेट ऑफ पोटाश 30 कि.ग्रा.	यूरिया 20 कि.ग्रा.+ सुपर फास्फेट 180 कि.ग्रा

खरपतवार नियंत्रण

- फसल व खरपतवारों की प्रतिस्पर्धा अवधि 30 दिन तक रहती है। अतः बुवाई के 25–30 दिन बाद निंदाई कर खरपतवार निकालें ताकी नमी का ह्रास न हो। प्रथम निदाई बुवाई के 20–25 दिन बाद व दूसरी निदाई 40–45 दिन की अवस्था पर करें अथवा
- खेत तैयार करते समय बोने के पूर्व फ्लूक्लोरोलिन 45 ई.सी. 2 कि.ग्रा. अथवा बोनी के बाद तथा अंकुरण के पूर्व पेंडिमिथलीन 30 ई.सी. 2.5 लीटर को 500–600 लीटर पानी में मिलाकर प्रति हेक्टेयर के मान से भूमि में छिड़काव करने से खरपतवार प्रारंभिक अवस्था में जम नहीं पाते तत्पश्चात् 25–30 दिन की अवस्था पर निदाई करें अथवा
- निंदाई करने के बाद जब चना के पौधे लगभग 20–25 से0मी0 के हों अथवा फूल अवस्था से पूर्व शीर्ष शाखाए तोड़ना चाहिए जिससे उपज में वृद्धि होती है। असिंचित अवस्था में शीर्ष शाखाए नहीं तोड़ना चाहिए।

सिंचाई

चने की फसल में 45–60 दिन के भीतर सिंचाई करें। ध्यान रहे कि फूल आते समय सिंचाई न करें। हल्की भूमि में नमी होने पर फली लगते समय भी सिंचाई की जानी चाहिए।

चने में पौध संरक्षण कार्य

1 **दीमक** – दीमक सर्वव्यापी कीट है। ये जमीन में सुरंगे बनाते हैं और पौधौ की जड़ों को खाते हैं। प्रकोप अधिक होने पर ये तने को भी खा सकते हैं। नियंत्रण हेतु बीज का क्लोरपाईरीफॉस 20 ईसी की 5 मि. ली. मात्रा से प्रति कि.ग्रा. बीज का उपचार करें अथवा 2 लीटर क्लोरपाईरीफॉस 20 ईसी को 25 कि.ग्रा. रेत में मिलाकर प्रति हैक्टर बिजाई के समय खेत में डालें।

2 **फली छेदक कीट** – चना उत्पादक क्षेत्रों में फली छेदक इल्ली एक प्रमुख समस्या है यह बहुभक्षी कीट है जो चने के अतिरिक्त अरहर, टमाटर आदि में भी नुकसान पहुँचाती है। छोटी इल्लियाँ पीली भूरे रंग की होती हैं जो पत्तियों के पर्णहरिम को खाती हैं व बड़ी इल्ली फूलों को खाती है तथा फली में छेदकर खाती है। फसल अवधि में 12–15 दिन या अधिक समय तक बदली रहने पर कीट प्रकोप अधिक होता है। इस कीट के द्वारा अनुकूल मौसम होने पर 60–70 प्रतिशत तक फसल की फलियों को नुकसान पहुँचाया जाता है। बचाव/नियंत्रण हेतु चने की बुवाई 15 अक्टूबर से 15 नवम्बर के मध्य करें।

- प्रकाश प्रपंचों को खेत के पास लगायें जिसमें कीटों की संख्या का पता लगाकर, फसल पर होने वाले कीटों के आक्रमण का पूर्वानुमान कर नियंत्रण किया जा सके।
- फेरोमेन ट्रेप लगाकर नर कीटों को आकर्षित कर नष्ट करें जिससे कीटों की अगली पीढ़ी पर रोक लग सके तथा कीटों के आक्रमण का पूर्वानुमान लगाया जा सके।
- इल्ली छोटी होने की दशा में नीम तेल अथवा नीम निम्बोली रस (5 मिली0/ली0) का छिड़काव करें अथवा क्विनालफॉस/प्रोफेनोफॉस/मिथोमिल की 500 मिली0 मात्रा प्रति एकड़ के मान से छिड़काव करें। इल्ली का अत्यधिक प्रकोप होने पर मिश्रित कीटनाशी प्रोफेनोफॉस 40 ई0सी0 + साइपरमेथ्रिन 4 ई0सी0 की 400 मिली0 मात्रा प्रति एकड़ के मान से 200 लीटर पानी में मिलाकर छिड़काव करें।

3 उकटा या उगरा (विल्ट) – यह रोग *फ्यूजेरियम आक्सीस्पोरम* सिसराई नामक फफूँद जो मृदोढ़ व बीजोढ़ रहता है तथा प्राथमिक निवेष द्रव्य बोआई व फूल आने के समय अधिक तापमान, भूमि में नमी एवं खाद की कमी तथा भूमि का खराब व अम्लीय होना रोग के लिये अनूकुल होते हैं। रोग के लक्षण नवम्बर मे फूलों के आने पर स्पश्ट रूप में अधिक प्रकट होता है। बाद मे सभी पत्तियों पीली होकर पौधा सूख जाता है। रोगी पौधे की पत्तियाँ मुड़ती नहीं हैं। कभी–कभी एक ही पौधे की कुछ डालियाँ सूख जाती हैं जबकि अन्य हरी रहती हैं। रोग नियंत्रण हेतु आवश्यक है कि स्फुर का समुचित प्रयोग किया जाये क्योंकि मृदा में स्फुर की कमी होने पर उकठा रोग का प्रकोप अधिक होता है। यथा संभव चना व अलसी की अंतरवर्तीय फसल (2:2) को अपनायें। रोग प्रतिरोधी जातियों की बोआई करें तथा बोआई से पूर्व बीज को कार्बेन्डाजिम की 2 ग्राम मात्रा अथवा कार्बोक्सिन 2 ग्राम + ट्राइकोडर्मा विरिडी 5 ग्राम अथवा मिश्रित फफूंदनाशी थायरम + कार्बोक्सिन की 2 ग्राम मात्रा द्वारा प्रति किग्रा0 की दर से उपचारित करें।

4 शुष्क जड़ सड़न (ड्राय रूट रॉट) – चने में यह बीमारी फूल आने व फलियाँ बनते समय आती है जो कि *राइजोक्टोनिया वटाटिकोला* नामक फफूँद से होता है। रोगी पौधे सूखकर भूसी रंग मे हो जाते हैं तथा जड़ें सूखकर कड़ी हो जाती हैं जिससे वे आसानी से टूट जाती हैं। रोगी पौधे चटककर पीले रंग के होकर पूरे खेत मे छितरे मिलते हैं तथा पीली पत्तियों सूखकर मुड़ने लगती हैं। बोआई पूर्व खेत में मौजूद पूर्व फसल के अवर्षेषों व खरपतवारों को नष्ट करें। ग्रीष्म में गहरी जुताई करें जिससे रोग कारक फफूंदों के बीजाणु ऊपर आकर नष्ट हो जायें। उपयुक्त फसल चक्र अपनायें जिसमें 3–4 साल तक चना न हो। बीज को बोने से पहले थायरम तथा कार्बेन्डाजिम (2:1) के मिश्रण की 3 ग्राम मात्रा से प्रति किलोग्राम बीज को उपचारित करें अथवा पहले कार्बेन्डाजिम की 2 ग्राम मात्रा व फिर ट्राइकोडर्मा विरीडी की चार ग्राम मात्रा से प्रति किलोग्राम बीज को उपचारित करें।

कटाई, गहाई व उपज

परिपक्व अवस्था में आने पर फलियाँ सूखकर पीली पड़ती हैं एवं

पत्तियाँ झड़ने लगती हैं। इस समय कटाई करना चाहिए। फसल की कटाई कर 2–3 दिन तक खेत में पड़ा रहने दें तत्पश्चात् गहाई करें। इस प्रकार प्रति हेक्टेयर 15–20 क्विंटल किस्मों के अनुसार उत्पादन मिलता है। दानों को भलीभाँति सुखाकर 8–10 प्रतिशत नमी पर भण्डारित करें।

मसूर

दलहनी फसलों में मसूर का विशेष स्थान है। दलहनी फसलें अति विशिष्ट होती हैं क्योंकि इनकी जड़ों में पाये जाने वाली ग्रंथिकाओं में वायुमण्डलीय नत्रजन के स्थिरीकरण द्वारा मृदा उर्वरता को अक्षुण रखने की विलक्षण क्षमता होती है। इन फसलों में प्रतिकूल वातावरण में भी जीवित रहने का विशेष गुण होता है। दालें प्रोटीन का प्रचुर तथा सबसे सस्ता स्रोत हैं तथा देश की शाकाहारी जनसंख्या के भोजन का मुख्य अवयव हैं। अधिकांश धान्य फसलों की अपेक्षा दालों में 2–3 गुना अधिक प्रोटीन होती है, दालों की प्रोटीन की संरचना इस प्रकार की होती है, कि धान्यों तथा मोटे अनाजों में कुछ आवश्यक अमीनो अम्लों की कमी को ये पूरा कर देती हैं।

वॉरानी क्षेत्रों में दलहनी फसलों के रूप में अधिकतर मसूर की खेती की जाती है। मसूर में 24.2 प्रतिषन प्रोटीन व कैल्शियम प्रचुर मात्रा में होता है। मसूर का भूसा अत्यन्त पौष्टिक होता है व जानवर इसे चाव से खाते हैं इससे दूध की मात्रा बढ़ती है। भारत वर्ष में मसूर की खेती 15 लाख हेक्टेयर क्षेत्र में की जाती है जिसकी उत्पादकता 611 किग्र प्रति हैक्टेयर है। देश में प्रमुख मसूर उत्पादक राज्य उत्तरप्रदेश, मध्यप्रदेश, आसाम, बिहार, राजस्थान व पश्चिम बंगाल हैं। मध्य प्रदेश में 49,300 हैक्टेयर क्षेत्र में मसूर की खेती होती है व उत्पादकता 455 किग्रा प्रति हैक्टेयर है। कम उत्पादकता के प्रमुख कारणों में सूखा व उक्ठा रोग प्रतिरोधी किस्मों का कम प्रचलन, अधिक उत्पादन व बोल्ड दाना वाली किस्मों का अभाव, कम उपजाऊ भूमि में मसूर की खेती आदि हैं जिससे उत्पादन पर विपरीत प्रभाव पड़ता है।

जलवायु

मसूर, ठंडे शुष्क मौसम की फसल है, इसलिये इसकी ख़ेती मध्य प्रदेश तथा उत्तरी भारत के बारानी इलाको में रबी के मौसम में करते हैं। ऐसे क्षेत्र जहॉ वर्षा कम होती हैं और समान्य ठंड पड़ती हैं, इन फसलों की खेती के लिये उपयुक्त होते हैं। बोने के तुरंत बाद या फूलों के आते समय बर्षा होने से फसलों को भारी नुकसान होता है। अधिक ठंड पड़ने से इसकी बढ़वार पर बुरा असर पड़ता है, तथा दिसम्बर या जनवरी में पाला पड़ने से पैदावार बहुत कम होती है।

उपयुक्त भूमि

मसूर की फसल सभी प्रकार की मिट्टियों में की जा सकती है किन्तु मध्यम से मटियार दोमट मिट्टी इसके लिये उपयुक्त है। मध्यप्रदेश व उत्तरप्रदेश के बुंदेलखण्ड क्षेत्र (छतरपुर, टीकमगढ़, पन्ना, दमोह, सागर, दतिया, महोबा, बाँदा, ललितपुर, झांसी आदि जिले) में कृषक वॉरानी क्षेत्र में खरीफ मौसम के अगस्त सितम्बर माह में खेत की जुताई कर छोड़ देते हैं। जिससे बारिश की नमी का संरक्षण कर मसूर की फसल की जा सके। बुवाई के समय, हल्की जुताई कर खेत को समतल कर बीज की बुवाई कर खेत में पाटा लगाया जाता है ताकि नमी लम्बे समय तक खेत में बनी रहे।

खेत की तैयारी

सामान्यतः यह माना जाता है कि मसूर की खेती के लिये अच्छी बीज शैय्या की आवश्यकता नहीं होती है। यह मान्यता असत्य है। जहॉ खरीफ में फसल ली जाती है। वहॉ खरीफ की फसल कटने के बाद एक जुताई देशी हल अथवा हैरो से की जाती है और फिर पाटा चलाकर खेत तैयार कर लिया जाता है।

फसल चक्र

मसूर को मक्का, ज्वार, बाजरा, धान, एवं तिल आदि खरीफ की फसलों के बाद उगाया जा सकता है। बारानी क्षेत्रों में बडे पैमाने पर चने एवं मसूर को सरसों, अलसी एवं जौ के साथ मिलवा फंसल के रूप में उगाया जाता है।

बीज का चयन

अधिकतम उपज प्राप्त करने हेतु बीज एक महतवपूर्ण उत्पादक कारक है। स्वस्थ बीजों से जमाव अच्छा होता है तथा पौधों की वांछित संख्या सुनिश्चित होती है। अतः बीज सदा विश्वसनीय संस्था से ही प्राप्त करना चाहिये। किसानों को प्रत्येक तीसरे–चौथे वर्ष अपना बीज बदल लेना चाहिये जिससे दूसरी प्रजातियों के बीजों के मिश्रण व परपरागण के कारण बीजों की गुणवत्ता प्रभावित न हो। अच्छी गुणवत्ता वाले प्रमाणित बीज विभिन्न चरणों जैसे नाभिकीय, प्रजनक, आधारीय बीज के रूप में विकसित किये जाते हैं ।

उन्नतशील प्रजातियाँ

क्र.	प्रजाति	विकसित वर्ष	पकने की अवधि (दिन)	उपज क्षमता (क्विं./हे.)	विशेशतायें
1.	पंत एल. – 234	1980	140–145	15–20	उक्ठा निरोधी
2.	पंत एल – 639	1981	130–140	18–20	गेरूई व उक्ठा निरोधी
3.	के. 75 (मलिका)	1984	125–130	14–16	उक्ठा, गेरूआ प्रतिरोधी
4.	लेंस – 4076 (शिवालिक)	1993	130–135	25–28	उक्ठा निरोधी, गेरूआ से कम
5.	डी.पी.एल.–62 (शेरी)	1997	130–140	15–20	बड़े दाने वाली, किट्ट रोधी एवं उकठा के प्रति सहनशील
6.	पूसा –6	1997	130–135	20–25	मध्य क्षेत्र के लिये अनुशंसित
7.	पूसा – 4	1999	130–140	20–25	सूखा सहनशील
8.	जे.एल.–3	1999	113–115	12–14	मध्य क्षेत्र के लिये अनुशंसित एंव उकठा रोधी
9.	आई.पी.एल.–81 (नूरी)	2000	110–120	10–15	मध्य क्षेत्र के लिये अनुशंसित बड़े दाने वाली, किट्ट एवं उकठा के प्रति सहनशील
10.	आई.पी.एल. – 406 (अंगूरी)	2007	125–130	20–25	उक्ठा व गेरूआ निरोधी
11.	पंत एल – 8	2010	130–135	15–18	उक्ठा व फलीछेदक कीट निरोधी, गेरूआ के प्रति मध्यमनिरोधी
12.	आई.पी.एल. – 316	2012	115–120	16–18	गेरूआ निरोधी व उक्ठा के प्रति मध्यम सहनशील

बीजदर एवं अंतरण

बीजों के आकार के अनुसार मसूर की बीजदर एवं अंतरण निम्नानुसार रखना चाहिये।

बीजदर (किग्रा/हे.)			अंतरण (सेमी.)		बीजोपचार के लिये उपयुक्त राइजोबियम प्रजाति
छोटे दाने वाली	बड़े दाने वाली	देर से बुवाई	पंक्ति से पंक्ति	पौध से पौध	
25–30	40–45	50–60	25	3–5	राइजोबियम लेग्यूमिनोसोरम

बीज शोधन

मृदा एवं बीज जनित कई कवक एवं जीवाणु जनित रोग होते हैं जो मृदा में बीज के अंकुरण होते समय तथा अंकुरण होने के बाद बीजों को काफी क्षति पहुँचाते हैं। बीजों के अच्छे अंकुरण तथा स्वस्थ पौधों की पर्याप्त संख्या हेतु बीजों को कवकनाशी से शोधन करना चाहिये। साधारणतः थीरम अथवा कार्बेन्डाजिम जैसे रसायन की 2 ग्राम मात्रा प्रति किग्रा बीज की दर से शोधित किया जाता है। ये कवकनाशी राइजोबियम कल्चर के साथ अनुकूलता रखते हैं। कवकनाशियों से बीजों का शोधन राइाजोबियम कल्चर के उपचार से 4–5 दिन पहले कर लेना चाहिये।

कल्चर द्वारा बीज उपचार

मसूर के लिये प्रभावी राइजोबियम कल्चर से उपचारित करने से उत्पादकता में 10 से 15 प्रतिशत की वृद्धि की जा सकती है। बीज को उपचारित करने के लिये 500 मिली. स्वच्छ जल में 50 ग्राम गुड़ या शीरा तथा 10 ग्राम गोंद को गर्म करके अच्छी तरह से एक समरूप घोल तैयार कर लें। घोल को ठंडा होने के बाद उपयुक्त राइजोबियम एवं पी.एस.बी. कल्चर की 200 ग्राम मात्रा मिलाकर सम्मिश्रित घोल से प्रति 40 किग्रा बीज को उपचारित करें। उपचारित बीजों को छायेदार स्थान में पॉलीथीन शीट पर फैला लें व सूखने दें। कल्चर की पर्त चढ़े बीजों को सीधी धूप से बचाना चाहिये।

बुवाई का समय एवं विधि

मसूर की बुवाई मध्य व दक्षिण भारत में 15 अक्टूबर से लेकर नबम्बर के अंतिम सप्ताह तक करने पर सर्वाधिक उपज प्राप्त होती है। फसलों में पंक्ति

से पंक्ति एवं पौध से पौध का अंतरण, बीजदर एवं अंतरण तालिका के अनुसार रखना चाहिये।

खाद एवं उर्वरक

मसूर में प्रति हेक्टेयर उपज बढ़ाने के लिये यह आवश्यक है कि फसल को उचित मात्रा में पोषक तत्व दिये जाएं। इसके लिये सर्वप्रथम मृदा परीक्षण कराया जाय तथा उसके आधार पर उर्वरकों की मात्रा का निर्धारण किया जाय। मृदा परीक्षण के आधार पर असिंचित दशा में नत्रजन, फॉस्फोरस एवं पोटाश 10:25:10 किग्रा/हे. तथा सिंचित दशा में 20:50:20 किग्रा/हे. मात्रा का प्रयोग करना चहिये। फॉस्फोरस को सिंगल सुपर फॉस्फेट द्वारा दिये जाने पर पौधों के लिये आवश्यक सल्फर की मात्रा की पूर्ति स्वतः हो जाती है। मसूर में जिंक की कमी को दूर करने के लिये यदि प्रक्षेत्र में खरीफ की फसल में जिंक सल्फेट न डाला गया हो तो 25 किग्रा जिंक सल्फेट प्रति हेक्टेयर की दर से प्रयोग लाभदायक होता है। मृदा में जीवांश पदार्थ का स्तर बरकरार रखने के लिए कार्बनिक खादों यथा गोबर की खाद, कम्पोस्ट, केंचुआ खाद, बायो गैस स्लरी आदि का प्रयोग निरन्तर आवश्यक है। मसूर में 3–5 टन कम्पोस्ट अथवा 2–3 टन वर्मीकम्पोस्ट के उपयोग से उर्वरकों मात्रा में 30 प्रतिशत की कमी की जा सकती है। उर्वरकों के उपयोग के साथ साथ जैव उर्वरकों (राइजोबियम व पी.एस.बी.) का उपयोग भी आवश्यक है ताकि राइजोबियम द्वारा जड़ों में ग्रंथीकरण ठीक से हो सके व पी.एस.बी. द्वारा भूमि की अनुपलब्ध फॉस्फोरस पौधों को उपलब्ध करायी जा सके।

सिंचाई

सिंचित क्षेत्रों में बुवाई से पहले पलेवा करना लाभप्रद रहता है। शीतकालीन वर्षा के अनुसार बुवाई के 45 दिन बाद और फलियॉ बनते समय सिंचाई करना लाभप्रद रहता हैं वैसे मसूर की खेती प्रायः असिंचित क्षेत्रों में की जाती है।

खरपतवार नियंत्रण

कम ऊँची फसल होने के कारण खरपतवार इसे काफी नुकसान पहुँचाते हैं। बुवाई के एक से दो माह बाद समुचित खरपतवार नियंत्रण आवश्यक हैं। खरपतवारों के नियंत्रण हेतु बुवाई से पूर्व फ्लूक्लारेलिन 0.5 किग्रा प्रति हे. अथवा बुवाई के बाद तथा अंकुरण से पूर्व पेन्डीमीथेलीन 1–1.5 किग्रा

प्रति हेक्टेयर की दर से प्रयोग करने से खरपतवार का प्रभावकारी नियंत्रण होता है।

गन्ना के साथ अंतवर्तीय खेती

शरद ऋतु में बोये जाने वाले गन्ने के साथ 2:2 अनुपात में मसूर की फसल लेकर करीब 6–8 क्विंटल उत्पादन लिया जा सकता है इससे गन्ने की फसल पर कोई विपरीत प्रभाव नहीं पड़ता।

पौध संरक्षण

मसूर की फसल की कम उत्पादकता का एक प्रमुख कारण इसमें लगने वाला उक्ठा रोग, रतुआ/गेरूआ रोग व मांहू कीट का प्रकोप है अतः समय पर इनका नियंत्रण कर उत्पादन में 30–40 प्रतिशत तक बढोत्तरी की जा सकती है।

उक्ठा रोग : यह एक फफूंदजनित रोग है व इससे मसूर की उपज में 30 प्रतिशत तक की कमी देखी गयी है। रोग प्रकोप से पूरा पौधा, फूल अवस्था के बाद सूख जाता है। रोग से बचाव हेतु उपयुक्त फसल चक्र अपनाये, उक्ठा अवरोधी जातियों की बुबाई करें व बुवाई पूर्व बीज कार्बेन्डाजिम या कार्बोक्सिन की 2 ग्राम मात्रा द्वारा प्रति कि.ग्रा. के मान से उपचारित कर बोयें तथा ट्राइकोडर्मा विरिडी की 2 किलोग्राम मात्रा को एक क्विंटल गोबर की खाद में द्विगुणित कर बोनी पूर्व प्रति हैक्टेयर खेत में मिलायें।

रतुआ/गेरूआ रोग : इस रोग से पौधे का पूरा पर्णीय भाग संक्रमित हो जाता है। सर्वप्रथम पत्ती की निचली सतह पर पीले बीजाणुकोष बन जाते हैं। कई बीजाणुकोष आपस में मिलकर बड़ा रूप ले लेती हैं। तथा पूरी पत्ती सूख जाती है। इस रोग के प्रबंधन हेतु मैंकोजेब (0.2 प्रतिशत) अथवा घुलनशील गंधक (0.3 प्रतिशत) का 10–15 दिनों के अन्तराल पर 2–3 छिड़काव करें।

मसूर की फसल में मुख्यतः माहू कीट का प्रकोप होता है जो फसल की 45–50 दिन की अवस्था से रस चूसता है जिससे पौधे कमजोर व काले पड़कर सूख जाते हैं तथा उत्पादन में कभी कभी शत–प्रतिशत तक कमी आती है। इस कीट के नियंत्रण हेतु ऑक्सी डिमेटान मिथाइल 25 ई0सी0 या ऐसीफेट 40 एस.सी. अथवा डाइमेथोऐट 30 ई.सी. की 750 मि.ली./ग्राम मात्रा 500 लीटर पानी में घोलकर प्रति हैक्टेयर के मान से छिड़काव करें।

कटाई एवं मड़ाई

जब मसूर के पौधों की पत्तियाँ की पीली पड़कर गिरने लगें तब कटाई करना चाहिये। सूखी फसल की मड़ाई कर दानों को सुखाकर 12 प्रतिशत नमी पर भण्डारित करना चाहिये।

उपज

किस्म के अनुसार बॉरानी क्षेत्रों में 8–10 क्विंटल व सिंचाई करने पर 15–16 क्विंटल मसूर की उपज प्रति हेक्टेयर प्राप्त होती है। मसूर की फसल की बॉरानी क्षेत्रों में लागत लगभग 7000 रूपये व लाभ 30,000 रूपये प्रति हेक्टेयर तथा सिंचाई वाले क्षेत्रों में लागत 10000 रूपये व लाभ 45,000 रूपये प्रति हेक्टेयर प्राप्त होता है।

तिलहनी फसलें

सोयाबीन

आज सोयाबीन की खेती का मध्यप्रदेश में जो अद्धितीय विस्तार हुआ है, उसका श्रेय वर्ष 1965 से आज तक अनवरत् किये गये विभिन्न अनुसंधान कार्यो को जाता है। जवाहरलाल नेहरु कृषि विश्वविद्यालय में वर्ष 1967 से अखिल भारतीय समन्वयक परियोजना द्वारा उन्नत तथा विभिन्न जलवायु क्षेत्रों के अनुकूल अधिक उपज व उच्च गुणवत्ता वाली जातियों तथा उन्नत सस्य एवं पौध संरक्षण तकनीकों के विकास ने सोयाबीन की खेती के नये आयाम खोल दिये। इसके साथ ही कृषकों का सोयाबीन खेती के प्रति झुकाव, तेल उद्योग की स्थापना एवं सरकार द्वारा तैयार वातावरण ने सोयाबीन खेती के विस्तार में महत्वपूर्ण योगदान दिया है। देश के कुल सोयाबीन क्षेत्रफल (106 लाख हे), उत्पादन (126 लाख मै.टन) एवं उत्पादकता (11.85 क्वि/हे.) में मध्यप्रदेश की भागीदारी सबसे महत्वपूर्ण है, जिसके कारण मध्यप्रदेश को सोया प्रदेश की संज्ञा दी गई है। वर्तमान में सोयाबीन ने भारत में तिलहनी फसलों में प्रथम स्थान प्राप्त कर लिया है। इसमें प्रचुर मात्रा में उच्च कोटि का प्रोटीन ४0 प्रतिशत एवं तेल २0 प्रतिशत पाया जाता है। इसके अलावा इसमें विटामिन्स एवं खनिज लवण की मात्रा भी अन्य फसलों की अपेक्षा अधिक पायी जाती है।

उत्पादकता को प्रभावित करने वाले कारक:

तथ्यों से स्पष्ट है कि सोयाबीन मध्यप्रदेश में खरीफ मौसम में बहुत अधि ाक क्षेत्र में उगाई जाती है। खरीफ फसल के रुप में इसकी उपयुक्तता एवं आर्थिक लाभ ने किसानों को आकर्षित किया है। जिससे खरीफ में जो भी पड़ती जमीन रहती थी उसको आच्छादित किया एवं कई परंपरागत् खरीफ

फसलों को भी विस्थापित कर गौण कर दिया । किसानों ने आर्थिक लाभ से प्रभावित होकर धान के खेतों की मेढें तोड़कर सोयाबीन खेत में बदला एवं सीमांत जमीन में भी खेती करने लगे। इस प्रकार सोयाबीन मध्यप्रदेश के वष्हद् क्षेत्र में उगाई जाने लगी है।

वर्तमान में सोयाबीन उत्पादन को सीमित करने वाली प्रमुख समस्यायें निम्न हैं:

1. जड़ सड़न, पीला मोजैक जैसी बीमारियों का व्यापक प्रकोप
2. नये नये कीटों का प्रकोप
3. भूमि में आवश्यक मुख्य तथा सूक्ष्म पोषक तत्वों का असंतुलन
4. भूमि में कार्बनिक पदार्थ की कमी
5. समुचित जल प्रबंध का अभाव
6. खरपतवार की समस्या
7. मौसम की प्रतिकूलता

वर्तमान में इन समस्याओं को चलते किसान सोयाबीन की खेती में अत्याधिक कठिनाई महसूस कर रहा है। ऐसी स्थिति में वैज्ञानिक खेती एवं अनुसंधान की उन्नत तकनीकों का महत्व और बढ़ जाता है, जिसे अपनाकर अधिक उत्पादन कर लाभ कमाया जा सकता है।

जलवायु एवं उपयुक्त क्षेत्र

सोयाबीन मध्यप्रदेश की प्रमुख खरीफ फसल (जून – अक्टूबर) है। इसकी खेती प्रदेश में औसतन 7500–800 मि. मी. (पश्चिमी एवं उत्तरी) से लेकर 1000–1200 मि. मी. (दक्षिण एवं पूर्व) वर्षा वाले कृषि जलवायु क्षेत्र में की जाती है। फसल की उत्पादकता को वर्षा की कुल मात्रा एवं वितरण, तापक्रम एवं आर्द्रता अत्याधिक प्रभावित करते हैं।

वर्तमान में इसकी खेती विभिन्न प्रकार की जमीनों जैसे उथली काली से गहरी काली (मालवा) मध्यम काली (विन्ध्य पठार) गहरी काली (मध्य नर्मदा धाटी) हल्की काली दोमट एवं सिल्टी दोमट (सतपुड़ा पठार) रेतीली दोमट से भारी काली (कैमोर पठार) लाल काली मिश्रित (बुन्देलखण्ड) मिलवा लाल काली

एवं दोमट (गिर्द) एवं उथली काली (निमाड़ धाटी) जमीनों में होती है।

भूमि का चयन एवं तैयारी

सोयाबीन अम्लीय क्षारीय तथा रेतीली भूमि को छोड़कर हर प्रकार की मिट्टी में पैदा होती है। सोयाबीन की खेती उन खेतों में ही करें जहॉ जलभराव की समस्या न हो। रबी फसल की कटाई के तुरंत बाद गर्मी में गहरी जुताई करें। ग्रीष्म कालीन जुताई से जमीन के नीचे आश्रय पाने वाले कीटों एवं बीमारियों के अवर्षेष नष्ट हो जाते हैं तथा भूमि की जलधारण क्षमता एवं दशा में सुधार होता है। गोबर की खाद, कम्पोस्ट या वर्मी कम्पोस्ट तथा सिंगल सुपर फास्फेट को खेत में समान रूप से छिडकने के बाद बोनी के लिए जुताई करना श्रेयकर है। खेत की मिट्टी भुरभुरी हो जाये एवं खरपतवार नष्ट हो जायें इस प्रकार जुताई करना चाहिए। बुआई के पूर्व खेत के निचले हिस्से में जल निकास नाली का निर्माण अवश्य करें जिससे अधिक वर्षा की दशा में पानी का निकास आसानी से हो सके।

बुवाई का समय

सोयाबीन की बुवाई २२ जून से ७ जुलाई के बीच उत्तम परिणाम देती है। इसमें परिस्थितिवर्ष कुछ दिन आगे पीछे होना कोई विशेष प्रभाव नहीं डालता। मानसून में देरी होने पर जहॉ सिंचाई के साधन उपलब्ध हों बुवाई समय से ही करें।

जातियों का चयन

सोयाबीन की जातियों का चुनाव उस क्षेत्र में वर्षाका औसत एवं भूमि के प्रकार को ध्यान में रखकर ही करना चाहिए। औसत से कम वर्षा एवं हल्की से मध्यम भूमि वाले क्षेत्रों में शीध्र पकने वाली जातियाँ एवं औसत से अधिक वर्षावाले एवं मध्यम से भारी भूमि वाले क्षेत्रों में मध्यम अवधि की जातियाँ लगाना उचित है। सोयाबीन की उन्नत जातियाँ अनुवांशिक रुप से शुद्ध एवं कम से कम 70 प्रतिशत अंकुरण क्षमता वाली होनी चाहिये।

मध्यप्रदेश के विभिन्न जलवायु क्षेत्रों के लिए सोयाबीन की अनुकूल जातियों को तालिका–1 में तथा उन्नतशील प्रजातियाँ एवं उनकी विशेषताओं को तालिका–2 में दिया गया है।

बीज व बीज दर

सोयाबीन की बीज दर 60–80 कि. ग्रा. प्रति हेक्टेयर निर्धारित हैं। जब बीज छोटे हों या ज्यादा फैलने वाली प्रजाति हो तो 60–70 कि. ग्रा. एवं बड़ा बीज हो तथा कम फैलने वाली प्रजाति हो तो 80–100 कि. ग्रा. प्रति हेक्टेयर बीज का प्रयोग करना चाहिए। सोयाबीन बीज की अंकुरण क्षमता 70 प्रतिशत से अधिक हो एवं अनुवांशिक रूप से पूर्णतया शुद्ध हो वही बीज प्रयोग करना चाहिए ।

बीजोपचार

बीज को फफूँदनाषक दवा थायरम 75 डब्ल्यू.पी. एवं कार्बेन्डाजिम 50 डब्ल्यू.पी. दवा को 2:1 के अनुपात में मिलाकर 3 ग्राम दवा प्रति किलो बीज की दर से उपचारित करना चाहिए या थायरम 37 प्रतिशत + कार्बोक्सिन 37 प्रतिशत, 2 ग्राम दवा प्रति किलो बीज की दर से या ट्राइकोडर्मा नामक जैविक फफूँदनाशक की 3 ग्राम मात्रा प्रति किलोग्राम बीज की दर से उपचारित कर सकते हैं। जहाँ पर तना मक्खी, सफेद मक्खी एवं पीला मोजैक की समस्या ज्यादा हो, वहाँ पर थायामेथोक्जाम 30 प्रतिशत एफ.एस. नामक कीटनाशक से 7–10 मिली. प्रति किलो बीज की दर से बीज उपचारित कर सकते हैं। फफूँदनाशक एवं कीटनाशक दवा के उपचार के पश्चात् 5 ग्राम राइजोबियम कल्चर एवं 5 ग्राम पी.एस.बी. कल्चर से प्रति किलोबीज उपचारित करने से सोयाबीन में जड़ ग्रन्थियों का उचित विकास होता है।

उर्वरक एवं खाद

भूमि की भौतिक दशा एवं गुणों को बनाये रखने के लिए 5 टन गोबर की खाद या कम्पोस्ट या 5 टन फसलों का बारीक किया हुआ कचरा या भूसा और 5 टन कम्पोस्ट प्रति हेक्टेयर का उपयोग अच्छा परिणाम देता है। जहाँ पर मृदा परीक्षण के उपरान्त जिंक एवं बोरान तत्व की कमी पाई जाये, वहाँ 5 कि.ग्रा जिंक (25 कि.ग्रा. जिंक सल्फेट) एवं 1.0 कि.ग्रा. बोरान प्रति हेक्टेयर के हिसाब से देना लाभकारी है। फास्फोरस की पूरी मा़त्रा सिंगल सुपर फास्फेट के रूप में देने पर गंधक पूर्ति हो जाती है या जिप्सम 2 –2.5 क्विंटल प्रति हेक्टेयर उपयोग करने से भी गंधक की कमी पूरी हो जाती है। इसके अलावा सामान्यतयाः 20 कि. ग्रा. नत्रजन, 60 कि. ग्रा. फास्फोरस एवं 40 कि.ग्रा. पोटाश की मात्रा आवश्यक रूप से उपयोग करें।

बुवाई का तरीका

सोयाबीन की बुवाई करते समय कतार से कतार की दूरी 45 से.मी. होना चाहिए। कम उँचाई वाली जातियों या कम फैलने वाली जातियों को 30 से.मी. की कतार से कतार की दूरी पर बोना चाहिए। बुवाई का कार्य दुफन, तिफन या सीड ड्रिल से ही करना चाहिए । बुवाई के समय जमीन में उचित नमी आवश्यक है। बीज जमीन में २.५ से ३ से. मी. गहराई पर पड़ने चाहिए। मेढ़ –नाली विधि एवं चौड़ी पट्टी–नाली विधि से बुवाई करने से सोयाबीन की पैदावार में वृद्धि पायी गयी है एवं नमी संरक्षण तथा जल निकास में भी प्रभावी पायी गयी है।

अंकुरण के बाद फसल की सुरक्षा

बुवाई के तीसरे दिन से एक सप्ताह तक अंकुरित नवजात् पौधों को पक्षियों से बचाना बहुत आवश्यक है।

पौधो की प्रति हेक्टेयर संख्या

सोयाबीन में अधिक फैलने वाली जातियों की ३ से ४ लाख के आसपास पौध संख्या एवं कम फैलने वाली जातियों की ४ से ६ लाख पौध संख्या प्रति हेक्टेयर पर्याप्त होती है। वांछित पौध संख्या अधिक होने पर फसल के ढहने की सम्भावना रहती है एवं फूल तथा फलियाँ प्रकाश के आभाव में सड़ जाती हैं तथा कीट नियंत्रण के लिए कीटनाशकों का छिड़काव भी असरकारक नहीं होता है।

जल प्रबंधन

सोयाबीन की फसल में यदि उचित जल प्रबंध नहीं है, तो जो भी आदान दिया जाता है उसका समुचित उपयोग पौधों द्वारा नहीं हो पाता है। इसके साथ ही जड़ सड़न जैसी बीमारियों का प्रकोप बढ़ जाता है एवं नींदा नियंत्रण कठिन हो जाता है जिसके फलस्वरूप, पौधों का विकास सीमित हो जाता है एवं उत्पादन में भारी गिरावट आ जाती है। अतः सामान्य तरीके से बुवाई के बाद २०–२० मीटर की दूरी पर ढाल के अनुरूप जल निकास नालियाँ अवश्य बनायें, जिससे अधिक वर्षा की स्थिति में जलभराव की स्थिति पैदा न हो। मेढ़–नाली विधि एवं चौड़ी पट्टी–नाली विधि की बुवाई जल निकास में भी प्रभावी पायी गयी हैं। यदि एक सप्ताह से ज्यादा वर्षा का अन्तराल हो जाये

तो सिंचाई की सुविधा होने पर हल्की सिंचाई इन्हीं नालियों के माध्यम से करें। उचित जल प्रबंध से सोयाबीन की पैदावार में वृद्धि होती है।

खरपतवार नियंत्रण

सोयाबीन में विभिन्न प्रकार के घास कुल के एवं चौड़ी पत्ती वाले खरपतवार फसल के साथ जल एवं पोषक तत्वों के लिए स्पर्धा करते हैं जिससे पैदावार में कमी आ जाती है। अतः २०–२५ दिन में फसल से खरपतवार निकाल देना चाहिए। मजदूरों द्वारा हाथ से निंदाई करवाने के परिणाम अच्छे मिले हैं। परन्तु मजदूरों की कमी, वर्षा का अंतराल एवं जमीन की स्थिति से हाथ की निंदाई खरीफ मौसम में कभी कभी कठिन हो जाती है अतः यांत्रिक विधियों में सी.आई.ए.ई. भोपाल द्वारा निर्मित उन्नत हैन्ड हो या बैलों से चलने वाला कुल्पा या डोरा से भी नींदा नियंत्रण कर सकते हैं। आवश्यकतानुसार रासायनिक नींदानाशकों का उपयोग भी करना चाहिए। इन नींदानाशकों को तीन समूहों में बांटा गया है –

१. बोनी से पूर्व

फलूक्लोरालिन ४५ ई.सी. की १–१.५ कि. ग्रा. क्रियाशील अवयव प्रति हे. बोनी से पूर्व नम मिट्टी में छिड़क दें।

२. बोनी से बाद अंकुरण से पूर्व

डायक्लोसुलम ८४ डब्ल्यु. डी.जी. २२ ग्रा. क्रियाशील अवयव प्रति हे. या एलाक्लोर ५0 ई.सी. का २ कि.ग्रा. क्रियाशील अवयव या पेन्डिमेथिलिन ३ ई.सी. १ कि. ग्रा. क्रियाशील अवयव या एसिटाक्लोर ६0 ई.सी. २ कि.ग्रा. क्रियाशील अवयव या मेटलाक्लोर ५0 ई.सी. १ कि.ग्रा. क्रियाशील अवयव या क्लोमेजोन ५0 ई.सी. १ कि.ग्रा. क्रियाशील अवयव प्रति हे. के हिसाब से बोनी के बाद एवं अंकुरण के पूर्व छिड़काव करने से खरपतवार नियंत्रण सफलतापूर्वक किया जा सकता है।

३. बोनी के बाद

सोयाबीन की बोनी के १५–२0 दिन के बीच खड़ी फसल में इमेजाथाइपर नामक दवा का ७५ ग्राम क्रियाशील अवयव प्रति हे. छिड़कने से सभी प्रकार के खरपतवार का नियंत्रण सफलतापूर्वक किया जा सकता है। जहाँ पर केवल सँकरी पत्ती के नींदा हों वहाँ क्वीजालोफाप इथाईल ५0 ग्राम क्रियाशील अवयव

या फेनोक्साप्राप १० ई.सी. ७५ ग्राम क्रियाशील अवयव प्रति हेक्टेयर का छिड़काव करें। इन दवाओं को ५००–७०० लीटर पानी में घोलकर छिड़काव स्प्रेयर में फ्लड जेट नॉजल या फ्लैट फैन नॉजल लगाकर करना चाहिये। भूमि में नमी रहने से अच्छे परिणाम मिलते हैं।

बीमारियों का नियंत्रण

सोयाबीन में मुख्य रूप से पीला मोजैक, जड़ सड़न एवं गेरूआ जैसी बीमारियों का प्रकोप अधिक देखा गया है । जड़ सड़न के लिए बीजोपचार जो पहले बताया गया है उसे करना चाहिए। पीला मोजैक जो सफेद मक्खी द्वारा फैलता है, जिसका नियंत्रण करने से यह रोग नहीं फैल पाता है। सफेद मक्खी की रोकथाम के लिए पहले जो बीजोपचार बताया गया है, उसे करना चाहिए। थायामेथोक्जाम २५ डब्ल्यू.जी. १०० ग्राम/हे. का छिड़काव करें तथा रोगी पौधे जैसे ही दिखाई पड़ें उन्हें उखाड़कर नष्ट कर देना चाहिए। अधिक वर्षा की अवस्था में पर्णीय फफूँद जनित बीमारियों से बचाव के लिए कार्बेन्डाजिम की १ ग्राम मात्रा को १ लीटर पानी में घोलकर छिड़काव करें।

बैक्टीरियल पस्च्यूल की समस्या होने पर कासुगेमेसिन 0.२ प्रतिशत, कापर आक्सीक्लोराइड 0.२ प्रतिशत, या स्ट्रेप्टोसाइक्लिन २०० पी.पी.एम. का छिड़काव करें।

गेरूआ रोग से बचाव के लिए हेक्जाकोनेजोल ५ ई.सी. या प्रोपीकोनेजोल ५ ई.सी. या ट्राईएडमिफान २५ डब्ल्यू.पी. या कापर आक्सीक्लोराइड २० ई.सी. रोग के लक्षण दिखते ही तुरंत 0.१ प्रतिशत की दर से ४०–४५ दिन की फसल होने पर छिड़काव करें। इस छिड़काव से पौधे पूरी तरह भींगने चाहिये तथा ५००–७०० लीटर पानी प्रति हे. प्रयोग करना चाहिए। आवश्यकतानुसार १५–२० दिन में छिड़काव दोहराना चाहिए।

कीट नियंत्रण

सोयाबीन फसल में कई कीटों का प्रकोप विभिन्न क्षेत्रों में पाया जाता है। इन कीटों में तने की मक्खी व चक्रभश्ंग (तना छेदक कीट), अर्ध कुन्डलक इल्ली, कम्बल कीट, तम्बाखू की इल्ली, अलसी की इल्ली, चने की फली छेदक (पत्ती भक्षक कीट) एवं सफेद मक्खी, जेसिडस, माइटस् और थ्रिप्स् (रस चूसक) प्रमुख हैं।

इनके नियंत्रण के उपाय निम्नलिखित हैं :

१. फेरोमोन ट्रैप्स लगाने से वयस्क कीट (उड़ने वाले) आकर्षित होकर ट्रैप में गिर जाते हैं जिससे इल्लियों जैसे कीटों का नियंत्रण सम्भव है।

२. तम्बाखू की इल्ली, एवं कम्बल कीट के नियंत्रण के लिए प्रभावित पौध ों से अण्डगुच्छ एवं लार्वीगुच्छ वाली पत्तियों को एकत्र कर नष्ट कर दें। जब हम खेत का निरीक्षण करते हैं तब कागज की तरह या जालीदार पत्तियाँ जैसे ही दिखें वहॉ पत्तियों के नीचे अण्डगुच्छ या लार्वीगुच्छ मिल जायेंगे, इस प्रकार की पत्तियों या पूरे पौधे को धीरे से इकट्ठा करें एवं बोरी में डालते जायें तथा अन्त में खेत से बाहर लाकर नष्ट कर दें। जिस जगह पर इस प्रकार की पत्तियाँ मिलें उसके चारों तरफ कीटनाशक का छिड़काव तुरंत करें।

३. तना छेदक मक्खी एवं सफेद मक्खी– फोरेट १0 जी. दानेदार दवा को १0 कि.ग्रा. प्रति हे. के हिसाब से जुताई के समय मिट्ठी में मिला दें या थायामेथोक्जाम ७0 डब्ल्यू.एस. ३ ग्राम प्रति किलो बीज के हिसाब से बोनी पूर्व बीज उपचारित करें।

४. गर्डल बीटल (चक्रभश्ंग एवं पत्ती छेदक)– ट्रायएजोफास ४0 ई.सी. दवा ८00 मि.ली. प्रति हे. के हिसाब से छिड़काव करें। या इन्डोक्साकार्ब १४. ५ एस.सी., ३00 मि.ली. प्रति हे. या इथोफेनप्राक्स १0 ई.सी. १ लीटर प्रति हे. के हिसाब से छिड़काव करें।

५. पत्ती भक्षक कीट– स्पायनोसेड ४५ एस.सी. १२५ मि.ली. प्रति हे. या रायनेक्सीपीर २0 एस.सी. १00 मि.ली. प्रति हे. या क्लोरपायरीफास २0 ई.सी. या क्यूनालफास २५ ई.सी. १५00 मि.ली. प्रति हे. या इन्डोक्साकार्ब १५ ई.सी. ३00 मि.ली. प्रति हे. के हिसाब से छिड़काव करें।

६. जेसिडस, एफिड, माइटस्– इथियान ५0 ई.सी. दवा की १.५ लीटर मात्रा प्रति हे. के हिसाब से छिड़काव करें।

७. तना मक्खी एवं सफेद मक्खी– थायामेथोक्जाम २५ डब्ल्यू.जी.१00 ग्राम प्रति हे. या इथोफेनप्राक्स १0 ई.सी.की १ लीटर मात्रा प्रति हे. के हिसाब से छिड़काव करें।

जैविक कीटनाशक

- बैवेरिया बेसियाना या बीटी १ लीटर प्रति हे. की दर से छिड़काव करने से पत्ती भक्षक इल्लियों पर नियंत्रण पाया जा सकता है।
- एच.ए.एन.पी.व्ही. या एस.आई.एन.पी.व्ही.की २५0 एल.ई. प्रति हे. की दर से छिड़काव करने से भी पत्ती भक्षक कीटों पर नियंत्रण पाया जा सकता है।

लाभकारी अंर्तरवर्तीय फसलें

सोयाबीन + मक्का (चार कतार : दो कतार) या

सोयाबीन + अरहर (चार कतार : दो कतार) या

सोयाबीन + ज्वार (चार कतार : दो कतार) या

सोयाबीन + कपास (चार कतार : एक कतार)

लाभकारी फसल चक्र

सोयाबीन–गेहूँ, सोयाबीन–अलसी, सोयाबीन–चना, सोयाबीन–मटर

कटाई, गहाई एवं भंडारण

सोयाबीन की कटाई हँसिया या मशीन से की जाती है। फसल की कटाई तब करना चाहिए जब ६५ प्रतिशत फलियां भूरी पड़ जायें और पत्तियाँ झड़ जायें। अधिक देरी से कटाई करने पर चटकने की संभावना रहती है। बीज वाली फसल की कटाई कम्बाईन से न करें। यदि कटाई के समय वर्षा की संभावना हो तो कटाई रोक दें। फसल के गट्ठों को दो तीन दिन तक खेत में सूखने के बाद खलिहान में ले जायें। गहाई थ्रेसर मशीन से करने के लिये सूखी हुई फसल की गंजियॉ बना लें। थ्रेसर की की गति ३00–५00 आर.पी.एम. एवं पंखे की गति १४00–१५00 आर.पी.एम. रखनी चाहिए। ट्रैक्टर से गहाई के लिए खलिहान में फसल की मोटी परत बिछा देना चाहिए और सूखने के लिए छोड़ दें। जब फल्लियां चटकने लगें तब नये टायर वाले ट्रैक्टर से धीमी गति गहाई करें। गहाई हो जाने पर तेज हवा में या पंखों से उडावनी कर बीजों को डंठल एवं भूसा से अलग करें। बीज को पुनः धूप में २ से ३ दिनों तक सुखाकर एवं छानकर भंडारण सूखे एवं ठंडे स्थानों में कोठियों एवं बोरों में करें। भण्डारण के लिए बीज में ६ प्रतिशत के आस पास नमी सर्वथा उपयुक्त है। बीजों को साफ

सुथरी बोरियों में भरना चाहिए। बोरियों की सिलाई के बाद उन्हें ६ बोरियों तक की छल्ली लगायें। भण्डार गृह में ताप और नमी का प्रभाव न पड़े ऐसी व्यवस्था होनी चाहिए। भण्डार में अन्य जाति के बीज पास में न हो ऐसा प्रबन्ध करना चाहिए। भंडार गृह में बीज की सुरक्षा चूहों से करना चाहिये। यदि किसान भाई बीज के लिए सोयाबीन लगा रहे तो बुवाई से भंडारण तक सावधानी बरतना चाहिए।

सोयाबीन की उन्नत खेती हेतु महत्वपूर्ण सुझाव

- सोयाबीन की खेती उपयुक्त जमीन में ही करें।
- ग्रीष्म कालीन गहरी जुताई करें।
- मृदा परीक्षण कर प्रमुख एवं सूक्ष्म पोषक तत्वों की मात्रा का पता लगायें तदानुसार उर्वरक डालें।
- ५ टन प्रति हे. के हिसाब से गोबर खाद या कम्पोस्ट या ५ टन बारीक कचरा और ५ टन कम्पोस्ट का उपयोग करें । गंधक एवं जस्ते की कमी को पूरा करें।
- खेत में जल निकास एवं सिंचाई की समुचित व्यवस्था करें।
- बुवाई २५ जून से ७ जुलाई के मध्य करें।
- दहल्की से मध्यम भूमि में कम अवधि की तथा मध्यम से भारी भूमि में मध्यम अवधि की किस्में लगायें।
- एक से अधिक किस्मों को लगायें।
- बोनी हेतु स्वस्थ, सुडौल, साफ एवं ७0 प्रतिशत से अधिक अंकुरण क्षमता वाला बीज प्रयोग करें।
- बीज दर ६0 – ८0 किलोग्राम प्रति हे. उपयोग करें।
- आवश्यक पौध संख्या ४–६ लाख प्रति हे. के मध्य रखें।
- नींदा, रोग एवं कीट व्याधियों का सही समय पर, सही दवा तथा सही विधि द्वारा नियंत्रण करें।
- फसल कटाई समय से करें।

- सोयाबीन के साथ अरहर, मक्का, ज्वार, कोदो, कुटकी की अंर्तरवर्तीय फसल लगायें।
- उचित फसल चक्र अपनायें।
- कृषक स्वयं अपना उन्नत बीज उत्पादित करें।

तालिका–१: म.प्र. के विभिन्न कृषि जलवायु क्षेत्रों हेतु सोयाबीन की उपयुक्त प्रजातियाँ

क.	कृषि जलवायु क्षेत्र	जिले	उपयुक्त प्रजातियां
१.	छत्तीसगढ का मैदान	बालाघाट तथा वारासिवनी	जे.एस. ३३५, जे.एस. ६३–०५,जे.एस. ९५–६०, जे. एस. ९७–५२, जे.एस. २०–३४, जे.एस. २०–२९, जे. एस. २०–६९
२.	कैमोर का पठार तथा सतपुडा की पहाडियॉ	जबलपुर, कटनी, पन्ना, सतना, रीवां, सीधी, शहडोल, उमरिया, डिंडोरी, मंडला, सिवनी	जे.एस. ३३५, जे.एस. ६३–०५,जे.एस. ९५–६०, जे. एस.२०–३४, जे.एस. २०–२९, जे.एस. २०–६९
३.	विन्ध्य पठार	भोपाल, सीहोर, विदिशा, सागर, दमोह, रायसेन	जे.एस.३३५, जे.एस. ६३–०५,जे.एस. ९५–६०, जे.एस. २०–३४, जे.एस. २०–२९, जे. एस. २०–६९
४.	मध्य नर्मदा घाटी	नरसिंहपुर, होषंगाबाद, हरदा	जे.एस. ३३५, जे.एस. ६३–०५, एन.आर.सी. ३७, जे.एस. ९७–५२, जे.एस. २०–२९, जे.एस. २०–६९
५.	गिर्द क्षेत्र	ग्वालियर, भिन्ड, मुरैना, शिवपुरी, गुना	जे.एस.३३५, जे.एस. ६३–०५, जे.एस. ९५–६०, जे.एस. ९७–५२,२०–३४, जे.एस. २०–२९, जे.एस. २०–६९
६.	बुंदेलखंड क्षेत्र	छतरपुर, टीकमगढ, दतिया	जे.एस. ३३५, जे.एस. ६३–०५, एन.आर.सी. ३७, जे.एस. ९५–६०,जे.एस. ९७–५२, जे. एस. २०–३४, जे.एस.

			२०–२६, जे.एस. २०–६६
७.	सतपुड़ा का पठार	छिंदवाडा, बैतूल	जे.एस. ३३५, जे.एस. ६३–०५, जे.एस. ६५–६०, एन.आर. सी. ३७, जे.एस. ६७–५२, जे.एस २०–३४, जे.एस. २०–२६, जे.एस. २०–६६
८.	मालवा का पठार	मंदसौर, रतलाम, राजगढ, शाजापुर, उज्जैन, इंदौर, देवास तथा धार का कुछ क्षेत्र	जे.एस. ३३५, जे.एस. ६३–०५, जे.एस.६५–६०, जे.एस. ६७–५२, जे.एस २०–३४, जे. एस.२०–२६, एन.आर.सी.३७, अहिल्या १, २, ३, जे.एस. २०–६६
९.	निमाड़ घाटी	खंडवा, खरगोन, बडवानी	जे.एस.३३५, जे.एस. ६३–०५, जे.एस. ६५–६०, जे.एस २०–३४, जे.एस. २०–२६, एन.आर.सी. ३७, जे.एस. २०–६६
१०.	झाबुआ की पहाडियाँ	झाबुआ तथा धार का कुछ क्षेत्र	जे.एस. ३३५, जे.एस. ६३–०५, एन.आर.सी. ३७, जे.एस. ६५–६०

तालिका –२ : सोयाबीन की उन्नतशील प्रजातियॉ एवं उनकी विशेषतायें

क.	**जातियों के नाम**	**पकने की अवधि एवं उपज**	**विशेष गुण**
१.	जे.एस. ३३५	९५ – १०० दिन २५–३० क्वि. / हे.	व्यापक क्षेत्र के लिए अनुकूल, श्रेष्ठ अंकुरण, अधिक उत्पादन क्षमता एवं बेक्टीरियल पस्च्यूल हेतु प्रतिरोधिता, बड ब्लाइट रोग एवं कीटों में तना मक्खी हेतु सहनशीलता।
२	जे.एस. ९३–०५	९० – ९५ दिन २५–३० क्वि. / हे.	व्यापक क्षेत्र के लिए अनुकूल, शीघ्र पकने वाली, चार दाने वाली फली, अच्छी अंकुरण क्षमता, फली चटकन के लिए प्रतिरोधी, जड सडन एवं

			प्रमुख कीट एवं बीमारियों के प्रति प्रतिरोधिता / सहनशीलता।
३	जे.एस. ६५–६०	८२ – ८७ दिन १८–२० क्वि./हे.	अतिशीघ्र पकने वाली, चार दाने वाली फली, कम वर्षा तथा उथली जमीन वाले क्षेत्रों के लिये अनुकूल, अच्छी अंकुरण क्षमता, फली चटकन के लिए प्रतिरोधी, सूखा एवं अधिक तापमान सहनशील तथा कीटों में तना मक्खी, चक्रभंश्ग, नीला भश्ंग व बीमारियों में जड सडन, तथा जीवाणु धब्बे के लिए प्रतिरोधक।
४.	जे.एस. ६७–५२	६८–१०२ दिन २५–३० क्वि./हे	व्यापक क्षेत्र के लिए अनुकूल, सवश्रेष्ठ अंकुरण, अधिक उत्पादन क्षमता, बहुरोधी क्षमता फली चटकन के लिए प्रतिरोधी। पीला मोजेक , जड सडन एवं कीटों में तना छेदक एवं पत्ती भक्षक एवं अधिक नमी के लिऐ रोधी / सहनशील। फूल का रंग सफेद।
५.	एन. आर. सी. ३७	१००–१०५ दिन २५–३० क्वि./हे.	अधिक उत्पादन क्षगता, अच्छी अंकुरग क्षमता, फली चटकन के लिए प्रतिरोधिता, प्रमुख कीट एवं बीमारियों के प्रति प्रतिरोधिता / सहनशीलता ।
६.	एन.आर.सी. ७ (अहिल्या–२)	६० – ६६ दिन २५–३० क्वि./हे.	बेक्टीरियल पस्च्यूल, हरा विषाणु रोग, बेक्टीरियल ब्लाइट, फायलोडी विषाणु रोग के प्रति प्रतिरोधिता, तनामक्खी, गर्डल बीटल, हरा और भूरा सेमीलूपर के लिए सहनशीलता।
७.	एन.आर.सी.१२ (अहिल्या–३)	६६ – ६६दिन २५–३० क्वि./हे.	बेक्टीरियल पस्च्यूल, माइरोथीसियम पर्ण दाग ,बेक्टीरियल ब्लाइट, राइजोक्टोनिया पर्ण झुलसन के प्रति प्रतिरोधकता, पत्ती खाने वाले कीट, तना मक्खी, चक्रभंश्ग कीट के प्रति सहनशीलता।
८	एन. आर.सी.२	१०३ – १०६ दिन	राइजोक्टोनिया पर्ण झुलसन, हरा

	(अहिल्या– १)	२५–३0 क्वि./हे.	विर्षाणु रोग, झुलसन के प्रति प्रतिरोधकता, सरकोस्पोरा तथा एन्थ्रेकनोज बीमारी के लिए सहनशीलता।
९	जे.एस २0–३४	८0–८५ दिन २५–३0 क्वि./हे.	अतिशीध्र पकने वाली, जड सडन रोधी, व्यापक क्षेत्र के लिए अनुकूल, श्रेष्ठ अंकुरण।
१0	जे.एस. २0–२९	९0–९५ दिन २५–३0 क्वि./हे.	शीध्र पकने वाली, जड सडन एवं पीला मोजेक रोधी, व्यापक क्षेत्र के लिए अनुकूल, श्रेष्ठ अंकुरण क्षमता।
११	जे.एस.२0–६९	९२–९५ दिन २५–३0 क्वि./हे.	शीध्र पकने वाली, बेक्टीरियल पस्च्यूल के प्रति प्रतिरोधकता, विषाणुजनित रोग के प्रति सहनशील, फली चटकन के लिए प्रतिरोधिता, श्रेष्ठ अंकुरण क्षमता, सूखा सहनशील

अलसी

अलसी बहुमूल्य औद्योगिक तिलहन फसल है। अलसी के प्रत्येक भाग का प्रत्यक्ष व अप्रत्यक्ष रूप से विभिन्न रूपों में उपयोग किया जा सकता है। रबी मौसम में इसकी खेती से दोहरा लाभ लिया जा सकता है। अलसी के बीज से निकलने वाला तेल प्रायः खाने के रूप में उपयोग में नहीं लिया जाता है बल्कि दवाइयॉ बनाई जाती है। म.प्र. के बुन्देलखंड क्षेत्र में इसका तेल खाने में, साबुन बनाने तथा दीपक जलाने में किया जाता है। इसका बीज फोड़ों फुन्सी में पुल्टिस बनाकर प्रयोग किया जाता है। अलसी के पौधे का काश्ठीय भाग तथा छोटे–छोटे रेशों का प्रयोग कागज बनाने हेतु किया जाता है। अलसी के तने से उच्च गुणवत्ता वाला रेषा प्राप्त किया जाता है व रेशे से लिनेन तैयार किया जाता है। अलसी की खली दूध देने वाले जानवरों के लिये पशु आहार के रूप में उपयोग की जाती है तथा खली में विभिन्न पौध पौषक तत्वों की उचित मात्रा होने के कारण इसका उपयोग खाद के रूप में किया जाता है।

हमारे देश में अलसी की खेती लगभग 2 मिलियन हैक्टर में होती है जो विश्व के कुल क्षेत्रफल का 25 प्रतिशत है। अलसी क्षेत्रफल की दृष्टि से भारत का विश्व में प्रथम स्थान है, उत्पादन में चौथा तथा उपज प्रति हेक्टेयर में आठवॉ स्थान रखता है । मध्यप्रदेश, उत्तरप्रदेश, महाराष्ट्र, बिहार, राजस्थान व उड़ीसा अलसी के प्रमुख उत्पादक राज्य हैं। मध्य प्रदेश व उत्तर प्रदेश दोनों प्रदेशों में देश की अलसी के कुल क्षेत्रफल का लगभग 60 प्रतिशत भाग आच्छादित है। मध्यप्रदेश में अलसी का आच्छादित क्षेत्रफल 1,18,000 हेक्टेयर उत्पादन 51000 टन और उत्पादकता 436 किलोग्राम/हेक्टेयर है जबकि राष्ट्रीय औसत उपज 452 कि.ग्रा./हे. है। मध्यप्रदेश के सागर, दमोह, टीकमगढ़, बालाघाट एवं सिवनी प्रमुख अलसी उत्पादक जिले हैं। प्रदेश में अलसी के खेती विभिन्न परिस्थितियों में असिंचित (वर्षा आधारित) कम उपजाऊ भूमियों पर की जाती है। अलसी को शुद्ध फसल मिश्रित फसल, सह फसल, पैरा व उतेरा फसल के रूप में उगाया जाता है। अलसी की खेती उचित प्रबन्धन के साथ की जाय तो उपज में लगभग 2 से 2.5 गुनी वृद्धि की संभव है ।

जलवायु

अलसी की फसल को ठंडे व शुष्क जलवायु की आवश्यकता पड़ती है। अलसी के उचित अंकुरण हेतु 25–30 डिग्री से.ग्रे. तापमान तथा बीज बनते समय तापमान 15–20 डिग्री से.ग्रे. तापमान होना चाहिए। अलसी के वृद्धि काल में भारी वर्षा व बादल छाये रहना बहुत ही हानिकारक साबित होते हैं। परिपक्वन अवस्था पर उच्च तापमान, कम नमी तथा शुष्क वातावरण की आवश्यकता होती है ।

भूमि का चुनाव

अलसी की फसल के लिये काली भारी एवं दोमट (मटियार) मिट्टियॉ उपयुक्त होती हैं। अधिक उपजाऊ मृदाओं की अपेक्षा मध्यम उपजाऊ मृदायें अच्छी समझी जाती हैं। भूमि में उचित जल निकास का प्रबंध होना चाहिए। आधुनिक संकल्पना के अनुसार उचित जल एवं उर्वरक व्यवस्था करने पर किसी भी प्रकार की मिट्‌टी में अलसी की खेती सफलता पूर्वक की जा सकती है।

खेत की तैयारी

अलसी का अच्छा अंकुरण प्राप्त करने के लिये खेत भुरभुरा एवं खरपतवार रहित होना चाहिये । अतः खेत को 2–3 बार हैरो चलाकर पाटा लगाना आवश्यक है जिससे नमी संरक्षित रह सके । अलसी का दाना छोटा एवं महीन होता है, अतः अच्छे अंकुरण हेतु खेत का भुरभुरा होना अति आवश्यक है।

बुवाई का समय

असिंचित क्षेत्रों में अक्टूबर के प्रथम पखवाड़े में तथा सिचिंत क्षेत्रों में नवम्बर के प्रथम पखवाड़े में बुवाई करना चाहिये। उतेरा खेती के लिये धान कटने के 7 दिन पूर्व बुवाई की जानी चाहिये। जल्दी बोनी करने पर अलसी की फसल को फली मक्खी एवं पाउडरी मिल्डयू आदि से बचाया जा सकता है ।

बीज दर एवं अंतरण

अलसी की बुवाई 20 से 25 किग्रा प्रति हेक्टेयर की दर से करनी चाहिये। कतार से कतार के बीच की दूरी 30 सेमी तथा पौधे से पौधे की दूरी 5–7 सेमी रखनी चाहिये। बीज को भूमि में 2–3 सेमी की गहराई पर बोना

चाहिये। उतेरा पद्धति हेतु 10–12 किग्रा बीज/हेक्टेयर की दर अलसी की बोनी हेतु उपयुक्त है।

बीजोपचार

बुवाई से पूर्व बीज को कार्बेन्डाजिम की 2.5 से 3 ग्राम मात्रा प्रति किलोग्राम बीज की दर से उपचारित करना चाहिये अथवा ट्राइकोडरमा विरीडी की 5 ग्राम मात्रा अथवा ट्राइकोडरमा हारजिएनम की 5 ग्राम एवं कार्बाक्सिन की 2 ग्राम मात्रा से प्रति किलोग्राम बीज को उपचारित कर बुवाई करनी चाहिये।

पोषक तत्व प्रबंधन

कार्बनिक खाद

अलसी की फसल के बेहतर उत्पादन हेतु अच्छी तरह से पकी हुई गोबर की खाद 4–5 टन/हे. अन्तिम जुताई के समय खेत में अच्छी तरह से मिला देना चाहिये। मिट्टी परीक्षण अनुसार उर्वरकों का प्रयोग अधिक लाभकारी होता है।

उर्वरक प्रबंधन

अलसी को असिंचित अवस्था में नाइट्रोजन, फास्फोरस, पोटाश की क्रमषः 40:20:10 किग्रा./हे. तथा सिंचित अवस्था में 60:40:20 कि.ग्रा./हे. देना चाहिये । सिंचित अवस्था में नाइट्रोजन की आधी मात्रा फास्फोरस व पोटाश की पूरी मात्रा बोने के पहले तथा बची हुई नाईट्रोजन की मात्रा प्रथम सिंचाई के तुरन्त बाद टाप ड्रेसिंग के रूप में देना चाहिये। अधिक उत्पादन लेने हेतु 20–25 कि.ग्रा./हे. सल्फर भी देना चाहिये तथा सल्फर की पूरी मात्रा बीज बोने के पहले देना चाहिये ।

जैव उर्वरक

अलसी में भी एजोटोवेक्टर/एजोस्पाईरिलम और स्फुर घोलक जीवाणु आदि जैव उर्वरक उपयोग किये जा सकते हैं। बीज उपचार हेतु 10 ग्राम जैव उर्वरक प्रति किलो ग्राम बीज के हिसाब से अथवा मृदा उपचार हेतु 5 किलोग्राम/ हे. जैव उर्वरकों की मात्रा को 50 कि.ग्रा. भुरभुरे गोबर की खाद के साथ मिला कर अंतिम जुताई के पहले खेत में बराबर बिखेर देना चाहिये।

खरपतवार प्रबंधन

खरपतवार प्रबंधन के लिये वुवाई के 20 से 25 दिन पश्चात पहली निदाई–गुड़ाई एवं 40–45 दिन पश्चात दूसरी निदाई–गुड़ाई करनी चाहिये। अलसी की फसल में रासायनिक विधि से खरपतवार प्रबंधन हेतु एलाक्लोर की 1 किलोग्राम सक्रिय तत्व को बुवाई के पष्चात एवं अंकुरण पूर्व 500–600 लीटर पानी में मिलाकर खेत में छिडकाव करें।

जल प्रबंधन

अलसी के अच्छे उत्पादन के लिये विभिन्न क्रांतिक अवस्थाओं पर 2–3 सिंचाई की आवश्यकता पड़ती है। प्रथम सिचांई 4–6 पत्ती निकलने पर, द्वितीय सिंचाई शाखा फूटते समय एवं तृतीय सिंचाई फूल आते समय तथा चौथी सिंचाई दाने बनते समय करनी चाहिये। यदि दो सिंचाई उपलब्ध हो तो प्रथम सिंचाई बुवाई के एक माह बाद एवं द्वितीय सिंचाई फूल आने से पहले करना चाहिये। सिंचाई के साथ–साथ प्रक्षेत्र में जल निकास का भी उचित प्रबंध होना चाहिये।

अलसी की उन्नत□ील प्रजातियाँ

प्रजाति	विमोचन वर्ष	पकने की अवधि (दिनों में)	उपज क्षमता (क्विं./हे.)	विशेषतायें
जवाहर अलसी–23	1985	120–125	13–15	रतुआ, उकठा एवं चूर्णिल आसिता रोग के लिये प्रतिरोधी, सिंचित, तेल की मात्रा 43 प्रतिशत, फूल – सफेद।
लक्ष्मी – 27	1987	150–155	10–13	रतुआ एवं चूर्णिल आसिता रोग के लिये प्रतिरोधी, बारानी एवं सिंचित दशाओं हेतु उपयुक्त, तेल की मात्रा 45 प्रतिशत, फूल – नीला।
किरण (आर. एल. सी. 6)	1988	115–120	7–8	गेरूआ, उकठा एवं चूर्णिल आसिता रोग के लिये प्रतिरोधी, बारानी क्षेत्र हेतु उपयुक्त, तेल की मात्रा 43

				प्रतिशत, फूल – नीला।
जवाहर अलसी–9	1999	115–120	10–13	उकठा, चूर्णिल आसिता एवं अंगमारी रोग के लिये प्रतिरोधी, बारानी एवं सिंचित दशाओं हेतु उपयुक्त, तेल की मात्रा 44 प्रतिशत, फूल – सफेद।
पद्मिनी (एल.एम.एच. 62)	1999	115–120	8–10	गेरूआ, उकठा एवं चूर्णिल आसिता रोग के लिये मध्यमरोधी, बारानी क्षेत्र हेतु उपयुक्त, तेल की मात्रा 43 प्रतिशत, फूल – नीला।
जवाहर अलसी–27 (सुयोग)	2004	115–120	15–17	उकठा, चूर्णिल आसिता एवं अंगमारी रोग के लिये मध्यम रोधी, सिंचित क्षेत्रों हेतु उपयुक्त, तेल की मात्रा 43–44 प्रतिशत, फूल – सफेद।
जवाहर अलसी–67 (शिवल)	2010	110–115	12–13	उकठा, भभूतिया, झुलसा एवं रतुआ रोगों व कलिका मक्खी के प्रति मध्यम प्रतिरोधी, असिंचित क्षेत्रों हेतु उपयुक्त, तेल की मात्रा 40.16 प्रतिशत, फूल – सफेद।
जवाहर अलसी–73	2011	110–115	10–12	भभूतिया एवं झुलसा रोगों व कलिका मक्खी के प्रति मध्यम प्रतिरोधी, असिंचित क्षेत्रों हेतु उपयुक्त, तेल की मात्रा 38.82 प्रतिशत, फूल – नीला।
जवाहर अलसी–66	2017	110–115	11–13	उकठा, भभूतिया, झुलसा एवं रतुआ रोगों व कलिका मक्खी के प्रति मध्यम प्रति–रोधी, असिंचित क्षेत्रों हेतु उपयुक्त, तेल की मात्रा 42.85 प्रतिशत, फूल – नीला।

द्विउद्देशीय (बीज एवं रेशा दोनों हेतु) उन्नत प्रजातियाँ

नागरकोट (के. एल.–31)	1995	130–135	बीज–12.5 रेशा–11.5	गेरूआ, उकठा तथा चूर्णिल आसिता रोगों के लिये प्रतिरोधी, तेल की मात्रा 43 प्रतिशत, फूल – नीला।
शिखा (के. – 8528)	1997	118–120	बीज–12.35 रेशा–10.33	रतुआ, उकठा तथा अंगमारी रोगों के लिये प्रतिरोधी, तेल की मात्रा 42 प्रतिशत, फूल – नीला।
रश्मि (एल.सी. के. – 9216)	1999	125–130	बीज–14.4 रेशा–10.1	रतुआ, उकठा प्रतिरोधी, अंगमारी रोग व कलिका मक्खी के प्रति मध्यम प्रतिरोधी, तेल की मात्रा 41 प्रतिशत, फूल – बैंगनी।
मीरा (आर.एल. – 993)	2000	125–130	बीज–14.5 रेशा–10.3	रतुआ, उकठा, चूर्णिल आसिता व अंगमारी रोग के प्रति मध्यम प्रतिरोधी, कलिका मक्खी के प्रति प्रतिरोधी, तेल की मात्रा 42 प्रतिशत, फूल – बैंगनी।
पार्वती (एल.एम. एच. 16–5)	2001	120–128	बीज–16 रेशा–10.26	रतुआ, चूर्णिल आसिता प्रतिरोधी, अंगमारी, उकठा रोग व कलिका मक्खी के प्रति मध्यम प्रतिरोधी, तेल की मात्रा 42 प्रतिशत, फूल – नीला।

पौध संरक्षण

अलसी के विभिन्न प्रकार के रोग जैसे गेरूआ, उकठा, चूर्णिल आसिता तथा आल्टरनेरिया अंगमारी एवं कीट यथा फली मक्खी, अलसी की इल्ली, अर्धकुण्डलक इल्ली चने की इल्ली द्वारा भारी क्षति पहुँचाई जाती है। इनका प्रबंधन निम्नानुसार किया जा सकता है।

प्रमुख रोग

1– गेरूआ (रस्ट) रोग

यह रोग मेलेम्पसोरा लाइनाई नामक फफूंद से होता है। रोग का प्रकोप प्रारंभ होने पर चमकदार नारंगी रंग के स्फोट पत्तियों के दोनों ओर बनते हैं, धीरे धीरे यह पौधे के सभी भागों में फैल जाते हैं। रोग नियंत्रण हेतु फरवरी माह में घुलनशील गंधक 0.2 प्रतिशत या मेंकोजेब का छिड़काव करें। रोगरोधी किस्में आर. 552, टी– 397, जे.एल.एस. 9 को लगायें तथा जंगली अलसी के पौधो को खेत के आसपास से नष्ट करें।

2– उकठा (विल्ट)

यह अलसी का प्रमुख हांनिकारक मृदा जनित रोग है इस रोग का प्रकोप अंकुरण से लेकर परिपक्वता तक कभी भी हो सकता है। रोग ग्रस्त पौधों की पत्तियों के किनारे अन्दर की ओर मुड़कर मुरझा जाते हैं। इस रोग का प्रसार प्रक्षेत्र में पड़े फसल अवर्षेषों द्वारा होता है। इसके रोगजनक मृदा में उपस्थित फसल अवशेषों तथा मृदा में उपस्थित रहते हैं तथा अनुकूल वातावरण में पौधो पर संक्रमण करते हैं।

3– चूर्णिल आरिता (गभूतिया रोग)

इस रोग के संक्रमण की दशा में पत्तियों पर सफेद चूर्ण सा जम जाता है। रोग की तीव्रता अधिक होने पर दाने सिकुड़ कर छोटे रह जाते हैं। देर से बुवाई करने पर एवं शीतकालीन वर्षा होने तथा अधिक समय तक आर्द्रता बनी रहने की दशा में इस रोग का प्रकोप बढ़ जाता है।

4– आल्टरनेरिया अंगमारी

इस रोग से अलसी के पौधे का समस्त वायुवीय भाग प्रभावित होता है परंतु सर्वाधिक संक्रमण पुष्प एवं मुख्य अंगों पर दिखाई देता है। फूलों की पंखुडियों के निचले हिस्सों में गहरे भूरे रंग के लम्बवत धब्बे दिखाई देते हैं। अनुकूल वातावरण में धब्बे बढ़कर फूल के अन्दर तक पहुॅच जाते हैं जिसके कारण फूल निकलने से पहले ही सूख जाते हैं। इस प्रकार रोगी फूलों में दाने नहीं बनते हैं।

समन्वित रोग प्रबंधन

1. प्रक्षेत्र की जुताई से पहले फसल अवर्षेषों को इकट्ठा कर जला देना चाहिये।
2. मिट्टी में रोग जनकों के निवेश को कम करने के लिये 2–3 वर्ष का फसल चक्र अपनाना चाहिये।
3. अक्टूबर के अंतिम सप्ताह से लेकर नवम्बर के प्रथम सप्ताह के मध्य बुवाई कर देना चाहिये।
4. बीजों को बुवाई से पहले कार्बेन्डाजिम या थायोंफलेट–मिथाइल की 3 ग्राम मात्रा से प्रति किलोग्राम बीज की दर से उपचारित करना चाहिये।
5. फसलों पर रोग के लक्षण दिखाई देते ही आइप्रोडियोन की 0.2 प्रतिशत अथवा मैन्कोजेब की 0.25 प्रतिशत अथवा कार्बेन्डाजिम 12% + मेकोंजेब 63% की 2 ग्राम मात्रा का पर्णिम छिडकाव करना चाहिये।
6. चूर्णिल आसिता रोग के प्रबंधन के सल्फेक्स अथवा कार्बेन्डाजिम 1 ग्राम प्रति ली. पानी में घोल की के जलीय घोल का पर्णिम छिडकाव लाभप्रद होता है।
7. रोग के प्रति सहनशील अथवा प्रतिरोधी प्रजातियों का चयन कर उगाना चाहिये।

अलसी के प्रमुख कीट

1. फली मक्खी (बड फ्लाई)

यह प्रौढ़ आकार में छोटी तथा नारंगी रंग की होती है। जिनके पंख पारदर्शी होते हैं। इसकी इल्ली ही फसलों को हांनि पहुॅचाती है। इल्ली अण्डाशय को खाती है जिससे कैप्सूल एवं बीज नहीं बनते हैं। मादा कीट 1 से 10 तक अण्डे पंखुड़ियों के निचले हिस्से में रखती है। जिससे इल्ली निकल कर फली के अंदर जनन अंगो विशेषकर अण्डाशयों को खा जाती है। जिससे फली पुष्प के रूप में विकसित नहीं होती है तथा कैप्सूल एवं बीज का निर्माण नहीं होता है। यह अलसी को सर्वाधिक नुकसान पहुॅचाने वाला कीट है जिसके कारण उपज में 60–85 प्रतिशत तक क्षति होती है।

2. अलसी की इल्ली

प्रौढ़ कीट मध्यम आकार के गहरे भूरे रंग या धूसर रंग का होता है, जिसके अगले पंख गहरे धूसर रंग के पीले धब्बे युक्त होते हैं। पिछले पंख सफेद, चमकीले, अर्धपारदर्शक तथा बाहरी सतह धूसर रंग की होती है। इल्ली लम्बी भूरे रंग की होती है। जो तने के उपरी भाग में पत्तियों से चिपककर पत्तियों के बाहरी भाग को खाती है। इस कीट से ग्रसित पौधों की बढ़वार रूक जाती है।

3. अर्ध कुण्डलक इल्ली

इस कीट के प्रौढ़ शलभ के अगले पंख पर सुनहरे धब्बे होते हैं। इल्ली हरे रंग की होती है जो प्रारंभ में मुलायम पत्तियों तथा फलियों के विकास होने पर फलियों को खाकर नुकसान पहुॅचाती है।

4. चने की इल्ली

इस कीट का प्रौढ़ भूरे रंग का होता है जिनके अगले पंखों पर सेम के बीज के आकार के काले धब्बे होते हैं। इल्लियों के रंग में विविधता पाई जाती है जैसे यह पीले, हरे, नारंगी, गुलाबी, भूरे या काले रंग की होती है। शरीर के पार्श्व हिररों पर हल्की एवं गहरी धारियॉ होती है। छोटी इल्ली पौधों के हरे भाग को खुरचकर खाती है बड़ी इल्ली फूलों एवं फलियों को नुकसान पहुॅचाती है।

समन्वित कीट प्रबंधन तकनीकी

1. ग्रीष्म कालीन गहरी जुताई से मृदा में स्थित फली मक्खी की सूंडी तीव्र धूप के सम्पर्क में आकर नष्ट हो जाती है।
2. कीटों हेतु संस्तुत सहनशील प्रजातियों का चुनाव बुवाई हेतु करना चाहिये।
3. अगेती बुवाई अर्थात अक्टूबर के प्रथम सप्ताह में बुवाई करने पर कीटों का संक्रमण कम होता है।
4. अलसी के साथ चना (3:1) अथवा सरसों (6:1) की अतंवर्तीय खेती करने से फली बेधक कीट का संक्रमण कम हो जाता है।

5. उर्वरक की संस्तुत मात्रा (60–80 किग्रा नत्रजन, 40 किग्रा स्फुर तथा 20 किग्रा) पोटाश का प्रति हेक्टेयर की दर से सिंचित अवस्था में प्रयोग करना चाहिये।

6. बॉस की टी के आकार की 2.5 से 3 फीट ऊँची 50 खूँटियों को प्रति हेक्टेयर से लगाने से कीटों को उनके प्राकृतिक शत्रु चिड़ियों द्वारा नष्ट कर दिया जाता है।

7. न्यूक्लियर पाली हेड्रोसिस विर्षाणु की 250 एल.ई. का प्रति हेक्टेयर की दर से छिडकाव लैपिडोप्टेरा कुल के कीटों का प्रभावर्षाली प्रबंधन होता है।

8. प्रकाश प्रपंच का उपयोग कर कीड़ों को आकर्शित कर एकत्र कर नष्ट कर दें।

9. नर कीटों को आकर्षित करने तथा एकत्र करने हेतु फेरोमोन ट्रेप का प्रति हेक्टैयर की दर से 10 ट्रैप का प्रयोग लाभप्रद होता है।

10. जब फली मक्खी की संख्या आर्थिक क्षति स्तर (8–10 प्रतिशत कली संक्रमित) से उपर पहुॅच जाय तो एसिफेट या प्रोफेनोफॉस अथवा क्विनालफॉस 2 मि.ली. मात्रा/ली. पानी के घोल का 15 दिन के अंतराल पर छिड़काव लाभप्रद होगा।

11. इसके अतिरिक्त अन्य रसायनों जैसे साइपरमेथ्रिन (5 प्रतिशत) + क्लोरोपाइरीफॉस (50 प्रतिशत)–55 ई.सी. की 750 मिली. मात्रा प्रति हेक्टेयर की दर से अथवा साइपरमेथ्रिन (1 प्रतिशत) + ट्राइजोफॉस (35 प्रतिशत)–40 ई.सी. की एक लीटर मात्रा का 500–600 लीटर पानी में प्रति हेक्टेयर की दर से छिडकाव लाभप्रद होता है।

कटाई गहाई एवं भण्डारण

जब फसल की पत्तियाँ सूखने लगें, केप्सूल भूरे रंग के हो जायें और बीज चमकदार बन जाय तब फसल की कटाई करनी चाहिये। बीज में 70 प्रतिशत तक सापेक्ष आद्रता तथा 8 प्रतिशत नमी की मात्रा भंडारण के लिये सर्वोत्तम है।

सूखे तने से रेशा प्राप्त करने की विधि

1. फसल की कटाई भूमि स्तर से करें।
2. बीजों की मड़ाई करके अलग कर लें तत्पष्चात तने को जहाँ से शाखाओं फूटी हों, काटकर अलग करें फिर कटे तने को छोटे–छोटे बण्डल बनाकर रख लें।
3. अब सूखे कटे तने बण्डल को सड़ाने के लिये अलग रखें।
4. तनों को सड़ाने के लिये निम्न लिखित विधि अपनायें।

   अ. सूखे तने के बण्डलों को पानी से भरे टैंक में डालकर 2–3 दिन तक छोड़ दें।

   ब. सड़े तने के बण्डल को 8–10 बार टैंक के पानी से धोकर खुली हवा में सूखने दें।

   स. अब तना रेशा निकालने योग्य हो गया है।

रेशा निम्न प्रकार से निकाला जा सकता है –

अ. हाथ से रेशा निकालने की विधि

अच्छी तरह सूखे सड़े तने की लकड़ी की मुंगरी से पीटिए–कूटिए । इस प्रकार तने की लकड़ी टूटकर भूसा हो जावेगी जिसे झाड़कर व साफ कर रेशा आसानी से प्राप्त किया जा सकता है।

ब. यांत्रिकी विधि (मशीन से रेशा निकालने की विधि)

1. सूखे सड़े तने के छोटे–छोटे बण्डल मशीन के ग्राही सतह पर रख कर मशीन चलाते हैं इस प्रकार मशीन से दबे/पिसे तने मशीन के दूसरी तरफ से बाहर लेते रहते हैं।
2. मशीन से बाहर हुये दबे/पिसे तने को हिलाकर एवं साफकर रेशा प्राप्त कर लेते हैं।
3. यदि तने की पिसी लकड़ी एक बार में पूरी तरह रेषे से अलग न हो तो पुनः उसे मशीन में लगाकर तने की लकड़ी को पूरी तरह से अलग कर लें।

अधिक उपज प्राप्त करने हेतु प्रमुख पांच बिन्दु

1. उन्नतशील किस्मों जैसे जे.एल. एस. 27 जे. एल.एस 66, जे.एल.एस 79 का प्रयोग।
2. राइजोबियम तथा पी.एस.बी. कल्चर 10 ग्राम/किलो बीज को निवेशित करना।
3. अलसी में असिंचित अवस्था में नाइट्रोजन, फास्फोरस, पोटाश की क्रमशः 40:20:20 किग्रा./हे. सिंचित अवस्था में 60:40:20 कि.ग्रा./हे. प्रयोग।
4. रस चूसक कीट तथा गाल मिज कीट के नियंत्रण हेतु मिथाईल डेमेटान अथवा डाईमेथोएट 30 ई.सी. – 750 मिली./हैक्टर प्रयोग।
5. रस्ट रोग नियंत्रण हेतु मेन्कोजेब 2.5 ग्राम/लीटर पानी का छिड़काव।

सरसों व तोरिया

तिलहनी फसलों के उत्पादन में भारत विश्व में अमेरिका, चीन व ब्राजील के बाद चौथा सबसे बड़ा उत्पादक देश है। देश में विश्व के कुल तिलहन क्षेत्रफल के 19 प्रतिशत क्षेत्र में तिलहनी फसलों की खेती की जाती है तथा विश्व के कुल तिलहन उत्पादन में 2.7 प्रतिशत का योगदान है। विश्व के कुल सरसों उत्पादन में भारत का 11 प्रतिशत का योगदान है तथा यह चौथा सबसे बड़ा सरसों उत्पादक देश है। देश में उत्पादित खाद्य तिलहनी फसलों में सोयाबीन के बाद सरसों का द्वितीय स्थान है एवं कुल तिलहन उत्पादन में सरसों का 20–22 प्रतिशत हिस्सा है। रबी तिलहनी फसलों में सरसों व तोरिया की खेती भारतवर्ष में सबसे अधिक होती है। देश के उत्तरी एवं पष्चिमी भाग में सरसों की खेती प्रमुख रूप से की जाती है। राजस्थान व उत्तर प्रदेश प्रमुख सरसों उत्पादक राज्य हैं। अन्य सरसों उत्पादक राज्यों में मध्य प्रदेश, हरियाणा, गुजरात, पष्चिम बंगाल व असम प्रमुख हैं। की रबी की तिलहनी फसलों में प्रमुख स्थान रखती है। वानस्पतिक तेलों में सबसे कम संतष्प्त वसीय अम्लों वाली तथा खाद्य तेलों में प्रमुख स्थान रखने वाली फसल है। सरसों उत्पादन में अन्य फसलों की अपेक्षा लागत कम तथा अधिक आर्थिक लाभ के कारण इसके क्षेत्रफल में लगातार वृद्धि हो रही है। देश में सरसों की खेती का प्रसार एकल एवं मिश्रित क्षेत्रफल के रूप में किया जा रहा है। सरसों–राई समूह में सात प्रमुख फसलें – सरसों अथवा लाद्य तोरिया, गोभी सरसों, पीली सरसों, भूरी सरसों, कसराई और तारामीर आती हैं परंतु इनमें सरसों (लाद्य) व तोरिया की खेती देश में प्रमुख रूप से की जाती है।

भूमि की तैयारी

इन फसलों के लिये दोमट या बलुई दोमट भूमि जिसका जल निकास अच्छा हो अधिक उपयुक्त होती है। बीज के अच्छे अंकुरण के लिये वर्षा के बाद हल अथवा कल्टीवेटर से दो–तीन बार या एक जुताई कल्टीवेटर से व एक जुताई रोटावेटर से करें व प्रत्येक जुताई के बाद पाटा अवश्य लगायें। सिंचित अवस्था के लिये पलेवा के उपरान्त बतर आने पर कल्टीवेटर से दो जुताई तथा दो जुताई हैरो से करें तथा प्रत्येक जुताई के बाद पाटा अवश्य लगायें।

बुवाई का समय एवं तरीका

सरसों की बुवाई के लिये उपयुक्त व अनुकूल समय है जब औसत तापक्रम 26–28 सेटीग्रेड के आसपास जा जाय। भरपूर फसल व अधिक लाभ के लिये बुवाई अक्टूबर के दूसरे सप्ताह में कर देनी चाहिये। सरसों की बुवाई कतारों में करना चाहिये। पंक्ति से पंक्ति की दूरी 45 सेमी रखना चाहिये, बीज की बुवाई भुरभुरी मिट्टी में करना चाहिये सिंचित अवस्था में बीज को मिट्टी में 2.5 से 3.0 सेमी गहराई में बोना चाहिये। असिंचित क्षेत्रों में बीज को मिट्टी के अंदर नमी वाले क्षेत्रों में बोना चाहिये एवं कूड़ों को खुला छोड़ देना चाहिये। बुवाई पूरब – पश्चिम दिशाओं में करना चाहिये जिससे सभी पौधों को सूर्य का प्रकाश पर्याप्त मात्रा में एवं लंबी अवधि तक मिलता रहे। बीज एवं उर्वरक को एक साथ मिलाकर बुवाई न करें अपितु इसके लिये बीज सह उर्वरक सीडड्रिल का प्रयोग करें। अच्छे परिणाम हेतु उर्वरक को 7–10 सेमी की गहराई एवं बीज को 3–4 सेमी की गहराई पर बोना चाहिये।

बीजदर एवं बीजोपचार

सरसों का 5 किग्रा बीज प्रति हेक्टेयर की दर से पर्याप्त होता है। बीज को बुवाई से पूर्व कारबेन्डाजिम 2 ग्राम अथवा स्पर्श एवं आंतरिक मिश्रित फफूंदनाशी की 2 ग्राम मात्रा प्रति किलोग्राम बीज के हिसाब से उपचारित करके ही बुवाई करें।

पोषक तत्व प्रबंधन

सरसों में अधिक पैदावार के लिये नाइट्रोजन, फास्फोरस व पोटाश के अतिरिक्त अन्य गौण एवं सूक्ष्म पोषक तत्वों की आवश्यकता होती है। यद्यपि मृदा की जॉच के बाद ही उर्वरकों की मात्रा सुनिश्चित करें। मृदा की उर्वरा शक्ति में संतुलन बनाये रखने के लिये सरसों की फसल में गोबर की खाद /वर्मीकम्पोस्ट और अन्य जैविक खादों का प्रयोग अपेक्षित है। गोबर की खाद/वर्मीकम्पोस्ट को बुवाई के 15–20 दिन पहले सिंचित अवस्था में 80–100 क्विंटल तथा वर्षा आधारित क्षेत्रों में 40–50 क्विंटल प्रति हेक्टेयर की दर से खेत तैयार करते समय अच्छी तरह से मिट्टी में मिला देना चाहिये। फसल की अच्छी पैदावार के लिये सिंचित अवस्था में नत्रजन, फास्फोरस और पोटाश को क्रमशः 80:40:20 एवं असिचिंत दशा में 40:20:10 प्रति हेक्टेयर की दर से मुख्य तत्व के रूप में दें। सिंचित क्षेत्रों में नत्रजन की आधी मात्रा तथा फास्फोरस एवं

पोटाश की पूरा मात्रा बुवाई पूर्व अच्छी तरह से मिट्टी में मिला दें। नत्रजन की शेष आधी मात्रा पहली सिंचाई के समय खेत में डालें। वर्षा आधारित क्षेत्रों में उर्वरकों की पूरी मात्रा को बुवाई के पहले ही खेत में डाल देना चाहिये।

तिलहनी फसलों द्वारा गंधक का अवषीषण फास्फोरस से भी अधिक होता है। अतः मृदा में सल्फर के सन्तुलन को बनाये रखने, गुणवत्तायुक्त व अधिक पैदावार लेने के लिये गंधक की कमी दिखाई देते ही 250 किग्रा/हेक्टेयर की दर से जिप्सम का प्रयोग करना लाभप्रद पाया गया है अथवा फसल की बुवाई के पूर्व 25 किग्रा जिंक सल्फेट का प्रति हेक्टेयर की दर से प्रयोग किया जा सकता है। इससे जिंक व गंधक दोनों की पूर्ति की जा सकती है।

जल प्रबंधन

सरसों की सिंचित फसल के लिये दो सिंचाई पर्याप्त होती है। पलेवा के बाद बोई गई फसल में बुवाई के 40–45 दिन बाद तथा बिना पलेवा के बोई गई फसल में पहली सिंचाई बुवाई के 35–40 दिन बाद करें। सरसों की फसल में फलियों में बीज बनने की अवस्था अतिसंवेदनशील होती है। अतः शीत ऋतु में वर्षा न होने की दशा में बुवाई के 75–80 दिन बाद दूसरी सिंचाई करें अन्यथा फलियों में दाने का भराव ठीक से नहीं हो पाता है। इस अवस्था पर सिंचाई हल्की करनी चाहिये। भारी सिंचाई करने से पौधों के गिरने का अंदेशा बना रहता है। किसान भाई ध्यान रखें कि तेज हवा चलते समय सिंचाई न करें।

खरपतवार प्रबंधन

फसल बोने के लगभग 20–25 दिन बाद जब पौधों में एक से दो पत्तियॉ आ जायं तो उस समय निदाई–गुड़ाई करें साथ ही घने पौधे का विरलन इस प्रकार से करें कि पौधे से पौधे की दूरी 10 सेमी हो जाय। भरपूर उपज प्राप्त करने के लिये फसल को खरपतवार से मुक्त रखना लाभकारी रहता है। यदि फसल को लगाने के 15 से 40 दिनों तक खरपतवार मुक्त रखा जाय तो खरपतवारों द्वारा होने वाली उपज क्षति को 15–30 प्रतिशत तक बचाया जा सकता है। रासायनिक विधि से खरपतवार प्रबंधन हेतु बुवाई से पहले फ्लूक्लोरोलिन के 1.0 लीटर सक्रिय तत्व को 600 लीटर पानी में घोलकर बुवाई पूर्व मिट्टी में छिड़कें अथवा फसल की बुवाई के बाद एवं अंकुरण के पहले पेन्डीमिथिलीन की 1.0 लीटर सक्रिय तत्व को 600 लीटर पानी में मिलाकर प्रति हेक्टेयर की दर से फ्लैट–फेन नोजल से छिड़काव करें। छिड़काव के समय खेत में उचित नमी का होना आवश्यक है।

सरसों की उन्नतशील प्रजातियाँ

भारतीय सरसों प्रजातियाँ	उपज क्षमता (क्विं/हे.)	पकने की अवधि (दिन)	तेल प्रतिशत	विशेशतायें
माया	25–30	125–135	39–40	श्वेत गेरूआ रोग के प्रतिरोधी तथा सिंचित अवस्था के लिये उपयुक्त
स्वर्ण ज्योति	13–14	–	39–43	सिंचित अवस्था में देर से बुवाई तथा पाला वाले क्षेत्रों के लिये उपयुक्त
वसुन्धरा	20–21	130–135	38–40	सिंचित अवस्था में समय से बुवाई के लिये उपयुक्त
सी.एस.–54	16–20	109–147	39–41	लवणीय भूमियों के लिये उपयुक्त
आर्शीवाद	14–24	125–135	31–41	सिंचित दशा में देर से बुवाई के लिये उपयुक्त
जवाहर सरसों–1	15–20	125–126	42	श्वेत गेरूआ रोग के लिये प्रतिरोधी
जवाहर सरसों–2	16–25	135–138	38–41	श्वेत गेरूआ के लिये प्रतिरोधी
जवाहर सरसों–3	15–25	130–132	40	आल्टनेरिया झुलसा के प्रति सहनशील
पूसा महक	6–11	अगेती	39–44	वर्षा आधारित क्षेत्रों के लिये उपयुक्त
क्रांति	15–21	125–135	40–42	बढ़ते तापक्रम के लिये सहनशील
बरूणा	15–20	125–140	43	आल्टरनेरिया ब्लाइट एवं मॉहू के प्रकोप के लिये सहनशील
पूसा बोल्ड	15–18	125–130	45	बड़े दाने वाली किस्म
रोहिणी	22–28	125–130	45	

पूसा जय किसान	16–20	113–120	40	सिंचित क्षेत्र के लिये उपयुक्त
पूसा अग्रणी	17–18	90–100	39–40	बढ़ते तापक्रम के प्रति सहिष्णु
पूसा तारक	18–20	120–125	39–42	बड़े दाने वाली तथा बढ़ते तापक्रम के लिये सहनशील
पूसा जगन्नाथ	24–25	125–130	40	सिंचित अवस्था में सफेद गेरूआ एवं आल्टरनेरिया विर्वणता रोगों के प्रति सहिष्णु
एन.आर.सी.एच. बी–506	32	133	39–43	संकर प्रजाति, उच्च अनुकूलन क्षमता युक्त
एन.आर.सी.एच. बी.–101	13–15	120	35–42	सिंचित अवस्था में देर से बुवाई के लिये उपयुक्त संकर प्रजाति
डी.एम.एच.–1	17–23	146	38–42	उच्च फली धारण क्षमता वाली संकर प्रजाति तथा श्वेत गेरूआ के लिये रोधी
आर.एन.जी.–73	20	132	40	सिंचित अवस्था एवं पाला के प्रति सहनशील
जवाहर सरसों–99	16–25	125–135	39–41	बड़े दाने वाली, रोग एवं कीटों के प्रति सहनशील

तोरिया की उन्नत प्रजातियॉं

पार्वती	13–14	75	42	वर्षा आधारित क्षेत्रों के लिये उपयुक्त
अनुराधा	14–15	75	44	वर्षा आधारित क्षेत्रों के लिये उपयुक्त
बी.एल. तोरिया–3	7–12	145	39–41	ठंड के प्रति सहनशील
उत्तरा	10	–	42	श्वेत गेरूआ, चूर्णिल आसिता तथा मृदुरोमिल आसिता के लिये मध्यम प्रतिरोधी
जवाहर तोरिया–1	17	85–90	39–42	

गोभी सरसों की उन्नत प्रजातियॉ				
टेरी उत्तम जवाहर	16–27	130–135	43–45	यूरिक एसिड 2 प्रतिशत से कम तथा निम्न ग्लूकोसाइनोलेट की मात्रा

उपज

उन्नत सस्य क्रियाएं व पौध संरक्षण अपनाने पर 15–18 क्विंटल सरसों प्रति हेक्टेयर प्राप्त होती है। इस प्रकार एक एकड़ क्षेत्र में 7500 रु0 लागत आने पर 16000–20000 रु0 की षुद्ध आय प्राप्त होती है।

पौध संरक्षण

(क) सरसों के प्रमुख कीट

मॉहू, चितकबरा कीट, आरा मक्खी तथा बालदार गिडार सरसों के प्रमुख कीट हैं। जिनके द्वारा सरसों की फसल में 10–50 प्रतिशत तक उपज हांनि पहुचायी जा सकती है।

(1) सरसों का मॉहू

यह सरसों का सबसे हांनिकारक कीट है। यह बहुत छोटा हरे, पीले या भूरे, काले रंग का होता है। मॉहू तेजी से अलैंगिक जनन द्वारा वृद्वि कर लाखों की संख्या में वातावरण में फैल जाते हैं। इस कीट की निम्फ व प्रौढ़ अवस्था सरसों कुल के पौधों को अपने मुखॉगों द्वारा रस चूसकर हांनि पहुॅचाते हैं। इस कीट का प्रकोप दिसम्बर के मध्य से शुरू होता है। मॉहू फूलों, कलियों का रस चूसते हैं जिससे पौधों का विकास रूक जाता है, प्रभावित पौधों पर फलियॉ बहुत कम बनती हैं और फलियों में दाने भी नहीं बनते जिससे सरसों की पैदावार एवं तेल की मात्रा में काफी गिरावट आ जाती है। बदलीयुक्त मौसम में इस कीट की संख्या में तेजी से वृद्वि होती है।

(2) पेण्टेड बग (चितकबरा कीट)

यह काले रंग का भश्ंग होता है जिसकी पीठ पर पीले धब्बे होते हैं। जब सरसों की फसल 3–4 पत्तियों की होती है तो इस कीट के शिशु एवं वयस्क पौधों की पत्तियों का रस चूसकर हांनि पहुॅचाते हैं जिससे पत्तियों पर सफेद धब्बे बन जाते हैं और अन्ततः पौधा मर जाता है। कभी–कभी इस कीट

के कारण पूरी फसल नष्ट हो जाती है।

(3) आरा मक्खी

इस कीट की इल्लियॅा फसल की प्रारंभिक अवस्था में पत्तियों को खाकर नुकसान पहॅुचाती हैं। यह अक्टूबर से दिसम्बर तक हांनि पहॅुचाती है इसका सिर काला एवं पीठ पर काली धारियां होती हैं।

(4) बालदार गिडार

इस कीट की सूडिंयॅा ही फसल को नुकसान पहॅुचाती हैं यह पत्तियों को अत्यधिक मात्रा में खाती है इनके शरीर कर रंग पीला होता है।

समन्वित कीट प्रबंधन

- ग्रीष्म कालीन गहरी जुताई करें जिससे सुशुप्तावस्था में छिपे कीट धूप के सीधे सम्पर्क में आने से नष्ट हो जाते हैं।
- पूर्व के फसल के अवर्षेषों को इकट्ठा कर नष्ट कर दें।
- माहॅू की निगरानी के लिये पीला चिपकने वाला प्रपंच (ऐलो स्टिकी ट्रैप) लगायें।
- माहॅू के प्रबंधन हेतु अगेती बुवाई करें।
- सिंचित फसल में बुवाई के 4 सप्ताह बाद दगीला कीट (चितकबरा कीट) का संक्रमण शुरू हो जाता है। जिसके प्रबंधन हेतु क्विनालफास 25 ई.सी. की 625 मिली मात्रा अथवा ट्राइजोफास 40 ई.सी. 1 लीटर अथवा प्रोफेनोफास 50 ई.सी. 1.5 से 2.0 लीटर मात्रा प्रति हेक्टैयर की दर से 500 लीटर पानी में घोल बनाकर छिडकाव करें।
- इल्लियों को इकट्ठा कर नष्ट कर दें।
- सरसों में वानस्पतिक अवस्था में आरा मक्खी के प्रबंधन हेतु क्विनालफास 25 ई.सी. की 150–200 मिली मात्रा अथवा ट्राइजोफास 35 प्रतिशत + डेल्ट्रामेथ्रिन 1 प्रतिशत की 1.0 लीटर मात्रा का 500 लीटर पानी में घोल बनाकर प्रति हेक्टैयर की दर से छिडकाव करें।
- माहॅू से संक्रमित टहनियों को तोड़कर नष्ट कर दें।

- जब माहूँ की संख्या आर्थिक क्षति स्तर (25 प्रतिशत संक्रमित पौधे अथवा 130 कीट प्रति पौधा) के उपर पहुँच जाय तो इमिडाक्लोप्रिड 17. 8 एस.एल. की 125 मिली. अथवा डाईमेथिऐट 30 ई.सी. 1.0 लीटर मात्रा का प्रति हेक्टैयर की दर से छिडकाव करना लाभप्रद होता है।
- शुरूआती अवस्था में रस चूसने वाले कीटों के प्रबंधन हेतु निम्बोली सत् का 5 प्रतिशत के घोल का छिडकाव लाभप्रद होता है।

(ख) सरसों के प्रमुख रोग

(1) आल्टरनेरिया झुलसा या अंगमारी (आल्टरनेरिया ब्लाइट)

यह रोग आल्टरनेरिया ब्रेसिसिकोला या आल्टरनेरिया ब्रेसिकी या आल्टरनेरिया रेफेनाई नामक फफूंदियों द्वारा होता है। यह बीज बीजोढ़ रोग है। इस रोग के कारण उपज में काफी नुकसान होता है। इस रोग के प्रकोप से बीज सिकुड़कर बदरंग हो जाता है और गुणवत्ता में भी कमी आती है। कभी–कभी फसल के अत्यधिक रोगग्रसित होने पर 90 प्रतिशत तक उत्पादन में कमी देखी गयी है।

रोग लक्षण

रोग के लक्षण बुवाई के 3–4 सप्ताह बाद पत्तियों पर भूरे काले पिन के सिरे के आकार धब्बे बनते हैं। अधिक आर्द्रता होने पर यह भूरे रंग के गोल धब्बे चारों ओर गुलाबी या काले किनारे वाले धब्बों में बदल जाते हैं। धब्बों के आस–पास के स्थान का क्लोरोफिल नष्ट हो जाता है। अधिक रोगग्रसित होने पर पत्तियॉ झड़ जाती हैं। रोग की उग्र अवस्था में यह धब्बे तना फली एवं बीज पर भी पाये जाते हैं। जिससे बीज दाना छोटा व सिकुडा हुआ मिलता है।

रोग की रोकथाम

खेत में पड़े पौधों के अवर्षेषों को एकत्र कर जला दें। स्वस्थ बीजों को ही बोने के लिये प्रयोग करें। रोग प्रतिरोधी किस्मों की ही बोयें। इस बीज जनित फफूंद से बचाव के लिये बीज 50 डिग्री सेन्टीग्रेड पर गर्म पानी में 30 मिनट तक उपचारित करके ही बोयें। अगेती बुवाई करने पर रोग की आशंका बहुत कम हो जाती है। जब यह बीमारी दिखाई दे तो 0.25 प्रतिशत मैंकोजेब के घोल का छिडकाव करना लाभप्रद होता है। 10–15 दिन के अंतराल पर 2–3 छिडकाव करें।

सफेद फफोला अथवा किट्ट (ह्वाइट रस्ट)

यह '' एल्बूगो कैनाडिडा'' नामक फफूँद से होने वाला मृदा जनित रोग है। इस रोग से 15 से 90 प्रतिशत तक उपज में हानि हो जाती है।

रोग लक्षण

इस रोग के लक्षण जड़ों को छोड़कर पौधों के सभी भागों पर दिखाई देते हैं। पत्तियों के निचली सतह पर उभरे हुये सफेद धब्बे रोग का मुख्य लक्षण हैं। आरंभ में धब्बे काफी छोटे होते हैं जो बाद में आपस में मिलकर बड़े बन जाते हैं। उभरे हुये सफेद धब्बे जब फूटते हैं तो सफेद रंग का धूल के समान फफूँद बाहर निकलते हैं। रोग की उग्रवस्था में पत्तियों के उपरी तथा निचली दोनों सतह पर श्वेत धब्बे दिखाई पड़ते हैं। पत्तियॉ छोटी मोटी एवं टेढी–मेढ़ी हो जाती हैं व पौधा बौना रह जाता है। कभी कभी तने के कुछ भाग फूल जाते हैं। इस रोग के कारण तने एवं पुष्पों में बाह्य दल (कैलिक्स) दलपुंज (करौला), पुमंग (एन्ड्रोसियम) जायांग (गायनोसियम) फुलकर मोटे हरे पत्ते जैसे हो जाते हैं तथा पुष्प बन्ध्य (स्टीराइल) हो जाता है। इस रोग का प्रसार पौधों के अवर्षेष संक्रमित मिट्टी एवं बीज द्वारा होता है। आद्र अवस्था में रोग का प्रसार अधिक होता है।

रोग की रोकथाम

खेत में पड़े पौधों के अवर्षेषों को एकत्र कर जला दें। स्वस्थ बीजों को ही बोने के लिये प्रयोग करें। रोग प्रतिरोधी किस्मों की ही बोयें तथा बीज को एप्रान की 5 ग्राम मात्रा प्रति किग्रा बीज की दर से बीज को उपचारित करके ही बोयें। जब यह बीमारी दिखाई दे तो 0.25 प्रतिशत मैंकोजेब के घोल का छिडकाव करना लाभप्रद होता है। 10–15 दिन के अंतराल पर 2–3 छिडकाव करें।

सब्जी व मसाला फसलें

आलू

आलू एक नगदी फसल है जिसे क्षेत्र, उत्पादन एवं आर्थिक महत्व की दृष्टि से मुख्य खाद्यान्न फसलों में तीसरा स्थान प्राप्त है। अधिक उपज प्राप्त करने हेतु आलू के लिए ठंडी जलवायु एवं कम तापमान की आवश्यकता होती है। आलू के उचित वृद्धि एवं विकास हेतु 15–20 सेन्टीग्रेड तापमान सर्वोत्तम रहता है, बीस सेन्टीग्रेड अथवा इससे कम तापमान पर कंदों का निर्माण एवं विकास अच्छा होता है तथा इससे अधिक तापमान होने पर धीरे–धीरे कंदों का निर्माण कम होने लगता है जो लगभग 29 सेन्टीग्रेड तापमान पर बंद हो जाता है। स्वस्थ एवं उन्नत उत्पादन की सफलता अन्य बातों के अलावा बीज के गुणों के ऊपर बहुत कुछ निर्भर करती है। अच्छे स्वस्थ एवं निरोग बीज फफूंद नाशक दवाओं से उपचारित कर लगाने से पैदावार अच्छी प्राप्त होती है। अतः उन्नत किस्म का बीज, बीजोपचार व एकीकृत पोषक तत्व प्रबंधन अपनाकर अच्छा उत्पादन प्राप्त किया जा सकता है। मैदानी क्षेत्रों में आलू बोने का सर्वोत्तम समय सितम्बर अंत से मध्य नवम्बर तक अच्छा माना जाता है। गुणवत्तायुक्त आलू का उत्पादन निम्न पांच बातों पर निर्भर करता है –

उन्नत किस्मों का चयन

उत्तम उत्पादन में उन्नत किस्मों की महत्वपूर्ण भूमिका होती है। उन्नत किस्म एवं स्वस्थ बीजों के प्रयोग से किसान भाई अच्छा उत्पादन प्राप्त कर सकते हैं। उन्नत किस्मों का विवरण नीचे दी गयी तालिका में दर्शित है।

उन्नत जातियाँ	विशिष्ट गुण
कुफरी सिन्दूरी	देर से (120–140 दिन) में तैयार होने वाली गोल गुलाबी रंग की किस्म लगभग सभी तरह की भूमि योग्य। उपज 300–400 क्विंटल प्रति हेक्टेयर। पाला सहनशील, पछेती झुलसा रोधी।

कुफरी चन्द्रमुखी	अगेती किस्म 80–90 दिन में तैयार। कंद बड़े अंडाकार सफेद छिलकायुक्त। उपज 200–250 क्विंटल प्रति हेक्टर। पाला सहनशील।
कुफरी अलंकार	80–90 दिन में तैयार होने वाली सम्पूर्ण देश में उगाने योग्य। कंद बड़े सफेद, उपज 200–250 क्विंटल प्रति हेक्टेयर। पछेती झुलसा सहनशील किस्म।
कुफरी लवकर	अगेती किस्म, 80–100 दिन में तैयार होने वाली, पछेती झुलसा रोग हेतु काफी हद तक अवरोधी। उपज 250 क्विं/हे.। खरीफ व रबी दोनों मौसम के लिए उपयुक्त।
कुफरी बादशाह	कंद बड़े एवं अंडाकार, मध्यम अवधि में पकने वाली, झुलसा एवं विर्षाणु रोग प्रतिरोधी किस्म। उपज 250–300 क्विं/हे.
कुफरी बहार	मध्यम अवधि, 90–135 दिन, झुलसा व चारकोल राट रोधी किस्म। उपज 300 क्विंटल/हेक्टेयर।
कुफरी लालिमा	मध्यम अवधि, अगेती झुलसा सहनशील, कंद लाल/सिंदूरी रंग का निकलता है।
कुफरी जवाहर	अंगेती किस्म, मध्य भारत के लिए उपयुक्त।
कुफरी अशोका	मध्य भारत के लिए ज्यादा उपयुक्त, अगेती किस्म, कुफरी चन्द्रमुखी का विकल्प।
कुफरी सतलज	कुफरी बादषाह व कुफरी बहार का विकल्प, मध्य भारत के लिए ज्यादा उपयुक्त, मध्यम अवधि वाली किस्म।
कुफरी चिपसोना	चिप्स व पाऊडर निर्माण के लिए अच्छी किस्म।
कुफरी चिपसोना–2	चिप्स के लिए उपयुक्त, पछेती झुलसा प्रतिरोधी।
कुफरी कंचन	अधिक उपज देने वाली किस्म, पछेती किस्म, उपज 350–400 क्विं./हे.
कुफरी गिरराज	अवधि 130–15 दिन, पछेती झुलसा व वार्ट रोग हेतु प्रतिरोधी, उपज 300–350 क्विं./हे.
कुफरी शीतमान	देर से बोई जाने वाली एवं पाला के प्रति काफी सहनशील किस्म, पत्तियाँ गहरे हरे रंग की व कंद का आकार अंडाकार एवं रंग सफेद।
कुफरी चमत्कार	मध्यम अवधि वाली किस्म। कंद मध्यम आकार के गोलाकार एवं सफेद। गूदे का रंग हल्का पीला, अगेती झुलसी रोधी एवं पछेती झुलता से प्रभावित। मध्य भारत के लिए उपयुक्त, पाला से सुरक्षित।

बीज एवं बीजोपचार

शुद्ध, स्वस्थ एवं विषाणु मुक्त बीजों का चुनाव कर आलू को समूचा या काटकर बोते हैं। एक हेक्टेयर खेत की बुआई के लिए औसतन 20–25 क्विंटल कंदों (बीज) की आवश्यकता होती है । जबकि कटे हुए कंदों की मात्रा 10–12 क्विंटल/हेक्टेयर के लिए पर्याप्त होती है । अधिक उपज प्राप्त करने के लिए कंदों का व्यास 2.5–5.5 सेमी तथा वजन 35–50 ग्राम के बीच होना चाहिए । बड़े आकार के कंदों को काटकर बोया जाना चाहिए परन्तु प्रत्येक कंद में 3–5 आँखें अवय होनी चाहिए तथा वजन 25 ग्राम से कम नहीं होना चाहिए। कंदों को बुआई के 7–10 दिन पूर्व काटकर 0.2 प्रतिशत (2 ग्राम/लीटर) मेंकोंजेब के घोल में 10 मिनिट तक डुबाकर नम व छायेदार स्थान में सुखाने के बाद ही बुआई करनी चाहिए ।

एकीकृत पोषक तत्व प्रबंधन

एकीकृत पोषक तत्व प्रबन्धन की उन्नत फसल उत्पादन प्रक्रिया में महत्वपूर्ण भूमिका होती है। उन्नत एवं स्वस्थ कंद उत्पादन प्राप्त करने हेतु सदैव मृदा जॉच के आधार पर ही खाद एवं उर्वरकों का प्रयोग करना चाहिए। सामान्यतः 20–25 टन कम्पोस्ट या 6–8 टन वर्मी कम्पोस्ट व 200 किग्रा नत्रजन, 100 किग्रा. फास्फोरस (स्फुर) एवं 120 किग्रा. पोटाश प्रति हैक्टेयर आवश्यक होता है। रासायनिक उर्वरकों के रूप में नत्रजन, फास्फोरस एवं पोटाश की पूर्ति क्रमशः 350 किग्रा. यूरिया, 217 किग्रा डी.ए.पी. एवं 200 किग्रा म्यूरेट आफ पोटाश देकर की जा सकती है। नत्रजन की आधी मात्रा एवं फास्फोरस तथा पोटाश की पूरी मात्रा अंतिम जुताई के साथ खेत की तैयारी के समय मिट्टी में मिला देनी चाहिए। शेष नत्रजन की आधी मात्रा अंतिम बार मिट्टी चढ़ाते समय 40–70 दिन (फसल अवधि के अनुसार) की अवधि में देना चाहिए । हरी खाद के रूप में सनई या ढैंचा की फसल को फूल आने के पूर्व (4–6 सप्ताह बाद) मानसून के समय खेत में मिट्टी पलट हल चलाकर मिट्टी में दबा देने से खाद एवं उर्वरकों की बचत के साथ–साथ आलू की उपज में 20–30 प्रतिशत की वृद्धि प्राप्त की जा सकती है ।

सिंचाई एवं खरपतवार प्रबन्धन

मृदा में अच्छे अंकुरण हेतु नमी की कमी होने पर आलु की बुआई उपरान्त हल्की सिंचाई कर देनी चाहिए। दूसरी सिंचाई तब करनी चाहिए जब

2–5 प्रतिशत कंदों का अंकुरण हो जावें। इसके बाद 8–15 दिन के अंतराल पर मृदा की किस्म अनुसार करते रहना चाहिए। इस प्रकार हल्की भूमि में 6–10 एवं भारी भूमि में कुल 3–4 सिंचाईयों की आवश्यकता होती है। प्रत्येक सिंचाई में केवल इतना पानी देना चाहिए जिससे मेड़ों का दो तिहाई भाग पानी से डूब जावें, पूरी मेड़े पानी में डूबने से मिट्टी कठोर होने के कारण वायु संचार में बाधा पड़ने से उपज में कमी हो जाती है। प्रथम सिंचाई या बुआई के बाद जब खरपतवार उगने लगें तब हल्की निंदाई–गुड़ाई कर फसल खरपतवार रहित कर देनी चाहिए। खरपतवारनाशी के रूप पेंडामेथिलीन एक किग्रा. सक्रिय तत्व (व्यवसायिक मात्रा 2.5 लीटर/हेक्टेयर) का बुआई के 24 घंटे बाद अर्थात् अंकुरण पूर्व एक छिड़काव करने पर 20–25 दिन तक खरपतवार नियंत्रित रहता है। छिड़काव के लिए 800–1000 लीटर पानी की आवश्यकता होती है। छिड़काव के समय मृदा में पर्याप्त नमी होना अत्यन्त आवश्यक है।

पौध संरक्षण

उन्नत उत्पादन में पौध संरक्षण महत्वपूर्ण पहलू है। बिना पौध संरक्षण अपनाये आलू के स्वस्थ कंद उत्पादन की कल्पना सम्भव नहीं है। कुछ विषाणु जनित बीमारियाँ होती हैं जो कीड़ों के द्वारा एक पौधे से दूसरे पौधे में पहुँचती है ये बीमारियाँ मुख्य रूप से बीज जनित होती हैं। इनके वाहकों का विवरण निम्नानुसार है ।

आलू के विषाणु रोग के वाहक कीट

माहो :

इस कीट के निम्फ एवं प्रौढ़ दोनों ही अवस्थाएं पत्तियों की निचली सतह से रस चूसते हैं। जिसके कारण पत्तियाँ मुड़ जाती हैं तथा पीली होकर सूख जाती हैं। यह पर्ण वेलन आलू विषाणु–ए तथा आलू विषाणु–एक्स से होता है जो उसका प्रमुख वाहक भी है। यह बहुत छोटे आकार का 2 मिली मीटर लम्बा गहरे हरे रंग से हल्के पीले, भूरे अथवा काले रंग का पंखहीन या पंखयुक्त दोनों ही प्रकार का होता है। इसकी दो जातियाँ माइजस परसिकी तथा एफिस गोसिपि मुख्य हैं जो विषाणु जनित रोग की वाहक हैं। इनकी बहुत कम संख्या 20 माहो प्रति 100 संयुक्त पत्तीय पाया जाना आर्थिक दृष्टि से काफी हानिकारक होता है। यह संख्या लगभग दिसम्बर के दूसरे सप्ताह में आती है। लेकिन स्थानीय जलवायु तथा मौसम के कारण यह अवस्था आगे–पीछे हो

सकती है। इसलिये कीट की गणना करके ही उसकी रोकथाम अपनानी चाहिये। इसके लिये 34 पौधों का चुनाव अनियमित ढंग से करते हैं। 33 पौधों की तीन–तीन संयुक्त पत्तियाँ ऊपर–नीचे तथा बीच की तथा अन्तिम पौधें की केवल बीच की पत्ती को देखतें हैं। बादलयुक्त आकाष, नम तथा गर्म मौसम इसकी वृद्धि में काफी सहायक सिद्ध होता है।

पर्ण फुदका :

यह लगभग 3–6 मिलीमीटर लम्बा खूटी के आकार का कीट होता है जिसका रंग हरा, भूरा या स्लेटी भूरा होता है। यह थोड़ी सी आहट पाते ही फुदक जाता है। निम्फ तथा वयस्क दोनों ही अवस्थायें पत्तियों तथा पौधों के कोमल भागों से रस चूसते हैं तथा एक प्रकार का जहरीला द्रव पौधे के अन्दर छोड़ते हैं जिसके कारण पौधा पीला पड़कर सूख जाता है। यह वाइरस जनित लोहित शीर्ष रोग तथा सीमान्त प्लेवेसेन रोग वाहक भी है।

सफेद मक्खी :

इस कीट का अभ्रक जूं की भाँति मुलायम तथा पीले रंग का होता है जो पत्तियों की निचली सतह पर चिपका रहता है जबकि वयस्क पंखयुक्त 1. 0 से 1.5 मिली मीटर लम्बा हल्के पीले एवं सफेद रंग का होता है जो थोड़ी सी आहट पाकर तुरन्त उड़ने लगता है। यह पौधों के मुलायम भागों से रस चूसता है तथा शहद के समान एक प्रकार का द्रव्य निकालता है। जिस पर कज्जली फंफूद उत्पन्न हो जाती है जो प्रकाष संश्लेषण में रूकावट उत्पन्न करती है। यह पौधों में वाइरस जनित रोग फैलाता है जिसके कारण अच्छे किस्म का बीज नहीं मिल पाता है।

नियंत्रण :

ऊपर बताये सभी कीटों के नियंत्रण हेतु मिथाइल डेमेटान (मेटासिस्टाक्स 25 ई.सी.) फमोंथियान (एंथियों 25 ई.सी.) 2 मिली लीटर या डाइमेथोएट (रोगर 30 ई.सी.) 1.50 मिली लीटर या मोनोक्रोटोफॉस 1.25 मिली लीटर पानी की दर से घोल बनाकर पौधों पर छिड़काव करना चाहिये तथा आवश्यकतानुसार 15 दिन के अन्तर से दुहराना चाहिये।

आलू का विषाणु रोग

यह रोग ऊपर बताये गये कीटों के द्वारा फैलता है। इसमें पौधों की

पत्तियाँ ऐंठने लगती हैं तथा उनका आकार छोटा हो जाता है। इस रोग के फलस्वरूप पत्तियों में हल्का और गहरा चितकबरापन आ जाता है। इस रोग के कारण पौधों की बढ़वार मारी जाती है। जिसके कारण 40–50 प्रतिशत तक उपज में कमी आ जाती है तथा यह हर वर्ष बढ़ती जाती है। इसका नियंत्रण ऊपर बताये गये कीटों के नियंत्रण से ही सम्भव है ।

आलू की अंगमारी रोग या झुलसा रोग

यह बीमारी दो प्रकार की होती है –

अ. अगेती अंगमारी :

यह बीमारी फसल के अंकुरण के साथ ही दिखाई देने लगती है। इसमें पत्तियों के किनारे या नोक पर हल्के पीले भूरे रंग के धब्बे दिखाई पड़ते हैं जो बाद में पत्तियों की सतह पर बिखरे हुये प्रतीत होते हैं। रोग की उग्र अवस्था में धब्बें पौधों के डण्ठल तथा तने आदि पर भी देखे जा सकते हैं। धब्बे पत्तियों पर धीरे–धीरे बढ़ते हैं और ध्यान से देखने पर इसके बीच में गोल छल्ले के समान रेखाएं दिखाई देती हैं। धीरे–धीरे पत्तियाँ पीली पड़कर सूखने लगती हैं तथा पूरा पौधा मर जाता है। नम तथा गर्म वातावरण एवं बादलयुक्त आकाश इस बीमारी की वृद्धि में काफी सहायक होते हैं।

ब. पछेती अंगमारी :

यह बीमारी मुख्य रूप से दिसम्बर के महीने से प्रारम्भ होती है। यह भी अगेती अंगमारी के ही समान पत्तियों पर हल्के पीले रंग के धब्बों के रूप में दिखाई देती है और धब्बे धीरे–धीरे भूरे काले पड़ जाते हैं। जो धब्बे पत्ती के ऊपरी सिरे तथा किनारे से शुरू होते हैं बाद में पत्ती के मध्य भाग की ओर बढ़ने लगते हैं। यदि वातावरण में बदली छायी हो तथा हल्की बूंदा–बांदी चल रही हो तो पूरी पत्ती एक से चार दिन के अन्दर ही मर कर सड़ जाती है। यदि मौसम शुष्क होता है तो पत्ती के प्रभावित क्षेत्र में केवल थोड़े से कत्थई धब्बे बन कर ही रह जाते हैं। इस रोग का प्रभाव मिट्टी में दबे आलुओं पर भी होता है जिससे गलन पैदा हो जाती है, आलू के छिलके का रंग कत्थई हो जाता है तथा रोगी भाग सड़ने लगता है।

नियंत्रण :

उपरोक्त दोनों बीमारियों के नियंत्रण हेतु डाइथेन एम–45 या जिनेब

2.5 ग्राम या डाइथेन जेड–78 दो ग्राम प्रति लीटर पानी की दर से घोल बनाकर अंकुरण के 10 दिन बाद से छिड़काव आरम्भ करके 15 दिन के अन्दर से छिड़काव करते रहना चाहिये। बादलयुक्त मौसम में छिड़काव प्रति सप्ताह करना चाहिये।

सावधानियाँ :

- बीज उत्पादन क्षेत्र में जैसे ही कोई विषाणु जनित रोग ग्रस्त पौधा दिखाई दे उसको जड़ सहित निकाल कर जला देना चाहिये तथा बीज उत्पादन वाले क्षेत्र के चारों तरफ करीब 200 मीटर क्षेत्र में कोई भी सोलेनेसी कुल की फसल यथा बैंगन, टमाटर, मिर्च तथा आलू आदि की फसल नहीं लगानी चाहिये।
- पाले से बचाव के लिये यदि तापमान बहुत कम महसूस हो रहा हो तो फसल की सिंचाई करनी चाहिये तथा मेंढ़ों पर धुआँ करना चाहिये।
- सिंचाई की नालियों तथा फसल की मेंढ़ जिस पर आलू लगा हो अधिक लम्बी नहीं बनानी चाहिये तथा दो मेंढ़ों के बीच की जगह समतल होनी चाहिये ताकि उसमें पानी समान रूप से भरे।
- आलू के तनों को (पाल को) दिसम्बर के अन्तिम सप्ताह अथवा जनवरी के प्रथम सप्ताह तक जमीन की सतह से काटकर उस पर ऊपर बताई गई कीटनाशक दवाओं में से किसी भी दवा की बताई गयी मात्रा में छिड़काव करके छोड़ देना चाहिये।
- सुविधा तथा समय के अनुसार कीटनाशक तथा रोगनाशक दवाओं को आपस में मिलाकर छिड़काव किया जा सकता है।

मटर

दलहनी फसलों में मटर का प्रमुख स्थान है जिसका उपयोग प्रायः सब्जी के रूप में किया जाता है। यह प्रोटीन, कार्बोहाइड्रेट, विटामिन व खनिज लवणों से भरपूर होती है। इसे देश के विभिन्न भागों में लगभग 583 हजार हेक्टेयर क्षेत्र में प्रति वर्ष उगाया जाता है। देश के कुल मटर उत्पादन का 13.3 प्रतिशत हिस्सा (लगभग 41 लाख टन) मध्य प्रदेश से आता है। सब्जी मटर उत्पादन की दृष्टि से मध्य प्रदेश दूसरा सबसे बड़ा राज्य है। इसकी खेती प्रदेश के जबलपुर, नरसिंहपुर, उज्जैन, इंदौर, हरदा, ग्वालियर, रतलाम आदि जिलों में प्रमुखता से की जाती है। मटर की हरी फलियों के लिए उगाई अगेती फसल कम समय (45 से 65 दिन) में तैयार हो जाने के कारण उसी खेत में गेहूँ, जौ आदि रबी फसलों की बुआई समय से की जा सकती है जो दलहन के रूप में मटर उगाने से संभव नहीं हो पाती। साथ ही हरी फलियों के भाव अच्छे मिलने के कारण प्रति इकाई क्षेत्र अधिक लाभ कमाया जा सकता है।

जलवायु

ठंडी जलवायु मटर की खेती के लिए उपयुक्त होती है। जिन क्षेत्रों में ठंड की अवधि लम्बी होती है ऐसे क्षेत्र मटर की खेती के लिये अच्छे माने जाते हैं। बीजों के अंकुरण के लिए औसत तापमान 22 डिग्री सेल्सियस होना चाहिए। यदि तापमान 13–18 डिग्री सेल्सियस हो तो बीजों का सर्वोत्तम अंकुरण प्राप्त होता है। अच्छी फसल व अपेक्षित उत्पादन हेतु अधिक 12–20 डिग्री सेल्सियस उपयुक्त रहता है।

भूमि का चुनाव और खेत की तैयारी

इस फसल को प्रत्येक कृषि योग्य भूमि में सफलतापूर्वक उगाया जा सकता है, किन्तु मटियार दोमट और दोमट भूमि सर्वोत्तम पायी गयी है। खेत की तैयारी के पहले पहली जुताई मिट्टी पलटने वाले हल से करें। इसके बाद दो से तीन जुताईयाँ देशी हल या कल्टीवेटर से करें और प्रत्येक जुताई के बाद पाटा लगाएं।

बुआई का उपयुक्त समय

हरी फलियों के लिए अगेती मटर की बुआई अक्टूबर के प्रथम सप्ताह से 20 अक्टूबर तक की जानी चाहिए। बुआई के समय दिन का अधिकतम तापमान 30 डिग्री सेल्सियस और रात्रि का न्यूनतम तापमान 20 डिग्री सेल्सियस होना जरूरी है। इससे पहले बुआई करने पर अधिक तापमान के कारण फसल में उकठा रोग (विल्ट) का आक्रमण हो जाता है जिससे बीज के अंकुरण के बाद पूरी फसल सूख जाती है।

उन्नत प्रजातियाँ

क	प्रजाति का नाम	विकसित वर्ष	प्रथम फली तुड़ाई अवस्था (दिन)	हरी फली उपज (क्विं/हे)	बीज उत्पादन (क्विं/हे)
अगेती					
1.	अर्किल	1984	55–60	50–60	15–18
2.	अगेती मटर–6 (ई–6)	1996	50–55	50–55	12–13
3.	पंत सब्जी मटर (पी.एस.एम.) –3	1996	50–55	50–55	12–13
4.	आजाद मटर–3	2003	55–60	60–70	10–12
5.	व्ही.आर.पी.–2 (काशी कनक)	2001	55–58	70–80	13–14
6.	व्ही.आर.पी.–3 (काशी आरती)	2001	56–58	72–85	12–13
7.	व्ही.आर.पी.–5 (काशी नन्दिनी)	2005	55–57	110–120	15–16
8.	व्ही.आर.पी.–6 (काशी उदय)	2005	60–65	105–110	14–15
9.	पूसा प्रगति	2007	60–65	65–70	12–13
10.	पंत सब्जी मटर (पी.एस.एम.)– 5	2008	55–60	65–70	13–15

मध्यम व लम्बी अवधि					
11.	आजाद मटर–1	1996	70–75	85–90	15–18
12.	व्ही.आर.पी.–7 (काशी शक्ति)	2005	74–78	135–150	13–14
13.	व्ही.आर.पी.–22 (काशी मुक्ति)	2005	57–61	95–115	14–15
14.	व्ही.आर.पी.एम.आर.–11 (काशी समृद्धि)	2009	90–95	125–135	11–12

बीज उपचार

अच्छे अंकुरण और जमाव के लिए बीज बोने से 24 घंटे पहले बीजों को पानी में भिगोयें। इसके बाद छाया में सुखाकर फफूंदनाशक दवाओं यथा कार्बेंडाजिम 50 डब्ल्यू पी या कार्बोक्सिन 75 प्रतिशत एवं थायरम से उपचारित करें। इस उपचार के लिए कार्बेंडाजिम /कार्बोक्सिन की 1 ग्राम मात्रा एवं 1. 5 ग्राम थायरम की मात्रा (कुल 2.5 ग्राम) प्रति किलोग्राम बीज के हिसाब से उपयोग करें। मिश्रित फफूंदनाशी कार्बोक्सिन + थायरम या कार्बेंडाजिम + मेनकोजेब उपयोग भी उक्त हेतु किया जा सकता है।

मटर की हरी फलियों की अच्छी पैदावार लेने के लिए बीज को राइजोबियम कल्चर से उपचारित करना न भूलें। इस उपचार के लिए 50 ग्राम गुड़ आधा लीटर पानी में घोलकर 10 मिनिट उबालें और ठंडा होने पर उसमें राइजोबियम लेग्यूमिनोसोरम कल्चर का एक पैकेट (200 ग्राम) मिलाकर लेप बनायें जो 10–15 किलोग्राम बीज के लिए पर्याप्त माना गया है। इस लेप को बीज पर समान रूप से बिखेर कर अच्छी तरह मिलायें ताकि प्रत्येक बीज कल्चर के सम्पर्क में आ सकें। तत्पश्चात पी.एस.बी. कल्चर से भी इसी प्रकार बीज उपचार करें इससे फास्फेटिक उर्वरकों की घुलनशीलता बढ़ती है। कल्चर से उपचारित बीजों को एक साफ कपड़े की चादर पर फैलाकर छाया में सुखायें और 2–3 घंटों के अंदर बुवाई कर दें। पहले फफूंदनाशक दवा से बीज उपचार करें और फिर कल्चर से उपचारित करें।

बुआई

अनुसंधान परीक्षणों में पाया गया है कि 3.3 लाख/हेक्टेयर की पौध संख्या को 6.6 लाख/हेक्टेयर तक बढ़ाने में उपज में सार्थक वृद्धि होती है। परन्तु 4.5 लाख पौध संख्या को प्राप्त करने हेतु प्रति हेक्टेयर 125 से 140 किलोग्राम की बीज दर पर्याप्त होती है। अतः कतारों के बीच 20 से 25 से.मी. का अंतर रखना चाहिए। बीज की बुआई 4 से 5 से.मी. गहराई पर करनी चाहिए। इस बात को सुनिश्चित कर लें कि उचित पौध संख्या के लिए बुआई के समय पर्याप्त नमी होना जरूरी है। उत्तरी मध्य प्रदेश के किसान 100 से 125 किलोग्राम मटर के 75 प्रतिशत अंकुरण क्षमता वाले बीज प्रति हेक्टेयर क्षेत्र में बोते हैं। (विशेषकर "अर्किल" किस्म के लिए) और उन्हें इसी बीज दर से अधिकाधिक मुनाफा मिलता है।

खाद एवं उर्वरक

अपेक्षित उत्पादन एवं बेहतर मृदा स्वास्थ्य हेतु 15–20 टन पकी हुई गोबर की खाद या 8–10 टन केंचुआ खाद अंतिम जुताई से पूर्व खेत में डालकर अच्छी तरह मिला देना चाहिए। इसके अतिरिक्त एनपीके की अनुशंसित मात्रा 20:50:20 किग्रा/हे. आधार रुप में देना चाहिए जिस हेतु यूरिया 43 किलो, सिंगल सुपर फास्फेट 300 किलो तथा 33 किलो म्यूरेट ऑफ पोटाश की मात्रा को बुआई के समय बीज के नीचे 3–4 से.मी. गहरा बोना चाहिए। फलियों वाली मटर में आधार खाद के रूप में संतुलित उर्वरक "इफको" 12:32:16 की 125 किलोग्राम मात्रा को प्रति हेक्टेयर क्षेत्र में उपयोग करना बेहतर रहता है। खड़ी फसल में अमोनियम मॉलिब्डेट के 0.1 प्रतिशत घोल के छिड़काव से फलियों में दानों की संख्या बढ़ती है।

मध्य प्रदेश हेतु उपयोगी फसल चक्र

इन फसल चक्रों में अगेती और मध्य समय में तैयार होने वाली फलियों की मटर सम्पूर्ण मध्य प्रदेश में ली जा सकती है।

- मूली (जून–सितम्बर) – मटर (अक्टूबर–मार्च) – भिंडी (मार्च–जून)
- अगेती फूल गोभी (जुलाई–अक्टूबर) – मटर (अक्टूबर–जनवरी) – कद्दू (फरवरी–जून)

- भिन्डी (जुलाई–सितम्बर) – मटर (अक्टूबर से जनवरी) – कद्दू (फरवरी से जून)
- लौकी (जुलाई से अक्टूबर) – मटर (अक्टूबर–जनवरी) – कद्दू (फरवरी–जून)
- संकुल मक्का (जून–अक्टूबर) – मटर (अक्टूबर–जनवरी) – भिण्डी (फरवरी–जून)
- सोयाबीन/उड़द/मूंग (जून–सितम्बर) – सब्जी मटर (अक्टूबर–दिसम्बर) – गेंहू (दिसम्बर–अप्रैल)

खरपतवार प्रबंधन

खरपतवारनाशक बासालिन की 2 लीटर मात्रा को 700 लीटर पानी में घोलकर प्रति हेक्टेयर क्षेत्र में हाथ/पैर से चलाये जाने वाले स्प्रेयर से खेत की आखिरी तैयारी के समय छिड़कें अथवा बोनी के 48 घंटे के अंदर पेंडीमेथिलीन नामक खरपतवारनाशी की 2–2.5 लीटर व्यवसायिक मात्रा का 700 लीटर पानी के साथ छिड़काव करें। खेत में खरपतवारनाशक दवा डालने के 30 दिन बाद एक बार निंदाई–गुड़ाई अवष्य करें, इससे फलियों की उपज 20 प्रतिशत बढ़ जाती है। इस बात को किसानों को भलीभांति समझ लेना चाहिए कि मटर की फसल में बुाई के 40 दिन बाद तक खरपतवारों पर नियंत्रण रखना आवश्यक है, क्योंकि तब तक मटर के पौधे भूमि को पूर्ण रूप से ढंक नहीं पाते और खरपतवार शीघ्र उग आते हैं। खरपतवार फलियों वाली मटर के पौधों की वृद्धि में रूकावट पैदा करते है। अतः हर हालत में मटर के खेत में बुवाई के 30 दिन बाद तक खरपतवार को नहीं पनपने देना चाहिए।

सिंचाई

हल्की मिट्टियों में 2 और भारी मिट्टियों में 1 सिंचाई, मौसम के अनुसार करें। अगर महावट (जाड़ों की वर्षा) समय से हो जाए तो सिंचाई की संख्या कम हो सकती है। अगर रात का तापमान अधिक कम होने वाला हो तो हल्की सिंचाई क्रमशः फूल आने से पहले और फलियाँ आते समय अवश्य करें। पहली बार हरी फलियाँ तोड़ने के बाद हल्की सिंचाई करने से दूसरी तुड़ाई में ज्यादा फलियाँ प्राप्त होती हैं।

प्रमुख रोग

मटर की अगेती फसल में रोग कभी नहीं आता, किन्तु पिछेती बुआई में अगेती फलियों वाली मटर में दिसम्बर–जनवरी माह में "पाउडरी–मिल्डय" रोग के लक्षण दिखने लगते हैं। पत्तियों, तन्तुओं तथा फलियों पर चूर्णी कवक का सफेद चूर्ण सा फैलता है जो प्रारंभ में बहुत छोटे–छोटे धब्बों के रूप में दिखाई देता है और बाद में पत्तियाँ काली होकर मरने लगती हैं। इससे प्रकोप की अवस्था में बीज के लिए उगायी गई फसल में 47 प्रतिशत तक उपज में गिरावट जाती है। अतः रोग के लक्षण दिखते ही घुलनशील गंधक (सल्फेक्स 70 प्रतिशत) की 2.5 किलोग्राम मात्रा प्रति हेक्टेयर की दर से 500 लीटर पानी में घोलकर छिड़काव करें। यह छिड़काव 10 दिन के अंतर से कम से कम दो बार करना चाहिए।

प्रमुख कीट

अगेती फलियों वाली मटर में तना भेदक मक्खी (स्टेम फ्लाई) का प्रकोप अधिक होने की संभावना रहती है। यह काले रंग की मक्खी होती है । पत्तियों, डंठलों और कोमल तनों में गड्डे बनाकर मक्खी उनमें अन्डे देती है। अण्डों में निकले मैगट पत्ती के डंठल या कोमल तनों में सुरंग बरनाकर अंदर से खाते हैं, जिससे पौधे अंत में सूख कर मर जाते हैं। खड़ी फसल में प्रकोप होने पर उसकी रोकथाम के लिए "डाइमिथियेट 30 ई.सी." की 1.5 लीटर मात्रा 500 लीटर पानी में घोलकर हाथ से छिड़कने वाले पम्प से छिड़काव एक हेक्टेयर क्षेत्र में करें। दवा का छिड़काव इस प्रकार करें कि पूरा पौध ऊपर से नीचे तक भीग जाये।

उपज

अगेती मटर की किस्मों की हरी फलियों की 50 से 80 क्विंटल उपज प्रति हेक्टेयर क्षेत्र में प्राप्त कर सकते हैं। मध्यम व लम्बी अवधि की हरी फलियों की 80 से 120 क्विंटल उपज प्रति हेक्टेयर क्षेत्र से प्राप्त की जा सकती है।

टमाटर

टमाटर लोकप्रिय सब्जी है जिसका प्रयोग सलाद, सब्जी, चटनी, मुरब्बा तथा सूप आदि में करते हैं। इसके फल प्रायः वर्ष भर उपलब्ध रहते हैं। इसमें विटामिन 'ए' 'बी' तथा 'सी' पर्याप्त मात्रा में पाये जाते हैं।

जलवायु

टमाटर की अच्छी फसल के लियें 15–27^{0}६ तापमान उपयुक्त रहता है। अधिक गर्म एवं शुष्क मौसम में फूल झड़ जाते है। पाला के साथ साथ 10^{0}C से कम तापमान इसके लिए हानिकारक होता है।

भूमि एवं तैयारी

टमाटर को रेतीली बलुई दोमट से भारी सभी प्रकार की भूमि में उगाया जा सकता है, परन्तु जलनिकास एवं जीवांशयुक्त 6–7 पी.एच.वाली दोमट भूमि सर्वोत्तम होती है। खेत की 3–4 बार जुताई पश्चात् पाटा चलाकर भूमि को भुरभुरी व समतल कर लेना चाहिए। खेत की तैयारी के समय गोबर की खाद के साथ ट्राईकोडर्मा विरिडी 2.5 किग्रा. प्रति हेक्टेयर की दर से प्रयोग करने से मृदा जनित रोगों के नियंत्रण में सहायता मिलती है।

उन्नत किस्में

सेलेक्सन–120, पंजाब छुहारा, स्वीट–72, पूसा अर्ली ड्वार्फ, अर्का सौरभ, अर्का विकास, अर्का रक्षक, अर्का सम्राट, सोनाली, एसीसी 99, काषी अमन इत्यादि प्रमुख किस्में हैं। इनमें से पूसा अर्ली ड्वार्फ वर्षा ठंडा व गर्म सभी वातावरण के लिए उपयुक्त है। सेलेक्सन 120 सूत्र कृमिरोधी जबकि सोनाली जीवाणुरोग रोधी किस्म है व उपज 400 क्वि. प्रति हेक्टेयर देती है।

बीज दर एवं बुआई

टमाटर की फसल लगभग पूरे वर्ष ली जाती है। सामान्य किस्मों हेतु एक हेक्टेयर क्षेत्र के लिए 500 ग्राम बीज तथा संकर (हाईब्रिड) किस्मों हेतु 150–200 ग्राम बीज की आवश्यकता होती है।

क्र0 मौसम बीज बुआई का समय रोपाई का समय
रोपण दूरीसेमी.

1 षरद की फसल जून–जुलाई जुलाई –
अगस्त 60x60

2 बसंत की फसल अगस्त– सितम्बर
सितम्बर–अक्टूबर 60x60

3 ग्रीश्म की फसल अक्टूबर – नवम्बर
दिसम्बर–जनवरी 60x45

पौध तैयार करना व रोपाई

एक हेक्टेयर क्षेत्र के लिए 200–250 वर्गमीटर में नर्सरी डालने की आवश्यकता होती है। 15 सेमी. ऊँचाई एवं 3x1.2 मीटर की क्यारियां तैयार कर बीजों को थायरम (1.5 ग्राम) + कार्बेन्डाजिम (1.5 ग्राम) या ट्राइकोडर्मा विरिडी 4 ग्राम प्रति किलों बीज की दर से उपचारित कर 10–10 सेमी दूर पंक्तियों में बोने के बाद खादयुक्त मिट्टी की पतली परत से ढक देते हैं। आवश्यकतानुसार हजारे से सिचाई करते रहते हैं और पौधों को तेजधूप व वर्षासे सुरक्षा का प्रबंध ा करते हैं। नर्सरी में कम से कम दो छिड़काव डाईथेन एम–45 (0.25 प्रतिशत) का और यूरिया का 1 प्रतिशत घोल मिलाकर छिड़काव करना लाभप्रद रहता है।

रोपाई

लगभग 3–4 सप्ताह बाद 8–10 सेमी ऊँचाई के पौधे हो जाने पर षाम के समय मुख्य तैयार खेत में रोपाई पष्चात तत्काल हल्की सिंचाई कर देना चाहिए।

खाद एवं उर्वरक

अच्छी पैदावार प्राप्त करने के लिए गोबर अथवा कम्पोस्ट की खाद 200–250 क्विंटल, नत्रजन 100 किलो, फास्फोरस 60 किलो एवं पोटाश 50 किलो प्रति हेक्टेयर की आवश्यकता होती है। गोबर की खाद, फारफोरस

पोटाश की पूरी तथा नत्रजन की एक तिहाई मात्रा अंतिम जुताई के समय भूमि में मिला देना चाहिए। नत्रजन की शेष मात्रा को तीन बराबर भागों में बॉटकर क्रमशः रोपाई के दो सप्ताह, चार सप्ताह एवं छः सप्ताह बाद पौधे के चारों ओर फैलाकर देना चाहिए, तत्तपश्चात हलकी सिचाई अवश्य करनी चाहिए।

सिंचाई

मिट्टी में नमी बनाये रखने की दृष्टि से आवश्यकतानुसार सिंचाई करते रहना चाहिए। प्रायः सर्दियों में 10–15 दिनों और गर्मियों में 3–4 दिनों के अंतर पर सिंचाई की जाती है। टमाटर में सहारा दी गई फसल को अधिक सिंचाई लगती है। फल एवं फूल बनते समय खेत में पर्याप्त नमी बनाये रखना चाहिए।

निदांई – गुडाई

फूल और फल बनने की अवस्था में निदाई–गुडाई नही करनी चाहिए। प्रारम्भ में 2–3 बार हल्की निराई–गुड़ाई करने से खरपतवार नियंत्रण में रहते है 4–5 सेमी. से अधिक गहरी निदाई नही करनी चाहिए।

फलों की तुड़ाई उपज एवं विपणन

टमाटर की औसत उपज 250–300 क्विटल प्रति हेक्टेयर होती है। फलों को तोड़ते समय कच्चे फलों को हानि नही पहुॅचनी चाहिए। दूर बाजार में भेजने के लिए कच्चे एवं पूर्ण विकस्ति फल जब उसका निचला हिस्सा लाल हो जाये तब तोडना चाहिए। स्थानीय बाजार हेतु हल्के गुलाबी व लाल कड़े फलों का उपयोग करना चाहिए। अच्छी कीमत प्राप्त करने हेतु बाजार में भेजने से पूर्व फलों को आकार अनुसार श्रेणीकरण कर लेना चाहिए।

अन्य प्रमुख बातें

1. टमाटर की फैलने वाली किस्मों को लकड़ी अथवा तार पर चढाकर सहारा देना चाहिए। ऐसा करने से फल मिट्टी और पानी के सम्पर्क में नहीं आने से फल सड़न रोग का प्रकोप कम हो जाता है।

2. बोरान तत्व की कमी से टमाटर के छिलके फट जाते हैं तथा उनका रूप बिगड़ जाता है। इसकी रोकथाम के लिए बोरिक एसिड या बोरेक्स का 0.2 से 0.4 प्रतिशत का छिडकाव फल लगते समय करना चाहिए।

3. फल व फूलों को झड़ने से रोकने के लिए नेफ्थिलीन एसीटीक एसिड (एन.ए.ए.) की 20 पी.पी.एम. (100 मिग्रा./5 लीटर पानी) का 45–60 दिन पर छिड़काव करना चाहिए।

प्रमुख रोग

आर्द्रगलन रोग

नर्सरी में भूमि की सतह पर पौधों का कालर रीजन से अचानक गिरना और गलना इसका प्रमुख लक्षण है।

नियंत्रण

1. रोग की आंषका वाले क्षेत्र को बीज बुआई से पूर्व 2 प्रतिशत फार्मेलिन से भूमि को उपचारित करना चाहिए।
2. फफूँदनाशी दवा थाइरम 1.5 ग्राम + कार्बेन्डाजिम 1.5 ग्राम या ट्राईकोडर्मा विरिडी 10 ग्राम प्रति किग्रा. बीज की दर से उपचारित कर बोना चाहिए।
3. प्रकोप की अवस्था में कॉपर आक्सीक्लोराईड – 50 की 2.5 ग्राम दवा प्रति लीटर की दर से छिड़काव करना चाहिए।

अगेती अंगमारी

पत्तियों पर गहरे भूरे रंग के धब्बे दिखाई पड़ते हैं जिससे प्रभावित पत्तियॉ पीली पड़कर सूखकर गिर जाती हैं।

नियंत्रण

1. फसल चक्र अपनाएं।
2. रोगरोधी किस्में लगायें
3. कार्बेन्डाजिम 2.5 ग्राम/किग्रा की दर से बीजोपचार करें।
4. प्रकोप की अवस्था में डाइथेन **ड**–45 का छिड़काव करें।

फ्यूजेरियम मुरझान

प्रकोपित पौधे की पत्तियॉ पीली पडकर सूखने लगती हैं तथा जड़ें काली पडकर सड़ने लगती हैं। जिसे तने के मध्यम भाग को चीरकर देखा जा सकता है।

नियंत्रण

1. बीजोपचार बाद ही बुआई करें।
2. डायथेन एम–45 (2.5 ग्राम दवा/लीटर पानी) का छिड़काव करें।

जीवाणु मुरझान रोग

यह रोग स्यूडोमोनास नामक जीवाणु द्वारा होता है। इसके आक्रमण से पौधे बौने और ताबे रंग के होने के बाद मुरझाकर मर जाते है।

नियंत्रण

1. फसल चक्र अपनायें। रोगरोधी किस्में जैसे सोनाली आदि लगायें।
2. स्ट्रेप्टोसाइक्लिन या एग्रोमाइसिन 1 ग्राम दवा प्रति 10 लीटर पानी में घोलकर छिड़काव करना चाहिए।

टमाटर मोजेक एवं पर्णकुचन

यह रोग मोजेक वाइरस के कारण होता है। इसका मुख्य लक्षण पत्तियों का चितकबरा हो जाना है। पत्तियां छोटी विकृत खुरदरी एवं मोटी हो जाती हैं व शिरायें हरी पीली होती हैं।

नियंत्रण

1. प्रभावित पौधे को उखाड़ कर नष्ट कर दें।
2. रोगर 2 मिली. या मिथाईल डिमेटान 1 मिली. अथवा इमिडाक्लोप्रिड 0.5 मि.ली. दवा को एक लीटर पानी की दर से घोल बनाकर छिडकाव करना चाहिए।

प्रमुख कीट

फली छेदक कीट

इस कीट की इल्ली कच्चे व पके फलों को छेदकर नुकसान करती है।

नियंत्रण

1. प्रकाश प्रपंच का उपयोग करें। प्रभावित फलों को नष्ट कर दें।
2. प्रोफेनाफास इन्डोसल्फान 50 ई0सी0 क्वीनालफॉस 20 ई0सी0 या थायोडान (2 मिली./लीटर पानी) के घोल का छिड़काव करना चाहिए।

एपीलेचाना बीटल

इसके शिशु एवं वयस्क कीट तथा इल्लियां पत्तियों को खाकर जालीनुमा बना देते हैं।

नियंत्रण

फूल आने से पहले थायोडान 4 प्रतिशत पाऊडर का 20–25 किलो मात्रा या 2 मिली. दवा/ली0 पानी की दर से छिड़काव करें।

एफिड, जेसिड एवं सफेद मक्खी

यह अत्यन्त छोटे–कीट होते हैं जो पत्तियों का रस चूसकर नुकसान पहुॅचाते हैं। नियंत्रण के लिए नीम तेल 5 मिली0/लीटर पानी में घोलकर छिड़काव करना चाहिए इसके अतिरिक्त एसिटामिप्रिड या इमिडाक्लोप्रिड 8 मि. ली./ 15 ली. पानी की दर से भी छिडकाव कर नियंत्रण किया जा सकता है।

बैंगन

परिचय

बैंगन को वानस्पतिक भाषा में *सोलेनम मेलोन्जीना* के नाम से जाना जाता है। यह सोलेनेसी कुल का बहुवार्षिक स्वभाव वाला पौधा है परन्तु सब्जी के रूप में इसे वार्षिक रूप में ही उगाया जाता है। बैंगन की उत्पत्ति संभवतः भारत और चीन के उष्ण कटिबन्धी प्रदेशों में हुई मानी जाती है। बैंगन को कुछ किस्मों का आकार अंडों के समान होने के कारण इसे ''एग प्लांट'' के नाम से भी जाना जाता है। इसकी जड़ें मूसला प्रकार की, पत्तियाँ सरल, एकान्तर क्रम से लगी हुई, पर्णवृन्त युक्त, काँटा युक्त या काँट रहित होती हैं। फूल उभयलिंगी तथा एकल कक्षस्थ होता है। इसमें अनेकों प्रकार के हल्के रंग के छोटे–छोटे बीज पाये जाते हैं। बैंगन के पौधें में चार प्रकार के फूल होते हैं। जैसे लम्बे वर्तिकाग्र वाले फूल, मध्यम वर्तिकाग्र वाले फूल, छोटे वर्तिकाग्र वाले फूल, झूठे वर्तिकाग्र वाले फूल। लम्बे वर्तिकाग्र वाले फूल, एवं मध्यम वर्तिकाग्र वाले फूल फूलों से ही फलों का निर्माण होता है और शेष प्रकार के फूल गिर जाते हैं।

बैंगन के आकार व रंग के अनुसार अलग–अलग क्षेत्रों में अलग–अलग पसंद होती है। बैंगन के फलों का रंग सफेद, हरा, पीला, तथा बैंगनी से काले रंग का होता है। सफेद बैंगन मधुमेह रोगियों के लिए फायदेमंद होता है।

उपयोगिता एवं पोषक मूल्य

बैंगन का प्रमुख उपयोग सब्जियों के रूप में किया जाता है। इसके अलावा इसका उपयोग भरता, पकोड़े, अचार, कलोजी तथा अन्य औद्योगिक प्रसंस्कष्त उत्पादों के रूप में भी किया जाता है। आयुर्वेदिक महत्व के रूप में इसमें कुछ औषधीय गुण भी पाये जाते हैं। यह भूख बढ़ाने वाला, कामोद्‌दीपक, हृदयवल्यकारक, बात एवं कफ के लिए लाभप्रद बताया गया है। सफेद बैंगन की सब्जी मधुमेह के रोगियों के लिए अधिक लाभप्रद पाई गई है। उसके बीज क्षुधावर्धक होते हैं। दाँत में दर्द होने पर सींक से बैंगन को जगह–जगह गोंदकर तिल के तेल में तलकर खाने से आराम मिलता है।

बैंगन को सामान्य तौर पर गुणरहित माना जाता है परन्तु यह धारणा बिल्कुल निराधार है। पौष्टिकता की दृष्टि से यह टमाटर से कम नहीं है तथा सामान्यजन को कम कीमत में सभी जगह आसानी से उपलब्ध हो जाता है। इसमें पाये जाने वाले विभिन्न पोषक तत्वों को निम्न सारणी में दर्शित किया गया है।

(प्रति 100 ग्राम खाद्यांश)

नमी	92.70 ग्राम	सोडियम	30.00 मि. ग्राम
प्रोटीन	1.40 ग्राम	पोटेषियम	2.00 मि. ग्राम
वसा	0.30 ग्राम	ताँबा	0.17 मि. ग्राम
खनिज पदार्थ	0.30 ग्राम	गंधक	44.00 मि. ग्राम
रेशा	1.30 ग्राम	क्लोरीन	52.00 मि. ग्राम
अन्य कोर्बोहाइड्रेटस	4.00 ग्राम	थियामिन	0.04 मि. ग्राम
कैल्सियम	18.00 मि. ग्राम	रिवोफ्लेविन	0.11 मि. ग्राम
मैग्नीशयम	16.00 मि. ग्राम	निकोटीनिक एसिड	0.09 मि. ग्राम
आक्जैलिक एसिड	18.00 मि. ग्राम	विटामिन सी	12.00 मि. ग्राम
फॉस्फोरस	47.00 मि. ग्राम	विटामिन ए	124.00 आई. यू.

वितरण एवं क्षेत्रफल

बैंगन की खेती देश के लगभग सभी राज्यों में की जाती है। आलू व टमाटर के बाद बैंगन गरीबों की पहुँच तक सदाबहार, सस्ती सब्जी के रूप में पूरे वर्ष उपलब्ध होने वाली म.प्र. के प्रत्येक जिले में लगाई जाती है। अन्य सब्जियों की तुलना में इसका यातायात भी आसान होता है। गर्मियों में अन्य सब्जियाँ कम मात्रा में उपलब्ध होने के कारण इसकी माँग भी अधिक हो जाती है। ऐसे में प्रति हेक्टेयर उन्नत तकनीक से अधिक उत्पादन प्राप्त कर अधिक लाभ कमाया जा सकता है। विश्व में चीन के बाद भारत में बैंगन की खेती सबसे ज्यादा क्षे. में (7.23 लाख हेक्टेयर) में की जाती है। जिसकी औसत उत्पादकता वर्तमान में 190 क्विंटल प्रति हेक्टयर है जो अन्य देशों की तुलना में काफी कम है। पूरे विश्व में भारत का क्षे़त्रफल एवं उत्पादन का हिस्सा क्रमशः 39.3 प्रतिशत एवं 27.6 प्रतिशत है। भारत में क्षेत्रफल की दृष्टि से क्रमशः पश्चिम बंगाल,

ओड़िसा, कर्नाटक आंधप्रदेश, गुजरात, बिहार, महाराष्ट्र, आदि प्रमुख बैंगन उत्पादक राज्य हैं। म.प्र. में वर्तमान मे बैंगन का कुल क्षेत्रफल 42740 हेक्टेयर एवं उत्पादकता 250 क्वि. प्रति हे. है जो कि राष्ट्रीय औसत से अधिक है। म. प्र. के सागर, जबलपुर, होशंगाबाद, भोपाल, सीहोर, खंडवा आदि प्रमुख बैंगन उत्पादक जिले हैं। देश के कुल बैंगन उत्पादन का मात्र 3 प्रतिशत भाग म.प्र. में पैदा होता है, जिसे और बढ़ाने की जरूरत है क्योकि यहाँ की जलवायु बैंगन के लिए वर्ष भर के लिए सर्वोत्तम पाई जाती है। विगत 5–5 वर्षो के अंतराल में बैगन का क्षेत्रफल एवं उसकी उत्पादकता को निम्न सारणी मे दिखाया गया है।

वर्ष (स्रोत नेशनल हार्टीकल्चर बोर्ड)

2002–2003		2007–2008		2012–2013	
क्षेत्रफल हे.	उत्पादकता क्वि/हे.	क्षेत्रफल हे.	उत्पादकता क्वि/हे.	क्षेत्रफल हे.	उत्पादकता क्विं/हे.
13100	150	21400	150	40700	249.6

बैंगन की उत्पादकता में कमी के कारण व वृद्धि के उपाय

उत्पादकता में कमी के कारण	उत्पादकता वृद्धि के उपाय
खेतों में कार्बनिक अंश की कमी एवं भूमि की अस्वस्थता।	जैविक खादों के प्रयोग को बढ़ावा देकर मृदा के स्वास्थ्य में वृद्धि।
बैंगन फसल को बेगुणकारी समझना।	जबकि पोषक मान की दृष्टि से टमाटर की समान पोषक तत्वयुक्त।
क्षेत्र विशेष अनुसार उन्नत किस्मों के सही चुनाव के ज्ञान का अभाव एवं अनुपलब्धता।	क्षेत्र विशेष अनुसार अनुंशसित किस्मों का चुनाव एवं बीज की उपलब्धता सुनिश्चित करना।
अनुपयुक्त ढंग से नर्सरी प्रबंधन एवं सही समय पर रोपाई व बुआई न करना।	उन्नत व वैज्ञानिक विधि से सही समय पर नर्सरी प्रबंधन व पौधरोपण करना।
असंतुलित व अनुपयुक्त खाद एवं उर्वरकों को कम मात्रा में प्रयोग।	संतुलित प्रकार से जैविक, रसायानिक खाद एवं उर्वरको का समान्निवत प्रबंधन करना।
संकर किस्मों में कम खाद एवं उर्वरकों का	संकर किस्मों हेतु संतुलित मात्रा में पोषक

प्रयोग, मेड़ नाली पद्धति एवं ड्रिप सिंचाई जैसे उच्च तकनीक को न अपनाना।	तत्वों का प्रबंधन के ज्ञान का अभाव, मेड़ नाली पद्धति एवं ड्रिप पद्धति से उन्नत खेती करना।
समन्वित रूप से सही समय पर खरपतवार नियंत्रण में लापरवाही से उत्पादकता में कमी व रोग व कीटों का बढ़ावा।	समन्वित खरपतवार प्रबंधन तकनीक को अपनाना।
समय पर सही पहचान न होने से समन्वित कीट एवं रोग प्रबंधन के उपाय न कर पाना।	कीट एवं रोगों का का उपयुक्त समय पर समन्वित ढंग से कीट एवं रोगों का प्रबंधन
सिंचाई के अंतराल में अनियमितता व क्रांतिक अवस्था पर सिंचाई न कर पाना।	फसल की क्रांतिक अवस्था में सिंचाई प्रबंधन
तुड़ाई पश्चात् उचित प्रबंधन में कमी होने से कम दाम मिलना।	तुड़ाई पश्चात उचित प्रबंधन व भंडारण द्वारा सह समय पर विक्रय कर उचित दाम प्राप्त करना।

मृदा एवं जलवायु

बैंगन पूरे वर्ष तीनों सीजन में लगाया जाता है। बैगन उष्ण कटिबंधीय एवं उपोष्ण कटिबंधीय जलवायु में उगाई जाने वाली सब्जी है। इसे लम्बे गर्म मौसम की जरूरत होती है। इसकी अधिकॉश किस्मों के ऊपर ठंडी के सीजन में पाले का प्रभाव पड़ने की सम्भावना रहती है। इसके बीजों का नर्सरी में अंकुरण 25^0 सेटींग्रेड तापमान पर अच्छा होता है। पौधों की अच्छी बढ़वार हेतु $25–30^0$ सेटींग्रेड का तापमान सबसे अच्छा रहता है। जब औसत तापमान 18^0 सेटींग्रेड से नीचे तक लगातार बना रहे तब बैंगन की रोपाई नहीं करनी चाहिए। यदि मौसम लम्बी अवधि तक ठंडा बना रहे तो पौधों की वृद्धि पर प्रतिकूल प्रभाव पड़ता है। इसकी फसल पाले के प्रति काफी संवेनशील होती है।

भूमि एवं तैयारी

जीवांश एवं जलनिकासयुक्त उर्वर रेतीली दोमट भूमि बैंगन की फसल के लिए सर्वोत्तम रहती है। भूमि का पीएच मान 6.5 से 07 सर्वोत्तम रहता है, वैसे बैगन की खेती हल्की भूमि से लेकर भारी भूमि तक में की जा सकती है। बैंगन के कुछ किस्मों को अधिक पी.एच. युक्त भूमि में भी उगाया जा सकती है।

खेत की तैयारी के लिए प्रथम जुताई मिट्टी पलटने वाले हल से करने के बाद 2–3 जुताई मृदा के स्वभाव के अनुसार कल्टीवेटर से करें । तत्पश्चात् प्रत्येक जुताई के बाद पाटा अवष्य चलायें जिससे मिट्टी भुरभुरी हो जावे। रोपाई करने से पूर्व खेत को छोटे–छोटे क्यारियों में विभाजित कर लेना चाहिए या फिर अच्छी उपज प्राप्त करने के लिए बैंगन को ड्रिप एवं मेड़ नाली पद्धति से लगानी चाहिए। इससें पानी एवं उर्वरकों की बचत के साथ–साथ उपज में भी वृद्धि अधिक होती है।

म.प्र. के लिए उपयोगी उन्नत किस्में

आकार के आधार पर प्रमुखतया दो तरह के बैंगन होते हैं। गोल व लम्बे फल वालें बैगन, जिनका संक्षिप्त में वर्णन निम्नानुसार है।

क्र.	किस्म	संस्थान	औसत उपजक्विं./ हेक्टेयर	प्रमुख विशेशतायें
उन्नत किस्में				
1.	पूसा क्रांति	भा.कृ.अनु.सं. नई दिल्ली	300–350	फल चमकीले बैंगनी रंग के मोटे एवं 14–16 सेमी लम्बे। रोपाई के 53–60 दिन उपरान्त फलों की प्राप्ति। शरद और बसंत दोनों मौसम के लिए उपयोगी।
2.	जवाहर बैंगन –64	जे.एन.के.वि.वि. जबलपुर	300–325	फल छोटे गोल बैगनी रंग के। फसल की अवधि 125–130 दिन। गर्मी के लिए अति उपयुक्त।
3.	जवाहर बैंगन –15	जे.एन.के.वि.वि. जबलपुर	400–450	लम्बा, चमकीले, आकर्षक, फलों का वजन 200–300 ग्राम। जल्दी रोपाई से उपज अधिक मिलती है।
4.	पंत सम्राट	जी.वी.पंत.वि.वि. पंतनगर	400–450	फलों की प्राप्ति 70 दिन बाद, अगेती किस्म, लम्बे–मध्यम आकार व बैगनी रंग के । वर्षा व शीत ऋतु के लिए

				उपयुक्त। जिवाणु, फोमोप्सिस व फल विगलन रोग प्रतिरोधी।
5.	पंत ॠतुराज	जी.वी.पंत.वि.वि. पंतनगर	400	मध्यम अवधि (80—100 दिन) की फसल, फल अंडाकार बैगनी रंग के। जीवाणु उकठा रोधी, पौधों की ऊँचाई 60—70 सेमी., कम बीज युक्त, भंडारण क्षमता अधिक होती है। 60 दिन बाद फलों की प्राप्ति।
6.	पूंसा बिंदु	भा.कृ.अनु.सं. नई दिल्ली	300	अगेती, अंडाकार गोल, बैगनी रंग, 50—60 दिन बाद फलें की प्राप्ति, वनज 70—75 ग्राम, फोमोप्सिस व फल विगलन प्रतिरोधी
7.	पूसा उत्तम	भा.कृ.अनु.सं. नई दिल्ली	400	अगेती, 60 दिन बाद फलों की प्राप्ति, अंडाकार, गहरा बैंगली, फलों का आकार 200—250 ग्राम।
8.	आजाद क्रांति	सी.एस.ए.कृ.वि.वि. कानपुर	250	अगेती, लम्बा, बैगनी रंग, सीधे पौध, संकरी पत्तियाँ, छोटी पत्ती एवं फल विगलरन रोग के प्रति सहनशील किस्म।
9.	पूसा पर्पल लांग	भा.कृ.अनु.सं. नई दिल्ली	300—350	20—25 सेमी लम्बे बैगनी रंग। 100 से 110 दिन, अगेती किस्म। सर्दी व ग्रीष्म दोनों सीजन के लिए उपयोगी। 50 से 55 दिन बाद फल प्राप्त होने लगते है।
10.	पूसा पर्पल राऊन्ड	भा.कृ.अनु.सं. नई दिल्ली	250—300	सर्दी व बसंत दोनों ॠतु के लिए उपयोगी। रोपाई के 70 दिन बाद फल की प्राप्ति, छोटी पत्ती रोग के प्रति सहनशील एवं तना व फल छेदक कीट के प्रति प्रतिरोधी किस्म।

11. पूसा पर्पल कलस्टर	भा.कृ.अनु.सं. नई दिल्ली	200–250	पौधे मध्यम आकार के, एवं फल गुच्छे में, बैगनी रंग के लगते है। रोपाई के 50–60 दिन बाद फलों की प्राप्ति। ग्रीष्म ऋतु के लिए उपयुक्त।
संकर किस्में			
12. पूसा संकर–5	भा.कृ.अनु.सं. नई दिल्ली	550	गहरा बैगनी रंग, लम्बा मध्यम आकार, ऊपर की ओर बढ़ने वाला, काँटा रहित अगेती किस्म, पौधरोपण के 50–60 दिन बाद फलों की प्राप्ति।
13. पूसा संकर–6	भा.कृ.अनु.सं. नई दिल्ली	450	अगेती किस्म (55–60 दिनों में फलों की प्राप्ति) औसत वनज 200 ग्राम, सीधा खड़ा, काँटा रहित,शरद व बसंत सीजन के लिए उपयोगी।
14. पूसा संकर–9	भा.कृ. अनु.सं. नई दिल्ली	650	अगेती, गोल, गहरा बैगनी रंग,शरद व बसंत ऋतु के लिए उपयुक्त, पौधरोपण के 90 दिन बाद फलों की प्राप्ति, औसत वजन 300 ग्राम
15. अर्का नवनीत (संकर)	आई.आई.एच.आर. बैंगलोर	650–700	अगेती, 60 दिनों में फल प्राप्त होने लगते हैं। गहरा बैंगनी रंग, फल का औसत वनज 350–400 ग्राम कोमल व खाने में स्वादिष्ट व कोमल।
15. नरेन्द्र संकर–1 (एन.डी.बी. एच.–1)	न.कृ.वि.वि. फैजाबाद	520	लम्बा, गहरा बैगनी रंग, अर्ध खड़ा, झाड़ीनुमा, मुलायम, एवं कम बीज युक्त
16. काशी संदेश (संकर)	आई.आई.वी.आर. वाराणसी	790	मध्यम ऊँचाई युक्त पौधा, पौधारोपण के 75 दिन बाद तुड़ाई योग्य, गोल व बैंगनी रंग, फल का वजन 225 ग्राम।

प्रदेश के कुछ जिलों में हरे रंग के बैंगन की ज्यादा माँग रहती है ऐसे स्थानों पर कुछ निजी संस्थाओं द्वारा संकर बीजों का विकास एवं उत्पादन किया जाता है जिसका उपयोग किसान भाई कर सकते हैं जैसे कि हरिया, हरिहर, ग्रीन लॉग इत्यादि ।

बोने का समय

म.प्र. में बैंगन के बीज की बुआई व रोपाई प्रमुखतः तीनों सीजन में की जाती है।

क्र.	मौसम	बीज बुआई का समय	पौधरोपण का समय
1.	शरद षिषिर फसल	जुन–जुलाई	जुलाई–अगस्त
2.	बसन्त–ग्रीष्म फसल	नवम्बर–दिसम्बर	जनवरी–फरवरी
3.	वर्षा कालीन फसल	फरवरी–मार्च	मार्च–अप्रैल

बीजदर

बैंगन के लिए उन्नत किस्मों के बीज की मात्रा 400–500 ग्राम प्रति हेक्टेयर एवं संकर किस्मों हेतु 150–200 ग्राम प्रति हेक्टेयर बीज की आवश्यकता होती है। उन्नत किस्मों की उपज संकर किस्मों की तुलना में अपेक्षाकृत कम प्राप्त होती है। परन्तु इन किस्मों के बीज स्वयं तैयार कर अग्रेत्तर वर्षो में भी लगा सकते हैं जबकि संकर किस्मों के बीज के लिए हर वर्ष बीज क्रय करने की आवश्यकता पड़ती है। बैंगन के 01 ग्राम बीज में लगभग 250 बीज आते हैं तथा इस प्रकार प्रति हेक्टेयर 30000–45000 पौधों की आवश्यकता होती है।

पौधशाला प्रबंधन

सामान्य रूप से एक हेक्टेयर क्षेत्रफल की रोपाई के लिए 1X4 मीटर आकार की लगभग 25–30 क्यारियों की आवश्यकता होती है। अर्थात् कुल 100 वर्गमीटर जगह पौधशाला के लिए पर्याप्त होता है। पौधशाला के लिए स्थान खुला हुआ, ढालू एवं ऊँचा होना चाहिए जिससे बरसात में पानी बहकर बाहर निकल जावे। दो क्यारियों के बीच में 30–40 सेमी. जगह अवश्य छोड़नी चाहिए जिससे की बुआई, सिंचाई, दवाई आदि का छिड़काव तथा अन्य अन्तः कर्षण की क्रियायें सुगमता पूर्वक की जा सकें। वर्षा ऋतु में उचित जल निकास

के लिए यह पौधशाला के लिए हल्की दोमट व रेतीली दोमट भूमि सर्वोत्तम मानी गई हैं। जहाँ काली मिट्टी हो वहाँ प्रति वर्गमीटर आवश्यकतानुसार बालू मिला देनी चाहिए। क्यारियों हमेशा 15 सेमी. ऊँची बनानी चाहिए।

सौर्य उपचार (सोलेराईजेसन) तकनीकी

जहाँ नर्सरी लगानी हो वहाँ पर ग्रीश्म ऋतु में मृदा का सोर्यउपचार करके निर्जमीकृत कर लेनी चाहिये। इसके लिए सर्वप्रथम नर्सरी वाले स्थान की सिचाई कर देते हैं एवं 2–4 दिन बाद उस स्थान को 50 माईक्रान (200 गेज) काली पॉलीथीन से ढ़ककर पॉलीथीन के चारों तरफ मिट्टी से इस प्रकार ढ़क देते हैं जिससें की वहाँ से हवा प्रवेश न कर सके। फिर 15 दिन के लिये छोड़ देते हैं। ऐसा करने से मृदा का तापमान बढ़ने से उसके अंदर उपस्थित समस्त रोग फैलाने वाले कवक एवं हानिकारक कीट नश्ट हो जाते हैं तथा मृदा पूर्णतः निर्जमीकृत होती है।

पौधशाला की तैयारी

बीजों की बुआई पूर्व प्रत्येक क्यारी में प्रति वर्गमीटर 2–3 दिन पूर्व अच्छी तरह से पकी हुई गोबर की 02 तगाड़ी खाद, 100 ग्राम सुपरफास्फेट, 10 ग्राम फ्यूराडान अच्छी तरह मिलाकर क्यारियों को भूरभूरी बना लेनी चाहिए। पौधाषाला में लगने वाली प्रमुख बीमारी डेम्पिंग आफ रोग (पौध आर्द्र गलन) से बचाव के लिए 2 दिन पूर्व केप्टान या बाविस्टीन की 2 ग्राम मात्रा प्रति लीटर की दर से पानी मे घोलकर की क्यारियों को तर कर देनी चाहिए।

बीज की बुआई एवं देखलभाल

उत्पादन में वृद्धि हेतु नर्सरी से रोग रहित एवं स्वस्थ पौधे प्राप्त करना अति आवश्यक है। अतः बीजों को बुआई से पूर्व जैविक फफूँदनाशी दवा ट्राइकोडर्मा विरडी 4 ग्राम प्रति किलो बीज या 02 ग्राम थायरम प्रति किलो बीज की दर से उपचारित कर लेना चाहिए। इसके बाद इन बीजों को 6–7 सेमी की दूरी पर बनी कतारों में 1–1.5 सेमी की गहराई पर बुआई पश्चात आधी मिट्टी व आधी गोबर की खाद के भुरभुरी मिश्रण से ढककर झारे से हल्की सिंचाई कर देनी चाहिए। शरद ऋतु में क्यारियों को घास–पूस या पॉलिथीन की सहायता से 5–6 दिन तक ढक देनी चाहिए एवं अकुंरण प्रारंभ होते ही इन्हें हटा लेनी चाहिए। वर्षा व शरद ऋतु में क्यारियों की लम्बाई अनुरूप ताबूतनुमा (लो टनल) से ढक कर भी कीट व रोग रहित स्वस्थ पौधों तैयार कर सकते हैं।

पौधों को समय पर झारे से सिंचाई कर नमी बनाये रखनी चाहिए।

लो टनल के अलावा पौधों को तेज धूप व अधिक बरसात से बचाने के लिए स्थानीय स्तर पर उपलब्ध संसाधनों जैसे घास–फूँस, बांस, अरहर की सूखी लकड़ी एवं पुआल का प्रयोग कर मंडप तैयार करके भी पौधों की रक्षा कर सकते हैं। 15 दिन बाद निराई–गुड़ाई करके खरपतवार निकालते रहना चाहिए तथा रस चूसक कीटों व रोगों का प्रकोप दिखाई देने पर क्रमशः डाइमेथोएट 2 मिली./ली. एवं मैंकोजेब 2 ग्राम प्रति लीटर पानी की दर से घोल बनाकर छिड़काव कर देना चाहिए। इस प्रकार ठंडी के मौसम में 6–7 सप्ताह में तथा अन्य मौसम 4–5 सप्ताह में पौधे रोपे लायक हो जाते हैं। इस अवस्था में नर्सरी के पौधे में 3–4 पतियों तथा इनकी ऊँचाई 15 सेमी. हो जाती है। पौधों को मुख्य खेत में लगाने हेतु उनमें कठोरता लोन के उद्देश्य से 4 दिन पूर्व सिंचाइ बंद कर देनी चाहिए। तथा लगाने के ठीक एक दिन पूर्व सिंचाई कर देनी चाहिए। जिससे की पौधों को उखाड़ने पर जड़ें टूटती नहीं हैं।

प्रो–ट्रे में नर्सरी तैयार करना

संकर बीजों के महँगा होने के कारण स्वस्थ रोग व कीट रहित पौधे प्राप्त करने हेतु नर्सरी को प्रो–ट्रे तथा कीट अवरोधी नेट हाऊस या पालिहाऊस या ग्रीन हाऊस में पौधे तैयार करना चाहिए। इसके लिए 250–300 किग्रा. कोकोपिट, 5 किग्रा नीम केक तथा 1 किग्रा. एजोस्पाईरिलम एवं फास्फोबैक्टीरिया की आवश्यकता होती है। इनको आपस में मिलाकर तैयार मिक्चर से लगभग 200 प्रो–ट्रे भरकर प्रत्येक पिट में एक बीज लगाते हैं। इस प्रकार लगभग 18500 पौधे तैयार हो जाते हैं जो 90 **X** 60 सेमी. की दूरी पर एक हेक्टेयर के लिए पर्याप्त होते हैं। 6–7 दिन बाद अंकुरण पश्चात इन ट्रे को नेट हाऊस में रखकर सतत सिंचाई करते रहना चाहिए। 15–18 दिन बाद एन. पी.के. 19:19:19 घुलनशील उर्वरक 0.5 प्रतिशत (5 ग्राम/ली.) की दर से पानी में घोलकर हजारे से ड्रेंचिग करना चाहिए। उपरोक्त विधि से टमाटर, मिर्च व गोभीवर्गीय सब्जियों के लिए भी नर्सरी तैयार की जा सकती है।

पौधों की रोपाई एवं दूरी

तैयार पौधों को समतल खेत की तुलना में मेड़ एवं नाली पद्धति से लगाना ज्यादा ठीक रहता है। लम्बे एवं कम फैलने वाली किस्मों को पंक्तियों व पौधों की आपस मे दूरी 45 सेमी. **X** 60 सेमी. और गोल तथा अधिक फैलने

वाली किस्मों को 75 सेमी. X 60 सेमी. की दूरी पर लगानी चाहिए। संकर किस्मों को 75–90 सेमी. X 60 सेमी. की दूरी पर लगाना चाहिए। अधिक उत्पादन प्राप्त करने हेतु ड्रिप व 25 माइक्रान की काली शीट से मेड़ों की मल्चिंग कर पौधों को लगाने से अधिक उत्पादन के साथ–साथ खाद, पानी एवं उर्वरक का भरपूर उपयोग होने के साथ खरपवार नियंत्रण भी होता है।

खाद एवं उर्वरक प्रबंधन

वैसे तो खाद एवं उर्वरकों का प्रयोग मृदा की जाँच उपरान्त आनुपातिक रूप से करना चाहिए। फिर भी सामान्य तौर 200–250 क्विंटल प्रति हेक्टेयर गोबर या कम्पोस्ट की खाद खेत की अंतिम जुताई के साथ ही भूमि में मिला देनी चाहिए। केचुआं खाद उपलब्ध होने पर 20–25 किंवट्ल पर्याप्त होता है। जैविक खाद के रूप में 2 किग्रा. एजोस्पाईरिलम एवं 2 किग्रा प्रति हेक्टेयर फास्फोबैक्टीरिया (पी.एस.बी.) 50 किग्रा. गोबर की खाद में एक सप्ताह पूर्व मिलाकर तैयार करने के उपरान्त खेत में मिला देनी चाहिए। उसके अतिरिक्त उन्नत किस्मों के लिए 100 किग्रा. नत्रजन, 60 किग्रा. फास्फोरस एवं 40 किग्रा पोटाश की आवश्यकता होती है इसकी पूर्ति के लिए 200 किग्रा यूरिया 130 किग्रा डी.ए.पी. एवं 66 किग्रा पोटाश देकर की जा सकती है। डी.ए.पी. के स्थान पर यदि सुपर फास्फेट का उपयोग करना हो तो 375 किग्रा प्रति हे. की आवश्यकता होगी। इनमें से डी.ए.पी. या सुपर फास्फेट, पोटाश की पूरी मात्रा एवं यूरिया की आधी मात्रा खेत की अंतिम जुताई के समय ही भूमि में मिला देनी चाहिए। शेष नत्रजन को दो बराबर भागों में बाँटकर क्रमशः 30–35 दिन व 60–70 दिन बाद खड़ी फसल में उपयोग करना चाहिए। यहाँ एक बात ध्यान देने की है कि ज्यादातर किसान भाई संकर किस्मों को ही लगाते हैं, परन्तु खाद एवं उर्वरक की मात्रा उन्नत किस्मों की भाँति प्रयोग करते हैं, ऐसी स्थिति में उत्पादकता प्रभावित होती है। चूकि संकर किस्मों का उत्पादन प्रति हेक्टेयर उन्नत किस्मों की तुलना में लगभग दूना होता है। अतः उर्वरकों की मात्रा भी अधिक लगेगी। अतः 250 क्विं प्रति हेक्टेयर खाद या कम्पोस्ट के साथ–साथ नत्रजन फास्फोरस एवं पोटाश की क्रमषः 200:150:100 किग्रा मात्रा का प्रति हेक्टेयर का उपयोग करना चाहिए। जिसमें नत्रजन की आधी मात्रा को खड़ी फसल में दो बार में उपयोग करना चाहिए।

फर्टिगेशन (ड्रिप सिस्टम) के माध्यम से उर्वरक आपूर्ति करने के लिए शिड्यूल (संकर किस्मों हेतु)

टपक सिंचाई विधि (ड्रिप) के माध्यम से किसी भी फसल के लिए सिफारिष की गई उर्वरक की मात्रा का 60–70 प्रतिशत भाग ही पर्याप्त रहता है बषर्ते इस मात्रा को निर्धारित शिड्यूल अनुसार प्रयोग किया जावे।

संकर बैंगन की फसल के लिए सामान्यतः अनुशंसित मात्रा 200:150:100 किग्रा एन.पी.के. प्रति हेक्टेयर की आवश्यकता होती है। चूँकि ड्रिप के माध्यम से इस मात्रा का 60 प्रतिशत ही पर्याप्त रहता है अतः एन.पी.के. क्रमशः 120–90–60 किग्रा. प्रति हेक्टेयर देना होगा। इसे निम्नानुसार बनाये गये शिड्यूल अनुसार ड्रिप के माध्यम से दे सकते हैं।

सारणी 5

उर्वरक की कुल आव□यक मात्रा	**विकल्प–अ**	**विकल्प–ब**
एन.पी. के की निर्धारित मात्रा 120:90:60 को 14 बराबर भागों में (एन.पी. के को कमश 8.58–6.42–4 कृ 28 किग्रा प्रति भाग) बाँट कर 7 दिवस के अंतर से प्रयोग करना।	14.6 किग्रा यूरिया फास्फेट, 16.12 किग्रा यूरिया एवं 8.56 किग्रा सल्फेट ऑफ पोटाश (प्रति सप्ताह) कुल मात्रा–204.4 किग्रा यूरिया फास्फेट, 225.65 किग्रा यूरिया, 119.84 किग्रा सल्फेट ऑफ पोटाश	23.2 किग्रा 18:18:18 + 9.3 किग्रा यूरिया (प्रति सप्ताह) कुल मात्रा–314 किग्रा यूरिया फास्फेट + 182 किग्रा यूरिया

उर्वरकों का पर्णीय छिड़काव

पर्णीय छिड़काव हेतु यूरिया फास्फेट 17:44:0 एवं एन पी के 18:18:18 उर्वरकों के पर्णीय छिड़काव की विधि

जल विलेय उर्वरकों जैसे 18:18:18 या 17:17:0 या 0:0:50 इत्यादि का 1–2 प्रतिशत पानी का घोल बनाकर स्प्रेयर द्वारा खड़ी फसल में तत्वों की कमी के लक्षण प्रकट होने पर अथवा सिंचाई की क्रांतिक अवस्था पर पत्तियों पर छिड़काव करते हैं। पर्णीय छिड़काव से फसल की गुणवत्ता व उपज पर अच्छा प्रभाव पड़ता है। साधारणतया पर्णीय छिड़काव में प्रयुक्त उर्वरकों की मात्रा फसल के लिए सिफारिश की गई उर्वरक की मात्रा के अतिरिक्त होती है।

इनका उपयोग वहाँ पर करना चाहिए जहाँ पर ड्रिप फर्टिगेशन से बैगन की खेती नहीं ले रहे हों। फास्फेटिक उर्वरकों का प्रयोग फूल आने के पूर्व तक ही करना चाहिए। फूल आने के बाद सल्फेट आफ पोटाश का पर्णीय छिड़काव अधिक लाभदायक रहता है। साधारणतया पर्णीय छिड़काव पौधों के एक माह होने के बाद शुरु करना चाहिए तथा फसल पकने के तीन सप्ताह पहले बन्द कर देना चाहिए।

प्रयोग करने का समय	प्रति हेक्टेअर छिड़काव की मात्रा		उर्वरक की कुल मात्रा किग्रा प्रति हैक्टेयर	कुल छिड़काव
	उर्वरक मात्रा किग्रा में	पानी लीटर में		
नई शाखा बनते समय	6.25	400	21.50	03
फूल आने के एक सप्ताह पूर्व	7.50	500		
फूल आने के एक सप्ताह बाद	7.50	500		

उपरोक्त छिड़काव टमाटर मिर्च आलू लौकी, करेला तोरई आदि में भी कर सकते हैं।

विशेष

1. छिड़काव प्रातःकाल या दोपहर बाद करें।
2. घोल में पत्तियों पर चिपकने वाले रसायन का प्रयोग करें तथा छिड़काव से पत्तियाँ पूरी तरह भीगनी चाहिए।
3. फास्फेटिक उर्वरकों (यूरिया फास्फेट) का पर्णीय छिड़काव फूल आने के पूर्व तक ही करना चाहिए।
4. फूल आने के बाद पोटेशिक उर्वरकों सल्फेट ऑफ पोटास (एस.ओ.पी.) का पर्णीय छिड़काव करना अधिक लाभदायक रहता है।
5. साधारणतः पर्णीय छिड़काव पौधों के एक माह के होने के बाद शुरू करना चाहिए तथा फसल पकने के 3 सप्ताह पूर्व बंद कर देना चाहिए।

सूक्ष्म तत्वों एवं वृद्धि नियामकों का प्रयोग

वैसे तो खेतों में बैगन में सूक्ष्म तत्वों की कमी अभी तक दर्ज नहीं हो

पाई है। फिर भी यदि फसल पर पोटेशियम नाईट्रेट के 2000 पी.पी.एम. (2 ग्राम/लीटर पानी) एवं जिंक सल्फेट एवं बोरान का 500 पी.पी.एम. अर्थात् 1 ग्राम प्रति दो लीटर पानी की दर से घोल बनाकर छिड़काव करने पर प्रकाष संश्लेषण की क्रिया बढ़ने से उपज में वृद्धि पाई गई है। इसी प्रकार ट्राईकोटेनाल का 2 पी.पी.एम. (1 मिली./500. ली. पानी) एवं सोडियम बोरेट या बोरेक्स 35 पी.पी.एम. अर्थात 16.5 ग्राम/500 लीटर पानी से घोल बनाकर रोपाई के 15 दिन बाद एवं 50 प्रतिशत से अधिक फूल लगने के बाद छिड़काव करने से उपज में वृद्धि पाई जाती है। परन्तु यहाँ मात्रा को लेकर अत्यंत सावधानी बरतने की आवश्यकता है। अन्यथा फसल पर विपरीत असर पड़ सकता है।

खरपतवार एवं जल प्रबंधन

बैंगन में प्रारंभ में धीरे–धीरे वृद्धि होती है। अतः खरपतवार शीघ्र बढ़ जाते हैं अतः पौधों में उचित वायु संचार व उचित वृद्धि हेतु पूरी फसल अवधि ा में 3–4 बार हैन्ड हो या ह्वील हो इत्यादि से निराई गुड़ाई कर खरपतवारों को निकालते रहना चाहिए। खरपतवार नियंत्रण हेतु काली पालीथीन की चादरें पलवार के रूप में बिछाना भी उपयोगी पाया गया है। ऐसा करने से फसल जल्दी बढ़ती है एवं उपज में वृद्धि होती है। फल और फूल की अवस्था में बैंगन मे निराई–गुड़ाई आदि करने से उपज प्रभावित होती है। खरपतवारों का नियंत्रण खरपतवारनाशी का प्रयोग करके भी किया जा सकता है। इसके लिए खरपतवारों के अंकुरण पूर्व एवं पौधरोपण के ठीक पहले पेंडामेथीलिन 1 किग्रा सक्रिय तत्व का (अर्थात् 3.3 लीटर दवा प्रति 800–1000 लीटर पानी) छिड़काव करना चाहिए। एवं 30 दिन उपरान्त खेत की निराई–गुड़ाई कर पौधों पर मिट्टी चढ़ा देनी चाहिए।

अधिक उपज प्राप्त करने हेतु 100–110 सेमी जल की आवश्यकता होती है जो भूमि की किस्म, फसल उगाने का समय व वातावरण पर निर्भर करता है। आमतौर पर गर्मीयों में 7 दिन के अंतराल से और सर्दियों में 15 दिन के अंतराल सिंचाई करना चाहिए। प्रायः वर्षा ऋतु में सिंचाई की आवश्यकता नहीं होती है फिर भी यदि लम्बी अवधि अवधि तक वर्षा न हो तो आवश्यकानुसार सिंचाई करनी चाहिए। बैंगन फसल की सिंचाई करने हेतु बूँद–बूँद सिचांई (ड्रिप सिस्टम) उत्तम रहती है। इस विधि से पानी की मात्रा की कम आवश्यकता होती है और साथ–साथ खरपतवार नियंत्रण एवं घुलनशील उर्वरकों का प्रयोग

भी किया जा सकता है।

प्रमुख रोग एवं प्रबंधन

आर्द्र गलन – यह बीमारी पौधशाला में अधिक लगती है। पौधे जड़ों के पास में सड़ने लगते हैं जो कि फाइटोपथेरा, पीथियम, स्क्लेरोशियम फ्युजेरियम की विभिन्न प्रजातियों से होता है। रोकथाम के लिए बीज का थिरम (2.5–3 ग्राम प्रति किलोग्राम) से उपचार करें। थिरम या कैप्टान (2 ग्राम/ली.) घोल का 7–11 दिन के अंतर पर दो बार क्यारी में छिड़कें। बीजो को 50 डिग्री से. तापमान पर 30 मिनट तक उपचार कर बोना चाहिए। इस बीमारी को रोकने के लिये ट्राईकोडर्मा 4–5 ग्राम 1 कि.ग्रा. बीज के लिये और 10–20 ग्राम 1 कि. ग्रा. कम्पोस्ट या गोबर की खाद मिलाकर एक वर्गमीटर मृदा के शोधन के लिए प्रयोग करना चाहिए।

फोमोप्सिस झुलसा – इसके लक्षण पत्ती, फल, व तने पर दिखते हैं। पत्ती पर गोल धब्बे, तने का सूखना व फल का सड़ना इसके लक्षण हैं। संक्रमित क्षेत्र में छोटे–छोटे काले बिन्दु के समान उभरे लक्षण दिखते हैं। इसके लिए रोगरहित किस्मों का चुनाव करें तथा बीजों को कार्बेन्डाजिम (2 ग्राम प्रति क्रिगा. बीज) दवा से उपचरित करें। खेत में फल आने के पूर्व के समय से ही मेन्कोजेब 0.25 प्रतिशत (2.5ग्राम/ली. पानी) या कार्बेन्डाजिम 0.1 प्रतिशत (1 ग्राम/ली. पानी) के घोल का छिड़काव 8–10 दिन के अंतर पर करें। रोगरोधी जातियॉ जैसे पूसा भैरव, पूसा परपल क्लस्टर आदि को लगाना चाहिए।

बैंगन की छोटी पत्ती रोग – इस रोग का प्रकोप बैंगन की पत्तियों पर होता है। जिसमें प्रायः पत्तियाँ काफी छोटी हो जाती हैं। इसमें पौधों की शाखायें छोटी रह जाती हैं और पत्तियों का झुंड बन जाता है। ये झाड़ीनुमा दिखलाई देते हैं। फूल व फल नहीं बनते। इस रोग का फैलाव कीटों द्वारा ग्रसित पौध ाों से स्वस्थ पौधे में तेजी से होता है। अतः रोग को फैलाने वाले रस चूसक कीटों का नियंत्रण डाईमेथोएट 30 ई सी या आक्सीडेमेटान मिथाईल 25 ई सी की 1.5 मिली. प्रति लीटर मात्रा की दर से 500 से 600 ली. पानी में घोलकर/हेक्ट. की दर से छिड़काव करना चाहिए। पौधों की रोपाई पूर्व जड़ों को स्ट्रेप्टोसाईक्लिन के 100 पी.पी.एम अर्थात 1 ग्राम मात्रा प्रति 10 लीटर पानी के घोल में भिगोना चाहिए और रोपण के 4–5 सपताह बाद छिड़काव करना चाहिए। प्रभावित पौधों को उखाड़ कर नष्ट कर दें। रोगरोधी जातियॉ् जेसे पूसा

परपल क्लस्टर, मंजरी गोटा, अर्काशील एवं बनारस जाईंट को लगाना चाहिए।

जीवाणु उक्ठा रोग – यह रोग पौधों की निचली पत्तियों से षुरू होता है जिसमें बाद में पूरी पत्तियाँ पीली होकर सूखने लगती हैं। तने को काटकर देखने पर दूधिया रंग का लसलसा पदार्थ दिखाई देता है। फसल चक्र में सरसों कुल की सब्जियों जैसे फूलगोभी का प्रयोग करना चाहिए। पौधे की जड़ों को रोपाई से पूर्व स्ट्रेप्टोसाईक्लिन नामक दवा के 100 पी.पी.एम. (100 मि.ग्रा. प्रति 1 लीटर पानी) के घोल में आधे घंटे तक डुबाने के पश्चात रोपाई करनी चाहिए। उकठा रोधी या सहनशील जातियां जैसे पन्त सम्राट लगावें। कार्बेन्डाजिम का 1 ग्राम मात्रा या 2.5 ग्राम कापर आक्सीक्लोराईड प्रति लीटर की दर से छिड़काव करने से भी लाभदायी रहता है।

समन्वित रोग प्रबंधन

1. हमेशा स्वस्थ एवं रोग रहित पौधों से ही बीज बनायें व रोगरोधी किस्मों का उपयोग करें।
2. भूमि में जल निकास की ठीक व्यवस्था करें। 4–5 वर्षों का फसल चक्र अपनावें।
3. खेत के पुराने डण्ठलों को एकत्र कर नष्ट करें एवं खेत के आस–पास से खरपतवारों को न निकालते रहें।
4. सब्जियों को मल्चिंग विधि से लगायें अथवा जैविक मल्चिंग करे ताकि फल जमीन से सटने न पाये।
5. बीज को बोने से पूर्व कार्बेन्डाजिम 0.2 प्रतिशत (2 ग्राम/किग्रा बीज) अथवा ट्रायकोडर्मा/स्यूडोमोनास 0.5 प्रतिशत (5 ग्राम/किग्रा बीज) से उपचारित करें।
6. फोमोप्सिस झुलसा एवं छोटी पत्ती रोग से बचने हेतु उस क्षेत्र में रोग रोधी किस्में लगायें।
7. रोगग्रस्त/कीटग्रस्त फलों को तोड़कर प्राथमिक निवेश द्रव्य में कमी की जा सके।
8. आवश्यकता पड़ने पर रासायनिक कीटनाशियों/फफूँदनाशियों की सिफारिश की गई मात्रानुसार ही उपयोग करें।

प्रमुख कीट एवं प्रबंधन

तना एवं फल छेदक

इस कीट की इल्ली शुरू में अण्डे से निकलने के बाद फल व कोमल पत्ती खाती है। कीटग्रस्त तना मुरझा कर लटक जाते हैं व बाद में सूख जाते हैं। फल अवस्था में इल्लियाँ उनमें छेद बनाकर घुस जाती हैं और अंदर ही अंदर खाती हैं। उनकी विष्ठा से फल सड़ जाते हैं। नियंत्रण के लिए रोगग्रसित फलों को तोड़कर नष्ट करें। इल्लियों व षंखियों को एकत्रित करके नष्ट करें। कीटों के आक्रमण होते ही ट्राइजोफॉस 40 ई.सी. 750 मि.ली. या क्वीनालफास 25 ई.सी. 1.5 ली दवा को 500– 600 लीटर पानी में घोलकर प्रति हेक्टेयर छिड़काव करना चाहिए। फल वाली अवस्था में फल तोड़ने के पष्चात् ही कीटनाशी का छिड़काव करना चाहिए अथवा दवा छिड़काव के 8–10 दिन पश्चात् फलों की तुड़ाई करनी चाहिए।

जैसिड

ये पत्ती का रस चूसते हैं. जिसमें पत्तियाँ ऊपर की तरफ मुड़ जाती हैं। बचाव के लिए खेत को खरपतवार मुक्त रखें ताकि कीटों का आश्रय खत्म हो जाये। प्रारंभिक अवस्था में नीम का तेल 5 मिली/ली. पानी की दर से छिड़काव करें। खड़ी फसल में आक्सीमिथाइल डिमेटान या डायमेथोएट या ऐसीफेट की 1 मि.ली या एक ग्राम मात्रा प्रति लीटर पानी में घोलकर छिड़काव करें।

लाल मकड़ी (अष्टपदी कीट)

लाल मकड़ी जैसा कि नाम से प्रतीत होता है इसका रंग लाल होता है। इनके शिशु और प्रौढ़ दोनों पौधों को नुकसान पहुंचाते हैं। इस कीट का प्रकोप मुलायम पत्तियों पर ज्यादा होता है और इनकी संख्या पत्तियों की निचली सतह पर ज्यादा होती है। ये पौधों की कोमल पत्तियों से रस चूसते हैं जिससे हरा पदार्थ खत्म हो जाता है और सफेद धब्बे जैसे दिखाई देने लगते हैं। पौधे की बढ़वार रूक जाती है। बचाव के लिए कीट का आक्रमण अधिक होने पर सल्फर की 2–2.5 ग्राम या सल्फेक्स नामक दवा की 1 मि.ली. मात्रा प्रति लीटर पानी में मिलाकर छिड़काव करना चाहिए।

सफेद मक्खी

यह कीट पौधों की कोमल पत्तियों से रस चूसते हैं जिससे वे पीली

पड़कर सूख जाती हैं साथ ही यह कीट विषाणु जनित रोगों का संचरण भी रोगी पौधे से स्वस्थ पौधें में करते हैं। प्रारंभिक अवस्था में नीम की निबौली के सत का 5 प्रतिशत के घोल का छिड़काव करना चाहिए। नियंत्रण हेतु इथोफेनोप्रॉक्स 10 ई.सी. अथवा इथियान 50 ई.सी. अथवा ऑक्सीडिमेटॉन मिथाइल 25 ई.सी. की 1 लीटर मात्रा को 600–700 लीटर पानी में मिलाकर प्रति हेक्टेयर छिड़काव करें।

नेमेटोड (सूत्र कृमि)

इस रोग के कारण पौधों की जड़ों में गाँठों का निर्माण हो जाता है। रोगी पौधे बौने रह जाते हैं और कमजोर दिखाई पड़ते हैं। पत्तियां हरी पीली होकर लटक या मुरझा जाती हैं। इस रोग से पौधा नष्ट तो नहीं होता परन्तु गाँठों के सड़ने पर सूख जाता है। जहाँ पर इसका प्रकोप संभावित हो वहाँ नीम की खली 25 क्विंटल प्रति हेक्टेयर की दर खेत में डालकर मिट्टी में भलि भाँति मिला देनी चाहिए। जैव नेमेटोडनाशी नेमागान 12 लीटर प्रति हे. की दर से भूमि का पौध रोपने के तीन सप्ताह पूर्व शोधन करें। रोगी पौधों को खेत से उखाड़कर नष्ट कर देना चाहिए।

एकीकृत कीट प्रबंधन के उपाय

- खेत की सफाई समय पर करें, पूर्व फसल के अवर्षेषों को एकत्र कर नष्ट करें, खेत के आस–पास खरतवारों को न उगने दें। सफेद मक्खी की रोकथाम के लिए फसल के चारों ओर बार्डर पर मक्का लगायें।
- हमेशा स्वस्थ एवं रोगरहित पौधों से ही बीज बनायें व रोगरोधी किस्मों का उपयोग करें।
- भूमि में जल निकास की ठीक व्यवस्था करें। नर्सरी के पौधों के जड़ों का उपचार स्यूडोमोनास की 10 ग्राम मात्रा प्रति लीटर पानी में घोलकर पौधा नर्सरी से निकालने के बाद जड़ों को 10 से 20 मिनिट तक डुबोने के बाद रोपाई करना चाहिये ।
- ग्रीष्मकालीन जुताई करें ताकि कीड़ों के अण्ड समूह व प्यूपा धूप में नष्ट हो जायें। खेत के पुराने डण्ठलों को एकत्र कर नष्ट करें एवं खेत के आसपास से खरतपवारों को निकालते रहें।
- रस चूसक कीटों से बचाव हेतु बीज को बोने के पूर्व उपचारित कर बोयें

इससे 25–30 दिनों तक रसचूसक कीटों का प्रकोप नहीं होता और उस समय तक प्राकृतिक शत्रुओं की संख्या बढ़ जाती है।

- सब्जियों की कतारों के मध्य मूंग, उड़द, मूंगफली एवं सोयाबीन की अंतरवर्तीय फसलें लें इससे मुख्य फसल पर कीटों का प्रकोप कम होता है और प्राकृतिक शत्रुओं की संख्या बढ़ जाती है।
- प्रकाश प्रपंच (160 वाट मर्करी वेपर बल्वयुक्त) के उपयोग से प्रतिदिन प्रौढ़ कीटों को नष्ट करें।
- खेत में 8–10 फेरोमेन ट्रेप लगायें जिससे नर कीट के प्रौढ़ों को प्रजनन से रोका जा सके। यदि 8 पतंगे प्रतिदिन लगातार तीन दिन तक मिलें तब इसके नियंत्रण की कार्यवाही शुरू कर देनी चाहिए।
- खेतों में आरंभ से ही पक्षी आश्रय स्थल (बर्ड पर्चर) अंग्रेजी के टी आकार की लकड़ी की प्रति हेक्टेयर 50 खूटियॉ लगायें।
- सब्जियों में नीम का तेल अथवा नीम अर्क 5 मिली. मात्रा प्रति लीटर पानी में घोलकर प्रारंभिक अवस्था में छिड़काव करने में रसचूसक कीटों व पत्तीभक्षक कीटों के प्रकोप से बचा जा सकता है।
- हरी इल्ली, फल छेदक कीट की रोकथाम हेतु बुबाई के 35–40 दिन बाद एन.पी.व्ही. 250 एल.ई. समतुल्य प्रति हेक्टेयर के मान से शाम के समय छिड़काव करें।

व्यापक आधार वाले कीटनाशियों जैसे–मोनोक्रोटोफॉस का उपयोग न करें इससे हानिकारक कीटों के प्राकृतिक शत्रुओं की संख्या कम हो जाती है। पाइरेथ्राइड का प्रकोप फसल काल में केवल एक बार अंतिम समय पर करें। सिंथेटिक पाइरेथ्राइड के अधिक उपयोग से सफेद मक्खी का प्रकोप और अधिक उग्र हो जाता है। इण्डोसल्फान का उपयोग केवल प्रारंभिक छिड़काव के लिए करें क्योंकि यह प्राकृतिक शत्रुओं के लिये कम हानिकारक है।

फलों की तुड़ाई

जब फल पूर्ण रूप से विकसित हो जाएँ, कोमल हों और उनमें रंग भी आ जाए तब उन्हें तोड़ लेना चाहिए। फलों को देरी से तोड़ने पर फल कठोर हो जाते हैं और उनमें बीज भी पक जाते हैं। फलों का रंग पीला पड़ जाता है। जिसके कारण वे सब्जी के लिए अनुपयुक्त हो जाते हैं। बाजार में उनका भाव

गिर जाता है। आमतौर पर फूल लगने के लगभग 8–10 दिन बाद फल तोड़ने योग्य हो जाते हैं।

उपज

बैंगन की उपज भूमि की उर्वरा शक्ति, बैंगन की किस्म और फसल की देखभाल पर निर्भर करती है। उन्नत किस्मों से प्रति हेक्टेयर 250–300 क्विंटल उपज मिल जाती है, जबकि संकर किस्मों से 500–600 क्विंटल तक उपज मिल जाती है।

उत्पादकता बढ़ाने हेतु अन्य महत्वपूर्ण बिन्दु

- बैंगन में फलों को झड़ने एवं उत्पादकता बढ़ाने हेतु लगाने के 65–75 दिन बाद एन.ए.ए. (नेफ्थिलीन एसिटिक एसिड) की 20 पी.पी.एम. (1 ग्राम प्रति 50 ली. पानी) के घोल का छिड़काव करें।
- नर्सरी में नेमेटोड के नियंत्रण हेतु मेथाम सोडियम 28 मिली./वर्गमीटर की दर से 15 दिन बुआई पूर्व ड्रेंचिंग करें तथा पौध आर्द्रगलन से रोकथाम के लिए फाइटोलान 2.5 ग्राम/ली. की दर से बुआई के 07 दिन बाद ड्रेंचिंग करें।
- कार्बनिक या जैविक रूप से बीज उपचार हेतु ट्राईकोडर्मा विरडी 4 ग्राम, स्यूडोमोनास फ्लोरसेंस 10 ग्राम/किग्रा, बीज की दर से उपचार कर नर्सरी में बोना चाहिए। एजोस्पाईरिलम की 20 ग्राम/किग्रा से बीज को उपचारित कर सकते हैं।
- नर्सरी के भूमि को जैविक ढंग से उपचार करने हेतु 10 किग्रा. गोबर की खाद, 50 ग्राम नीम की खली, एजोस्पाईरिलम एवं फास्फोबैक्टिरिया 05 ग्राम प्रति वर्गमीटर की दर से मिलाना चाहिए।
- जैविक खेती की दृष्टि से मुख्य खेत में एजोस्पाइरिलम एवं फास्फोबैक्टिरिया 2–2 किग्रा तथा गोबर की खाद 250 क्विंटल प्रति हेक्टेयर या 150–200 क्विंटल वर्मी कम्पोस्ट का प्रयोग करें। साथ ही 500 किग्रा नीम की खली भी मिला सकते हैं।
- जैविक रूप से तैयार पंचगव्य 3 प्रतिशत सिंचाई नाली के साथ एवं 3–4 बार छिड़काव करने से उपज में वृद्धि होती है।

- बैंगन के बीजों को कारबेंडाजिम 50 प्रतिशत डब्ल्यू. पी. 2 ग्राम प्रति किलो बीज की दर से उपचार कर एक वर्ष तक कपड़े की थैली में तथा दो वर्ष तक टिन के डिब्बे में पैक करके रखने से अंकुरण क्षमता बनी रहती है।

- बैंगन में कभी–कभी सूक्ष्म तत्व आयरन की कमी का प्रभाव देखने को मिलता है। इसकी कमी से पतियों का रंग हल्का पीला पड़ने के साथ इनकी ऊपरी नुकीला भाग पीला पड़ता है तथा बाद में पूरी पतियाँ सूख जाती हैं। निदान के लिए 25 किग्रा फेरस सल्फेट प्रति हे. भूमि में मिलायें या 0.5 प्रतिशत फेरस सल्फेट के घोल का 3–4 सप्ताह बाद पत्तियों पर छिड़काव करना चाहिए।

- फूल की अवस्था में उर्वरक, दवाईयों व रसायनों का छिड़काव नहीं करना चाहिये। रसायनों का छिड़काव हमेशा सायंकाल या प्रातः काल करना चाहिए।

- सूक्ष्म पोषक तत्वों का कभी भी कीटनाशी, रोगनाशी या खरपतवारनाशी दवाईयों के साथ मिलाकर प्रयोग नहीं करना चाहिए।

- बैंगन की फसल में खरतपतवारों के साथ ज्यादा प्रति स्पर्धा होने के कारण उपज प्रभावित होती है अतः समन्वित खरपतवार नियंत्रण का प्रयोग करना चाहिए। इसके लिए फसल चक्र, ग्रीष्मकालीन गहरी जुताई, खेत बदलकर फसल लगाना, खेत के चारों ओर साफ–सफाई रखना चाहिए।

- पौधरोपण के 30 दिन उपरान्त हाथ से निराई–गुड़ाई अवश्य करनी चाहिए। रासायनिक खरपतवारनाशी के रूप में पौधरोपण के 30 दिन पर क्वीजालोफाप ईथाईल 1 किग्रा प्रति हेक्टेयर की दर से प्रयोग कर सकते हैं।

- मानक रूप से बैंगन के बीजों में कम से कम 70 प्रतिशत बीजों में अंकुरण क्षमता होनी चाहिए। तथा शुद्धता 98 प्रतिशत से कम नहीं होनी चाहिये।

- जहाँ फल एवं तना छेदक कीटों का प्रयोग ज्यादा हो वहाँ पर प्रारम्भिक अवस्था में राख का छिड़काव करना चाहिए। जहाँ छोटी पत्ती रोग

(लिटल लीफ ऑफ ब्रिंजल) का प्रकोप ज्यादा हो वहाँ पौधों को रोपाई के 6 घंटे पूर्व डाईमेथोएट 30 ई.सी. 0.02 प्रतिशत के घोल में नर्सरी के पौधे के जड़ों का डुबोकर रखना चाहिए।

- जिन क्षेत्रों में हरे बैंगन खाने में ज्यादा प्रयोग होता हो वहाँ हरिया, हरिहर, ग्रीन लांग आदि किस्मों का प्रयोग कर सकते हैं।

बैंगन की खेती का प्रति हेक्टेअर आय–व्यय का ऑकलन

क्र.	मद	इकाई/हे.	दर	व्यय	संकर किस्में एवं ड्रिप सिस्टम
1.	जुताई (3 बार)	6 घंटे	500 रू./घंटे	3000	3000
2.	बीज एवं नर्सरी प्रबंधन	500 ग्राम/हे, संकर किस्म 200 ग्राम/हे.	20000/किग्रा	10000	10000
3.	मेड़ नाली एवं मल्चिंग खर्च	–	–	–	15000
4.	खाद उर्वरक –				
	गोबर की खाद	10 टन	300/टन	3000	3000
	नाइट्रोजन	100 किग्रा.	12.35/किग्रा	1235	2470
	फास्फोरस	60 किग्रा.	22.50/किग्रा	1350	3375
	पोटाष	40 किग्रा.	10.60/किग्रा	425	1060
	जैव उर्वरक	10 पैकेट	20/पैकेट	200	200
5.	रोपाई	20 मजदूर	250	5000	5000
6.	निंदाई/अंतःकर्षण	50 मजदूर	250	12500	12500
7.	सिंचाई	6 बार	1000/–	6000	6000
8.	पौध संरक्षण –				
	कीटनाशक	4 ली.	800	3200	3200
	फफूँदनाशक	1 किग्रा	850	850	850

	फेरोमेन ट्रेप	10 नग	60	600	600
	ल्यूर	40 नग	15	600	600
	दवाओं का छिड़काव	4 मजदूर	250	1000	1000
9.	आकस्मिक खर्च			5000	10000
		कुल योग		53960	77855

लाभ/आमदनी एवं लाभ लागत अनुपात

क्र.	विवरण	राशि
1.	उपज (क्विं./हे.) उन्नत किस्में – 250 क्विं. @ 1200/–	300000
	संकर किस्में – 450 क्विं. @ 1200/–	540000
2.	उत्पादन लागत – उन्नत किस्में	53960
	संकर किस्में	77855
3.	शुद्ध लाभ – उन्नत किस्में	246040
	संकर किस्में	462145
4.	लाभ लागत अनुपात उन्नत किस्में	5.56
	संकर किस्में	6.94

प्याज

प्याज एमारिलिडिएसी कुल का एकवर्षीय पौधा है जिसका वानस्पतिक नाम *''एलियम सेपा''* है। यह एक कंदीय सब्जी है जो तने का परिवर्धित रूप है। प्याज में तीखापन इसमें पाये जाने वाली एक प्रकार के वाष्पशील तेल ''एलाइल प्रोपाइल डाई सल्फाईड'' एवं त्वचा का रंग क्वेंसेटीन के कारण होता है। यह एक महत्वपूर्ण व्यवसायिक सब्जी है जिसका उपयोग पूरे वर्ष सब्जी, सलाद, मसाले तथा अचार आदि बनाने के साथ –साथ अनेक प्रकार के औषधीय गुणों के रूप में भी प्रयोग में लायी जाती है। इसके कंद में कैल्शियम, आयरन तथा विटामिन 'सी' प्रचुर मात्रा में पाई जाती है। प्याज उत्पादन की दषश्टि से पूरे विश्व में भारत का दूसरा स्थान है। म0प्र0 में प्याज छिंदवाड़ा, खण्डवा तथा होशंगाबाद जिले में प्रमुखता से उगाई जाती है।

प्याज की उन्नत किस्में

लाल किस्में

पूसा रेड, पूसा–रतनार, पटना रेड, पूना रेड, अर्का कल्याण (खरीफ) अर्का निकेतन, अर्का प्रगति, एन 53 (नासिक रेड) एन 404 एवं भीमा रेड।

पीली किस्में

अर्ली ग्रेनो एवं बरमुडा यलो

सफेद किस्में

पटना सफेद, बाम्बे सफेद, पूसा सफेद गोल, पूसा सफेद चपटी, एवं पंजाब 481।

इनमें से अर्का कल्याण, अर्का निकेतन, अर्का प्रगति एवं भीमा रेड अधिक उत्पादन देने वाली नई जातियां हैं जबकि एन 53 एवं एन 404 खरीफ सीजन में उगाई जाने वाल किस्में हैं।

भूमि एवं जलवायु

प्याज ठण्डी जलवायु की फसल है। इसके कंद के निर्माण के समय अधिक तापमान एवं लम्बे प्रकाश अवधि की आवश्यकता होती है। प्याज को

भारी एवं अधिक अम्लीय भूमि को छोड़कर अच्छे जल निकासयुक्त लगभग सभी प्रकार की भूमि में उगाया जा सकता है, परन्तु हल्की दोमट मिट्टी सर्वोत्तम रहती है। खेत की तैयारी के लिये पहली जुताई मिट्टी पलटने वाले हल से करने के बाद 2–3 जुताई कल्टीवेटर से करके मिट्टी को भुरभुरी बना लेनी चाहिए।

खाद एवं उर्वरक

प्याज का विपुल उत्पादन प्राप्त करने हेतु प्रति हेक्टेयर 200–250 क्विंटल गोबर की खाद/कम्पोस्ट, 60–80 किलो नत्रजन, 40–50 किलो फास्फोरस एवं 60–80 किलोग्राम पोटाश की आवश्यकता होती है। गोबर की खाद/कम्पोस्ट, फास्फोरस, पोटाश की पूरी मात्रा एवं नत्रजन की आधी मात्रा खेत की तैयारी के समय ही भूमि में मिला देनी चाहिए जबकि शेष नत्रजन की आधी मात्रा पौध रोपण के 30–35 दिन बाद छिड़काव के रूप में देना चाहिए।

बीज की बुआई एवं नर्सरी

प्याज को हमेशा उपयुक्त समय पर ही लगाना चाहिए क्योंकि अगेती बुआई करने से गांठें नहीं बनतीं जबकि देर से रोपाई करने से उपज में भारी कमी आती है। पौधशाला में बीज बोने का उत्तम समय मध्य नवम्बर से मध्य दिसम्बर होता है। प्रति हेक्टर 10 किग्रा0 बीज की आवश्यकता होती है। एक हेक्टेयर खेत की रोपाई करने हेतु 1/20वें भाग (500 वर्ग मी0) क्षेत्र में नर्सरी बनाते हैं। क्यारियों का आकार 1से 3 मी0 चौड़ी एवं 10 सेमी0 ऊँची रखते हैं। पौधों को आर्द्रगलन रोग से बचाने हेतु इन क्यारियों को 1 प्रतिशत बोर्डो मिश्रण या 0.2 प्रतिशत कार्बेन्डाजिम से उपचारित कर लेना चाहिये। बीजों को बुआई से पहले 2.5 ग्राम/किग्रा0 केप्टान या थिरम नामक दवा से उपचारित कर लेना चाहिये। इन उपचारित बीजों को हल्की सी लाईन बनाकर 5–7 सेमी0 की दूरी एवं 1–2 से0मी0 की गहराई पर बोने के बाद हल्की मिट्टी से ढक देना चाहिये। क्यारियों को घासफूस या पुआल से ढककर सुबह–शाम फब्बारे से सिंचाई करते रहना चाहिये तथा बीच–बीच में खरपतवारों को निकालते रहना चाहिये।

पौधरोपण

नर्सरी में बोये बीज जब 6–8 सप्ताह के हो जायें तब उन्हें तैयार किये गये खेत में प्रतिरोपित करना चाहिये। कतारों से कतारों की दूरी 15–20 सेमी0

एवं पौधों से पौधों की दूरी 10 से0मी0 रखते हैं। पौधों को भूमि में लगाने से पहले 20 से 25 प्रतिशत ऊपरी भाग को काट देना चाहिये जिससे पौधे भूमि में शीघ्र स्थापित हो सकें। रोपाई के तुरन्त बाद हल्की सिंचाई कर देनी चाहिये।

निदाई–गुडाई एवं सिंचाई

प्याज एक उथली जड़ वाली फसल होने के कारण उथली कर्शण क्रियायें करके खरपतवारों को बाहर निकालते रहना चाहिये। खरपतवारनाशी दवा के रूप में टोक–ई 25, 4–6 ली0 मात्रा को 600–700 ली0 पानी में घोलकर रोपाई के 10–15 दिन बाद छिड़काव करें। इसके अलावा बासालिन दवा की 1–1.5 ली0 मात्रा को 600–700 ली0 पानी में घोलकर प्रति हेक्टेयर खेत में रोपाई से पहले ही मिला देनी चाहिये। सिंचाई की संख्या भूमि की किस्म एवं जलवायु के ऊपर निर्भर करती है। सामान्य तौर पर कुल 10–15 हल्की सिंचाई 7–10 दिन के अन्तराल पर करनी चाहिये। कंद पकने के 15–20 दिन पहले सिंचाई बंद कर देनी चाहिये। जब पौधों का ऊपरी शिरा मुरझाने लगे तो यह कंद पकने के लक्षण हैं। खुदाई करते समय कंद को चोट या खरोंच से बचाना चाहिये।

भण्डारण

प्याज का भंडारण एक महत्पूर्ण समस्या है। इसे अधिक समय तक भंडारित नहीं किया जा सकता, फिर भी यहॉ दिये गये निम्न उपायों को अपनाकर भंडारण की सीमा में बढ़ोत्तरी की जा सकती है।

1. अधिक भंडारण क्षमता रखने वाली किस्में जैसे – पूसा रेड, नासिक रोड, बेलारी रेड आदि को लगाना चाहिये।
2. छोटे आकार के कंदों की तुलना में बड़े आकार के कंदों की भंडारण क्षमता कम होती है इसलिये नत्रजन आदि का प्रयोग अधिक नहीं करना चाहिये।
3. कंदों की खुदाई करने के बाद उसे 3–5 दिन तक सुखाना अर्थात क्योरिंग अवश्य करना चाहिये, जब 50 प्रतिशत से अधिक पत्तियां सूखने लगें तभी कंदों की खुदाई करना चाहिये।
4. पतले तथा कसे हुए गर्दन की तुलना में मोटी तथा ढीली गर्दन वाली प्याज शीघ्र खराब होने लगती है, अतः जब कंद की गर्दन सूखी तथा

कसी हुई हो जाये तभी भंडारण करना चाहिये।

5. चोंट या खरोंच लगे हुए कंदों को छॉटकर तुरंत उपयोग में ले लेना चाहिये।

6. प्याज लगने के 80–90 दिन बाद अर्थात खुदाई से 15–20 दिन पहले ''मैलेइक हाइड्राजाइड'' के 2500 पी0पी0एम0 (2.5 ग्राम प्रति ली0 पानी) के घोल का छिड़काव पत्तियों पर करना चाहिये। इससे भंडारण के समय कंदों में अंकुरण कम होता है, तथा भंडार क्षमता बढ़ जाती है।

7. कंदों को बोरी में भरने की अपेक्षा खुले में फैलाकर रखना चाहिये।

कीड़े एवं बीमारियॉ

प्याज का थ्रिप्स कीट

यह प्याज में लगने वाला मुख्य कीड़ा है जो छोटा और पीले रंग का होता है। ये पत्तियों का रस चूसते हैं तथा उन पर सफेद धब्बा बना देते हैं। इनकी रोकथाम के लिये 0.1 प्रतिशत (एक मिली0प्रति ली0 पानी) क्लोरोपायरीफॉस अथवा ट्राइजोफॉस अथवा मैलाथियान के घोल का छिड़काव करें।

पर्पल ब्लाच रोग

यह रोग आल्टरनेरिया पोरी नामक फंगस द्वारा होता है जिसके कारण पत्तियों और तनों पर गुलाबी रंग के धब्बे पड़ जाते हैं तथा प्याज की गांठें भंडारगृह में सड़ने लगती हैं। इसकी रोकथाम के लिये डाईथेन एम–45 के 0. 25 प्रतिशत घोल का छिड़काव 10–12 दिन के अंतराल पर करना चाहिये।

अदरक

अदरक का हमारे दैनिक आहार एवं स्वास्थ्य से गहरा सम्बन्ध है। अदरक का उपयोग मसालों, दवाइयों चटनी, अचार, मुरब्बा, सब्जी एवं जल जीरा आदि रूपों में किया जाता है। यह कई प्रकार के खाद्य पदार्थो एवं पेय पदार्थो को सुगंधित एवं स्वादिष्ट बनाने में उपयोग किया गया जाता है। इसमें जिन्जरोल नामक तीखा गंधयुक्त पदार्थ होता है। जो कि गर्म, पाचक, उत्तेजक, रूचिकर, क्षुधाबर्धक, कृमिनाशक होता है। इसके 100 ग्राम खाने योग्य भाग में निम्नलिखित पोषक तत्व पाये जाते है, जो इस प्रकार है। नमी 80.9 ग्राम, खनिज– लवण 1.2 ग्राम, कार्बोहाइड्रेट्स 12.3 ग्राम, प्रोटीन 2.3 ग्राम, रेषा 2.4 ग्राम, कैल्षियम 20.0 मिली ग्राम, लोहा 3.5 मिली ग्राम, रिवोफ्लेविन 0.03 मिली ग्राम, विटामिन 6.0 मिली ग्राम, ऊर्जा 67.0 कि. कैलोरी फासफोरस 60.0 मिली ग्राम, केरोटीन 40.0 माइक्रोग्राम, नियॉसिन 0.6 ग्राम पाया जाता है। सूखी अदरक सोंठ के रूप में प्रयुक्त की जाती है। इसके अलावा अदरक के रस एवं तेल का उपयोग आयुर्वेदिक औषधि के रूप में ग्रामीण अंचलों में सर्वविदित है। अदरक किसानों के लिये आय का एक अच्छा स्त्रोत है।

अदरक की खेती सबसे अधिक भारत में होती है, तथा कुल उत्पादन का दो तिहाई भाग भारत में ही उपयोग में लाया जाता है। शेष अदरक विदेशों को निर्यात कर दिया जाता है। जिससे हमें प्रतिवर्ष लगभग 12–15 करोड़ रूपये की विदशी मुद्रा प्राप्त होती है।

भारत में अदरक की खेती मुख्यतया केरल, आसाम, आंध्रप्रदेश, हिमांचल प्रदेश, पश्चिम बंगाल, उत्तर प्रदेश के बरूआ सागर एवं मध्यप्रदेश के टीकमगढ़ एवं छिंदवाड़ा जिलों में अधिक की जाती है। अदरक की खेती भारत में निम्नांकित अवस्थाओं और तरीकों से की जाती है :–

जलवायु

अदरक वर्षा की फसल है और मुख्यतया प्राकृतिक वर्षा पर ही निर्भर रहती है। इसकी खेती 150 से 200 सेमी. (60से 80 इन्च) वर्षा वाले इलाकों में की जाती है। वर्षा के अभाव में इसे सिंचाई आवश्यक है। इसके लिये गर्म एवं नम जलवायु आवश्यक है। इसकी खेती समुद्र तट से लेकर पहाड़ों में 1500

मीटर ऊँचाई तक की जाती है। किन्तु थोड़ी छाया युक्त जगहों में इसकी खेती अच्छी होती है। अदरक की खेती अकेले या नारियल, कॉफी, पपीता, अण्डी या अन्य वृक्षों के बीच अंतवर्तीय फसल के रूप में भी की जाती है।

भूमि एवं भूमि की तैयारी

अदरक की खेती सभी प्रकार की जीवांष युक्त एवं उचित जल निकास वाली भूमियों में की जा सकती है, किन्तु हल्की रेतीली अथवा दोमट जिसमें जल निकास की उचित व्यवस्था हो इसकी खेती के लिये उपयुक्त होती है। भारी भूमियों में गाँठों (पंजों) का तथा फैलाव ठीक प्रकार से नहीं हो पाता है। जिससे उत्पादन पर प्रतिकूल प्रभाव पड़ता है।

इसकी खेती के लिये भूमि की 4–5 जुताई करके भुरभुरी एवं समतल बना लेना चाहिए। जहां जल निकास की सुविधा न हो वहां 1–2 मीटर चौड़ी, 2–3 इन्च ऊँची उठी हुई, तथा 3–4 मीटर लम्बी क्यारियां बनाकर बोनी करना चाहिए।

अदरक की उन्नत किस्में

भारत एवं विदेशों में फसल गुणवत्ता की दृष्टि से विभिन्न किस्में उगाई जाती हैं। वाणिज्यिक तौर पर कच्चा अदरक, तेलीरॉल (ओलेरियोसिन) व सोंठ के लिये सिफारिश की गई किस्में इस प्रकार हैं –

- कच्चे अदरक के लिये–रियो–डि–जनोरियो, चाइना, वायनाड लोकल, टफनगिया।
- तेलीरॉल के लिये– रियो–डि–जनोरियो।
- सोंठ के लिये– मारन, वायनाड मेनन, थोडे, मानन्तवाटी, वल्लुनाटु, अरनाडु।

रियो–डि–जनेरियो – शीघ्र अवधि की किस्म जो लगभग 190 दिन में तैयार हो जाती है। प्रकंदों में रेशा 5.6 तेलीराल 10.5 एवं तेल 2.3 प्रतिशत पाया जाता है। औसत उपज 175 क्विंटल प्रति हेक्टर एवं सूखी अदरक 20 प्रतिशत तक प्राप्त होती है।

चाइना–शीघ्र अवधि की किस्म जो लगभग 200 दिन में तैयार हो जाती है। प्रकंदों में रेशा 6.4, तैलीरॉल 7.0 एवं तेल 1.9 प्रतिशत होता है। औसत उपज

95 क्विंटल प्रति हेक्टर एवं सूखी अदरक 21 प्रतिशत तक प्राप्त हो जाती है।

मारन–शीघ्र अवधि की किस्म जो लगभग 200 दिन में तैयार हो जाती है। प्रकंदों में रेशा 6.1 तेलीरॉल 10.0 एवं तेल 1.9 प्रतिशत पाया जाता है। औसत उपज 200 से 220 क्विंटल प्रति हेक्टर एवं सूखी अदरक 20 प्रतिशत तक प्राप्त होती है।

नाडिया–शीघ्र अवधि की किस्म जो लगभग 200 दिन में तैयार हो जाती है। प्रकंदों में रेशा 3.9, तेलीरॉल 5.4 एवं तेल 1.4 प्रतिशत पाया जाता है। औसत उपज 285 क्विंटल प्रति हेक्टर एवं सूखी अदरक 22.6 प्रतिशत तक प्राप्त होती है।

सुप्रभा –इस किस्म में फुटाव अधिक होता है। प्रकंद लम्बे, अंडाकार षिरों वाले, चमकीले भूरे रंग के होते हैं। प्रकंदों में रेशा 4.4 तेल 1.9 एवं तैलीरॉल 8.91 प्रतिशत होता है। सूखे एवं ताजे उपयोग के लिये उपयुक्त होती है। मध्यम अवधि की किस्म है, जो लगभग 229 दिन में तैयार हो जाती है। औसत उपज 380 क्विंटल प्रति हेक्टर एवं सूखी अदरक 20.5 प्रतिशत तक प्राप्त होती है।

सुरूचि–इसके प्रकंद हरापन लिये हुये पीले रंग के होते हैं। रोग के प्रति कम संवेदनशील किस्म है। प्रकंदों में रेशा 3.8, तेल 2.0 और तैलीरॉल 10.0 प्रतिशत होता है। मध्यम अवधि की किस्म है, जो लगभग 218 दिन में तैयार हो जाती है। औसम उपज 272 क्विंटल प्रति हेक्टर एवं सूखी अदरक 23.5 प्रतिशत तक प्राप्त होती है।

सुरभि–इस किस्म को उत्परिवर्तन (म्यूटेशन) से विकसित किया गया है। प्रकंद अंगुली या बेलनाकार, गहरे चमकदार एवं अधिक शाखाओं वाले होते हैं। प्रकंदों में रेशा 4.0, तेल 2.1 एवं तेलीरॉल 10.2 प्रतिशत होता है। मध्यम अवधि की अधिक पैदावार देने वाली किस्म है, जो लगभग 225 दिन में तैयार हो जाती है। औसत उपज 400 क्विंटल प्रति हेक्टर एवं सूखी अदरक 23.5 प्रतिशत तक प्राप्त होती है।

हिमगिरी – मध्यम अवधि की किस्म है जो लगभग 230 दिन में तैयार हो जाती है। प्रकंदों में रेशा 6.4, तैलीरॉल 4.3 एवं तेल 1.6 प्रतिशत पाया जाता है। औसत उपज 135 क्विंटल प्रति हैक्टर एवं सूखी अदरक 20.6 प्रतिशत तक प्राप्त हो जाती है।

वरदा–शीघ्र अवधि की किस्म है जो लगभग 200 दिन में तैयार हो जाती है। प्रकंदों में रेशा 4.5 तैलीरॉल 6.7 एवं तेल 1.8 प्रतिशत पाया जाता है। औसत उपज 226 क्विंटल प्रति हैक्टर एवं सूखी अदरक 20.7 प्रतिशत तक प्राप्त हो जाती है। बुन्देलखण्ड में कनैया, बनैया बाँसी एवं जगरिया किस्में पाई जाती हैं। बनैया उत्तम किस्म है। जबकि कनैया पतली रेशे वाली एवं जगरिया मोटे और अधिक रेशे वाली किस्में हैं। बाँसी के पंजे छोटे एवं पतले होते हैं।

पोषक तत्व प्रबंधन

अदरक को बहुत ही अधिक मात्रा में पोषक तत्वों की आवश्यकता होती है। इसलिए इसकी खेती अन्य कम पोषक तत्व चाहने वाली फसलों के फसल–चक्र में होनी चाहिए। अदरक को चूना एवं फास्फोरस की आवश्यकता होती है। बुवाई के पूर्व खेत तैयार करते समय 80–100 गाड़ी (40 टन) प्रति हेक्टर गोबर की सड़ी कम्पोस्ट खाद या 20 टन वर्मी कम्पोस्ट मिट्टी में अच्छी तरह मिला लेना चाहिये ताकि मृदा में जीवांश कार्बन के स्तर में वृद्धि के साथ–साथ पोषक तत्व संरक्षित रह सकें एवं मृदा में पर्याप्त वायु संचार हो तथा मिट्टी भुरभुरी बनी रहे जिससे पंजों का फैलाव अधिक हो एवं अच्छी पैदावार ली जा सके। इसके अलावा बोते समय 100 से 120 किलो नत्रजन 50 किलो फास्फोरस तथा 50 किलो पोटाश प्रति हैक्टर डालना चाहिए। फास्फोरस एवं पोटाश की पूरी मात्रा एवं नत्रजन की आधी मात्रा बोनी के समय दें। शेष नत्रजन की आधी मात्रा 2–3 बार में बुवाई के दो माह बाद डालना चाहिए। नत्रजन के ह्रास को रोकने के लिये उर्वरक स्त्रोतों में नीम लेपित यूरिया का उपयोग श्रेयस्कर होता है। फास्फोरसयुक्त उर्वरकों की उपयोग क्षमता बढ़ाने हेतु स्फुर घोलक जैव उर्वरक की 5 किलोग्राम मात्रा 50 किलोग्राम पकी हुई गोबर की खाद में मिलाकर प्रति हैक्टर की दर से प्रयोग करना चाहिए ताकि फास्फोरस की विलेयता में वृद्धि हो एवं फसल द्वारा वांछित मात्रा में अवषीषित किया जा सके।

बोने का समय

अदरक की बोनी केरल में मई, मध्यप्रदेश के टीकमगढ़ में मध्य जून एवं उत्तरप्रदेश तथा पहाड़ी क्षेत्रों में जुलाई के प्रथम एवं द्वितीय सप्ताह तक की जाती है। बुवाई का समय इस प्रकार चुनना चाहिए ताकि वर्षा शुरू होने के पहले अदरक के पौधे दो सप्ताह के हो जायें। देर से बोई गई अदरक की

पैदावार बहुत कम होती है। बीज बोने के लिये प्रायः सुबह या शाम का समय उपयुक्त रहता है। क्योंकि इस समय धूप कम रहती है।

बीज का चुनाव

अदरक बोने के लिए स्वस्थ्य फसल के बीज लेकर ही बोनी करनी चाहिए। अदरक की स्थानीय जातियों में कुछ आकार–प्रकार एवं उपज में अंतर देखा गया है। ऐसा पाया गया है कि चाइना और रियो– डि–जेनेरियो ने केरल में दो तीन गुना अधिक उपज दी। अदरक की अच्छी किस्म की पहचान उसकी गंध, तीखापन एवं रेशों की मात्रा द्वारा की जाती है।

बीज की मात्रा

अदरक बोने के लिए अदरक की पिछली फसल के कंद उपयोग में लाये जाते हैं। बड़े–बड़े अदरक के पजों को इस तरह तोड़ लेते हैं कि उसमें कम से कम 2–3 अंकुर रहें। एक हैक्टर बोनी करने के लिए लगभग 12–15 क्विंटल कंद बीज की आवश्यकता पड़ती है, अंतर्वर्तीय फसलों में बीज की मात्रा कम लगती है।

बीज उपचार एवं बोने का तरीका

बीज के लिये अदरक का रोगमुक्त कंद का चयन करें। बोने के पूर्व कंदों को बावीस्टीन 3 ग्राम प्रतिलीटर अथवा डायथेन एम–45, 5 ग्राम प्रतिलीटर पानी की दर से घोल बनाकर कंद को कम से कम 30 मिनिट तक डुबाकर उपचारित करें। उपचारित बीज की बोनी कतारों में करना चाहिये। इसके लिये 30–40 सेमी. कतार से कतार एवं 20–25 सेमी. पौधे से पौधे की दूरी रखी जाती है। बीज कंदों को लगभग 4–5 सेमी. गहराई में बोने के पश्चात् हल्की मिट्टी या गोबर की खाद की पर्त से ढक दें।

मल्चिंग

बोनी के तुरंत बाद क्यारियों को ऊपर से हरी पलाव या अन्य वृक्षों की हरी पत्तियों, पुआल या भूसा आदि से ढँक देना चाहिये। इससे भूमि नमी काफी समय तक बनी रहती है। अंकुरण शीघ्र होता है। प्रारंभिक अवस्था में खरपतवारों से फसल का बचाव हो जाता है। वर्षा की तेज बूंदों से मिट्टी बैठ नहीं पाती है जिससे कंदों का प्रसार ठीक से होता है। सिंचाई की आवश्यकता कम पड़ती है एवं भूमि में पर्याप्त वायु संचार होता है। यदि एक माह के अंतर

से दो बार ढंकाई करें तो अधिक अच्छा है, इससे भूमि में जैविक खाद की पूर्ति भी होती है।

निंदाई, गुड़ाई एवं सिंचाई

अदरक का अंकुरण बोने के लगभग 15–20 दिन के बाद होता है। चूंकि अदरक की फसल में खाद की मात्रा काफी दी जाती है इसलिये खरपतवार (नींदा) भी बहुत होता है किन्तु पत्तियों से ढंके रहने के कारण लगभग 1 माह तक फसल नींदा मुक्त रहती है। प्रायः इसके बाद नींदा आते हैं अतः अदरक की बोनी के लगभग 40–45 दिन के बाद की अवस्था में हर माह फसल की निंदाई–गुड़ाई करके मिट्‌टी चढ़ाना चाहिये। वर्षा के बाद षीतकाल आने पर प्रति 10–15 दिन के अंतर पर सिंचाई करना चाहिए। मिट्‌टी चढ़ाते समय मुख्य तने के पास से निकलने वाले अंकुरों को तोड़कर निकालने के बाद मिट्‌टी चढ़ाना चाहिए। कुल 2–3 निंदाईं–गुड़ाई की आवश्यकता पड़ती है।

वर्षाके न होने पर प्रति सप्ताह सिंचाई करना चाहिए लेकिन ध्यान रहे कि खेत में सिंचाई के बाद किसी भी स्थान में पानी न भरा रहे, इसके लिए आवश्यक है कि जमीन समतल एवं उचित जल निकास वाली होनी चाहिए।

खुदाई एवं उपज

अदरक की फसल लगभग 8–9 माह में परिपक्व हो जाती है। पकने की अवस्था में पौद्दे की बढ़वाऱ रूक जाती है। पौधे पीले पड़ कर सूखने लगते हैं और पानी देने के बाद भी उनकी वृद्धि नहीं होती। ऐसी फसल खोदने लायक मानी जाती है। खुदाई के बाद कंदों की मिट्‌टी झड़ाकर पानी से अच्छी तरह धो लिया जाता है और हवा में थोड़ी देर सुखाकर बाजार भेजा जाता है। अदरक से सोंठ बनाने के लिए सामान्य खुदाई से 15–30 दिन पूर्व खुदाई की जाती है। खुदाई देरी से करने पर रेशों की मात्रा बढ़ जाती है यदि अदरक के भाव कम हों तो एक वर्ष तक अदरक खेत में ही छोड़ी जा सकती है। अदरक की औसत पैदावार 150 से 200 क्विंटल प्रति हैक्टर होती है, इससे 30 से 40 क्विंटल सोंठ बनाई जाती है।

अदरक का भंडारण

अदरक का भंडारण दो तरह से किया जाता है –

1. सूखी अरदक बनाकर–प्रकंदों की धुलाई करने के बाद प्रकंदों को रात भर स्वच्छ पानी में डुबोकर रखते हैं। दूसरे दिन प्रकंदों को हाथ से ही पानी के अंदर अच्छी तरह मसल कर साफ कर लेते हैं। साफ किये हुये प्रकंदों का ऊपरी छिलका बांस की खपच्चियों से निकाल लेते हैं। छिलका निकालते समय इस बात का ध्यान रहे, न तो छिलका बचे और न छिलाई गहरी हो क्योंकि छिलाई गहरी होने से वाष्पशील तेल की मात्रा में कमी आती है। वाष्पशील तेल मुख्यतः छिलके के नीचे ही रहता है। चाकू का उपयोग करने से अदरक का रंग बिगड़ने का डर रहता है। छिले हुये प्रकंदों को पुनः धोकर करीब एक सप्ताह तक धूप में सुखाकर जल–विहीन कर लेते हैं। व्यवसायिक स्तर पर छिलाई एवं सुखाई दोनों के लिये ही मशीनों का उपयोग होने लगा है। विदेशों को मुख्यतः सूखी अदरक का ही निर्यात किया जाता है। व्यापारिक दृष्टि से सूखी अदरक की दो ग्रेड्स सर्व–विदित हैं, इनमें से एक रेशेदार या कालीकट ग्रेड एवं दूसरी रेशा रहित या कोचीन ग्रेड कहलाती है। विदेशों में कोचीन ग्रेड की मांग अधिक है।

2. सोंठ बनाकर– अदरक से सोंठ बनाने पर 100 किलो अदरक से 20 से 25 किलो सोंठ बनती है। सोंठ बनाने के लिए पहले अदरक को धातु के खुले बर्तन में रखकर डूबने तक पानी भर देते हैं। 24 घण्टे बाद पानी से निकालकर, अदरक के छिलके को फटे बांस अथवा कांच के टुकड़ों द्वारा निकालते हैं। तद्उपरांत छिली हुई अदरक को चूने के पानी में डालते हैं, जिसकी सोंठ उत्तम एवं अच्छे रंग–रूप की होती है। इसके बाद धूप में एक दिन सुखाया जाता है। यह प्रक्रिया तब तक दुहराते हैं जब तक कि पंजे का रंग उड़ नहीं जाता है। इस क्रिया को ब्लीचिंग कहते हैं। ब्लीचिंग पूरा–पूरा एवं संतोषजनक होने के बाद इसे लगभग एक सप्ताह तक या जब तक सोंठ कड़ी न हो जाय धूप में सुखाते हैं। सूखने के बाद इसे नमी रहित स्थान पर भंडारित करते हैं।

बीज भंडारण

अदरक का बीज बहुत महँगा होता है अतः उसका उचित भंडारण आवश्यक है। अदरक के भंडारण के लिये अभी तक कोई संतोषजनक तरीका नहीं निकल पाया है क्योंकि अदरक बहुत ही जल्दी खराब होने वाली फसल है, जिसमें सड़न–गलन, अंकुरण, सिकुड़ना इत्यादि प्रक्रियाओं के कारण अदरक बीज की अंकुरण क्षमता कम हो जाती है। बीज भंडारण के निम्नांकित तरीके भारत में प्रचलित हैं –

1. किसान साधारणतया अपने खेत में ही एक जगह पर कुछ अदरक बिना खुदी छोड़ देते हैं, और उसे छाल की मोटी परत से ढंक देते हैं।
2. महाराष्ट्र में अदरक को एक ठंडे कमरे में रेत के ढेरों पर रखा जाता है।
3. केरल एवं म.प्र. के कुछ स्थानों पर जमीन में छाया वाली जगह पर गहरे गड्ढे बनाकर अदरक बीज हेतु रखा जाता है। इन गड्ढों को लकड़ी के तख्तों या मिट्टी से बंद कर दिया जाता है, तख्ते या ढक्कन में हवा के आवागमन के लिये एक छिद्र रखा जाता है।
4. यदि अदरक को वायुरहित अवस्था में रखा जाये तो उसकी अंकुरण क्षमता गड्ढे में रखी अदरक से अच्छी रहती है।

अदरक के कीट व्याद्दि एवं उनका नियंत्रण

(अ) हानिकारक कीट –इस फसल में तना छेदक एवं थ्रिप्स कीट से नुकसान होता है। तना छेदक कीट कंदों में छेद करके भारी नुकसान पहुंचाता है। इसके नियंत्रण के लिये ऑक्सीडेमेटान मिथाइल 25 ई.सी. 1.5 मिलीलीटर प्रतिलीटर पानी की दर से घोल बनाकर छिड़काव करें।

(ब) बीमारियाँ –इस फसल को सर्वाधिक नुकसान मष्दु सड़न एवं प्रकंद सड़न रोग से होता है। रोग फफूंदी द्वारा उत्पन्न होते हैं।रोगी पौधा निचली सतह से पीला पड़ने लगता है और धीरे–धीरे पूरा पौधा रोग ग्रस्त हो जाता है। इसके अतिरिक्त इस फसल का पत्तियों के धब्बा रोग से भी नुकसान होता है। पत्तियों पर अण्डाकार लम्बे धब्बे पड़ जाते हैं तथा पत्तियां सूख जाती हैं। नियंत्रण के लिये आवश्यक है कि उचित जल निकास वाली भूमि का चयन करें। बीज कंदों को फफूंद नाषक दवा से उपचारित करके बोनी करें। रोगी पौधे को खेत से उखाड़ कर नष्ट कर दें। रोग का प्रभाव दिखते ही कॉपर आक्सीक्लोराईड 50 प्रतिशत दवा की 2–2.5 ग्राम प्रतिलीटर पानी की दर से घोल बनाकर छिड़काव करें। आवश्यकतानुसार 12–15 के अंतर पर पुनः छिड़काव करें।

अदरक की बीमारियाँ और उनका नियंत्रण

यद्यपि अदरक की फसल एक नगदी फसल है परन्तु बीमारियों की वजह से आरम्भिक अवस्था में ही रोग ग्रसित हो जाने कारण काफी नुकसान होता है। अतः अदरक से नगदी प्राप्ति के लिए आवश्यक है कि फसल की

बीमारियों से रक्षा की जाये ताकि भरपूर लाभ प्राप्त हो सके।

अदरक की पत्तियों पर अंडाकार भूरे धब्बे (पर्णदाग) बनते हैं जिससे पत्तियाँ सूख जाती हैं। इसके अलावा अदरक के पौधे पीले पड़कर सूख जाते हैं। सूखे पौधे की कंद भण्डार गष्ह में देखने पर सिकुड़ी दिखती है। ऐसी गाँठ तोड़कर रख देने पर एक दो दिन में उसमें सफेद फफूंदों का जाल दिखता है। कुछ स्थानों में अदरक के पौधे अपने आधार भाग (जमीन की सतह) पर गल जाते हैं। उन गले भागों में सफेद फफूंद लग जाती है, उसमें प्रारम्भ में अंडे के समान एवं बाद में राई के दानें जैसे भूरे फफूंद के बीजाणु दिखते हैं।

प्रमुख बीमारियाँ

1 प्रकंद विगलन

यह रोग दक्षिण भारत में अधिक पाया जाता है। बटलर नामक वैज्ञानिक ने 1907 में सर्वप्रथम इसकी पहचान की थी। यह रोग अधिकतर *पीथियम एफेनीडरमेटम* तथा *पी. मेरीटीलियम* से एवं मद्रास के कुछ स्थानों में (1170मीटर पर) *पी. वेक्जान* द्वारा उत्पन्न होता है। *पी. ग्रेसरल* एवं *पी. बटलेराई* द्वारा भी प्रकंद विगलन देखा गया है। म.प्र. में *पी.एफेनीडरमेट* नामक फफूँद अधिक पाई गई है।

लक्षण

इस रोग के आक्रमण होने पर पौधों की पत्ती का चिरा या किनारा पीला हो जाता है। बाद में यह पीलापन पूरे पौधे पर फैल जाता है और दूर से खेत पीला दिखाई देता है। बाद में पत्तियाँ मुरझाने के बाद फटकर सूख जाती हैं और झूलने लगती हैं। सूखा हुआ भाग लीफ शीथ की ओर बढ़ता है। इसके अलावा प्रकंद और तने के बीच में सड़न हो जाती है जो भूरी पनसोख पास मासी धब्बे के रूप में दिखती है। इस तरह के तने खींचने पर आसानी से प्रकंदों से अलग हो जाते हैं। यह सड़न तनों से प्रकंदों में पहुँचती है। जिससे कंद पीले या बदरंग होकर सड़ जाते हैं । यदि सड़े हुए कंदों को काटकर देखा जाये तो कंदों के अन्दर गंधयुक्त सड़ा हुआ भाग दिखाई देगा इसी सड़े हुए भाग में रोग कारक फफूँद रहती है।

प्रकंद विगलन में प्रकंद के रेशे नहीं सड़ते, जड़ें नष्ट हो जाती हैं और प्रकंद की बाढ़ भी रूक जाती है। भंडारण में भी प्रकंद विगलन की क्रिया चलती रहती है।

रोग प्रकट होने की अवस्थाएँ

यदि रोगाणु प्रकंदों में मौजूद है तो सर्वप्रथम इस रोग के लक्षण डेम्पिंग आफ के रूप में पौध अवस्था में ही दिखाई देते हैं अथवा भूमिगत फफूँद द्वारा आक्रमण पौधे की बड़ी अवस्था में हुआ तो पौधे मर जाते हैं। इस रोग का प्रकोप 28 से 34 सेंटीग्रेड के तापक्रम असमतल भूमि में पानी रहने या अत्यधिक वर्षा की अवस्था में अधिक होता है।

प्रत्यावर्तन

यह रोग बीजोड़ एवं मृदोढ़ (बीज जन्य एवं भूमि जन्य) दोनों ही तरह से होता है। स्वस्थ्य दिखने वाले प्रकंदों में भी इस रोग की फफूंद मौजूद रहती है। भूमि जन्य फफूँद मौसम प्रतिरोधी तापक्रम सहनशील बीजाणुओं (ऊपपोट) के रूप में जीवित रहती है। प्रकंदों के छिलके में इस तरह के बीजाणु अंदर जीवित रहते हैं। जमीन में रह गए सड़े कंद एवं पौधों के अवर्षेष भी इस रोग में सहायक होते हैं।

नियंत्रण

1. स्वस्थ फसल से बीज लें।
2. स्वस्थ बीजों को कॉपर आक्सीक्लोराईड अथवा कार्बेन्डाजिम के 0.25 प्रतिशत घोल में 30–40 मिनिट तक डुबाना चाहिए लेकिन यह केवल प्रकंदों के बाहर पाये जाने वाले बीजाणुओं को नश्ट करेगा।
3. रोग ग्रस्त होते ही सड़े गले पौधों एवं प्रकंदों को खेत से बाहर निकाल कर जला दें।
4. बोने के पूर्व भूमि का उपचार ताम्रयुक्त दवा कॉपर आक्सीक्लोराईड (फाइटोलान, ब्लू फायर 50, ब्लाइटेक्स) के 0.3 प्रतिशत घोल से 2–3 लीटर घोल प्रति वर्ग मीटर के हिसाब से करें। इसके लिए जमीन जब बोने को तैयार हो तो बोने की नाली में इसका छिड़काव कर कंदों को बोने के बाद ढँक दें।
5. भूमि से जल निकास का अच्छा प्रबन्ध रखें, खेत में पानी न रूकने दें।
6. जिन भूमियों में यह रोग प्रतिवर्ष आता है उसमें एक या दो वर्ष के अंतराल के बाद ही अदरक बोयें। इस बीच कोई अन्य फसल उगाएँ।

2. सूखा रोग

अमेरिका के पास हवाई द्वीप एवं ऑस्ट्रेलिया महाद्वीप के क्वींसलैंड नामक स्थान मेंतथा भारत में में म.प्र. के छिंदवाड़ा, जबलपुर एवं टीकमगढ़ के आस–पास फ्यूजेरियम नामक फफूँद द्वारा प्रकंद विगलन रोग भंडारण एवं खेतों में देखा गया है।इस रोग में फ्यूजेरियम रोजियम नामक फफूँद भी पाई गई है किन्तु ऐसा समझा जाता है कि यह फफूँद स्वस्थ्य प्रकंदों को ग्रसित नहीं कर सकती केवल सड़े प्रकंदों पर ही आक्रमण कर सकती है। रोग ग्रस्त प्रकंद सिकुड़े हुए रहते हैं। टीकमगढ़ जिले में इस फफूँद के होने की अधिक संभावना व्यक्त की गई है।

लक्षण

इस रोग का प्रथम लक्षण पत्तियों का पीला पड़ना है। बाद में रोग ग्रस्त पौधे सूख जाते हैं। रोग ग्रस्त पौधे के प्रकंद काटकर देखने पर मटमैलापन बीच में दिखाई देता है, रोग ग्रस्त प्रकंद नरम रहते हैं और उन्हें दबाने पर पानी निकलता है। इस रोग से भी पौधा गल जाता है और खींचने पर आसानी से निकल आता है। यह रोग भी बीजोड़ एवं मृदा`ढ़ है।

नियंत्रण

अभी तक इस रोग के नियंत्रण के लिए कोई विशेष कार्य नहीं हुआ है किन्तु कार्बेडाजिम (0.1 प्रतिशत) घोल में प्रकंदों को 30–40 मिनट डुबाने के बाद बोने एवं खड़ी फसल पर (0.1 प्रतिशत) के घोल का छिड़काव करने से इस रोग की रोकथाम की जा सकती है।

3. आधार गलन

यह रोग जबलपुर (मध्य प्रदेश) के आसपास पाया गया है, यह स्कलेरोशियम रोलफसाई नामक फफूँद द्वारा होते हैं।

लक्षण

इस रोग से ग्रस्त पौधे के प्रकंदों के आधार में सफेद कपास के समान फफूँद का कवच जाल दिखाई देता है, जिसमें बाद में सरसों या राई के समान गोल जीवाणु बनते हैं। इस रोग के आक्रमण से प्रकंद का आधार गल जाता है और प्रकंद सिकुड़ जाते हैं, पौधे मुरझाकर मर जाते हैं। भण्डारण की अवस्था

में भी यह फफूँद प्रकंदों को सड़ाती है। यह भी बीजोड़ एवं मृदोढ़ रोग है।

नियंत्रण

1. स्वस्थ बीज बोयें।
2. पहले बताये अनुसार बीज एवं भूमि उपचार करके बोयें।
3. 3–4 वर्षीय फसल चक्र अपनावें।

4. पत्तियों का धब्बा रोग

यह रोग म.प्र. एवं बिहार में अधिक देखा गया है। यह रोग म.प्र. में हेलमिन्थोस्थेरियम मेडिम, आँध्रप्रदेश में फाइलोस्टिक्टा जिन्जेवेरी, कॉलेटोट्राइकम जिन्जेबरी एवं करबूलरिया नामक फफूँदों द्वारा होता है। थूडेब्लाइट नामक बीमारी भी सूचित की गई है जो पेलीमुलेरिया फिलमेंटोसा नामक फफूँद से होती है।

लक्षण

हेलमिन्थोस्पोरियम के कारण वर्षाऋतु में पत्तियों पर प्रारंभ में छोटे –छोटे पनसोख धब्बे बनते हैं,किन्तु वर्षान होने की स्थित में धब्बे कत्थई रंग की धारों से घिरे एवं अण्डाकार होते हैं। इन धब्बों के बीच का भाग वर्षाकी स्थिति में सड़ा हुआ, पनसोख रहता है, किन्तु साफ मौसम में सूखा एवं छितरा हुआ रहता है।

फाइलोस्टिक्टा का आक्रमण जबलपुर में सितम्बर–अक्टूबर में देखा गया है। इसके लक्षण भी ऊपर बताये गए अनुसार होते हैं, किन्तु ये अधिक लम्बे होते हैं। ऐसे कई धब्बे मिलकर पत्तियों को सुखा देते हैं।

नियंत्रण

अभी तक इस रोग के नियंत्रण के लिए कोई अनुसंधान कार्य नहीं हुआ है। लेकिन कहीं–कहीं दो बार 1 प्रतिशत बोर्डो मिश्रण के छिड़काव का लाभकारी प्रभाव पाया गया है।

5. शाकाणु जन्य सूखारोग

यह रोग हवाई क्वींसलैंड, मारिशस एवं केरल में शर्मा एवं उनके सहयोगियों द्वारा 1977 एवं 1978 के सितम्बर माह में देखा गया। यह रोग

स्यूडोमोनास सौलेनेसियेरम नामक शाकाणु द्वारा होता है। म.प्र. के टीकमगढ़ में भी यह रोग वर्ष 1983–84 में जुलाई से फरवरी माह में देखा गया। इस रोग का आक्रमण पौधों की 2–4 माह की अवस्था में होता है। जब तापक्रम कम (ठंडा) भूमि एवं हवा में पर्याप्त नमी होती है तब इस रोग का प्रकोप अधिक होता है। इस रोग की अनुकूल अवस्था में संक्रमण तीव्र गति से होता है।

लक्षण

सर्वप्रथम पौधे की ग्रीवा पर पनसोख बारीक धारियाँ या धब्बे बनते हैं तदुपरान्त सबसे निचली पत्ती पर पीले या कांसे की धातु के रंग के धब्बे बनते हैं और क्रमषः ऊपर की पत्तियों पर बढ़ते हैं। इसके कारण पत्तियों का किनारा सिकुड़ा एवं कांसे के रंग का हो जाता है। इससे पत्तियां मुरझाकर मुड़ जातीहैं एवं झुक जाती हैं और पौधा सूख जाता है। ऐसे पौधे का आधार ग्रीवा पर गल जाता है और खींचने पर आसानी से बाहर आ जाता है। दबाने पर रोग ग्रस्त पौधे से कंदों से दूधिया चिपचिपा पदार्थ निकलता है। रोग ग्रस्त पौधों को चीरने पर उस पर काली धारियाँ दिखती हैं। जायलम एवं फ्लोयम ऊतकों में भी यह शाकाणु पाया जाता है। कंदों पर भी प्रारंभ में पनसोख धब्बे बनते हैं जो बढ़कर कंद पर फैल जाते हैं। यदि रोग ग्रस्त कंदों को काटकर एक गिलास साफ पानी में भर कर कुछ देर तक रख दें तो पानी का रंग गंदा हो जाता है। इस रोग से ग्रस्त सड़े प्रकंदों में मिमीग्रेला नामक कीट की सूँड़ी भी देखी गई है। इस सूंड़ी के शरीर के ऊपर भी ये शाकाणु पाये गये हैं।

प्रत्यावर्तन

यह रोग बीजोड़ एवं मृदोढ़ है। मिमीग्रेला की सूड़ी इस रोग के फेलाव में सहायता करती है।

बीजोपचार

डायथेन एम 45 के 0.3 प्रतिशत घोल में 30 मिनिट तक उपचारित करने से फफूँद द्वारा होने वाला रोग एवं शाकाणु जनित सूखारोग का आक्रमण कम हो जाता है।

खड़ी फसल में दवा का छिड़काव

पत्तियों के धब्बा रोग का प्रकोप होने पर कार्बेन्डाजिम 0.1 प्रतिशत घोल, अथवा डायथेन एम. 45 (0.3 प्रतिशत घोल) के छिड़काव करना चाहिये।

उर्वरक एवं दवा के छिड़काव का प्रभाव

गोबर की खाद एवं उर्वरक के प्रयोग से यह ज्ञात हुआ है कि यदि 20 टन गोबर की खाद 50 किलो नत्रजन एवं 25 किलो स्फुर डालकर डायथेन एम– 45 का 0.3 प्रतिशत घोल का छिड़काव 7–8 बार 10 दिन के अंतर से प्रति हेक्टेयर करें तो धब्बा रोग एवं शाकाणु रोग का प्रकोप कम होता है तथा 20–25 प्रतिशत अधिक पैदावार मिलती है।

उपरोक्त सभी बीमारियों से बचाव के लिये निम्नलिखित उपाय अपनाने चाहियेः–

1. स्वस्थ (रोग रहित) बीज बोने के लिये उपयेाग करें।
2. प्रत्येक वर्ष एक ही खेत में अदरक न बोयें।
3. अदरक ऊँची अच्छे जल निकास वाली हल्की–रेतीली या दुमट भूमि में ही करें।
4. बोने के पहले टूटे प्रकंद की गांठों को डायथेन एम. 45 (0.25 प्रतिशत) तथा कार्बेन्डाजिम (0.1 प्रतिशत) घोल में डुबायें अर्थात 25 ग्राम डायथेन एम. 45 तथा 10 ग्राम कार्बेन्डाजिम मिलाकर 10 लीटर पानी में घोलकर इसे आधा घंटे तक डुबायें। खड़ी फसल पर इसी दवा के मिश्रित घोल का छिड़काव 15–15 दिन के अंतर से करें।

मिर्च

मिर्च भारतवर्ष की प्रमुख फसल हैं। यह मध्य प्रदेश के अधिकॉश क्षेत्रों में उगाई जाती है। इसका उपयोग मसाले, आचार, सब्जी एवं सलाद के रूप में किया जाता है। मिर्च में विटामिन 'ए' एवं 'सी' अधिक मात्रा में पाई जाती है। इसमें तीखापन या चरपराहट एक प्रकार के एलकालाइड केप्सेसिन के कारण होती है।

भूमि एवं जलवायु

मिर्च कई प्रकार की भूमि में उगाई जा सकती है। अच्छे जल निकास युक्त दोमट भूमि जिसमें जीवॉश युक्त पदार्थ अधिक हो सबसे ज्यादा उपयुक्त होती है। लवणीय व क्षारीय मृदा इसकी खेती के लिए उपयुक्त नहीं होती है। असिंचित क्षेत्रों में जीवॉश युक्त भारी काली मिट्टी उपयुक्त होती है। मृदा का पी. एच. मान 6–7 के बीच उत्तम होता है।

मिर्च की खेती वर्ष भर की जाती है। इसके लिए गर्म व आर्द जलवायु की आवश्यकता होती है। यह पाले को सहन नही कर सकती है। सामान्य रूप से मिर्च के लिए 20^0–25^0 सेंटीग्रेड तक तापमान अच्छा रहता है। अधिक वर्षा वाले क्षेत्रों में ज्यादा पानी से इसकी वृद्धि रूक जाती है। अधिक गर्मी वाले स्थानो में जहॉ वर्षा कम होती है सिंचाई के साधन होने पर इसकी खेती की जा सकती है ।

उन्नतशील प्रजातियॉ

मिर्च की किस्मों को मुख्यतः दो वर्गों में बॉटा जाता है –

1. मसाले व अचार वाली किस्में

इस वर्ग के अंतर्गत आमतौर पर छोटी, लम्बी, तीखी, लाल, हरी या पीली मिर्च आती है। इन किस्मों के फलों को सलाद, मसाले और अचार के लिये इस्तेमाल किया जाता है। इसके अतंर्गत आने वाली किस्मों में जवाहर मिर्च – 218, एन.पी. 46 ए, पूसा ज्वाला, पंत सी–1, कल्याणपुर चंचल, एन. पी. 34, कल्याणपुर मोहिनी, एल. जी. –1, (पूसा सपा) को. 1 को. 2 भाग्यलक्ष्मी, तथा अर्का लोहित आदि प्रमुख हैं।

2. सब्जी वाली किस्में (शिमला मिर्च)

इस वर्ग की किस्में हरे रंग की स्वाद में कम तीखी और मीठी होती हैं। फल गोलाकार एवं उभरे होते हैं। ये आमतौर पर पर्वतीय क्षेत्रों में उगाई जाती है। कैलीफोर्निया वण्डर, यलो वण्डर, भारत, चायनीज ज्वाईण्ट, बुल नोज, अर्का मोहिनी, अर्का गौरव एवं अर्का बसंत आदि इसकी मुख्य किस्में हैं।

खाद एवं उर्वरक

मिर्च की अधिक पैदावार लेने के लिये खेत की तैयारी के समय लगभग 250 कुन्तल प्रति हे. की दर से गोबर की खाद खेत की तैयारी के समय मिला देनी चाहिये। वैसे तो उर्वरकों का प्रयोग मृदा जॉच के अनुसार ही करना चाहिये। यदि मृदा जॉच न हो सके तो औसतन प्रति हेक्टेयर 80 किग्रा. नाइट्रोजन, 60 किग्रा. फास्फोरस एवं 50 किग्रा. पोटाश डालना चाहिये। इनकी पूर्ति 174 किग्रा. यूरिया, 292 किग्रा. सिंगल सुपर फास्फेट एवं 120 किग्रा. पोटाश से होती है। नाइट्रोजन की आधी मात्रा फास्फोरस और पोटाश की पूरी मात्रा रोपाई के पूर्व खेत में तैयारी के समय मिला देनी चाहिये तथा नाइट्रोजन की शेष आधी मात्रा को दो बराबर भागों में बॉटकर क्रमश 20 व 40 दिन बाद खड़ी फसल में पंक्तियों में मिला देनी चाहिये।

बीजदर

1 से 1.5 किग्रा. बीज प्रति हेक्टेयर खेत की रोपाई के लिये पर्याप्त होता है। जीवाणु खाद एजोस्पारिलम की 2 किग्रा. प्रति हेक्टेयर मात्रा को 20 किग्रा सड़ी गोबर की खाद के साथ मिलाकर भूमि में मिलाने से उपज में वृद्धि हाती है ।

बुवाई का समय

वर्षा ऋतु की फसल के लिये नर्सरी में बीज की बुआई फरवरी–मार्च में, शरद ऋतु की फसल के लिये बुआई जून–जुलाई में एवं ग्रीष्म ऋतु की फसल प्राप्त करने के लिये अक्टूबर–नवम्बर माह में बीजों की बुआई नर्सरी में करना चाहिए।

बीजोपचार

बीजों को थायरम एवं कार्बेन्डिजम की 3 ग्राम सममिश्रण या ट्राइकोडर्मा विरडी 10 ग्राम प्रति किलो बीज की दर से बीजोपचार करने के बाद ही बुआई

करनी चाहिये।

पौध तैयार करना व रोपाई

नर्सरी के लिये भूमि अच्छी तरह तैयार करके 15–20 सेमी ऊँची एवं 1 मी. चौड़ी व 3 मी. लम्बी 40–50 क्यारियॉ बना ली जाती हैं। प्रत्येक क्यारी में 15–20 किग्रा प्रति वर्ग मीटर की दर से सड़ी हुई गोबर की खाद या कम्पोस्ट मिला देते हैं। क्यारियों में बीज की बुआई 10 सेमी कतार से कतार की दूरी पर करना, छिड़काव करने की अपेक्षा अधिक लाभप्रद होता है। बीज बुआई के बाद बीजों को वानस्पतिक (मल्चिंग) आवरण से ढक कर झारे से सिंचाई करनी चाहिये। 4–5 दिन बाद अंकुरण दिखाई देने पर आवरण हटा लेना चाहिये। बीज बुआई के 4–6 सप्ताह बाद पौधे 15–20 सेमी. की ऊचांई के होने पर तैयार खेत में सायंकाल प्रतिरोपण कर देना चाहिये। रोपाई के बाद हल्की सिंचाई अवष्य करें। रोपाई से पूर्व पौध को 1 ग्राम कार्बेन्डिजम/लीटर घोल में 10–15 मिनट अक डुबाना लाभप्रद होता है।

बोने की दूरी

सामान्यतया पौधों से पौधों की दूरी 30–45 सेमी. एवं पंक्तियों से पंक्तियों की दूरी 45–60 सेमी. रखनी चाहिये।

सिंचाई एवं निराई–गुड़ाई

पहली सिंचाई रोपाई के तुरन्त बाद करें और बाद की सिंचाईयॉ आवश्यकतानुसार गर्मी में 5–6 दिनों बाद तथा सर्दियों में 10–15 दिन के अन्तर पर करते रहना चाहिए। बरसात में सूखे दिनों में आवश्यकतानुसार सिचाई करें। फूल आने के समय मिट्टी में उचित नमी का होना आवश्यक है अन्यथा फूल गिर जायेंगे और जो फल बनेंगे वे छोटे रहेंगे। फूलों को झड़ने से रोकने के लिए प्लेनोफिक्स की 1 मिली दवा को 4.5 लीटर पानी में घोलकर फूल आने के समय छिड़काव करना चाहिए। खेत में 40 घण्टे से अधिक समय तक पानी का भरण मिर्च की फसल के लिए हानिकारक होता है।

मिर्च की फसल में खरपतवार नियंत्रण हेतु 2–3 बार हलकी निराई–गुड़ाई करनी चाहिए। फूल आने की अवस्था में निराई–गुड़ाई कम से कम करें।

उपज

एक हेक्टेयर में हरी मिर्च की उपज 75–100 क्विंटल एवं सूखी मिर्च की उपज 15–20 क्विंटल प्रति हेक्टेयर प्राप्त होती है।

प्रमुख कीट

1. थ्रिप्स – इस कीट के लार्वा तथा वयस्क पत्तियों का रस चूसते हैं जिससे पत्तियॉ सिकुड़ जाती हैं। पौधौं की बढ़वार रूकने के कारण 25–50 प्रतिशत तक पैदावार में कमी होती है। इस कीट के नियंत्रण के लिए फोरेट या कार्बोफ्यूरान 1.0 से 1.5 कि.ग्रा. सक्रिय तत्व प्रति हेक्टेयर की दर से पौधा रोपण के 15 दिन बाद उपयोग करना चाहिये। मैलाथियान 1 मिली/लीटर या कार्बोरिल 50 का 1 मिली/लीटर जल में घोल बनाकर छिड़काव करने से यह कीट नियंत्रित हो जाता है।

2. चैंपा (माहू) – यह कीट पत्तियों व पर्णवृंत का रस चूसकर फसल को भारी क्षति पहुचाते हैं। इसके नियंत्रण के लिए मिथाईल पैराथियान 2 प्रतिशत या मेलाथियान 5 प्रतिशत चूर्ण का 25 किग्रा. प्रति हेक्टेयर की दर से छिडकाव करें। इमिडाक्लोप्रिड 17.6 एस.एल. 0.5 मिली. दवा/लीटर जल में घोलकर छिडकाव करें।

प्रमुख रोग

1. डेंम्पिंग ऑफ (आर्द्रगलन)

नर्सरी में उगाये जाने वाले नवजात पौधों पर इस रोग का प्रकोप अधिक होता है। इसके प्रभाव से भूमि की सतह से रोग ग्रसित पौधों के तने भूमि के आधार पर अधिक नम होकर सिकुड़कर व गलकर मर जाते हैं। नियंत्रण के लिए बुआई के पूर्व बीजों को थायरम+कार्बेन्डिजम के 3 ग्राम सममिश्रण या ट्राईकोडर्मा विरडी 4 ग्राम/किलो बीज की दर से बीजोपचार कर बोना चाहिए।

2. पर्णकुंचन (लीफ कर्ल)

यह वाइरस जनित बीमारी है जो पौधों पर फैलती है। इसके प्रकोप से पत्तियॉ सिकुड़ कर बेडौल हो जाती हैं। नियंत्रण के लिए खेत में खरपतवारों की समय–समय पर सफाई एवं प्रभावित पौधों को उखाड़ कर जला दें या भूमि में गाड़ देना चाहिए। रोगवाहक कीट जैसे सफेद मक्खी या माहू को इमिडाक्लोप्रिड या थायामेथोक्सिम 0.5 मि.ली/लीटर की दर से छिड़काव कर नियंत्रित करना चाहिए।

3. मिर्च की म्लानि (विल्ट)

इस रोग में पत्तियॉ ऊपरी किनारों से मुड़ना प्रारम्भ हो जाती हैं तथा पीली पड़कर सूख जाती हैं। जड़ें काली पड़कर सड़ जाती हैं। रोगग्रसित पौधों के तने को चीरकर देखने पर बीच का भाग गहरे भूरे रंग का दिखाई देता है। नियंत्रण हेतु फसल चक्र अपनायें एवं ग्रीष्मकालीन गहरी जुताई करें। कॉपर ऑक्सीक्लोराइड अथवा कॉपर हाइड्राक्साईड 2.5 मिली. दवा का प्रति लीटर जल से घोल बनाकर 30 दिन बाद 15 दिन के अन्तराल पर छिड़काव करना चाहिए।

इन उपरोक्त रोगों के अलावा मिर्च में फल गलन व पर्णचित्ती रोगों का भी प्रकोप होता है। इनके नियंत्रण के लिए बीजोपचार के साथ प्रकोप की अवस्था में कार्बेन्डिजिम का 1 मिलीलीटर दवा/लीटर पानी में घोलकर छिड़काव करना चाहिये।

3. दलहन आधारित फसल प्रणाली एवं अंतरवर्ती खेती पद्धति

दलहनी फसलों की मृदा स्वास्थ्य एवं उर्वरता में भूमिका

मृदा की उर्वरता को पुनः स्थापित करने के लिये फसल चक्र में दलहनी फसलों का उपयोग किया जाता रहा है। दलहनी फसलों में गहरी जड़ें, नाइट्रोजन स्थिरीकरण, पत्तियॉ गिरना एवं सूक्ष्म तत्वों का मिट्टी में स्थानान्तरण आदि मुख्य विर्शेषताऐं पायी जाती हैं। दलहनी फसलें मृदा की रासायनिक जैविक एवं भौतिक दशा सुधार कर अनाज–अनाज फसल प्रणाली के कारण होने वाली मृदा उत्पादकता में क्षीणता को कम कर सकती हैं। एकीकृत पोषक प्रबंधन में पोषक तत्वों की मृदा में आपूर्ति के लिए सघन फसल प्रणाली में दलहन का समावेश किया जाता है। इसलिए मृदा को बेहतर बनाने एवं मृदा का प्राकृतिक वातावरण सुधारने करने के लिऐ दलहनी फसलों का प्रयोग बहुत ही आवश्यक हो गया है। प्राकृतिक एवं जैविक रुप से दलहन द्वारा संश्लेषित नाइट्रोजन पर हमारी कृषि काफी निर्भर है। जैविक नाइट्रोजन भूमि की उर्वरता को बनाए रखने में महत्वपूर्ण भूमिका निभाती है। हालांकि जैविक नाइट्रोजन स्थिरीकरण, भौतिक, पर्यावरण, पोशण, एवं जैविक कारकों पर निर्भर है। जैविक कारकों में विभिन्न प्रकार की दलहनी फसलें आती हैं। अलग–अलग दलहनी फसलों की नाइट्रोजन स्थिरीकरण क्षमता अलग–अलग होती है। इसी प्रकार अलग–अलग दलहनी फसलों का बायोमास भी अलग–अलग होता है जो मृदा को अलग–अलग मात्रा में कार्बनिक पदार्थ उपलब्ध कराता है। दलहनी फसल का सम्पूर्ण भाग मृदा की दशा सुधारने का काम करता है। अतः दलहनी फसलें

मृदा एवं मृदा के बाहर का वातारण सुधारने का काम करती हैं।

नाइट्रोजन : एक अनुमान के अनुसार दलहनी फसलों द्वारा 668 मैट्रिक टन नाइट्रोजन का स्थिरीकरण प्रति वर्ष किया जाता है। दलहनी फसलों की नाइट्रोजन आवश्यकता के बड़े हिस्से की पूर्ति संचित नाइट्रोजन से होती है और बची हुई नाइट्रोजन अगली गैर दलहनी फसलों की नाइट्रोजन आवश्यकता की भी कुछ हद तक पूर्ति करती है। फसल प्रणाली में शामिल दलहन के अनुक्रम में दलहन अगली फसल के लिए लगभग 18–70 कि.ग्रा. नाइट्रोजन/हेक्टेयर अवशेष के रुप में छोड़ती है और अगली फसल को काफी बड़ी मात्रा में नाइट्रोजन की पूर्ति अवशेष नाइट्रोजन से होती है। चना एवं अरहर के बाद अनाज वाली फसलों में पोषक तत्वों का अधिक प्रभाव देखा गया है। इसी प्रकार मसूर एवं मटर की फसल के बाद भी मृदा की उर्वरता में बढ़ोत्तरी देखी गई। सघन कृशि में अल्प अवधि की फसलें जैसे मूंग एवं लोबिया का उपयोग बढ़ रहा है। धान–गेंहू प्रणाली में मूंग के समावश करने से देखा गया कि प्रति हेक्टेयर मूंग के अवशेषों से मिट्टी में 100 कि.ग्रा. नाइट्रोजन का समावेश होता है।

भारतीय दलहन अनुसंधान कानपुर में किये गऐ प्रयोगों में यह देखा गया कि खरीफ में दलहन बोने के बाद रबी में गेंहू की फसल के उत्पादन में बढ़ोतरी दर्ज की गई। दलहन आधारित फसल प्रणालियों में अरहर के बाद अरहर एवं अरहर के बाद मूंग को षामिल किया गया। सोयाबीन–गेंहू फसल प्रणाली में उत्पादन में बढ़ोतरी दर्ज की गई। खरीफ दलहन में अरहर के बाद गेंहू–मूंग फसल चक्र लिया गया। ज्वार के पूर्व अरहर उगाने से मृदा में 51 कि. ग्रा. नाइट्रोजन का समावेष हुआ। धान के बाद रबी में दलहन का प्रभाव यह पाया गया कि चना फसल ने सबसे अधिक लगभग 40 कि.ग्रा. हेक्टेयर नाइट्रोजन का अवशेष मृदा में छोड़ा। इसके अलावा दलहन के साथ जैव उर्वरकों यथा राइजोबियम आदि का प्रयोग अनाज वाली फसलों के बाद ज्यादा प्रभाव छोड़ता है।

मिट्टी के गुणों के पर प्रभाव

भौतिक गुण

मिट्टी की गुणवत्ता जांचने के लिए कुल स्थिरता एक महत्वपूर्ण पैरामीटर है। जिसका उपयोग मिट्टी की गुणवत्ता में दीर्घकालीन बदलाव की

तुलना करने के लिये एक सूचकांक के रुप में किया जा सकता है। फसल चक्रीकरण एवं अनुकूल मिट्टी संचरना के निर्माण करने के लिये बहुत ही फायदेमंद है। दलहनी फसलों के पौधों में उपस्थित कवक ''ग्लामोलीन'' नामक ग्लाइकोप्रोटीन का उत्पादन करता है। ग्लाइकोप्रोटीन का चिपचिपा हिस्सा मिट्टी, खनिज पदार्थ, कार्बनिक पदार्थ एवं कचरे को स्थिर मिट्टी के समुच्चय बनाने में सहायता करता है। इसलिए फसल चक्रीकरण में दलहन फसल मिट्टी की संरचना सुधारने एवं राइजोस्फीयर में उपस्थित सूक्ष्मजैव गतिविधि को बढ़ाने में सीधे–सीधे जिम्मेदार होती है। बल्क डेनसिटी मिट्टी की गुणवत्ता मापने का एक अन्य महत्वपूर्ण घटक हैं जो लंबे समय से कषशि प्रबंधन में बदलाव की जानकारी देता है। फसल अनुक्रमों में जो फसलें बहुत ज्यादा मात्रा में अवशेष छोड़ती हैं इसके कारण मिट्टी की बल्क डेनसिटी में कमी देखी गई है। धान–गेंहू–मूंग के अनुक्रम में मूंग फसल के अवशेषों के अपघटन के पश्चात् मिट्टी में घनत्व एवं हाइड्रोलिक चालकता में कमी देखी गई। दलहनी फसल के पौधों की जड़ें नाइट्रोजन से समृद्ध होती हैं तथा मिट्टी की गहराई तक जाती हैं एवं मिट्टी में केचुओं की गतिशीलता बढ़ाती हैं। जड़ों एवं केचुओं की गतिशीलता से मिट्टी में रन्ध्रावकाश की संख्या बढ़ती है जिससे मृदा में हवा एवं नमी का संचार बढ़ता है। जो मिट्टी की भौतिक–रासायनिक दशा में सुधार का द्योतक है।

रासायनिक गुण

मृदा पी.एच. मानः दलहन फसल के पौधों में मृदा का पी.एच. मान कम करने एवं पोषक तत्वों की उपलब्धता के लिए सूक्ष्म पर्यावरण को अनुकूल बनाने की क्षमता होती है। चूँकि दलहन फसल की नाइट्रोजन की आवश्यकता की पूर्ति वायु एवं नाइट्रोजन जो मिट्टी में नाइट्रेट के रुप में पाया जाता है इसका प्रभाव मिट्टी के पी.एच. मान को कम करता है। अल्फाल्फा एवं सोयाबीन जैसी कुछ दलहन फसलें मिट्टी के पी.एच. मान को कम कर सकती हैं। दलहनी फसलों के बाद दलहन फसल जैसे चना, मटर, अरहर आदि मिट्टी के पी.एच. मान को कम कर देती हैं। मिट्टी के पी.एच. मान में यह कमी विर्शेष रुप से तटस्थ एवं क्षारीय मृदा के वातावरण को फसलों के अनुकूल वातावरण में परिवर्तित करने में सहायता करती है। पी.एच. मान की कमी फसल पौधों की तीव्र वृद्धि के रुप में स्पष्ट दिख जाती है।

कार्बनिक पदार्थ एवं पोषक तत्वों का निर्माणः दलहनी फसलें जड़ एवं अधिक बायोमास, पत्तियों के गिरने आदि के रुप में बहुत अधिक मात्रा में कार्बनिक अवशेषों को छोड़ती हैं। जड़ों, पत्तियों आदि में कार्बनिक पदार्थ अधिक फसल होने के कारण भूमि में सूक्ष्म जीवों की गतिविधि बढ़ जाती है। रबी दलहन फसलों से 7–14 कि.ग्रा. नाइट्रोजन, 3–5 कि.ग्रा. फास्फोरस एवं 8–12 कि.ग्रा. पोटाश प्रति हेक्टेयर का योगदान मृदा में मिलता है। अरहर की फसल द्वारा सम्पूर्ण चक्र में 8–16 कि.ग्रा. नाइट्रोजन, 2.5–5 कि.ग्रा. फास्फोरस एवं 13.5–24 कि.ग्रा. पोटाश पत्तियों के गिरने से भूमि को उपलब्ध होता है। फसल प्रणालियों में फसलों के विविधीकरण में दलहनों के समावेश ने इस फसल प्रणालियों को बहुत ही महत्वपूर्ण बना दिया है एवं कई दलहन आधारित फसल प्रणालियां इसी कारण से बहुत प्रसिद्ध हुई हैं।

नाइट्रोजनः यह अच्छी तरह उल्लेखित है कि दलहन फसलें अपने कार्यकाल के बाद पर्याप्त मात्रा में नाइट्रोजन पीछे छोड़ती हैं। कई लोगों द्वारा यह सिद्ध किया जा चुका है कि मिट्टी में उपलब्ध नाइट्रोजन के खाते में माप कार्बनिक नाइट्रोजन एवं माइक्रोबियल बायोमास द्वारा किया जा सकता है। रबी दलहन चना के बाद मृदा में 20.4 कि.ग्रा./हेक्टेयर नाइट्रेट नाइट्रोजन छोड़ा जाता है जो सबसे ज्यादा है इसके बाद मटर एवं मसूर का नंबर आता है। खरीफ दलहनों से मृदा में 4–8 कि.ग्रा. नाइट्रोजन प्रति हेक्टेयर बढ़ी हुई पाई गई।

फास्फोरसः दलहन के प्रयोग से न केवल फार्मिंग सिस्टम की नाइट्रोजनी उर्वरक की आवश्यकता को कम किया जा सकता है वरन् कुछ अम्ल के स्त्राव के कारण फास्फोरस के कुषल उपयोग में भी सहायता मिलती है जो कि फास्फोरस के कई रुपों को उपलब्ध अवस्था में परिवर्तित करने में मदद करता है। विभिन्न रुपों में स्थित फास्फोरस के मूल उपयोग के उपलब्ध कराने की क्षमता दलहनों में पाई जाती है। जड़ों द्वारा अघुलनशील फास्फोरस के ग्रहण के परिणाम स्वरुप जड़ से बाहर निकला फास्फोरस मृदा के फास्फोरस की मात्रा में बढ़ा देता है।

जैविक गुण

दलहनी फसलें मृदा के सूक्ष्मजीव के सूक्ष्म वातावरण में सुधार के लिए जानी जाती हैं। दलहनी फसलें मृदा में सहजीवी नाइट्रोजन स्थिरीकरण के माध्यम से अप्रयुक्त नाइट्रेट का हिस्सा मृदा में जारी करती हैं। इसके अतिरिक्त

बायोमास के द्वारा मिट्टी में कार्बनिक पदार्थ की उपलब्धता करती हैं। यह भूमि में सूक्ष्मजीवी के लिये भोजन के एक विकल्प के रुप में काम करता है। जिसके फलस्वरुप मृदा में सूक्ष्मजीवों की बड़ी हुई आबादी का निर्माण होता है। प्रयोगों द्वारा सिद्ध हो चुका है कि धान–गेंहू प्रणाली में सूक्ष्मजीवों की संख्या में गिरावट आती है। जबकि धान–गेंहू प्रणाली में मूंग का समावेष करने से सूक्ष्मजीवों की संख्या में बढ़ोत्तरी पाई गई। मक्का आधारित गेंहू प्रणाली की तुलना में मूंग–गेंहू की प्रणाली में जैविक कार्बन की मात्रा अधिक पाई गई। दलहन के बाद डिहाइड्रेजिनेज एंजाइम की गतिविधि, सूक्ष्म जीवों की गतिविधियों में वषद्धि का सूचक है। सूक्ष्मजीवों की गतिविधियों में यह वृद्धि पोषक तत्वों के खनिजीकरण एवं स्थानान्तरण को प्रभावित करता है। इन परिणामों से पता चलता है कि फसल चक्रीकरण में दलहन से मिट्टी में सूक्ष्मजीवों की संख्या बढ़ती है एवं उनकी गतिविधियां मृदा के लंबे समय के स्वास्थ्य एवं उत्पादकता के लिए महत्वपूर्ण हैं।

चना – मसूर आधारित फसल प्रणाली एवं मृदा स्वास्थ्य

भारत में 22–24 मिलियन हेक्टेयर क्षेत्र में दलहनी फसलें एकल एवं मिश्रित/अंतरवर्ती फसल दोनों रुप में उगाई जाती हैं। हरित क्रान्ति के दौरान दलहन की खेती बहुत प्रभावित हुई एवं दलहन का क्षेत्रफल कम हो गया। चावल–गेंहूँ फसल प्रणाली द्वारा दलहनी फसलों को हाषिए पर ला दिया गया किन्तु मध्य एवं दक्षिणी क्षेत्रों में दलहन के विस्तार ने कुछ हद तक भरपाई की। हालिया समय में दलहनों में छोटी अवधि, रोग प्रतिरोधी एवं उच्च पैदावार वाली किस्मों के विकास ने दलहन को अन्य फसलों के विकल्प में रुप स्थापित कर दिया है साथ ही द्विफसल प्रणालियों में विस्तार के लिये एक आधार प्रदान किया है। पौष्टिक भोजन एवं चारा के रुप में अपने मूल्यों के कारण दालों ने जीवन निर्वाह फसलों में अपना एक महत्वपूर्ण स्थान बना लिया है। विभिन्न परिस्थिक क्षेत्रों में विभिन्न दलहनी फसलें एकल फसल के तहत अंतरवर्ती फसल, रिले क्रापिंग, केच क्राप एवं हरी खाद के रुप में उगाई जाती हैं। शुष्क क्षेत्रों में दलहनी फसलों को कम पानी आवश्यकता एवं कम लागत के कारण बहुत ही अच्छे विकल्प के रुप में देखा जा रहा है। प्रतिकूल मौसम में टिकाऊ उत्पादन के लिऐ अंतरवर्ती फसल में दलहन को विर्शेष स्थान दिया जा रहा है। बाजारों में मिलने वाले अच्छे भावों के कारण परंपरागत फसल प्रणालियों में दलहन आधारित फसल प्रणाली का समावेश किया जा रहा है जिनमें से कुछ स्पश्ट उदाहरण जैसे धान–गेंहू–मूंग, धान–चना/मसूर, अरहर–गेंहू, धान –उड़द/मूंग, सोयाबीन+अरहर, मसूर/चना/बटरी, मूंगफली+अरहर, आलू+राजमा आदि हैं।

फसल प्रणाली

यह सालभर में उगाई जाने वाली एक या अधिक फसलों का रुप है जो कम से एक के बाद एक मौसम आधारित दशा में लगाई जाती हैं। सामान्य रुप में छोटी अवधि की फसलें साल में दो या अधिक एवं चार फसलें तक बोई जा सकती हैं। जिससे फसल एवं भूमि का बेहतर उपयोग हो जाता है। अलग–अलग पारिस्थिकी क्षेत्रों के अनुसार कुछ दलहन आधारित फसल प्रणालियों का वर्णन किया जा रहा है।

धान–चना / मसूर : देश में दिसम्बर–जनवरी में बोने के लिऐ गेंहूँ की कई किस्में विकसित की गईं। इससे धान–गेंहूँ फसल प्रणाली के क्षेत्र में बहुत बढ़ोत्तरी हुई किन्तु इस प्रणाली से मिट्टी के स्वास्थ्य पर बुरा प्रभाव पड़ा। भारत में लगभग 15 मिलियन हेक्टेयर क्षेत्र धान–परती के अंतर्गत आता है। इस क्षेत्र में दलहन उत्पादन के लिये कई फसलों पर प्रयोग किए गये। बेहरामपुर में लोबिया अन्य फसलों की तुलना में धान–परती में उगाने पर सबसे अधिक उत्पादकता देती है उसके बाद उड़द का नम्बर आता है। किन्तु रायपुर कृषि वि.वि. में किऐ गऐ प्रयोगों से यह सिद्ध होता है कि तिवड़ा की उत्पादकता धान–परती में सभी से अधिक होती है उसके बाद मसूर एवं मूंग का का नम्बर आता है। भारतीय दलहन अनुसंधान केन्द्र कानपुर में किये गए प्रयोगों में यह सिद्ध हुआ कि मसूर, तिवड़ा, चना, मटर एवं राजमा की फसल धान के बाद ज्यादा उत्पादन देती है। हाल के वर्षों में 15–20 क्विं. उपज देने वाली एवं देर से बोने वाली चने की कई किस्मों का विकास किया गया है जो कि धान–चना फसल प्रणाली में सटीक बैठती हैं जिसने किसानों को धान–चना फसल प्रणाली अपनाने के लिए प्रेरित किया। चना को देश के विभिन्न क्षेत्रों में नगदी फसल के रुप में उगाया जाता है। सिंचाई की दृष्टि चना गेंहूँ से कम पानी मांग वाली फसल के रुप में जानी जाती है। इस प्रणाली के तेजी से फैलाने में चने में लगने वाले कीट जैसे फली छेदक, हेलियोथिस, बोट्राईटिस ग्रेमोल एवं उगठा रोग तथा मृदा खराब स्वास्थ्य के कारण अंकुरण पर प्रभाव आदि मुख्य बाधाएं हैं।

सोयाबीन–चना / मसूर : यह प्रणाली मुख्यतः मध्यप्रदेश में सबसे अधिक प्रचलित है। सोयाबीन के बाद बोई वाली फसल चना लगभग सम्पूर्ण मध्यप्रदेश में प्रचलित है। मसूर सोयाबीन के बाद मुख्यतः बुन्देलखण्ड एवं मालवा के कुछ जिलों में उगाई जाती है। यह फसल प्रणाली भूमि के स्वास्थ्य के लिए भी बहुत लाभदायक है। सोयाबीन भी एक दलहनी फसल है जो वायु मण्डल से नाइट्रोजन का एकत्रीकरण भूमि में करती है एवं चना/मसूर भी भूमि में नाइट्रोजन का संचय करती है।

उड़द–चना / मसूर : खरीफ में उड़द का लगभग 8 लाख हेक्टेयर क्षेत्रफल मध्यप्रदेश में है। जिसमें ज्यादातर क्षेत्रफल बुन्देलखण्ड के अंतर्गत आता है। चूंकि बुन्दलेखण्ड में रबी में सिंचाई की सुविधाओं का अभाव है अतः उड़द के बाद चना/मसूर (कम सिंचाई वाली फसलें) प्रणाली प्रसिद्ध एवं फायदेमंद भी है। चूंकि उड़द, चना/मसूर सभी दलहनी फसलें हैं जो मृदा की उत्पादकता

को बढ़ाती हैं और सिंचाई वाले क्षेत्रों में उड़द कम दिन की फसल होने कारण इसके बाद चना एवं चने के बाद ग्रीश्म ऋतु में मूंग की खेती सफलतापूर्वक की जा सकती है जिससे साल में तीन फसलें एक ही खेत में ली जा सकती हैं।

मोटे अनाज–चना/मसूर : यह प्रणाली मुख्यता मध्यप्रदेश के षहडोल एवं डिन्डोरी जिले में अपनाई जाती है जहॉ पर खरीफ में मुख्यतः मोटे अनाज वाली फसलें जैसे कोंदो, कुटकी, रागी आदि उगाई जाती हैं। इन पहाड़ी क्षेत्रों में सिंचाई सुविधाओं का भी अभाव है साथ ही चना, मसूर दलहनी फसलों को कैश क्राप के रूप में उगाया जाता है। इन क्षेत्रों में यह प्रणाली सटीक बैठती है।

विभिन्न पारिस्थिति की क्षेत्रों में अपनाई जाने वाली महत्वपूर्ण दलहन आधारित फसल प्रणालियॉ

क्र.	पारिस्थितिकी क्षेत्र	राज्य	वार्षिक वर्षा मि.मी.	फसल प्रणालियॉ
1	पश्चिमी हिमालय क्षेत्र	जम्मू कश्मीर, हिमाचल प्रदेश, उत्तर प्रदेश	1650–2000	धान–चना/मसूर/मटर, मक्का–चना/मटर, रागी–चना/मसूर/मटर, मक्का/उड़द/मूंग/गेंहूँ, अरहर–गेंहूँ,उड़द/मूंग–सरसों
2	पूर्वी हिमालय क्षेत्र	आसाम,पश्चिम बंगाल, मणीपुर मेघालय, नागालेंड, अरुणाचल प्रदेश	1840–3530	समर धान – उड़द, उड़द/मूंग/गेंहूँ, अरहर–गेंहूँ/ उड़द/मूंग
3	निचला गंगा मैदानी क्षेत्र	पश्चिम बंगाल	1300–1600	मक्का–चना/मटर, रागी–चना/मसूर/मटर, मक्का–सरसों
4	मध्य गंगा का मैदान क्षेत्र	उत्तर प्रदेश, बिहार	1200–1470	मक्का–गेंहू–गर्मी की मूंग मक्का/उड़द – आलू / मसूर/मटर
5	उत्तरी गंगा का मैदान क्षेत्र	उत्तर प्रदेश	720–980	धान–गेंहू–गर्मी की मूंग आलू/मसूर/मटर मक्का/उड़द/ज्वार –चना

6	ट्रान्स गंगा का मैदान	पंजाब, हरियाणा	360–890	मक्का–आलू–गर्मी की मूंग / उड़द, धनिया / मक्का–गेंहू–गर्मी की मूंग / उड़द, मक्का–अर्ली / लेट आलू–गर्मी की मूंग / उड़द, धान–चना / मसूर, मक्का–चना / मसूर / अरहर
7	पूर्वी प्लेटू एवं हिल्स	मध्यप्रदेश, महाराष्ट्र, उड़ीसा पश्चिम बंगाल	1270–1430	शीघ्र पकने वाली धान–उड़द, धान–धान लोबिया, जूट–मक्का–लोबिया, जूट– उड़द
8	मध्य प्लेटू एवं हिल्स	मध्यप्रदेश, राजस्थान, उत्तर प्रदेश	490–1570	ज्वार (अनाज / चाय) चना फेलो–चना ज्वार+अरहर–फेलो, बाजरा+अरहर–फेलो, धान / मक्का–चना / मसूर / मटर / मोथ / मूंग उड़द –गेंहू, बाजरा –चना
9	केमोर प्लेटू एवं हिल्स	महाराष्ट्र मध्यप्रदेश राजस्थान	600–1040	उड़द –रबी ज्वार, ज्वार–आलू–मूंग, कपास+उड़द / मूंग–फेलो, ज्वार–गेंहू–लोबिया / मूंग कपास / ज्वार / चना
10	दक्षिणी प्लेटू एवं हिल्स	आंध्रप्रदेश तमिलनाडू कर्नाटक	680–1000	मक्का–ज्वार+अरहर ज्वार–चना, बाजरा–हार्सग्राम, मूंग / उड़द–कुसुम, धान–मूंग / उड़द / लोबिया, मूंग–ज्वार / कुसुम / मूंग, अरहर–धान–धान, मूंग / उड़द –लोबिया

11	पूर्वी कास्ट मैदान एवं हिल्स	उड़ीसा आध्रंप्रदेश तमिलनाडू पांडिचेरी	780–1290	धान–मूंग / उड़द धान –धान / मूंग / उड़द धान–मक्का / लोबिया, मक्का– हार्सग्राम / अरहर चना
12	पश्चिमी कास्ट मैदान एवं हिल्स	तमिलनाडू केरल, गोआ, कर्नाटक महाराष्ट	2230–3640	धान– उड़द / लोबिया / चना गन्ना+ उड़द
13	गुजरात मैदानी एवं हिल्स	गुजरात	340	उड़द –कुसुम / नाइजर, काउपी– कुसुम, मूंग–टोबैको, बाजरा / ज्वार+ अरहर–चना
14	पश्चिमी सूखा क्षेत्र	राजस्थान	400	धान / कपास–चना, बाजरा / ज्वार–चना +सरसों, सोयाबीन / मूंग–गेंहू
15	आइसलेंड	अण्डमान एवं निकोवार आइसलेंड लक्षदीप आइसलेंड	1500–3090	धान–मक्का / धान– उड़द

मृदा पर प्रभाव

मिट्‌टी के स्वास्थ्य के सुधार लाने और उत्पादकता में सुधार लाने के लिये दलहनी फसलों का फसल प्रणाली में समावेश करना अति आवश्यक हो गया है। जैविक नाइट्रोजन के स्थिरीकरण, कार्बनिक पदार्थो में वृद्धि जिससे पोषक तत्वों की मृदा में मात्रा बढ़ाना आदि में दलहनी फसलों की भूमिका होती है। जिसके परिणामस्वरुप मिट्‌टी के उत्पादक गुणों में वृद्धि होती है तथा भौतिक, जैविक एवं रासायनिक गुणों में सुधार होता है। एक दलहनी फसल के बाद दूसरी दलहनी फसलें लगाने से ये भूमि में 40–80 कि.ग्रा. नाइट्रोजन शेष छोड़ती हैं। इसके अलावा दलहनी फसलों में अनाज फसलों एवं तिलहन की तुलना में उर्वरक का उपयोग कम करने से लागत में कमी होती है एवं बचत में वृद्धि होती है।

अंतरवर्ती खेती पद्धति

खेती में दिन प्रतिदिन बढ़ती लागत और घटती आमदनी से कृषक खेती से विमुख होते जा रहे हैं। किसान के पास उपलब्ध संसाधनों में प्रति इकाई क्षेत्रफल से अधिकतम फसल उत्पादन लेकर ही कृषि को आर्थिक रूप से लाभकारी बनाया जा सकता है। यदि किसान अर्न्तवर्ती फसल उत्पादन पद्धति अपनाये तो उन्हें एकल फसल पद्वति की अपेक्षा प्रति इकाई क्षेत्रफल में अधिकाधिक उत्पादन और लाभ प्राप्त हो सकता है। अर्न्तवर्ती खेती /अन्तराशस्यन सघन खेती का वह रूप में जिसमें दो या दो से अधिक फसलों को एक साथ लगाते हैं। अंतरवर्तीय फसलों में एक फसल से दूसरी फसल के बीच एक खास दूरी रखते हैं। किसी फसल के बीच में दूसरी फसल को उगाने की विधि को अर्न्तवर्ती शस्यन या अन्तरासस्यन कहते हैं। इस प्रणाली में प्रथम फसल के बीच खाली स्थान का उपयोग दूसरी फसल उगाकर लिया जाता है। इस प्रकार पहले उगाई जाने वाली फसल को मुख्य फसल तथा बाद में उगाई गई फसल को गौण फसल कहते हैं। अर्न्तवर्ती शस्यन में मुख्य रूप से दूर–दूर कतारों में बोई गई फसलों के मध्य स्थित रिक्त स्थान, प्रकाश के स्थानीय वितरण, पोषक तत्व, मृदा जल आदि संसाधनों के कुशल उपयोग की अवधारणा चिन्हित होती है। एक शस्य प्रणाली मूलतः फसल, समय तथा स्थान के उपयोग का मिश्रित स्वरूप होती है जिसका मूल उद्देश्य कृषक को उसके कार्यों का स्थाई प्रतिफल प्रदान कराना होता है।

अर्न्तवर्ती फसलोत्पादन के सिंद्वात

अंतः फसलोत्पादन मे मुख्य फसल के पौधों की संख्या श्रेष्ठतम होनी चाहिये जबकि सहायक फसल के पौधों की संख्या आवश्यकतानुसार होनी चाहिये।

1. इस पद्धति में उगाई जाने वाली फसलें एक दूसरे की पूरक हो तथा आपस में कोई प्रतियोगिता नहीं होनी चाहिये।
2. मुख्य फसल के वृद्धि काल तक सहायक फसल पककर तैयार हो जानी चाहिये।

3. मुख्य फसल की अपेक्षा सहायक फसल कम अवधि में तेजी से वृद्धि करने वाली होनी चाहिये जिससे मुख्य फसल की प्रारंभिक धीमी वृद्धि का उपयोग किया जा सके।

4. इस प्रणाली में एक फसल सीधी बढ़ने वाली जबकि दूसरी फसल फैलकर वृद्वि करने वाली होनी चाहिये। जिससे मृदा क्षरण रोकने के साथ साथ मृदा की सतह से नमी का वाष्पीकरण भी रोका जा सके ।

5. अर्न्तवर्ती फसलोत्पादन में मुख्य फसल तथा सहायक फसलों में पोषक तत्वों को ग्रहण करने की क्षमता अलग अलग होनी चाहिये।

6. इस फसल पद्वति में उगाई जाने वाली फसलों में से एक फसल की जड़ें कम गहराई तथा दूसरी फसल की जड़ें अधिक गहराई तक जाने वाली हों जिससे दोनों फसलें अलग अलग गहराई से पोषक तत्व और नमी ग्रहण कर सकें।

7. सहायक फसल की कर्षिश क्रियायें मुख्य फसल के समान होनी चाहिये।

अंतरवर्तीय फसल पद्धति के सफल प्रयोग

1. सोयाबीन–अरहर (4:2) अंतरवर्तीय फसल पद्धति में सोयाबीन के वृद्धि काल पर अरहर का कोई प्रभाव नहीं पड़ता क्योंकि प्रारंभिक अवस्था में अरहर की वृद्धि धीमी रहती है। सोयाबीन की कटाई के उपरान्त अरहर के वृद्धि के लियें पर्याप्त स्थान मिल जाता है। इस पद्धति के उपयोग से रू 15000 प्रति हेक्टेयर शुद्ध आर्थिक लाभ प्राप्त होता है।

2. खरीफ मौसम में उड़द अरहर (4:2) अथवा उड़द–तिल (2:2) की अंतरवर्तीय खेती भी लाभकारी पायी गई है।

3. अरहर–ज्वार (2:2) अंतरवर्तीय फसल पद्धति से दलहनी फसलों में उक्ठा रोग नियंत्रण होने के साथ साथ ज्वार फसल से अतिरिक्त आय रू 12500 प्रति हे. आय प्राप्त होती है।

4. चना–अलसी (2:2, 3:1 तथा 4:1) अंतरवर्तीय फसल पद्धति अपनानें से चने में लगने वाले उक्ठा रोग के नियंत्रण के साथ–साथ प्रति हे. 15000 रूपये का शुद्ध लाभ अलसी से लिया जा सकता है।

5. मसूर–सरसों (8:2) अंतरवर्तीय फसल पद्धति अपनानें से मसूर में लगने वाले माहू कीट का प्रकोप कम होता है।

6. रबी मौसम में चना–सरसों (3:1 तथा 4:1) अथवा गेहूँ–सरसों (9:1) अंतरवर्तीय फसल पद्धति लाभकारी पाई गई है।

7. रबी मौसम में अलसी–आलू (3:1) अंतरवर्तीय फसल पद्धति का उपयोग लाभदायक पाया गया है।

8. गेहूँ– चना (2:1) अंतरवर्तीय फसल पद्धति के प्रयोगों के सकारात्मक परिणाम प्राप्त हुए हैं।

9. टमाटर की 16 कतारों के पष्चात 1–2 लाईन गेंदा लगाने से नेमेटोड तथा फली छेदक कीट का प्रकोप कम होता है। साथ ही गेंदे से अतिरिक्त आय ली जा सकती है।

10. गोभी तथा टमाटर की 8–10 कतारों के पश्चात 1–2 लाईन धनियाँ लगाने से कीट प्रकोप कम देखा गया है।

11. फल वृक्षों नींबू, अमरूद व पपीता की कतारों के बीच सब्जियों यथा अदरक हल्दी आदि की अंतरवर्तीय फसल पद्धति से फल वृक्षों के साथ साथ सब्जियों से अतिरिक्त आय ली जा सकती है।

अर्न्तवर्ती फसलोत्पादन के लाभ

1. एकल फसल की अपेक्षा अर्न्तवर्ती खेती से अधिक उत्पादन प्राप्त होता है इसे अपनाने से एक साथ एक ही खेत में दो से अधिक फसलों का एक साथ उत्पादन किया जा सकता है।

2. दो फसलों को साथ साथ उगाने से शुद्ध फसल के रूप में उगाने की अपेक्षा उत्पादन लागत कम आती है अर्थात् कम लागत और प्रति इकाई अधिक उत्पादन से आमदनी को बढ़ाया जा सकता है।

3. अन्तरा शस्यन में विभिन्न प्रकार के प्रतिकूल मौसम में उपज को निश्चिता अधिक रहती है। अनियमित वर्षा, सूखे आदि के कारण एक फसल के कमजोर होने की स्थिति में उत्पादन की क्षतिपूर्ति दूसरी फसल से हो जाती है ।

4. धान्य फसलों के साथ दलहनी फसलों के उगाये जाने से भूमि उर्वरता और मृदा स्वास्थ्य को बनाये रखा जा सकता है।

5. विभिन्न जड़वृद्धि स्वभाव फसलें भूमि के विभिन्न स्तरों में से पोषक तत्व ग्रहण करती हैं इससे मृदा में निहित पोषक तत्वों का कुशल उपयोग होता है।

6. सहफसल शस्यन से मृदातल के उपरी वातावरण में प्रकाश, कार्बन डाई आक्साइड तथा वर्षाजल का अवषोशण अधिक होता है।

7. किसान को कृषि आय एक बार न मिलकर कई बार में मिलती है।

8. अर्न्तवर्ती फसलोत्पदन अपनाने से श्रमिकों तथा फसलोत्पादन में प्रयुक्त उत्पादन के विभिन्न साधनों जैसे पूंजी, पानी उर्वरक आदि का समुचित उपयोग होता है।

9. इनको अपरदन संरक्षी फसल, पटिट्का फसल तथा अपरदनकारी फसल के रूप में उगाकर मृदा का क्षरण होने से बचाया जा सकता हैं

10. गैर समतल भूमियों तथा ढालू क्षेत्रों में जहां चारागाहों में सहफसल के रूप में उपयुक्त दलहनी फसलें उगाई जाती है वहां चारे के गुणों के विकास के साथ ही साथ सीमान्त उर्वर भूमियां की उर्वरता में वृद्धि हो जाती है।

11. इससे फसलों को कीट और रोगों से भी बचाया जा सकता है। उदाहरण के लिये चने की फसल में धनिया को अर्न्तवर्ती फसल के रूप में उगाने से चने में कीड़ों का प्रकोप कम हो जाता है।

12. इसमें एक सीधी बढ़ने वाली तो दूसरी फैलने वाली फसल लगाने के कारण खरपतवारों का नियंत्रत स्वतः हो जाता है।

13. इनसे पषुओं के लिये संतुलित पोषक चारा उत्पादित करने में सहायता मिलती है ।

14. तेज हवाएं तेज वर्षा, एनी प्राकृतिक प्रकोप एवं जंगली जानवरों से फसल की सुरक्षा करना आसान होता है, क्योंकि कुछ फसलों को सुरक्षा फसल के रूप में भी उगाया जा सकता है।

अर्न्तवर्ती खेती की सीमायें

अर्न्तवर्ती फसलों के शस्य प्रबंध में कभी कभी व्यावहारिक समस्याएं भी उत्पन्न होती हैं जिससे किसानों को अनेक परेशानियों का सामना करना पड़ता है। अन्तरासस्यन की प्रमुख सीमायें निम्नलिखित हैं–

1. कृषि कार्यों के यंत्रीकरण में कठिनाई होती है यह कठिनाई बीजों की बुआई निराई, गुड़ाई, कटाई तथा संसाधन इत्यादि सभी क्रियाओं में उपस्थित होती है।
2. उर्वरकों की मात्रा तथा प्रयोग में कठिनाई होती हैं
3. शाकनाशी, कीटनाशी तथा कवकनाशी दवाओं के प्रयोग में असुविधा होती है।
4. फसलों की गुणवत्ता घट जाती है।

4. मृदा स्वास्थ्य एवं पोषक तत्व प्रबंधन

पौधों में पोषक तत्वों के कार्य, कमी के लक्षण व निदान

शाकाहार प्रकृति के कारण मानव जीवन सदैव ही पेड़—पौधों व फल—फूल पर निर्भर रहा है । पौधे सूर्य की उर्जा को रासायनिक उर्जा में परिवर्तित कर हमारे लिये बहुमूल्य भोजन, रेषम, तेल इत्यादि बनाते हैं। हमारे दैनिक आहार में विभिन्न प्रकार के जैविक पदार्थ जैसे अमीनो एसिड्स, विटामिन, खनिज, लवण, प्रोटीन, वसा इत्यादि अति आवश्यक हैं। इसी प्रकार पौधों को भी विभिन्न पोषक तत्वों की आवश्यकता होती है। इस आवश्यकता की प्रतिपूर्ति ठीक उसी प्रकार निर्भर करती है जैसे शिशु व वयस्क प्राणी के लिये भोजन व उसकी पौष्टिक गुणवत्ता। निरन्तर बढ़ती हुई जनसंख्या के लिये खाद्यान्न की पूर्ति करने हेतु हमें सीमित भूमि व उपलब्ध संसाधनों से अधिक से अधिक फसलोत्पादन करना होगा। किसी भी भूमि से उसकी क्षमतानुरूप उत्पादन प्राप्त करने के लिये उसमें वांछित पोषक तत्वों को उपलब्ध कराकर ही उच्च उपज प्राप्त की जा सकती है । यदि मिट्टी में पौधों के लिये उपलब्ध पोषक तत्व कम हैं और उन्हें यदि रासायनिक या जैविक स्रोतों द्वारा उपलब्ध न कराया जाए तो निश्चित रूप से फसल का उत्पादन कम हो जाता है। यह स्थिति यदि निरन्तर बरकरार रहती है तो उत्पादन में कमी के साथ—साथ पौधों में तत्व विशेष की कमी के लक्षण भी दृष्टिगोचर होने लगते हैं। समय रहते यदि इन विशिष्ट लक्षणों को पहचानकर, संबंधित पोषक तत्व उपलब्ध करा दिये जाएं तो फसल उत्पादन में संभावित हानि को न्यून करने के

साथ–साथ आगामी फसल के लिए भी उचित व्यवस्था की जा सकती है। वैसे तो पौधों में 80 से अधिक पोषक तत्व होते हैं परन्तु पौधों को सिर्फ वे पोषक तत्व अत्यन्त आवश्यक होते हैं जिनके बिना पौधे अपना जीवन चक्र पूरा नहीं कर पाते और उस तत्व के अभाव में कमी के विशेष लक्षण प्रकट कर देते हैं। उस तत्व की कमी को दूसरा तत्व भी पूरा नहीं कर पाता। उक्त तथ्य को ध्यान में रखते हुए अग्रलिखित पोषक तत्वों को पौधों हेतु अनिवार्य माना गया है। ये तत्व हैं – कार्बन, हाईड्रोजन, आक्सीजन, नत्रजन, फॉस्फोरस, पोटाश, गंधक, कैल्षियम, मैगनीशियम, लोहा, जस्ता, मैंगनीज, कॉपर, मोलिब्डिनम, बोरोन, क्लोरीन व निकिल ।

इनमें से पौधों को वायुमण्डल तथा जल से आक्सीजन, हाइड्रोजन व कार्बन प्राप्त हो जाते हैं तथा अन्य तत्व मृदा से मिलते हैं जो तालिका 1 में वर्णित हैं। मृदा से मिलने वाले तत्वों को उनकी मात्रा के अनुसार दो समूहों में विभाजित किया गया है –

(क) मुख्य पोषक तत्व – 1. मूल पोषक तत्व–नत्रजन, फॉसफोरस, पोटाष
2. गौण पोषक तत्व–कैल्शियम, मैगनीशियम, गंधक

(ख) सूक्ष्म पोषक तत्व – जस्ता, लोहा, मैगनीज, कॉपर, मोलिब्डिनम बोरोन, क्लोरीन व निकिल

तालिका 1 : अनिवार्य पोषक तत्व व उनके स्त्रोत

वर्ग	तत्व	मात्रा एवं उपलब्धता	स्त्रोत
1.	आक्सीजन, हाइड्रोजन व कार्बन	प्राकषतिक रूप से सुलभ	जल व वायु
2.	(अ) मुख्य पोषक तत्व		
	नत्रजन, फॉसफोरस, पोटाश	अधिक मात्रा में आवश्यक	मृदा, खाद व उर्वरक
	(ब) गौण पोषक तत्व		
	कैल्शियम, मैगनीशियम, गंधक	मध्यम मात्रा में आवश्यक	मृदा, खाद व उर्वरक

3.	सूक्ष्म पोषक तत्व		
	जस्ता, लोहा, मैगनीज,	सूक्ष्म मात्रा में आवश्यक कॉपर, मोलिब्डिनम, बोरोन, क्लोरीन व निकिल	मृदा , खाद व रासायनिक यौगिक

पोशक तत्वों का पौधों में अवशोषण

पौधों में तत्वों का पोषण निम्नानुसार होता है –

(क) मृदा के घोल से, (ख) विनिमय ऑयन का स्पर्ष विनिमय की क्रिया द्वारा, (ग) षीघ्रता से अपघटित होने वाले खनिजों से। इसके अतिरिक्त पौधों में अच्छे पोषण हेतु मृदा में पोषक तत्वों की सांद्रता अधिक होनी चाहिए तथा मृदा में वातन पर्याप्त होना चाहिए जिससे कार्बन डाई आक्साइड व आक्सीजन में पर्याप्त विसरण हो सके। इसके साथ ही मृदा में आर्द्रता भी पर्याप्त होनी चाहिए और पत्तियों पर प्रकाश भी पर्याप्त और उचित होना चाहिए।

मृदा में पोषक तत्वों की कमी

मृदा में तत्वों की कमी के प्रमुख रूप से दो कारक हैं–

क) पौधे अपनी वृद्धि और जीवन चक्र पूर्ण करने के लिए विभिन्न आवश्यक पोषक तत्व मृदा से ग्रहण करते हैं जिससे मृदा निरंतर अपने भण्डारित से तत्वों के अवषोशण के कारण अनउपजाऊ होती जाती है। ख) अधिक वर्षा की स्थिति में भूमि में जल निकास अनिवार्य हो जाता है ऐसी स्थिति में बहुत से पोषक तत्व जमीन से बह जाते हैं। एक अनुमान के अनुसार 32 से 58 किलोग्राम नाइट्रेट प्रति हेक्टेयर की क्षति जल निकास के कारण होती है। इसके अतिरिक्त बोरोन, मोलिब्डिनम तथा गंधक की क्षति भी अपवाह के साथ अधिक होती है।

पौधों में पोषक तत्वों के कार्य व कमी के लक्षण

पौधों को जब लगातार आवश्यकता से कम पोषक तत्व मिलते हैं तो उनमें पोषक तत्वों की कमी के लक्षण प्रकट होने लगते हैं। ये लक्षण विभिन्न पोषक तत्वों के लिए भिन्न–भिन्न होते हैं। इनकी पहचान के

साथ–साथ रासायनिक विश्लेषण करवा कर कमी को सुनिश्चित करके उचित कदम उठाए जा सकते हैं।

मुख्य पोषक तत्व

नत्रजन

नत्रजन वानस्पतिक वृद्धि के लिए उत्तरदायी है, इससे पत्तियाँ खूब हरी हो जाती हैं और अधिक भोजन का निर्माण करती हैं। नत्रजन की मात्रा पर्याप्त होने से पत्तियाँ मुलायम रहती हैं। यह पादप ऊतक में पानी की मात्रा बढ़ा देता है तथा कैल्शियम की मात्रा कम कर देता है। यह कोषिका की माप भी बढ़ा देता है तथा कोशिका भित्ति को पतला कर देता है। यह बीज बनने में सहायता करता है तथा फसलों का भरण मान बढ़ाता है। जिन फसलों को नत्रजन की अधिक मात्रा में आवश्यकता होती है वे फास्फोरस व पोटाश का अधिक मात्रा में उपयोग कर सकती हैं। नत्रजन की बहुत अधिक मात्रा पौधों को नुकसान भी पहुँचा सकती है क्योंकि इससे कोशिकाएं बहुत बड़ी हो जाती हैं तथा कोशिका भित्ति पतली पड़ जाती है जिसके कारण पौधों पर कीड़ों, कवक, मौसम की दशाओं जैसे– सूखा व पाला आदि का प्रतिकूल प्रभाव पड़ता है। नत्रजन की अधिकता से फसल पकने में भी ज्यादा समय लगता है। इसकी कमी से पौधों की पत्तियाँ पीली पड़ने लगती हैं। ये लक्षण सर्वप्रथम पौधों के निचले भाग में पुरानी पत्तियों पर देखे जा सकते हैं। ऐसा इसलिए होता है क्योंकि नाइट्रोजन पौधों के अन्दर गतिशील रहता है। अधिक कमी के कारण पूरा पौधा पीला पड़ सकता है और अन्त में पत्तियाँ सूखने लगती हैं और भूरी होकर मर भी सकती हैं।

फॉस्फोरस

फॉस्फोरस को खेती का स्तम्भ माना जाता है। नत्रजन के बाद फॉस्फोरस महत्वपूर्ण पोषक तत्व है जिसके कारण पादप वृद्धि सीमित हो जाती है। फास्फोरस की मात्रा भूमि में काफी होते हुए भी पौधों को इसकी उपलब्धता कम हो सकती है। मृदा में उपयोग किये गये उर्वरक–फॉस्फोरस की मात्रा थोड़े समय के पश्चात् अनुपलब्ध हो जाती है। कभी–कभी

फॉस्फोरस की कमी के लक्षण मृदा में कई हजार किलोग्राम फॉस्फोरस प्रति हैक्टेयर होने के बाद भी दृष्टिगोचर हो सकते हैं। इसकी कमी से कई अन्य तत्व भी प्रभावित होते हैं। फास्फोरस के बिना न तो कोशिका विभाजन होता है न ही प्रोटीन व वसा बनते हैं। यह सभी जीवित कोशिकाओं में पाया जाता है तथा कोषिका केन्द्रक में होता है। यह पौधे के अग्र भागों/मेरिसमैटिक ऊतक के लिये आवश्यक होता है। फॉस्फोरस की कमी से स्टार्च शर्करा में नहीं बदल पाता। फूल, फल व बीज बनना इसी पर निर्भर होता है। फॉस्फोरस पौधों की जड़ों को बढ़ाने में सहायता करता है जिससे पौधे पोषक तत्व अधिक मात्रा में ग्रहण करते हैं। अन्यथा इसकी कमी से जड़ें कमजोर रहती हैं। फॉस्फोरस अनाज की फसलों में दाना व भूसे के अनुपात तथा सम्पूर्ण पैदावार को बढ़ाता है तथा परिपक्वता शीघ्र लाने में सहायता करता है। इसकी कमी से पोटाश व अन्य तत्वों का अवशोषण कम होता है। फॉस्फोरस की कमी से पौधे की पुरानी पत्तियाँ बैंगनी रंग की होने लगती हैं।

पौटेशियम

नत्रजन व फॉस्फोरस पौधे की वृद्धि में सहायक होता है परन्तु पोटाश के साथ ऐसा नहीं है। यह पादप ऊतक में अकार्बनिक लवण के रूप में पाया जाता है। पोटाश का प्रमुख कार्य पौधों के अन्दर विभिन्न एंजाइमों को सक्रिय रखना है। पौटेषियम अमोनिया को प्रोटीन में परिवर्तित करने के लिये भी आवश्यक होता है। पौधों में यह किसी यौगिक के रूप में विद्यमान नहीं रहता। यह पौधों को कड़ा बनाता है तथा गिरने से बचा लेता है। इसकी मात्रा पौधों में पर्याप्त रहने से पौधों की कीटों व बीमारियों से लड़ने की क्षमता बढ़ जाती है। पोटाश की कमी से पौधों की पुरानी पत्तियों के अग्रभाग व किनारे सूखने लगते हैं तथा पत्तों के शिरे भी सूखने लगते हैं जो धीरे–धीरे अन्दर की ओर बढ़ने लगते हैं। अन्त में पूरा पत्ता सूख कर गिर सकता है।

द्वितीयक/गौण पोषक तत्व

कैल्शियम

यह भी पौधों हेतु महत्वपूर्ण तत्व है। कोशिका भित्ति में कैल्शियम पैक्टेट नामक पदार्थ पाया जाता है जो कोशिका का आकार बनाये रखने में मददगार होता है। यह पौधे के अन्दर गतिशील नहीं रहता। इसलिये इसकी कमी के लक्षण सर्वप्रथम पौधे के नए भागों में प्रकट होते हैं। कैल्शियम की कमी से पौधे का विकास रूक जाता है। ऊतक चिपचिपे हो जाते हैं। पत्तियाँ बिना क्रम की हो जाती हैं व साधारण रूप से खुल नहीं पाती तथा कप के आकार की प्रतीत होती हैं।

मैगनीशियम

मैगनीशियम पर्णरहित का अंग है। यह अनेक एंजाइमों का भाग भी है और उन्हें क्रियाशील भी करता है जैसे– पैप्टाइडेज, कार्बोक्सिलेज, फॉस्फोरिलेज इत्यादि। मैगनीशियम पौधों में वसा तथा तेल का संश्लेषण करता है। मैंगनीशियम की कमी प्रायः आर्द्र क्षेत्रों में स्थित मोटे गठन की मिट्टियों में पाई जाती है। यह भी पौधों में गतिशील रहता है। इसलिये इसकी कमी के लक्षण पुरानी पत्तियों पर सर्वप्रथम देखे जाते हैं। खाद्यान्न फसलों में इसकी कमी के लक्षण की पहचान करना आसान नहीं है। इसकी कमी से पौधे की पत्तियों में हरिमाहीनता, धारीदार चिन्ह, पत्तियों के किनारे तथा सिरे पर लाल रंग इत्यादि लक्षण प्रतीत होने लगते हैं। मैंगनीशियम की कमी के लक्षण मक्का के पौधों पर बहुत ही स्पष्ट दिखाई देते हैं।

गंधक

गंधक पौधों में कई महत्वपूर्ण योगिकों के रूप में पाया जाता है जैसे– सिस्टीन, सिस्टाइन, मेथियोनिन, ग्लूकाथियोन, थायोमिन, बायोटिन इत्यादि। यह तिलहनी फसलों में तेल बनाने में महत्वपूर्ण है। यह फलीदार पौधों में ग्रंथियां बनाने के लिये भी आवश्यक होता है। गंधक की कमी से बढ़वार रूक जाती है तथा हरिमाहीनता आ जाती है। यह पौधों में गतिशील नहीं होता है इसलिए कमी के लक्षण पौधों के नए पत्तों पर

दिखाई देते हैं। नत्रजन की तरह गन्धक की कमी से पुरानी की बजाय नई पत्तियां पीली पड़ने लगती हैं। इसके साथ–साथ कोशिका विभाजन भी रूक जाता है तथा कुछ पौधों में फल नहीं लगते हैं।

सूक्ष्म पोशक तत्व

विभिन्न सूक्ष्म पोषक तत्व अलग–अलग दशाओं में पौधे की वृद्धि के लिये महत्वपूर्ण होते जा रहे हैं ऐसा इसलिए हो रहा है क्योंकि हम कई दषकों से सिर्फ मूल तत्वों को ध्यान में रखते हुए खेती करते आ रहे हैं और भूमि से सूक्ष्म पोषक तत्वों का सदैव ह्रास हो रहा है। इसलिये वर्तमान परिदृश्य में सूक्ष्म पोषक तत्वों पर ध्यान में रखकर ही लाभदायक खेती सम्भव है।

लोहा

लोहा पौधों में पर्णहरित, प्रोटीन निर्माण में सहायक व प्रोटीन उपापचय में उत्प्रेरक का कार्य करता है। यह पौधों में आक्सीजन संचरण में भी सहायता करता है तथा जैव–रासायनिक क्रियाओं के लिए आवश्यक होता है। यह हीमोग्लोबिन एन्जाइमों का घटक है। इसकी कमी से पौधों की नई पत्तियों की मध्य शिरा के बीच में पीलापन तथा किनारों का रंग हरा रहता है। अधिक कमी से पत्तियों की शिरायें व इनके बीच का भाग पीला पड़ जाता है तथा नई पत्तियां सफेद पड़ जाती हैं।

जस्ता

जस्ता पौधों की कई आवश्यक प्रतिक्रियाओं में उत्प्रेरक का कार्य करता है। यह प्रोटीन व हारमोंस के संश्लेषण में भी सहायक होता है। यह फॉस्फोरस व अन्य उर्वरकों की उपयोग क्षमता को बढ़ाता है। इसकी कमी से पौधों की पुरानी पत्तियों के बीच सफेद या पीले रंग की धारियां पड़ जाती हैं जो बाद में भूरे रंग में बदल जाती हैं। पौधे की वृद्धि दर कम हो जाती है तथा बालियां व फूल देर से निकलते हैं।

ताँबा

ताँबा पौधों मे पर्णहरित व विटामिन ए के संश्लेषण में सहायक

होता है। इसलिए यह प्रकाश संश्लेषण में महत्वपूर्ण भूमिका निभाता है। यह आक्सीकरण एवं अवकरण क्रियाओं को नियमित कर एन्जाइमों की क्रियाशीलता को बढ़ाने में सहायक होता है। तांबा की कमी से नई पत्तियों का पीला पड़ना व ऊतकों का मरना, अग्र भाग का मुड़ना, अनाज फसलों में दाने न बनना तथा पौधों में फूल न आना इत्यादि लक्षण दिखाई देते हैं। कई बार शिखर की पत्ती गोभ के अन्दर ही रह जाती है या फिर टेढ़ी–मेढ़ी होकर ही निकल पाती है।

मैंगनीज

मैंगनीज भी पर्णहरित के संश्लेषण में सहायक होता है। इसके साथ–साथ यह कार्बोहाइड्रेट्स व प्रोटीन के निर्माण में भी सहायक होता है। यह फॉस्फोरस तथा कैल्शियम की उपलब्धता को बढ़ाता है। इसके अतिरिक्त यह पौधों के अंकुरण एवं पकने में भी सहायक पाया गया है। मैंगनीज की कमी से नई पत्तियों के बीच का भाग पीला पड़ जाता है तथा शिराएं गहरे हरे रंग की हो जाती हैं। इसकी कमी के मुख्य लक्षण कई फसलों में खास रोगों के नाम से जाने जाते हैं जैसे– जई में ग्रे स्पेक, गन्ने में पहला ब्लाइट, मटर में मार्श स्पॉट, चुकन्दर में स्पेक्ल्ड येलो इत्यादि।

बोरोन

बोरोन कोशिका विभाजन में सहायक होता है। यह कैल्शियम के अनुपात को नियंत्रित करता है। यह प्रोटीन व एन्जाइम के संश्लेषण व क्रियाशीलता बढ़ाने में सहायता करता है। इसकी कमी से पौधों की वृद्धि रूकना, कलियों एवं फूलों का गिरना आदि लक्षण दिखाई देते हैं। इसके अतिरिक्त जड़ वाली फसलों में ब्राउन हर्ट नामक बीमारी हो जाती है। फलों व बीजों का पूरी तरह न बनना आदि लक्षण भी इसकी कमी से पाये गये हैं।

मॉलिब्डेनम

मॉलिब्डेनम नाईट्रोजिनेज नामक एन्जाइम को सक्रिय करता है जिससे दलहनी फसलों में राइजोबियम बैक्टिरिया द्वारा अधिक नाइट्रोजन स्थिरीकरण करने में सहायता मिलती है। इसकी कमी से पौधे पीले पड़

सकते हैं एवं वृद्धि रूक सकती है तथा पत्तियों के किनारे मुड़ सकते हैं। गोभी की फसल में व्हिपटेल नामक रोग मोलिब्डिनम की कमी से ही होता है।

निकिल

पत्तियों का आकार में छोटा रह जाना निकिल की कमी का प्राथमिक सूचक है। नये पत्रकों जिनमें निकिल की कमी के लक्षण दिखाई देते हैं उन पत्तियों में लाल रंग के वर्णक भी अधिक दिखाई पड़ते हैं। समय के साथ कमी ग्रस्त पत्रकों के आकार छोटे, अधिक गहरे रंग व मोटे हो जाते हैं। निकिल की कमी से ग्रस्त पौधे बीज उत्पादन में सक्षम नहीं रहते हैं। पौधे निकिल को Ni^{++} के रूप में ग्रहण करते हैं।

मुख्य, द्वितीयक व सूक्ष्म पोषक तत्वों की कमी का निदान

पोषक तत्वों की कमी को पूरा करने के लिए विभिन्न कार्बनिक व अकार्बनिक स्त्रोतों द्वारा तत्व प्रबंधन अनिवार्य हो जाता है ताकि फसलों में तत्वों की कमी से होने वाले नुकसान को न्यून किया जा सके।

नत्रजन

पौधों में नत्रजन की प्रतिपूर्ति हेतु फसल अवशेष, हरी खाद, नत्रजनयुक्त उर्वरक, तथा वर्षा के साथ के नाइट्रोजन लवण एवं जैविक नत्रजन का पौध अवशोषण लाभदायक होता है। नत्रजनयुक्त उर्वरकों में प्रमुख रूप से यूरिया का उपयोग लाभकारी है। इसके अतिरिक्त अन्य उर्वरकों जैसे– कैल्षियम अमोनियम नाइट्रेट (कैन), अमोनियम सल्फेट, डाई अमोनियम फास्फेट इत्यादि भी अनुशंशानुरूप फसलों को दिया जा सकता है। खड़ी फसलों में यूरिया का प्रयोग 2 प्रतिशत घोल (1 लीटर पानी में 20 ग्राम यूरिया) के रूप में पर्णीय छिड़काव द्वारा भी किया जा सकता है। उर्वरक भूमि की सतह पर न छोड़ें इससे नत्रजन का नुकसान शीघ्र हो जाता है इसलिए जमीन में पर्याप्त नमी के समय ही फसल को यूरिया देना चाहिए।

फॉस्फोरस

भूमि में फास्फोरस की प्रतिपूर्ति हेतु सुपर फास्फेट, डाई अमोनियम फास्फेट इत्यादि का प्रयोग सामान्यतया किया जाता है। फॉस्फोरस का उपयोग पूर्णीय छिड़काव के बजाय सीड ड्रील के द्वारा कूँड़ के नीचे करने से विशेष लाभ मिलता है। इसके साथ भूमि में जैविक खादों का प्रयोग भी पर्याप्त मात्रा में करना चाहिए। भूमि की अभिक्रिया 7.5 के आसपास बनाये रखने से फास्फोरस की उपलब्धता पौधों के लिये बढ़ जाती है। इसलिए अम्लीय भूमि में चूने का व क्षारीय भूमि में जिप्सम का आवश्यकतानुसार उपयोग करना चाहिए इसके साथ–साथ पी.एस.बी. कल्चर के प्रयोग से फास्फोरस उर्वरक की मात्रा कम की जा सकती है।

पोटाश

पोटाश के लिये भूमि में सामान्यतया म्यूरेट ऑफ पोटाश (एम.ओ.पी.) उर्वरक का प्रयोग किया जाता है। इसके अलावा पौटेशियम सल्फेट (एस.ओ.पी.) व पौटेशियम नाइट्रेट इत्यादि भी उपयोग में लाये जा सकते हैं। एम.ओ.पी. जल में घुलनशील होने के कारण खड़ी फसल में भी दिया जा सकता है। आलू व तम्बाकू के लिए एम.ओ.पी. का उपयोग उपज की गुणवत्ता बनाये रखने के लिए बेहतर होता है।

कैल्शियम व मैंग्नीशियम

सामान्यतया ये पोशक तत्व प्रमुख पोशक तत्व हेतु प्रदाय किए गए उर्वरकों के यौगिकों में विद्यमान रहते हैं, फिर भी इन्हें यदि पृथक से प्रदाय करने की आवश्यकता हो तो कैल्षियम सल्फेट व मैंग्नीशियम सल्फेट द्वारा ये तत्व प्रदाय किए जा सकते हैं।

गंधक

गंधक की कमी वाली मृदा ओं में गंधक के प्रयोग से फसलों की उपज वृद्धि होती है साथ ही फसलों की गुणवत्ता में भी सुधार होता है। उपज की गुणवत्ता जैसे

दानों में तेल की मात्रा, पौधों तथा बीज में प्रोटीन की मात्रा में वृद्धि, पोषण गुणवत्ता में वृद्धि व चारा में नत्रजन : गंधक अनुपात में सुधार व प्रोटीन की मात्रा में वृद्धि, कंद फसलों जैसे आलू में स्टार्च की मात्रा में वृद्धि, गेहूँ की गुणवत्ता में वृद्धि, गन्ने में शक्कर की मात्रा में वृद्धि, नारियल में खोपरा की गुणवत्ता में वर्षद्धि, तथा कपास व जूट के रेशों की गुणवत्ता में गंधक वृद्धि करता है।

फसलों द्वारा अवषोशित गंधक की मात्रा 5 कि.ग्रा. से 50 कि.ग्रा. गंधक प्रति हैक्टयर तक होती है जो फसलों के प्रकार व मृदा में प्राप्य गंधक की मात्रा व अन्य तत्वों की उपलब्धता, वृद्धि दशा, फसल सघनता व उपज पर निर्भर करती है। सामान्य रूप से गंधक अवशोषण का क्रम तिलहनी फसलों में अधिक तत्पश्चात् दलहनी तथा इसके बाद अनाज फसलों में होता है। एक टन अनाज, दलहनी व तिलहनी फसल द्वारा मृदा से गंधक का अवशोषण क्रमशः 4, 8 व 12 कि.ग्रा. होता है। गंधक के प्रति सबसे अधिक फसल प्रतिक्रिया तिलहनी फसलों में देखी गई है जो कि अन्य फसलों की अपेक्षा अधिक होती है।

गंधक के विभिन्न स्रोतों में सिंगल सुपर फॉस्फेट, जिप्सम, फॉस्फो–जिप्सम, पायराइट, अमोनियम सल्फेट, बेन्टोनाइट–सल्फर, पिस्टीलेट गंधक पोषण हेतु अधिक उपयोगी पाये गए हैं। सामान्य रूप से फसलों में गंधक का प्रयोग आधार उपयोग के रूप में उत्तम पाया गया है परन्तु तिलहनी फसलों में इसका प्रयोग बुवाई के 25–30 दिन बाद या निराई–गुड़ाई के समय किया जा सकता है। मृदा में पर्याप्त नमी होने की दशा में सतह पर पायराइट का भुरकाव किया जा सकता है। समान रूप से 8–10 टन प्रति हैक्टयर की दर से कार्बनिक खादों का प्रयोग भी गंधक की कमी दूर करने में सार्थक सिद्ध हुआ है। दलहनी फसलों जैसे चना, मटर, अरहर, इत्यादि में 40 कि.ग्रा. गंधक प्रति हैक्टयर की दर से, जबकि मसूर, मूँग, उड़द तथा क्लस्टर बीन जैसे फसलों में 20 कि.ग्रा. प्रति हैक्टयर की दर से प्रयोग करने पर अधिकतम उपज प्राप्त की जा सकती है। फसलों में सल्फेट युक्त जल से सिंचाई करने पर फसलों को दिये जाने वाले गंधक युक्त उर्वरकों का कोई प्रभाव नहीं देखा गया।

पंजाब, हरियाणा एवं पश्चिमी उत्तर प्रदेश के पानी में सल्फेट की मात्रा 4–6 पीपीएम तक पाई जाती है।

जस्ता (जिंक)

जिंक के विभिन्न अकार्बनिक स्रोतों (जिंक सल्फेट, जिंक क्लोराइड, चिलेटेड जिंक एवं जिंक फ्रिट्स आदि) में जिंक सल्फेट हेप्टाहाइड्रेट ($ZnSO_4.7H_2O$), जिसमें 20–21 प्रतिशत जिंक की मात्रा होती है, सभी फसलों एवं मृदा ओं में जिंक की कमी को दूर करने में यह उपयोगी माना गया है क्योंकि जिंक सल्फेट आसानी से उपलब्ध होने के साथ–साथ जिंक का सबसे सस्ता स्रोत है तथा यह किसी भी मृदा परिस्थिति में जिंक की पूर्ति करने के लिए घुलनशील एवं उपयोगी स्रोत है। यदि नियमित रूप से मृदा में 10–15 टन प्रति हैक्टेयर की दर से गोबर की खाद का प्रयोग किया जाता है तो यह सभी सूक्ष्म तत्वों की कमी की पूर्ति करने में सक्षम होता है। यदि उपयुक्त मात्रा में गोबर की खाद उपलब्ध न हो तब 4–5 टन गोबर की खाद के साथ जिंक की 50 प्रतिशत अनुशंसित मात्रा के प्रयोग से उत्तम परिणाम प्राप्त होते हैं। जिंक की अत्यधिक कमी वाली मृदा ओं में बायोगैस स्लरी घोल के साथ 2.5 कि.ग्रा. जिंक प्रति. हैक्टेयर की दर से प्रयोग करने से अधिकतम उपज प्राप्त की जा सकती है। हरी खाद का प्रयोग भी मृदा में सूक्ष्म तत्वों के स्तर व उपज बढ़ाने में सहायक सिद्ध होता है ।

जिंक–इडीटीए (EDTA-Zn) यद्यपि जस्ते का उपयुक्त स्त्रोत है परन्तु यह जिंक सल्फेट की अपेक्षा अधिक मात्रा में प्रयोग होने से आर्थिक रूप से मंहगा सिद्ध होता है। इसलिए फसलों में जिंक की पूर्ति के लिए सामान्यतया जिंक सल्फेट का प्रयोग करना चाहिए। जिंक के आंषिक घुलनशील स्रोतों जैसे जिंक ऑक्साइड (ZnO), जिंक कार्बोनेट ($ZnCO_3$) और जिंक फ्रिट्स की अपेक्षा अधिक घुलनशील स्रोत जैसे जिंक सल्फेट ($ZnSO_4.7H_2O$) की उपयोगिता की तुलनात्मक विवेचना में पाया गया कि महीन संरचना एवं जिंक स्थिरीकरण वाली मृदाओं में आंशिक घुलनशील स्रोत जिंक सल्फेट के समतुल्य हैं जबकि मोटी बनावट वाली मृदाओं में जिंक के घुलनशील स्रोत अर्थात जिंक सल्फेट ही ज्यादा उपयुक्त होता

है । विभिन्न अध्ययनों के परिणाम यह इंगित करते हैं कि जिंक या बोरॉन की अत्यंत कमी वाली मृदा ओं में सूक्ष्म तत्व युक्त मुख्य तत्वीय उवर्रक जैसे जिंकटेड सुपर और बोरोनेटेड सुपर आदि का प्रयोग जिंक सल्फेट या चिलेट की तुलना में कमतर ऑका गया।

बीजों पर जिंक ऑक्साइड (ZnO) की कोटिंग, टिपरोसिन जिंक या जिंक सल्फेट घोल की कोटिंग की सहायता से प्रारंभिक अवस्था में जिंक की कमी को सफलता पूर्वक दूर किया जा सकता है परन्तु अत्यधिक कमी की दशा में बीज निवेशन विधि से दी गई जिंक पौधों के लिए पर्याप्त नहीं होती। मृदा में जिंक की कमी की पूर्ति के लिए आवश्यक जिंक की मात्रा अलग–अलग क्षेत्रों, फसलों एवं उनकी प्रजातियों के आधार पर भिन्न–भिन्न होती है। मृदा में जिंक की कमी के स्तर के आधार पर उर्वरक की मात्रा बढ़ाई या घटाई जा सकती है। क्षारीय मृदा एं जिनमें अधिकतर जिंक व तांबा की कमी होती है, उनमें धान, गेहूँ, व अन्य फसलों की अधिकतम उपज तब तक प्राप्त नहीं की जा सकती जब तक कि मृदा में सोडियम के स्तर को कम नहीं किया जाता। मृदा सुधारक के रूप में उपयोग में लाए गए जिप्सम द्वारा फसलों में जिंक की आवश्यकता 25–75 प्रतिशत तक कम हो जाती है।

सामान्यतः जिंक युक्त उर्वरकों का प्रयोग आधार उर्वरक के रूप में भुरकाव या कतारों के मध्य अच्छा माना गया है। यदि आधार उर्वरक के रूप में जिंक का प्रयोग नहीं किया गया है तब बुवाई के 45 दिन बाद जिंक युक्त उर्वरकों का प्रयोग टॉप ड्रेसिंग के रूप में करना चाहिए। जब फसलों में जिंक की कमी के लक्षण दिखाई दें तब 0.5 प्रतिशत जिंक सल्फेट के घोल का छिड़काव तीन बार 7–10 दिन के अन्तराल पर करने से इसकी कमी को सुधारा जा सकता है। जिंक युक्त उर्वरकों की उपयोग क्षमता बढ़ाने के लिये मृदा में कार्बनिक खादों का प्रयोग करना चाहिए। जिंक युक्त उर्वरकों का प्रयोग कार्बनिक खादों के साथ करने से मृदा में उपलब्ध जिंक का अवशेष प्रभाव केवल जिंक उर्वरकों के प्रयोग की तुलना में बेहतर पाया गया है।

लोहा

बेहतर फसल उत्पादन के लिए मृदा में लौह तत्व की कमी एक प्रमुख बाधा है। लौह तत्व की कमी उथली, क्षारीय मृदा ओं व चूना पत्थर युक्त मोटी संरचना वाली मृदा ओं जिनमें कार्बनिक तत्व कम हों, में एक मुख्य समस्या है। पौधों में 1–2 प्रतिशत फेरस सल्फेट का बिना उदासीनीकरण वाले विलयन का छिड़काव तीन से चार बार करने पर लौह–प्रेरित पर्ण हरिमाहीनता का निदान सफलतापूर्वक किया जा सकता है। प्रयोगों के परिणाम यह बताते हैं कि छिड़काव की अपेक्षा मृदा में आधार उर्वरक के रूप में लौह तत्व का प्रयोग कम उपयोगी सिद्ध हुआ है। लौह तत्व के अकार्बनिक स्रोतों की अपेक्षा चिलेटेड स्रोत अधिक प्रभावी होते हैं परन्तु आर्थिक दृष्टि से कृषकों के लिये ये अकार्बनिक स्रोतों की तुलना में मॅहगे साबित होते हैं।

मोटी संरचना वाली उच्च मृदा ओं में उगाई जाने वाली धान की फसल में लौह तत्व की कमी फेरस आयन (Fe^{++}) की पारगम्यता कम होने के कारण होती है। चूँकि हरी खाद, गोबर की खाद व कम्पोस्ट का प्रयोग लौह तत्व की पारगम्यता को बढ़ाने में सहायक होता है इसलिए फसल बुआई के पूर्व यदि इनका प्रयोग किया जाय तो लौह तत्व की उपलब्धता बढ़ जाती है। फेरस सल्फेट ($FeSO_4.7H_2O$) का 1 प्रतिशत घोल का बिना उदासीनीकरण के फसलों पर छिड़काव अधिक लाभकारी सिद्ध होता है।

मैंगनीज

मोटी संरचना वाली बलुई एवं क्षारीय मृदा ऐं, जिनमें कार्बनिक पदार्थ की मात्रा कम होती है एवं पारगम्यता अधिक होती है, में मैंगनीज तत्व की कमी बढ़ रही है। इस प्रकार की समस्या उत्तर मैदानी क्षेत्रों यथा पंजाब एवं हरियाणा के धान–गेहूँ फसल चक्र में प्रमुखता से उभर रही है। पौधों में मैंगनीज की कमी दूर करने के लिए मृदा में आधार उर्वरक के रूप में मैंगनीज का प्रयोग करने के बजाय पौधों पर 0.5–1.0 प्रतिशत मैंगनीज सल्फेट ($MnSO_4$) का 3–4 बार छिड़काव करना अधिक उपयोगी होता

है। अध्ययन के परिणाम यह इंगित करते हैं कि क्षारीय बलुई मृदा ओं में मैंगनीज सल्फेट ($MnSO_4$) का एक छिड़काव पहली सिंचाई से पूर्व व दो छिड़काव पहली सिंचाई के बाद में करने से गेहूँ में अधिकतम उपज वृद्धि देखी गई।

ताँबा

देश के कुछ हिस्सों में, जहाँ भूमि मे कार्बनिक पदार्थ की मात्रा अधिक है तथा पी.एच. मान अधिक है, ताँबा की कमी पाई जाती है। इन क्षेत्रों में ताँबा युक्त उर्वरक के प्रयोग से फसलों की उपज वष्द्धि होती है। मृदा में ताँबे की कमी के निराकरण हेतु कॉपर सल्फेट का या तो आधार उर्वरक के रूप में प्रयोग या पौधों पर छिड़काव करके दूर किया जा सकता है।

बोरॉन

बोरेक्स, ग्रेन्यूबोर तथा बोरिक अम्ल मृदा में बोरॉन की कमी दूर करने हेतु समान रूप से कारगर सिद्ध हुए हैं। बुवाई के समय मृदा में बोरॉन का प्रयोग अपेक्षाकृत अधिक उपयोगी पाया गया है। फसलों मे बोरॉन की कमी दूर करने में पर्णीय छिड़काव सहायक होता है। बोरॉन तत्व परागकणों व बीजों के बनने में सहायक है इसलिए पौधों पर बोरॉन के छिड़काव से परागकणों के बनने की उत्तम संभावना रहती है परिणाम स्वरूप उपज बढ़ाने में यह सहायक होता है।

ऐसी मृदा यें जिनमें उपयुक्त मात्रा में बोरॉन उपलब्ध नहीं है, बोरॉन की छिपी हुई जरूरत की पूर्ति हेतु फूल निकलने से पूर्व 0.2 प्रतिशत बोरिक अम्ल या बोरेक्स का छिड़काव करने पर अधिक कलिका व अधिक फूल लगते हैं तथा उपज में वृद्धि होती है। लैटराइटिक मृदाओं में, अनाज फसल में 0.1–1.5 कि.ग्रा. बोरॉन प्रति हैक्टेयर की दर से तथा दलहन एवं तिलहन फसल में 1.5–2.0 कि.ग्रा. बोरॉन प्रति हैक्टेयर की दर से प्रयोग करना चाहिए । बोरॉन प्रयोग का अवशेष प्रभाव आगामी फसलों को भी मिलता है।

मॉलिब्डेनम

मृदा में मॉलिब्डेनम की कमी की दशा में सोडियम मॉलिब्डेट अथवा अमोनियम मॉलिब्डेट का प्रयोग उक्त तत्व की कमी को दूर करने हेतु सामान्य स्रोत हैं। मॉलिब्डेनम की कमी वाली मृदाओं में अनाज की अपेक्षा सब्जियाँ, दलहनी व तिलहनी फसलें, मॉलिब्डेनम के प्रति अधिक सुग्राही होती है। मॉलिब्डेनम की कमी युक्त अम्लीय लाल मृदाओं में 0. 4–0.5 कि.ग्रा. प्रति हैक्टेयर की दर से प्रयोग मृदाओं में पर्याप्त होता है। फॉस्फोरस युक्त उर्वरकों के साथ सोडियम मॉलिब्डेट या अमोनियम मॉलिब्डेट के मिश्रण का प्रयोग मॉलिब्डेनम की उपयोग क्षमता को बढ़ाने में सहायक सिद्ध हुआ है।

द्वितीयक एवं सूक्ष्म पोषक तत्वों के रासायनिक स्रोत

अधिकांश फसलों में चूने का प्रयोग कैल्शियम की उपलब्धता का अच्छा साधन है। जब अम्लीय मृदा ओं में मृदा के पी.एच. को नियंत्रित करना हो तब अच्छी गुणवत्ता वाला कैल्शियम युक्त चूना पत्थर का प्रयोग किया जा सकता है। जब मृदा में कैल्शियम के साथ मैगनीशियम की कमी हो तब मृदा में डोलोमाइट चूना पत्थर का प्रयोग किया जाना चाहिए। साथ ही इसके स्थान पर कैल्साइट लाइम स्टोन व मैंगनीशियम स्रोत जैसे पोटेशियम, मैगनीशियम सल्फेट (K-MAG) को साथ मिलाकर प्रयोग किया जा सकता है। क्षारीय मृदाओं में जिप्सम कैल्शियम की कमी की पूर्ति का अच्छा साधन है। कैल्शियम एवं मैगनीशियम के कुछ स्रोत तालिका 2 में दिये गये हैं। जिनमें डोलोमाइट चूना मैगनीशियम की कमी वाली मृदा ओं में सबसे उत्तम स्रोत पाया गया है क्योंकि इसमें 6–12 प्रतिशत मैगनीशियम होता है जबकि अन्य चूना पत्थरों में मैगनीशियम की मात्रा 1 प्रतिशत से कम होती है। इसके अलावा डोलोमाइट में मैगनीशियम कार्बोनेट ($MgCO_3$) के रूप में होता है जो कि जल में घुलनशील नहीं होता अतः पौधों को धीरे–धीरे प्राप्त होता है। इसकी उपलब्धता कणाकार पर निर्भर करती है। अधिक बारीक पिसे हुये डोलोमाइट कणों से मैगनीशियम फसलों को अधिक तीव्रता से प्राप्त होता है।

गंधक युक्त उर्वरकों में प्रमुख स्रोत सल्फेट होते हैं जो तालिका 3 में दर्शित हैं। सामान्य रूप से जल में घुलनशील होते हैं परन्तु तत्वीय गंधक जल में अघुलनशील होता है जो सीधे पौधों को प्राप्त नहीं होता। तत्वीय गंधक सर्वप्रथम जीवाणुओं द्वारा आक्सीकृत किया जाता है जिससे वह सल्फेट में परिवर्तित होता है तब पौधों द्वारा इसका अवशोषण होता है। तत्वीय गंधक के ऑक्सीकरण के लिए मृदा में पर्याप्त नमी, तापमान तथा वायु का संचरण होना अति आवश्यक है। साथ ही यदि गंधक के कण महीन हों तो ऑक्सीकरण तेज होता है। तत्वीय गंधक का प्रयोग फसल बुवाई के 20—25 दिन पूर्व किया जाना चाहिए।

तालिका 2 : कैल्शियम व मैगनीशियम के सामान्य स्रोत

कैल्शियम स्रोत	Ca (%)	अम्ल उदासीनीकरण मात्रा
जिप्सम	22	नहीं
बेसिक स्लैग	29	50—70
कैल्सीएटिक लाइम स्टोन	32	85—100
डोलोमाइट लाइम स्टोन	22	95—108
हाइड्रेटेड लाइम	46	120—135
मैगनीशियम स्त्रोत	**Mg (%)**	**जल घुलन□ीलता**
डोलोमाइट लाइम	6—12	घुलनशील
के मैग (K-MAG)	10—11	घुलनशील
मैग्नीशियम क्लोराइड ($MgCl_2$)	7.5	कम घुलनशील
मैग्नीशियम हाइड्रॉक्साइड (MgOH)	40	घुलनशील
मैग्नीशियम नाइट्रेट ($Mg NO_3$)	16	कम घुलनशील
मैग्नीशियम ऑक्साइड (MgO)	50—60	घुलनशील
मैग्नीशियम सल्फेट ($MgSO_4$)	10—16	अघुलनशील

तालिका 3 : गंधकयुक्त उर्वरक के स्रोत व मृदा के पी.एच. मान पर प्रभाव

स्रोत	S (%)	जल में घुलनशीलता	मृदा के पी.एच. पर प्रभाव
अमोनियम सल्फेट	24	घुलनशील	कम
अमोनियम थायोसल्फेट	26	घुलनशील	कम
जिप्सम	12–18	नहीं	पड़ता है
अमोनियम पोली सल्फाइट	40–50	घुलनशील	कम
बेन्टोनाइट सल्फर	90	घुलनशील	कम
के–मैग (K-MAG)	21–22	घुलनशील	नहीं
मैगनीशियम सल्फेट	14	घुलनशील	नहीं
सिंगल सुपर फास्फेट	12	घुलनशील	नहीं
पोटैशियम सल्फेट	18	घुलनशील	नहीं
पोटैशियम थायोसल्फेट	17	घुलनशील	नहीं
सल्फर कोटेड यूरिया	10	घुलनशील	कम

मृदा में सूक्ष्म तत्व ऑक्साइड, सल्फाइड और सिलिकेट रूप में होते हैं जो मृदा के निर्माण के समय चट्टानों के विघटन से प्राप्त होते हैं या फिर मृदा में डाले गये अकार्बनिक एवं कार्बनिक पदार्थों एवं उर्वरकों से प्राप्त होते हैं। साथ ही मुख्य पोषक तत्वों वाले उर्वरकों में कभी–कभी बहुत कम मात्रा में अशुद्धि के तौर पर कुछ सूक्ष्म तत्व होते हैं। सूक्ष्म तत्वों के अल्पता निदान हेतु सूक्ष्म तत्व युक्त उर्वरकों को प्रयोग में लाया जाता है। मुख्य रूप से प्रयोग में लाये जाने वाले सूक्ष्म तत्व उर्वरकों का विवरण नीचे दी गई तालिका में दर्शित है।

तालिका 4 : सूक्ष्म तत्व युक्त उर्वरकों में तत्वों की मात्रा

स्रोत	तत्व/अवस्था	मात्रा %
जिंक सल्फेट (हेप्टाहाइड्रेट)	Zn	21.0
जिंक सल्फेट (मोनो हाइड्रेट)	Zn	33.0
चिलेटेड जिंक – (Zn-EDTA)	Zn	12.0
फेरस सल्फेट	Fe	19.5
चिलेटेड आयरन – (Fe - EDTA)	Fe	12.0
बोरेक्स	B	10.5
बोरिक अम्ल	B	17.0
ग्रेन्युबोर–2 (बोरेक्स पेन्टाहाइड्रेट)	B	15.0
मैंगनीज सल्फेट	Mn	30.5
कॉपर सल्फेट	Cu	24.0
अमोनियम मॉलिब्डेट	Mo	52.0
सोडियम मॉलिब्डेट	Mo	39.0

फसलों में समेकित पौध पोषण

देश में एक तरफ जहाँ जनसंख्या में निरंतर एवं तीव्र गति से वृद्धि हो रही है वहाँ दूसरी तरफ खेती योग्य भूमि संकुचित हो रही है। सीमित भूमि में अधिक फसलोत्पादन हेतु मिट्टी में वांछित पोषक तत्वों की पूर्ति करना नितांत आवश्यक है अन्यथा मिट्टी में पोषक तत्वों की कमी हो जायेगी जिसका उत्पादन पर गहरा असर पड़ेगा। वैसे तो पौधों में 80 से अधिक पोषक तत्व होते हैं परन्तु वे पोषक तत्व अत्यन्त आवश्यक होते हैं जिनके अभाव अथवा कमी के कारण पौधे अपना जीवन चक्र पूरा नहीं कर पाते जिस कारण फसलों में तत्व की कमी के विशेष लक्षण प्रकट होने लगते हैं। किसी एक तत्व की पौधों में कमी दूसरे तत्व द्वारा पूरी नहीं की जा सकती। इस प्रकार ऐसे तत्वों को अनिवार्य पौध पोषक तत्वों की श्रेणी में रखा गया है। वर्तमान में कुल 17 पोषक तत्व ऐसे हैं जो पौधों के लिए अनिवार्य माने गये हैं। इन पोषक तत्वों को दो समूहों में विभाजित किया गया है।

1– वायुमण्डल एवं जल से मिलने वाले तत्व : कार्बन हाइड्रोजन एवं ऑक्सीजन

2– मृदा से मिलने वाले पोषक तत्व : इन तत्वों को तीन समूहों में वर्गीकृत किया गया है।

(क) मुख्य पोषक तत्व : नत्रजन, फास्फोरस एवं पोटाष।

(ख) गौण पोषक तत्व : कैल्षियम, मैग्नीषियम एवं गंधक।

(ग) सूक्ष्म पोषक तत्व : जस्ता, लोहा, ताँबा, मैंगनीज, मोलिब्डेनम, बोरॉन, क्लोरीन व निकिल।

समस्त कृशि एवं उद्यानिकी फसलों में मुख्य पोषक तत्वों की सर्वाधिक मात्रा में आवश्यकता होती है। गौण पोषक तत्वों का अवशोषण इन फसलों द्वारा मुख्य पोषक तत्वों के बाद अधिक मात्रा में किया जाता है। सूक्ष्म पोषक तत्वों की सामान्यतया एक से पांच किग्रा मात्रा प्रति हेक्टेयर आवश्यक होती है। मृदा में इन तत्वों की अल्पता होने पर पौधों में इनकी कमी के लक्षण प्रकट होने लगते हैं जिसका फसलोत्पादन पर गंभीर असर पड़ता है।

पोषक तत्वों का समेकित एवं संतुलित प्रयोग

समेकित पोषक तत्व प्रबंधन से आषय यह है कि पौधों हेतु सभी आवश्यक पोषक तत्व आवश्यकतानुसार उपलब्ध स्रोतों द्वारा उचित मात्रा में उपयोग किये जायें ताकि उत्तम मृदा स्वास्थ्य बनाये रखते हुए फसलों का अधिक उत्पादन प्राप्त किया जा सके। भूमि में पोषक तत्वों की उपलब्धता एवं मिट्टी के उपजाऊपन हेतु देशी अथवा जैविक खाद एवं जैव उर्वरकों यथा नत्रजन एवं फास्फोरस हेतु जीवाणु कल्चर का उचित मात्रा में समावेष किया जाना चाहिए। फसलों में समस्त वांछित पोषक तत्वों की पूर्ति केवल उर्वरकों द्वारा संभव नहीं है अतः जैविक खादों का उचित मात्रा में समावेष किया जाना आवश्यक है इससे उर्वरकों के उपयोग को कम किया जा सकता है तथा इनकी उपयोग क्षमता बढ़ायी जा सकती है। फास्फोरस एवं पोटाश युक्त उर्वरकों का प्रयोग आधार रूप में किया जाना चाहिए। नत्रजन युक्त उर्वरकों का प्रयोग 2–3 बार में करना चाहिए। अधिक नत्रजन चाहने वाली फसलों में नत्रजन की एक तिहाई मात्रा बोनी के समय तथा षेश खड़ी फसल में दो बार में करनी चाहिए। उर्वरकों को बीज के साथ मिलाकर बुवाई करने से फसलों का अंकुरण प्रभावित होता है अतः बीज के साथ उर्वरकों को न मिलाया जाये। फसल उत्पादन पर विपरीत प्रभाव डालने वाले अन्य कारकों पर ध्यान देना आवश्यक है, इससे उर्वरकों में निहित पोषक तत्वों का समुचित उपयोग किया जा सकता है। उत्तम फसलोत्पादन हेतु स्वस्थ एवं अच्छा बीज तथा यथोचित पौध संख्या हेतु पौधे से पौधे एवं कतार से कतार की दूरी अनुशंसा अनुसार अपनानी चाहिए। इसके अतिरिक्त खरपतवार नियंत्रण तथा कीड़े व बीमारियों से बचाव हेतु उचित उपाय ससमय किये जायें। टिकाऊ फसलोत्पादन एवं स्थिर उत्पादकता हेतु कृषि रसायनों यथा उर्वरकों, कीटनाशियों एवं अन्य रसायनों के असंतुलित व अव्यवस्थित उपयोग को नियंत्रित कर आवश्यकतानुसार उचित मात्रा में अन्य स्रोतों के साथ समेकित उपयोग करना होगा ताकि मृदा स्वास्थ्य एवं उर्वरता बरकरार रहे।

समेकित पोषक तत्व प्रबंधन के घटक

समेकित पोषक तत्व प्रबंधन के निम्न घटक हैं जिनके उपयोग से मुख्य, गौण व सूक्ष्म पोषक तत्वों की पूर्ति की जा सकती है तथा मृदा उर्वरता बरकरार रखते हुए उचित उत्पादन प्राप्त किया जा सकता है।

(अ) कम्पोस्ट एवं अन्य कार्बनिक व जीवांष खाद

(ब) जैव उर्वरक (जीवाणु खाद)

(स) रासायनिक उर्वरक

(अ) कम्पोस्ट एवं अन्य कार्बनिक व जीवांश खाद

जीवांश पदार्थ मिट्टी का प्रमुख अवयव है जो विभिन्न प्रकार की जैविक प्रक्रियाओं के लिए उत्तरदायी है। मृदा में जीवांश पदार्थ का स्तर बरकरार रखने के लिए कार्बनिक खादों यथा गोबर की खाद, कम्पोस्ट, केंचुआ खाद, बायो गैस स्लरी आदि का प्रयोग निरन्तर आवश्यक है। इनके प्रयोग से पौधों को आवश्यक पोषक तत्वों की उपलब्धता के साथ मिट्टी की जलधारण क्षमता एवं उर्वराशक्ति में वृद्धि होती है तथा मृदा कणाकार एवं संरचना अच्छी बनी रहती है। अतः टिकाऊ एवं लाभदायक खेती तथा मृदा स्वास्थ्य उत्तम बनाये रखने हेतु यह आवश्यक है कि विभिन्न फसलों के लिए आवश्यक पोषक तत्वों की अनुशांसित मात्रा का कम से कम तीस प्रतिशत भाग इन कार्बनिक खादों के माध्यम से प्रदान किया जाये। सिंचित/अर्धसिंचित गेहूँ, धान में समेकित तत्व प्रबंधन हेतु 5–8 टन गोबर की खाद अथवा कम्पोस्ट या 3 से 5 टन केंचुआ खाद (वर्मीकम्पोस्ट) के प्रयोग से अनुशंसित उर्वरकों की एक तिहाई मात्रा को कम कर उचित उत्पादन प्राप्त किया जा सकता है। इसी प्रकार दलहनी व तिलहनी फसलों यथा उड़द, मूंग, अरहर, सोयाबीन, चना, मटर, मसूर, अलसी व सरसों में 3–5 टन कम्पोस्ट अथवा 2–3 टन वर्मीकम्पोस्ट के उपयोग से उर्वरकों मात्रा में 30 प्रतिशत की कमी की जा सकती है। कुछ प्रचलित कार्बनिक खादों में पोषक तत्वों की मात्रा तालिका – 1 में वर्णित है।

तलिका 1 : प्रमुख कार्बनिक खादों में उपलब्ध मुख्य पोषक तत्वों की मात्रा

क्र.	कार्बनिक खाद का नाम	मुख्य पोषक तत्व (प्रतिशत में)		
		नत्रजन	फास्फोरस	पोटाश
1	गोबर की खाद	0.5	0.2	0.5
2	नाडेप कम्पोस्ट	1.0	0.7	1.3
3	गाजर घास नाडेप कम्पोस्ट	1.2	1.0	1.5
4	मुर्गी (कुक्कुट) खाद	2.8	2.9	2.3

5	बायो गैस स्लरी	1.6	1.4	1.1
6	प्रेसमड कम्पोस्ट	0.7	1.2	0.6
7	फास्फो कम्पोस्ट	2.4	5.0	1.7
8	फास्फो–सल्फो–नाइट्रो कम्पोस्ट	2.6	5.0	1.7
9	वर्मी कम्पोस्ट	2.4	1.1	1.0

पोषक तत्वों की प्रतिशत मात्रा गोबर एवं उपयोग किये जाने वाले कचरों के प्रकार अनुसार घट या बढ़ सकती है। मुख्य तत्वों के अतिरिक्त गौण एवं सूक्ष्म तत्व भी इन खादों में प्रचुर मात्रा में पाये जाते हैं।

(ब) जैव उर्वरक (जीवाणु खाद)

जैव उर्वरक या जीवाणु खाद विशिष्ट प्रकार के जीवाणुओं का एक विशेष माध्यम – कोयला, मिट्टी, गोबर की खाद में ऐसा मिक्षण है जिसे बीज निवेशन अथवा गोबर की खाद/कम्पोस्ट में मिक्षित कर मिट्टी में मिलाने से पोषक तत्वों की मात्रा में वृद्धि होती है।

जैविक नत्रजन स्थिरक – राइजोबियम, एजोटोबैक्टर, एजोस्पिरिलम, बैसिलस आदि जीवाणु भूमि में नत्रजन का स्थिरीकरण कर उत्पादन बढ़ाने में सहयोग करते हैं। इन सूक्ष्म जीवाणु में 20 से 40 किग्रा. प्रति हेक्टेयर नत्रजन उपलब्ध कराने की क्षमता होती है। राइजोबियम जीवाणु दलहनी फसलों की जड़ों में ग्रंथियों का निर्माण कर वायुमण्डलीय नत्रजन का मिट्टी में स्थिरीकरण करते हैं। इसी प्रकार एजोटोबैक्टर जीवाणु अनाज फसलों की जड़ों की सतह तथा मृदा में स्वतंत्र रूप से रहकर वायुमण्डलीय नत्रजन को अमोनिया में परिवर्तित कर पौधों को उपलब्ध कराते हैं तथा इसके अतिरिक्त 20–25 कि.ग्रा. नत्रजन प्रति हेक्टेयर मृदा में स्थिरीकृत करते हैं। अतः इन जीवाणु खादों के प्रयोग से उर्वरक की मात्रा में कटौती की जा सकती है तथा भूमि की भौतिक दशा में सुधार कर टिकाऊ खेती के लिए उपयुक्त बनाया जा सकता है।

तलिका 2 : दलहनी फसलों में राइजोबियम जीवाणु द्वारा नत्रजन का स्थिरीकरण

क्र.	फसल	नत्रजन स्थिरीकरण कि.ग्रा./ हेक्टेयर/वर्ष
1.	चना	80–100
2.	सोयाबीन	65–120
3.	अरहर	70–200
4.	मूंग	70–90
5.	मूंगफली	40–80
6.	लोबिया	80–85
7.	मसूर	90–100
8.	मटर	52–77

स्फुर घोलक सूक्ष्मजीव – बैसिलस, स्यूडोमोनस, एस्परजिलस आदि सूक्ष्म जीव अघुलनशील स्फुर को घुलनशील बनाकर इसकी उपलब्धता को बढ़ाने में सहयोग करते हैं। इसके मृदा उपचार द्वारा फास्फोरस की उपयोग क्षमता बढ़ाई जा सकती है एवं उर्वरकों का प्रयोग घटाया जा सकता है। स्फुर घोलक जीवाणु (पी.एस.बी.) मृदा में उपलब्ध फास्फोरस का 80–85 प्रतिशत भाग, जो पौधों के लिए सुलभ नहीं होता, को घुलनशील रूप में परिवर्तित कर पौधों को सुलभ कराते हैं।

माइकोराइजा कवक – वी.ए.एम. (वैसिकुलर अरबुस्कुलर माइकोराइजा) एक प्रमुख माइकोराइजा कवक है जो बड़े पौधों की जड़ों में निवास रखता है । ये पोषक तत्वों की उपलब्धता में बढ़ोत्तरी, मृदा संरचना में सुधार, जल धारण क्षमता तथा रोगरोधी क्षमता में वृद्धि के अलावा जड़ों से संबंधित रोगाणुओं का जैविक नियंत्रण करते हैं।

जैव उर्वरकों के उपयोग के तरीके

बीज निवेशन हेतु इन जैव उर्वरकों की 5 से 10 ग्राम मात्रा प्रति कि. ग्रा. बीज तथा मृदा निवेशन हेतु 5 कि.ग्रा. प्रति हेक्टेयर करने से क्रमशः 10 से 15 एवं 25 से 30 प्रतिशत उर्वरकों का कम उपयोग कर लाभदायक उत्पादन प्राप्त किया जा सकता है । जीवाणु खाद में जीवित जीवाणु होते हैं अतः इनका

भण्डारण ठण्डे, नम व छायादार स्थान पर करना चाहिए। बीज निवेशन भी छायादार स्थान पर कर उसी दिन निवेशित बीज की बुवाई कर देनी चाहिए अन्यथा इनमें उपस्थित जीवाणु नष्ट हो जायेंगे। विभिन्न जीवाणु खादों तथा फसलों में इनका प्रयोग तालिका–3 में दर्शाया गया है।

तालिका 3 : जीवाणु खाद तथा फसलों में इनका उपयोग

क्र.	जीवाणु खाद	फसल / फसल वर्ग में प्रयोग
1	राइजोबियम*	दलहनी फसलों में
2	एजोटोबैक्टर	अनाज, तिलहनी, एवं सब्जी फसलों में
3	एजोस्पाईरिलम	जई, गन्ना, बाजरा, ज्वार आदि फसलों में
4	स्फुर घोलक जीवाणु (पी.एस.बी.)	सभी फसलों में

*अलग–अलग दलहनी फसलों में अलग–अलग राइजोबियम कल्चर उपयोग किये जाते हैं।

तलिका 4 : जैविक खादों एवं जैव उर्वरकों द्वारा उर्वरकों के समतुल्य पोषक तत्वों की पूर्ति

स्त्रोत	**निवेश की मात्रा**	**उर्वरकों के रूप में पोषक तत्वों की समतुल्य मात्रा**
जैविक खादें / फसल अवशेष / गोबर की खाद	5–10 टन / हेक्टेयर	3–6 किग्रा. नत्रजन + स्फुर + पोटाश प्रति टन
ढैंचा हरी खाद	30–45 दिन की फसल	50–60 किग्रा. नत्रजन
गन्ने की खोई	5 टन / हेक्टेयर	12 किग्रा. नत्रजन प्रति टन
धान का पुआल+जलकुंभी	5 टन / हेक्टेयर	20 किग्रा. नत्रजन प्रति टन
जैव उर्वरक		
राइजोबियम	5 किग्रा. / हेक्टेयर	19–22 किग्रा. नत्रजन
एजोटोबैक्टर एवं एजोस्पिरिलम	5 किग्रा. / हेक्टेयर	20 किग्रा. नत्रजन
नील हरित षैवाल	10–12 किग्रा. / हेक्टेयर	20–30 कि.ग्रा. नत्रजन
एजोला	6–21 टन / हेक्टेयर	3–5 कि.ग्रा. नत्रजन प्रति हेक्टेयर

(स) रासायनिक उर्वरक

रासायनिक उर्वरकों द्वारा नत्रजन की पूर्ति हेतु यूरिया, अमोनियम सल्फेट, कैल्शियम अमोनियम नाइट्रेट, अमोनियम क्लोराइड आदि; फास्फोरस की पूर्ति हेतु सुपर फास्फेट, डाई कैल्शियम फास्फेट; नत्रजन एवं फास्फोरस दोनों की पूर्ति हेतु डी.ए.पी., यू.ए.पी., अमोनियम फास्फेट सल्फेट आदि; पोटाश की पूर्ति हेतु म्यूरेट ऑफ पोटाश, सल्फेट ऑफ पोटाश आदि; तीनों तत्वों की पूर्ति हेतु इफको, सुफला आदि के ग्रेडेड उर्वरक; गंधक हेतु बेन्टोनाइट सल्फर, जिप्सम आदि; जस्ता हेतु जिंक सल्फेट, बोरॉन हेतु बोरेक्स आदि का प्रयोग कर सकते हैं। विभिन्न उर्वरकों में उपलब्ध पोषक तत्वों की मात्रा तालिका – 5 एवं महत्वपूर्ण रबी व खरीफ फसलों में अनुशंसित प्रमुख पोषक तत्वों की पूर्ति हेतु उर्वरकों की मात्रा तालिका – 6 व 7 में दर्शित है।

तालिका–5 : विभिन्न उर्वरकों में उपलब्ध पोषक तत्वों की मात्रा

उर्वरक	तत्वों की मात्रा (प्रतिशत में)				
	नत्रजन	फास्फोरस	पोटाश	सल्फर	अन्य
यूरिया	46	–	–	–	–
अमोनियम सल्फेट	21	–	–	24	–
अमोनियम क्लोराइड	26	–	–	–	–
कैल्षियम अमोनियम नाइट्रट	25	–	–	–	–
सिंगल सुफर फास्फेट(एस.सस.पी)	–	16	–	12	कैल्शियम–20
डाई अमोनियम फास्फेट (डी.ए.पी.)	18	46	–	–	–
यूरिया अमोनियम फास्फेट(यू.ए.पी.)	28	28	–	–	–
म्यूरेट ऑफ पोटाश (एम.ओ.पी.)	–	–	60	–	क्लोराइड–40
सल्फेट ऑफ पोटाश (एस.ओ.पी.)	–	–	48	18	–
एन.पी.के. मिश्रण	15	15	15	–	–
	12	32	16	–	–
	10	26	26	–	–
	17	17	17	–	–

	19	19	19	—	—
	14	35	14	—	—
रॉक फास्फेट	—	18—20	—	—	कैल्षियम
बेन्टोनाईट सल्फर	—	—	—	90	—
जिप्सम	—	—	—	16	कैल्शियम—21
पायराइट	—	—	—	22	लोहा
मैंग्नीशियम सल्फेट	—	—	—	13	मैंग्नीशियम ऑक्साइड —16
जिंक सल्फेट	—	—	—	11—16	जिंक (21 या 33)
बोरेक्स	—	—	—	—	बोरॉन—10.5
कॉपर सल्फेट	—	—	—	13	ताँबा—24
फेरस सल्फेट	—	—	—	12	लोहा—19
मैंग्नीज सल्फेट	—	—	—	15	मैंग्नीज—30.5

तालिका 6 : महत्वपूर्ण रबी फसलों में अनुशंसित प्रमुख तत्वों की पूर्ति हेतु उर्वरकों की मात्रा (किग्रा/हेक्टेयर)

फसल	प्रमुख तत्वों की अनुशंसित मात्रा (किग्रा/हेक्टेयर)			समूह–1			समूह–2			समूह–3		
	नत्रजन	फास्फोरस	पोटाष	यूरिया	एस.एस.पी.	म्यू.पोटाष	डी.ए.पी.	यूरिया	म्यू. पोटाष	एन.पी.के. (12: 32:16)	यूरिया	म्यू. पोटाष
गेहूँ(असिंचित)	30	20	10	65	125	27	43	48	27	63	49	—
गेहूँ (अर्धसिंचित)	60	40	20	130	250	34	87	118	34	125	95	—
गेहूँ (सिंचित)	100	60	40	217	375	67	130	166	67	188	168	27
चना, मटर (सिंचित)	20	60	20	43	375	34	130	—	34	—	—	—
चना, मटर (असिंचित)	15	40	10	33	250	17	87	—	17	—	—	—
मसूर (सिंचित)	20	50	20	33	313	17	108	—	17	—	—	—
मसूर (असिंचित)	10	25	10	22	156	17	54	—	17	—	—	—
अलसी (सिंचित)	60	40	20	130	250	34	87	118	34	125	95	—
अलसी (असिंचित)	30	20	10	65	125	27	43	48	27	63	49	—
सरसों (सिंचित)	80	40	20	174	250	34	87	140	34	125	141	—
सरसों (असिंचित)	40	20	10	87	125	17	43	69	27	63	71	—

तोरिया (सिंचित)	60	30	20	130	185	34	65	125	34	93	106	8
तोरिया (असिंचित)	30	15	10	65	94	17	33	63	17	47	53	4
गन्ना	300	85	80	651	531	133	184	580	133	265	582	63
आलू	200	100	120	434	625	200	217	349	200	312	352	117
टमाटर	100	75	50	217	469	84	163	153	84	234	156	21
बैंगन (उन्नत किस्में)	120	60	50	260	375	84	130	210	84	188	212	33
बैंगन (संकर किस्में)	200	150	100	434	938	167	326	307	167	469	312	42
प्याज	80	50	80	174	313	134	109	131	134	156	133	92

तालिका 7 : प्रमुख खरीफ फसलों में अनुशंसित प्रमुख तत्वों की पूर्ति हेतु उर्वरकों की मात्रा (किग्रा/हेक्टेयर)

फसल	प्रमुख तत्वों की अनुषांसित मात्रा (किग्रा/ हेक्टेयर)			समूह–1			समूह–2			समूह–3		
	नत्रजन	फास्फोरस	पोटाश	यूरिया (46%)	एस.एस.पी. (16%)	म्यू.पोटाश (60%)	डी.ए.पी. (18:46:0)	यूरिया (46%)	म्यू. पोटाश (60%)	एन.पी.के. (12:32:16)	यूरिया (46%)	म्यू. पोटाश (60%)
धान (जल्दी पकने वाली व देशी किस्में)	50	25	15	109	156	25	54	87	25	80	88	04
धान (मध्यम अवधिं)	80	40	30	174	250	50	87	140	50	125	141	34
धान (बोनी)	100	60	40	217	375	67	130	166	67	188	168	27
ज्वार (संकर व उन्नत किस्में)	100	60	40	217	375	67	130	166	67	188	168	27
ज्वार (देशी)	40	20	10	87	125	17	43	69	17	63	71	—
बाजरा	80	40	20	174	250	34	87	140	34	125	141	—
मक्का (संकर)	100	60	40	217	375	67	130	166	67	188	168	27
मक्का (कम्पोजिट)	80	40	30	174	250	50	87	140	50	125	141	34
सोयाबीन	20	60	40	44	375	67	130	—	67	100	18	40

मूंगफली	20	80	20	44	500	34	111+ 181 (एस. एस.पी.)	—	34	250	—	—
तिल	60	40	20	130	250	34	87	118	34	125	95	—
मूंग, उड़द व अरहर	20	50	20	33	313	34	108	—	34	—	—	—

नोट : प्रत्येक तीन फसल उपरान्त जिंक सल्फेट 25 किग्रा/हेक्टेयर प्रयोग करें। तिलहनी फसलों में गन्धक की पूर्ति हेतु समूह–1 में दिये गये उर्वरकों का प्रयोग करें।

एकीकृत पौध पोशक प्रणाली का क्रियान्वयन

- प्राथमिक पोषक तत्वों कीं संतुलित पूर्ति हेतु मृदा परीक्षण एक वर्ष के अन्तराल पर अवश्य करायें एवं सिफारिष के अनुसार पोषक तत्वों की पूर्ति करें।
- प्रत्येक दो अथवा तीन वर्ष उपरान्त ग्रीष्मकालीन गहरी जुताई करें।
- किसान गोबर की अच्छी खाद तैयार करें, इसके लिए बायोगैस संयंत्र लगाकर स्वयं की ईधन की आवश्यकता पूरी करके उत्तम गोबर की स्लरी एक मीटर गहरे गड्ढे में डालें।
- यदि बायोगैस संयंत्र नहीं है तो भूमि में एक मीटर गहरा गड्ढा बनाएं और उसे भरने हेतु फसल अवशेषों एवं अपशिष्टों का उपयोग करें, सड़ने की प्रक्रिया तीव्र करने हेतु प्रति टन अवशिष्ट 8 किलो यूरिया गड्ढे में डालना आवश्यक होता है।
- नाडेप पद्धति से किसान अच्छी कम्पोस्ट तैयार कर सकते हैं। उक्त हेतु आवश्यकतानुसार नाडेप टॉकों का निर्माण कर फसल एवं अन्य अवशेषों को गोबर के साथ परत दर परत डालकर अच्छी कम्पोस्ट तैयार की जा सकती है।
- भूमि का पी.एच. मान यदि 8 से अधिक है तो जिप्सम का उपयोग 2–5 टन प्रति हेक्टेयर की दर से हर वर्ष करना चाहिए, यदि पी.एच. मान 6 से नीचे है तो चूना पॉच टन प्रति हेक्टेयर देना आवश्यक है।
- जैविक खादों को यदि संभव हो तो प्रत्येक फसल या हर वर्ष और यदि संभव न हो तो दो वर्ष बाद जरूर 5–10 टन प्रति हेक्टेयर मात्रा जुताई पूर्व दी जाये।
- जल एवं मृदा संरक्षण हेतु हरी खाद में उगायी जाने वाली फसलों को फसल चक्र में सम्मिलित करें। उक्त फसलों को बोनी के 30–45 दिन के पश्चात् भूमि में मिला दें। मुख्य फसल की बोनी के दो सप्ताह पूर्व भूमि में मिलाकर सड़ाने से उपयुक्त जीवाणु की फसल के साथ नत्रजन के लिए स्पर्धा टाली जा सकती है तथा अन्य आवश्यक पौध पोषक तत्वों की पर्याप्त उपलब्धता सुनिष्चित की जा सकती है।

- फसल बोते समय जीवाणु खाद से बीजोपचार करें। दलहनी फसलों के लिए राइजोबियम तथा अन्य फसलों के लिए एजोटोबैक्टर, एजोस्पिरिलम का उपयोग करें इसके साथ–साथ स्फुर घोलक सूक्ष्म जीव से भी बीजोपचार करना लाभप्रद है।
- रासायनिक उर्वरक सिफारिश मात्रा में ही बोनी के समय दें जिससे इनकी कार्यक्षमता बढ़ती है। स्फुर, पोटाश की पूरी मात्रा तथा नत्रजन की आधी मात्रा बोनी के समय देना उचित है, शेष नत्रजन बाद में दो चरणों में बराबर मात्रा में दें।
- उर्वरकों की आधार मात्रा का उपयोग बीज बोते समय बीज के नीचे (सीड कम फर्टी ड्रिल द्वारा) करें।
- उर्वरकों की लागत कम करने तथा उत्तम मृदा स्वास्थ्य हेतु जीवाणु खादों का प्रयोग अवश्य करें।
- भू–क्षरण रोकने हेतु सघन फसल चक्र अपनायें।

उर्वरकों का पर्णीय छिड़काव

यूरिया तथा डीएपी के दो प्रतिशत घोल बनाकर फसलों का छिड़काव करने से लाभ होता है। घुलनशील गंधक का 2 ग्रा./ली. जल के घोल का छिड़काव करने से फफूंद द्वारा उत्पन्न होने वाले रोगों का उपचार होता है तथा साथ ही साथ गंधक फसलों को पोषक तत्व के रूप में मिलता है।

गेहूँ में पोषक तत्वों की कमी के लक्षण एवं निदान

भारतवर्ष में मुख्य तत्वों यथा नत्रजन, फास्फोरस एवं पोटैशियम का औसत उपयोग 128 किग्रा प्रति हेक्टेयर है जो विगत वर्ष 2017–18 (123.4 किग्रा प्रति हेक्टेयर) की तुलना में 4.6 किग्रा प्रति हेक्टेयर बढ़ा है। मध्यप्रदेश में प्रमुख तत्वों की पूर्ति हेतु उर्वरक उपयोग 62.7 किग्रा प्रति हेक्टेयर है जो राष्ट्रीय औसत की तुलना में आधे से भी कम है। अपर्याप्त सिंचाई, अनुपयुक्त प्रजातियों के चयन तथा पोषक तत्वों के अपर्याप्त एवं असंतुलित उपयोग के कारण राज्य में गेहूँ की औसत उत्पादकता काफी कम (18 क्विंटल/हैक्टर) है जबकि राश्ट्रीय औसत 31 क्विंटल/हैक्टर है। रबी फसलों में गेहूँ अधिक तत्व चाहने वाली फसल है अतः यदि फसल में पौधों को लगातार जब आवश्यकता से कम पोषक तत्व मिलते हैं तो उनमें पोषक तत्वों की कमी के लक्षण प्रकट होने लगते हैं जिस कारण उत्पादन पर विपरीत प्रभाव पड़ता है। उन्नत किस्मों के प्रयोग से उत्पादकता में वृद्धि की जा सकती है बषर्ते पोषक तत्वों का समुचित एवं संतुलित उपयोग किया जाय ताकि उत्तम मृदा स्वास्थ्य बनाये रखते हुए फसल का अधिक उत्पादन प्राप्त किया जा सके। एकीकृत पोषक तत्व प्रबंधन पद्धति पर्यावरण, सामाजिक एवं आर्थिक दृष्टि से बेहद लाभकारी विधा है अतः इसके विभिन्न घटकों के उपयोग से मुख्य, गौण व सूक्ष्म पोषक तत्वों की पूर्ति की जा सकती है तथा मृदा उर्वरता बरकरार रखते हुए वांछित उत्पादन प्राप्त किया जा सकता है।

गेहूँ में पोषक तत्वों की कमी के लक्षण

गेहूँ की फसल में विभिन्न पोषक तत्वों की पौधों में कमी के लक्षण अग्रवर्णित हैं –

नत्रजनः

- पौधों का रंग हल्का हरा होना बढ़वार सामान्य से कम और आकार नुकीला होना।
- पत्तियों का रंग सामान्य तथा पीला होना, पहले पुरानी पत्तियों का पीला पड़ना यह पीलापन पत्तियों के अग्र भाग से प्रारंभ होकर नीचे की ओर बढ़ना। अधिक कमी की दशा में पत्तियों का गिर जाना।
- कन्सों की संख्या में कमी, तना पतला तथा बालियों का आकार में छोटी होना।

फास्फोरसः

- पत्तियों का रंग गहरा हरा, बैंगनी, अग्रभाग का सूखकर पीला पड़ना।
- पत्तियों का रंग भूरा हरा होना और तने का रंग आधार में बैंगनी हो जाना।
- पौधों की वृद्धि रुक जाना और कल्लों की संख्या में कमी।
- फसल पकने में विलम्ब होना।
- अधिक कमी की दशा में पुरानी पत्तियों का रंग लाली लिये हुये पीला पड़ना।

पोटैशियमः

- पुरानी पत्तियों पर लक्षण का सर्वप्रथम उभरना।
- पत्तियों का अग्रभाग तथा किनारों का सूख जाना तथा हरे तीरनुमा मध्य भाग का बना रहना।
- पौधे की धीमी बढ़वार।
- तना कमजोर पड़ना जिससे तने का टूटना और फसल का गिर जाना।
- नमी की कमी तथा रोगों के लिये प्रतिरोधिता में कमी जिससे प्रकोपित खेतों में फसल सूखने लगती है।
- दानों का सिकुड़ना।

गंधकः

- तना पतला और कड़ा होना।
- पौधो का पीले हरे बौने और तर्कु आकार का होना।
- नई पत्तियों का रंग हल्का हरा अथवा पीला पड़ना तथा बाद में पुरानी पत्तियों का पीला पड़ना।

गंधक तत्व क्लोरोफिल के निर्माण में सहायक होता है इसलिये इसकी कमी से उत्पन्न लक्षण नत्रजन की कमी से उत्पन्न लक्षणों की भांति होते हैं। अंतर केवल इतना है कि गंधक की कमी के लक्षण पहले नई पत्तियों पर दिखाई देते हैं।

मैंगनीशियमः

- मैग्नीशियम की कमी के लक्षण पोटैशियम तथा लौह तत्व की कमी के लक्षण से मिलते–जुलते हैं परंतु इसमें नई पत्तियॉ पुरानी पत्तियों की तुलना में पीली होती हैं।
- नई पत्तियों का पीला पड़ना तथा पूर्णतः नहीं खुल पाने के कारण पत्तियों में घुमाव आ जाना।
- कमी की अधिकता से नई पत्तियों की पूरी लम्बाई में यहॉ तक कि नये कंसों का घुमावदार कुण्डलीक होना तथा कभी–कभी पत्तियों के किनारों पर लालिमा का होना।
- जड़ का विकास कम होना।

कैल्शियमः

- नई पत्तियों में मध्य भाग में हल्के रंग के धब्बों का बनना जो बाद में पूरी पत्ती में फैल जाते हैं।
- पत्तियों का मध्य भाग में मुड़ जाना तथा गोल हो जाना।
- मुख्य जड़ का सिकुड़ना तथा पार्श्व जड़ों का छोटा होना तथा पास–पास निकलना।

मैंगनीजः

- पौधे के क्लोरोप्लास्ट पर विपरीत प्रभाव पड़ने से पौधे पीले पड़ जाते हैं।
- पत्तियों के आधार की ओर षिराओं के मध्य का भाग पीला पड़ना तथा बाद में पत्तियों के अग्र भाग की ओर बढ़ना यह लक्षण नई तथा बीच की पत्तियों में पहले दिखाई देता है।
- अधिक कमी की दषा में हरी षिराओं के बीच का भाग धारी के रूप में गुलाबी भूरा या गहरा भूरा हो जाना।
- पौधे की बढ़वार में कमी आना।
- बालियों का मुश्किल से निकल पाने के कारण छोटी, कमजोर तथा सिकुड़ी हुई दातरी बालियों का आना।

जस्ताः

- इसके लक्षण मध्य की पत्तियों पर दिखते हैं।
- प्रारंभिक अवस्था में पत्ती आधार से मध्य षिरा और पत्तियों के किनारे के बीच सफेद पीले धब्बों का बनना तथा बाद में षिराओं के मध्य भाग से हरे रंग की हानि होना फिर पत्तियों के मध्य भाग में सफेद और भूरे रंग के धब्बों का बनना मष्त क्षेत्र की वषद्धि तथा बाद में पत्तियों का मुड़ जाना।
- तने की गॉठों के मध्य भाग का छोटा होना।
- बालियों का देर से निकलना।
- फसल पकने में विलम्ब होना।

लोहाः

- इसकी कमी से पौधों में क्लोरोफिल की कमी हो जाती है जिससे पौधे पीले सफेद दिखाई देते हैं।
- इसके लक्षण नई पत्तियों में पहले दिखते हैं।
- पत्तियों में लम्बाई में शिराओं के बीच समानान्तर हल्के हरे पीले रंग का होना जिसका बाद में हरे तथा पीले रंग की समानान्तर धारियों के

समान दिखना।

तॉबाः

- तने, गॉठों तथा कुसीयां (स्पाईकस) का बैंगनी रंग लिये होना।
- नई पत्तियों का अग्र भाग में मुरझाकर सूखना।
- अग्र शाखाओं का सूखना।

बोरॉनः

- नई पत्तियों में विकृति का आना तथा पत्तियों का फटना।
- पत्तियों के किनारों का आरी के दांतों की तरह कटना।
- कन्सों का पीला पड़ना।

एकीकृत पोशक तत्व प्रबंधन

जैविक खादों यथा गोबर की खाद, नाडेप कम्पोस्ट, वर्मी कम्पोस्ट अथवा अन्य जीवांश खादों तथा जैव उर्वरकों के रासायनिक स्रोतों के साथ एकीकष्त प्रयोग करने से मृदा का स्वास्थ्य ठीक रहता है तथा जीवांश कार्बन की मात्रा की बढ़ोत्तरी से उपज में वृद्वि होती है साथ ही उर्वरकों पर निर्भरता घटाई जा सकती है।

जैविक स्रोत

गेहूँ की फसल में नत्रजन, स्फुर एवं पोटाश का प्रभाव बहुत अच्छा पाया गया है। अगर इनका प्रयोग मिट्टी की जॉच के उपरान्त किया जाय तो लागत में कमी के साथ–साथ उत्पादन भी अधिक प्राप्त होता है। खेतों मे प्रति हेक्टेयर गोबर/नाडेप कम्पोस्ट (8–10 टन/हे.) अथवा वर्मीकम्पोस्ट (4–6 टन/हे.) का प्रयोग करने से मृदा स्वास्थ्य ठीक रहता है तथा जीवांश कार्बन की मात्रा की बढोत्तरी से उपज में वृद्धि होती है साथ ही उर्वरकों की मात्रा 25–30 प्रतिशत घटाई जा सकती है । मृदा परीक्षण के उपरान्त यदि सूक्ष्म पोषक तत्वों की कमी पाई जाती है तो उनकी पूर्ति जैविक खादों यथा गोबर की खाद, नाडेप कम्पोस्ट, वर्मीकम्पोस्ट अथवा अन्य जीवांष खादों द्वारा की जा सकती है। इसके अतिरिक्त खड़ी फसल में सूक्ष्म एवं द्वितीयक पोषक तत्व प्रबंधन हेतु तालिका–1 में वर्णित उर्वरकों का भी उपयोग किया जा सकता है।

जैव उर्वरकों यथा एजोटोबेक्टर एवं पी. एस. बी. द्वारा बीज निवेषन व मृदा में आधार रूप में प्रयोग किया जायें तों प्रमुख पोषक तत्व (नत्रजन एवं फासफोरस) उर्वरकों की मात्रा 20–25 प्रतिशत घटाई जा सकती है तथा उपज में भी 20–25 प्रतिशत की वृद्धि प्राप्त की जा सकती है। बीज निवेषन हेतु उक्त जैव उर्वरकों की 5–10 ग्राम मात्रा/किग्रा. बीज फफूंदनाशी से उपचारित करने के बाद प्रयोग करनी चाहिये। मृदा में आधार रूप में प्रयोग हेतु उक्त जैव उर्वरकों की 5–5 किग्रा मात्रा पकी हुई 50 किग्रा. गोबर की खाद में अलग–अलग मिलाकर छायादार स्थान में 4–5 दिन तक रखने के बाद बखरनी के समय प्रति हेक्टेयर की दर से प्रयोग करना चाहिये।

रासायनिक स्रोत

गेहूँ की फसल में रासायनिक स्रोतों द्वारा पोषक तत्व प्रबंधन सिंचाई विभिन्नता के आधार पर निम्नानसार है।

असिंचित अवस्था में:

आधार खाद के रूप में नत्रजन 40 किग्रा, 20 किग्रा स्फुर तथा 10 किग्रा पोटाश का प्रति हेक्टेयर की दर से बुवाई के पूर्व अंतिम बखरनी के समय खेत में मिलाना चाहिये अथवा सीड कम फर्टी ड्रिल से बुवाई करते समय बीज से 2–3 सेमी. नीचे रखना चाहिये।

अर्धसिंचित अवस्था में:

मृदा परीक्षण के उपरान्त नत्रजन 60 किग्रा, स्फुर 40 किग्रा तथा पोटाश की आवश्यकता होने 20 किग्रा प्रति हेक्टेयर की दर से देना चाहिये। नत्रजन की आधी मात्रा (30 किलोग्राम) बोने के समय आधार रूप में शेष आधी (30 किलोग्राम) प्रथम सिंचाई उपरान्त प्रति हेक्टेयर की दर से दें।

सिंचित अवस्था में:

सिंचित अवस्था में मृदा परीक्षण उपरान्त नत्रजन 100 किग्रा, स्फुर 60 किग्रा, पोटाश 40 किग्रा प्रति हेक्टेयर की दर से देना चाहिये। बुवाई के समय नत्रजन आधार रूप में 1/3 भाग तथा स्फुर एवं पोटाश की पूरी मात्रा बुवाई से पहले खेत में देना चाहिये। षेश नत्रजन मे से 1/3 भाग प्रथम सिंचाई के समय (बुवाई के 20–25 दिन बाद) पर तथा शेष भाग बालियॉ निकलने से पूर्व (गभोट अवस्था पर) देना चाहिये।

सूक्ष्म पोषक तत्व को प्रारंभ में ही खेत की तैयारी की अवस्थाओं में ही दें। गेहूँ की फसल में मुख्यतः जिंक, मैंग्नीज तथा गंधक की कमी देखी जाती है। कभी–कभी एक से अधिक सूक्ष्म तत्वों की कमी पौधो में एक साथ हो सकती है। ऐसे में प्रत्येक तत्व के लक्षणों को पहचान कर उसकी कमी को दूर करें। नीचे दिये गये तालिका में सूक्ष्म पोषक तत्व, उनकी मात्रा तथा छिड़काव की मात्रा दी गई है।

तालिका–1 द्वितीयक एवं सूक्ष्म पोषक तत्वों की कमी की पूर्ति हेतु उर्वरक एवं मात्रा

तत्व	उर्वरक मात्रा एवं देने की विधि	उपयुक्त समय
द्वितीयक तत्व		
गंधक	20 किग्रा/हे. गंधक सुपर फास्फेट/अमोनियम सल्फेट/पोटेशियम सल्फेट/बेन्टोनाईट सल्फर द्वारा	खेत बनाते समय आखिरी बखरनी पर बुरकाव
मैग्नीशियम	2 प्रतिशत मैग्नीशियम सल्फेट के घोल का छिडकाव	लक्षण दिखते ही छिडकाव
कैल्षियम	केल्शियम कार्बोनेट (38.5 प्रतिशत) कैल्शियम सल्फेट (22.3 प्रतिशत कैल्शियम)	आवश्यतानुसार आखिरी बखरनी के पहले।
सूक्ष्म तत्व		
लोहा	1.0 प्रतिशत फेरस सल्फेट का घोल तथा 0.5 प्रतिशत बुझे चूने का घोल	3 छिड़काव– 25, 35–38 व 50 दिन बाद
मैंगनीज	0.2 प्रतिशत मैंगनीज सल्फेट का घोल तथा 0.1 प्रतिशत बुझे चूने का घोल	3 छिड़काव– 25, 35–38 व 50 दिन बाद
बोरान	1 किग्रा / हे.	बोते समय
तॉबा	0.25–0.50 प्रतिशत कापर सल्फेट तथा 0.12–0–25 बुझे चूने का घोल	3 छिड़काव– 25, 35–38 व 50 दिन बाद
जस्ता	0.5 जिंक सल्फेट घोल + 0.25 प्रतिशत बुझे चूने का घोल	3 छिड़काव– 25, 35–38 व 50 दिन बाद
मोलिब्डेनम	0.05 प्रतिशत अमोनियम मोलिब्डेट का घोल	दूधिया अवस्था पर छिड़काव

उत्तम मृदा स्वास्थ्य एवं टिकाऊ फसलोत्पादन हेतु संसाधन प्रबंधन

एक तरफ जहाँ कृषि योग्य भूमि की उपलब्धता घट रही है, प्रमुख धान्य फसलों का उत्पादन गिर रहा है वहीं दूसरी तरफ जनसंख्या में उत्तरोत्तर वृद्धि हो रही है। ऐसी स्थिति में सभी को अन्न उपलब्ध कराना देश के लिए एक गंभीर चुनौती है। मृदा उर्वरता घटने के कारण वर्तमान खाद्यान्न उत्पादन स्तर भी बरकरार रख पाना कठिन प्रतीत हो रहा है। कृषि उत्पादकता बढ़ाने हेतु उपलब्ध मृदा एवं अन्य संसाधनों का प्रभावशाली एवं व्यवस्थित उपयोग भविष्य का मुख्य केन्द्र बिन्दु होगा जैसा पूर्व में नहीं किया गया। दीर्घकालिक टिकाऊ खेती हेतु पोषक तत्वों के समेकित प्रबंधन के साथ साथ भूमि, जल, मृदा एवं फसलों आदि के प्रभावशाली प्रबंधन करने होंगे।

देश में खाद्यान्न का वर्तमान उत्पादन लगभग 200 करोड़ टन है। जबकि 2020 में देश को लगभग 240 करोड़ टन खाद्यान्न की आवश्यकता होगी। वर्तमान में भारत वर्ष में लगभग 40 करोड़ टन दलहन एवं तिलहन प्रतिवर्ष उत्पादित होता है जबकि सन् 2020 में देश को 17 करोड़ टन अतिरिक्त दलहन एवं तिलहन की जरूरत होगी। उपरोक्त लक्ष्यों की प्राप्ति हेतु हमें अधिक उत्पादन के कारगर उपाय करने होंगे। ऐसा तभी संभव है जब सभी संसाधनों का युक्ति संगत तथा वैज्ञानिक प्रबंधन पौध पोषण उपलब्धता को ध्यान में रखकर किया जाये।

समेकित पोषक तत्व प्रबंधन एक ऐसी विधा है जिससे पर्यावरण संरक्षित रखते हुए अधिक कृषि उत्पादन प्राप्त किया जा सकता है। इस विधि द्वारा जैविक तथा रासायनिक पौध पोषण तत्वों के समान्वित उपयोग से मृदा उर्वरता संरक्षित रखते हुए अधिक उत्पादन प्राप्त कर खाद्यान्न की आवश्यकता की पूर्ति की जा सकती है । वैज्ञानिकों तथा कृषकों के मध्य ज्ञान के परस्पर आदान–

प्रदान द्वारा पौधों को पोषक तत्वों की उपलब्धता बढ़ाने हेतु नवीन् तकनीकों के प्रयोग से पोषक तत्वों का संतुलित उपयोग एवं संरक्षण किया जा सकता है।

पोषक तत्व एवं उनका संतुलन

जल, वायु, एवं प्रकाष की उपस्थिति में पौधे नाइट्रोजन ,स्फुर व पोटैषियम मृदा में संरक्षित करते हैं। समुचित प्रबंधन के बिना लगातार फसलोत्पादन मृदा में संरक्षित पोषक तत्वों को धीरे –धीरे कम कर देता है। जिसके परिणाम स्वरूप फसल वर्षद्वि एवं उत्पादकता भी कम होने लगती है। कुछ समय पश्चात मृदा उपलब्धता पोषक तत्वों के सामूहिक दोहन के फलस्वरूप उत्पादकता, फसल उपज एवं मृदा उर्वरता कहुत कम हो जाती है जिससे मिट्‌टी खराब हो जाती है।

जैविक एवं रासायनिक उर्वरकों के प्रयोग से मृदा में पोषक तत्वों की मात्रा को बढ़ाया जा सकता है परन्तु आवश्यकता से अधिक मात्रा में तत्वों की पूर्ति से फसल वृद्धि प्रभावित होती है एवं पर्यावरण भी प्रदूषित होता है। ऐसी फसलों एवं फसल उत्पाद के प्रयोग से पशु एवं मानव स्वास्थ्य पर भी विपरीत असर पड़ता है। विकासशील देशों में मृदा से तत्वों का ह्रास प्रमुख समस्या है। संतुलित एवं निश्चित मात्रा में तत्वों का प्रयोग समेकित पोषक तत्व प्रबंधन का एक अहम हिस्सा है।

शहरों से प्रतिदिन निकलने वाला कचरा रासायनिक उर्वरकों का एक विकल्प हो सकता है हालांकि उर्वरकों की तुलना में इसमें बहुत कम मात्रा में पोषक तत्व होते हैं लेकिन इसके प्रयोग से मृदा संरचना बेहतर होती है। इसमें प्राथमिक तत्वों (नाइट्रोजन, फारस्फोरस, पोटैशियम) के अलावा द्वितीयक एवं सूक्ष्म पोषक तत्व भी होते हैं इसलिए इसका प्रयोग शहर के आस–पास के क्षेत्रों में खाद के रूप आसानी से किया जा सकता है। इसे खाद के रूप में प्रयोग करने से कचरे के निस्तारण की समस्या भी हल हो जाती है।

वर्तमान खाद्यान्न उत्पादन हेतु 18 करोड़ टन पोषक तत्व विभिन्न उर्वरकों द्वारा प्रदाय किया जाता है जबकि फसलों द्वारा मृदा से 28 करोड़ टन पोशक तत्व उपयोग कर लिया जाता है। इस प्रकार मृदा से कुल 10 करोड़ टन अतिरिक्त पोषक तत्वों का दोहन फसलों द्वारा प्रतिवर्ष कर लिया जाता है। कार्बनिक खादों एवं जैव उर्वरकों के प्रयोग से लगभग 4 करोड़ टन पोषक तत्वों की पूर्ति हो जाती है परन्तु शेष 6 करोड़ टन पोषक तत्वों को किसी भी माध्यम

से पूरा नहीं किया जाता, जिससें मृदा स्वास्थ्य पर विपरीत असर पड़ता है जिस पर गंभीरता पूर्वक विचार किया जाना चाहिए। आने वाले वर्षों में खाद्यान्न उत्पादन दोगुना करने का लक्ष्य है इस अनुपात में पोषक तत्वों की खपत बहुत अधिक हो जाएगी, इस प्रकार सभी स्त्रोतों द्वारा प्रदाय किये जाने वाले पोषक तत्वों का अन्तर और अधिक बढ़ जायेगा। जिससे मृदा स्वास्थ्य बुरी तरह प्रभावित होगा।

वर्तमान में मध्य प्रदेश में प्रमुख फसलों की उत्पादकता राश्ट्रीय उत्पादकता से काफी कम है। पोषक तत्वों का बहुत कम उपयोग (47 कि.ग्रा. नाइट्रोजन, स्फुर एवं पौटेषियम प्रति हेक्टेयर) इसका प्रमुख कारण है मध्य प्रदेश के विभिन्न कृषि जलवायु क्षेत्रों में विभिन्न फसलों में प्रदाय पोषक तत्वों एवं फसलों द्वारा ग्रहण किये जाने वाले पोषक तत्वों की मात्रा यह दर्षाती है कि प्रदेश में 1.09 करोड़ टन नत्रजन, स्फुर एवं पोटैशियम प्रदाय मात्रा से अधिक मात्रा में फसलों द्वारा ग्रहण किया जाता है जबकि गंधक के उपयोग में यह मात्रा 0.05 करोड़ टन है। निमाड़ घाटी को छोड़कर सभी कृषि जलवायु क्षेत्रों में कमोवेश यही स्थिति है। भविष्य में यदि पोषक तत्वों के इस अन्तर को कम करने के उपाय नहीं किये जाते तो अन्य तत्व भी मृदा में बहुत कम हो जायेगें।

अपर्याप्त एवं असंतुलित उर्वरक प्रयोग

देश में 1998–99 में नत्रजन, स्फुर एवं पोटैशियम की खपत क्रमशः 11. 32, 4.10 एवं 1.33 करोड़ टन रिकार्ड की गई तथा उपरोक्त तत्वों की औसत खपत प्रति हेक्टेयर 90.04 कि.ग्रा. रही। पोषक तत्वों का असंतुलित मात्रा में पूर्व से ही प्रयोग किया जाता रहा है। वर्ष 1991–92 में नत्रजन : स्फुर : पोटेशियम का उपयोग अनुपात 5.9:2.4:1 था जो 2011–12 में बढ़कर 6.7:3.1:1 हो गया, तत्पश्चात 2017–18 में 6.8:27:1 दर्ज किया गया जबकि उक्त तत्वों के प्रयोग का मानक अनुपात 4:2:1 होना चाहिए। पिछले दो दशक में पोषक तत्वों की खपत एवं प्रयोग अनुपात नीचे तालिका में दिया गया है।

तालिका – 1 भारत में पोशक तत्वों की खपत एवं प्रयोग अनुपात

वर्ष	नत्रजन, स्फुर एवं पोटैशियम की खपत (कि.ग्रा / है.)			खपत अनुपात
	नत्रजन	स्फुर	पोटैशियम	
1991-92	69.84	5.9	2.4	1
1992-93	65.48	9.5	3.2	1

1993-94	66.27	9.7	2.9	1
1994-95	72.13	8.5	2.6	1
1995-96	74.38	8.5	2.5	1
1996-97	76.69	10.0	2.9	1
1997-98	86.77	7.9	2.9	1
1998-99	90.04	8.5	3.1	1
2000-01	89.63	7.0	2.7	1
2005-06	105.5	5.3	2.2	1
2011-12	146.32	6.7	3.1	1
2017-18	128.02	6.8	2.7	1
मानक अनुपात				4:2:1

उपरोक्त तालिका से स्पष्ट है कि पोषक तत्वों का प्रयोग लम्बे समय से असंतुलित मात्रा में किया जा रहा है जिससे पोषक तत्वों के ह्यस के साथ–साथ मृदा स्वास्थ्य पर विपरीत असर पड़ रहा है। इसके अतिरिक्त सघन खेती, गलत फसल चक्र आदि पोषक तत्वों के ह्रास के प्रमुख कारण हैं। भारतवर्ष के अधिकांश क्षेत्रों के मृदाओं की उर्वरा शक्ति बहुत कम है। पोषक तत्वों की मृदा में उपलब्धता श्रेणीवार विवरण तालिका–2 में दर्शित है।

तालिका–2 भारत की मृदाओं में पोषक तत्व उपलब्धता स्तर

पोषक तत्व	पोषक तत्वों की उपलब्धता श्रेणीवार जनपदों की संख्या		
	कम	मध्यम	अधिक
नत्रजन	228	118	8
स्फुर	170	184	17
पोटैशियम	47	194	122
गंधक	130 जनपदों में अल्पता		
मैग्नीशियम	केरल, अन्य दक्षिणवर्ती राज्य एवं अत्याधिक अम्लीय मृदा क्षेत्रों में अल्पता		
जिंक	लगभग आधे क्षेत्रफल में अल्पता		

लोहा	ऊंची कैल्षियम युक्त मृदा ओं में अल्पता
बोरॉन	पाश्चिम बंगाल के कुछ क्षेत्र, बिहार एवं कर्नाटक की मृदा ओं में अल्पता

सामान्यतः समूचे भारतवर्ष में धान–गेहूँ फसल चक्र बहुत अधिक प्रचलित है जिसमें बहुत अधिक उर्वरक की खपत होती है। प्रभावी पोषक तत्व प्रबंधन फसलों की उत्पादकता बरकरार रखने हेतु अति आवश्यक है। भारतवर्ष के अधिकांश क्षेत्रों की मृदा ओं में नत्रजन की अल्पता है एवं इसको मृदा में संरक्षित रखना बहुत कठिन है क्योंकि यह विभिन्न प्रक्रियाओं यथा सतही जल बहाव, अमोनिया के रूप में वाश्पीकरण, नाइट्रेट के रूप में अपक्षालन व विनाइट्रीकरण द्वारा नष्ट हो जाता है जबकि धान्य व दलहनी फसलों में प्रोटीन के निर्माण में इसकी अहम भूमिका होती है। इसलिए इन फसलों में इसकी खपत बहुत अधिक होती है। नत्रजन की तुलना में स्फुर की पौधों को बहुत कम आवश्यकता पड़ती है एवं मृदा से इसका ह्यस भी नहीं होता, बावजूद इसके भारतवर्ष की मृदा ओं यह मध्यम अथवा अल्प मात्रा में है। जबकि अच्छी उपज के लिए स्फुर का प्रयोग अनिवार्य है। गंधक एवं जस्ता भी अधिकतर मृदा ओं में अल्पता की श्रेणी में आ चुका है अतः टिकाऊ कृषि उत्पादन हेतु संतुलित उर्वरक प्रयोग एवं समेकित पौध पोशण पूर्ति पद्धति (आई.पी.एन.एस.) अब एक मात्र विकल्प है।

पोषक तत्वों का युक्तिसंगत प्रयोग

खनिज उर्वरकों का युक्तिसंगत प्रयोग फसलों का उत्पादन बढ़ाने का एक कारगर उपाय है परन्तु इन उर्वरकों की कीमत अनुशंसित एवं संतुलित मात्रा के प्रयोग करने में मुख्य बाधा है अतः इन उर्वरकों के साथ कार्बनिक खादों को सही अनुपात में प्रयोग किया जाना चाहिए ताकि मृदा स्वास्थ्य बेहतर हो सके एवं दीर्घकालिक अवधि तक अच्छी खेती की जा सके। कुछ तत्वों की उपयोग क्षमता तालिका –3 में दर्शित है।

तालिका –3 भारत में पौध तत्व उपयोग क्षमता की वर्तमान स्थिति

क्र.	पौध पोषक तत्व	तत्व उपयोग क्षमता (प्रतिशत में)
1.	नत्रजन	30–50%
2.	स्फुर	10–20%

3.	पोटैशियम	< 80%
4.	जस्ता	02–05%
5.	लोहा	01–02%
6.	तांबा	01–02%

कार्बनिक तथा अकार्बनिक तत्वों का प्रयोग न केवल युक्तिसंगत है वरन् लाभदायक भी है क्योंकि कार्बनिक आदानों के प्रयोग से मुदा स्वास्थ्य एवं गुणवत्ता में वृद्धि होती है। समेकित पोषक तत्व प्रबंधन पद्धति पर्यावरण, सामाजिक एवं आर्थिक दृष्टि से बेहद लाभकारी विधा है जिसके प्रयोग से मृदा उत्पादकता बरकरार रखते हुए फसलोत्पादन बढ़ाया जा सकता है। टिकाऊ खेती से तात्पर्य है कि मनुष्य की आवश्यकता अनुरूप कृषि संसाधनों का बेहतर प्रबंधन इस प्रकार किया जाये ताकि पर्यावरण एवं प्राकृतिक संसाधन प्रभावित न हों।

समेकित पौध पोषण पूर्ति पद्धति अवधारणा

पोषक तत्वों के सभी स्रोतों के समन्वित प्रयोग से मृदा उर्वरता बरकरार रखते हुए इच्छित फरालोत्पादन हेतु पौधों को निश्चित गात्रा गें तत्वों की पूर्ति ही समेकित पौध पोषण पूर्ति है। उर्वरक, कार्बनिक खाद, फसल अवशेष, कम्पोस्ट आदि का समेकित एवं युक्तिसंगत प्रयोग भूमि उपयोग, पर्यावरण, सामाजिक एवं आर्थिक परिस्थितियों पर निर्भर करता है।

समेकित पोषक तत्व उपयोग का उद्देष्य है कि उर्वरकों का प्रयोग घटाकर मृदा में कार्बनिक पदार्थ का स्तर एवं तत्व उपयोग क्षमता बढ़ाई जाये एवं मृदा गुण यथा भौतिक, रासायनिक एवं जैविक गुण सुदृढ़ किये जायें। कार्बनिक, जैविक तथा अकार्बनिक स्रोतों का इस प्रकार उपयोग किया जाये कि फसल की आवश्यकतानुसार पोषक तत्वों की पूर्ति कर अधिकतम उपज प्राप्त की जा सके साथ ही यह विधा तकनीकी रूप से सक्षम हो, आर्थिक दृष्टि से आकर्षक हो, प्रायोगिक रूप से सष्दष्ढ़ हो एवं पर्यावरण की दृष्टि से सुरक्षित हो।

तत्वों का अतिरिक्त दोहन

मध्यप्रदेश में विभिन्न प्रमुख फसलों द्वारा मृदा से प्रतिवर्ष नत्रजन, स्फुर

एवं पोटैषियम का क्रमशः 0.18, 0.09 एवं 0.82 करोड़ टन अतिरिक्त दोहन होता है। इस प्रकार वर्तमान में कुल 1.09 करोड़ टन नत्रजन, स्फुर एवं पोटैशियम का ऋणात्मक संतुलन है। प्रदेश में गोबर की खाद, ग्रामीण एवं शहरी कम्पोस्ट तथा शहरी कचरे द्वारा लगभग 0.3 करोड़ टन नत्रजन, स्फुर एवं पोटैशियम की पूर्ति की जा सकती है। इसके अतिरिक्त फसल अवशेष जंगली कूड़ा–करकट, प्रेसमड, कुक्कुट खाद एवं जैव उर्वरकों आदि द्वारा लगभग 0.1 करोड़ टन नत्रजन, स्फुर एवं पोटैशियम की पूर्ति सम्भव है। इस प्रकार सभी उपलब्ध उपर्युक्त संसाधनों के प्रयोग के उपरान्त भी 0.6 से 0.7 करोड़ टन तत्वों का प्रदेश में ऋणात्मक संतुलन है।

पोषक तत्वों की अल्पता

स्वरूप एवं सिंह (1989) के अनुसार उत्तम प्रबंधन एवं नत्रजन, स्फुर व पोटैषियम उर्वरक उपयोग के बाबजूद धान एवं गेहूँ की फसलों द्वारा औसतन 250 किग्रा नत्रजन, 50 किग्रा स्फुर, 300 किग्रा पोटैशियम, 3.25 किग्रा लोहा, 2.60 किग्रा मैंग्नीज एवं 0.8 किग्रा जस्ता प्रति हैक्टर मृदा से अवशोषित कर लिया जाता है ऐसी स्थिति में यदि मृदा उर्वरता को पुनः पूर्व स्तर तक यदि बरकरार नहीं किया जाता तो तत्वों की अल्पता एवं असंतुलन होना निश्चित है।

समेकित पोषक तत्व प्रबन्धन

समेकित पोषक तत्व प्रबंधन से तात्पर्य है कि रासायनिक उर्वरकों के साथ कार्बनिक खादों, फसल चक्र में दलहनी फसलों का समावेष, जैव उर्वरकों का प्रयोग एवं अन्य पोषक तत्व स्त्रोतों का समन्वित उपयोग इस प्रकार किया जाये कि टिकाऊ मृदा स्वास्थ्य के साथ अच्छी उत्पादकता मिलती रहे। समेकित पौध पोषण पूर्ति पद्धति के निम्नलिखित महत्वपूर्ण तरीकों को टिकाऊ कषशि उत्पादन हेतु अपनाना चाहिएः–

1. अकार्बनिक स्त्रोतों के साथ गोबर की खाद/कम्पोस्ट का प्रयोग

गोबर की खाद एवं कम्पोस्ट में औसतन 0.5 से 1.0% नत्रजन ,0.2% फास्फोरस एवं 0.5% पोटैशियम पाया जाता है। संगठन के आधार पर 10 टन गोबर की खाद मृदा में प्रदाय किये जाने से 50 से 100 कि.ग्रा. नत्रजन, 20 कि. ग्रा. स्फुर एवं 50 कि.ग्रा. पोटैशियम मृदा को प्राप्त होगा। उपरोक्त में से 15–30 कि.ग्रा नत्रजन, 15 कि.ग्रा. फास्फोरस एवं 35 कि.ग्रा. पोटैशियम गोबर की खाद

प्रदाय करने के बाद ली जाने वाली पहली फसल को प्राप्त हो पायेगा एवं षेश तत्व बाद में ली गई फसलों को उपलब्ध हो पायेगें। राठौर एवं उनके सहयोगियों द्वारा जबलपुर की काली मृदा में धान–गेहूँ फसल चक्र में केवल जिंक, केवल गोबर की खाद एवं केवल कुक्कुट खाद तथा गोबर की खाद के साथ जिंक एवं कुक्कुट खाद के साथ जिंक पर किये गये प्रयोग में पाया गया कि केवल 10 कि.ग्रा. जिंक प्रति हेक्टेयर एवं 5 टन गोबर की खाद के साथ 5 कि.ग्रा. जिंक प्रति हेक्टेयर देने से धान की अधिकतम उपज प्राप्त हुई जबकि गेहूँ की फसल में 10 कि.ग्रा जिंक एवं 10 टन गोबर की खाद अलग–अलग प्रदाय करने पर अधिकतम उत्पादन दर्ज किया गया।

उक्त प्रयोग के परिणाम से यह स्पष्ट होता है कि फसलवार सही मात्रा में कार्बनिक एवं अकार्बनिक स्त्रोतों का समन्वित उपयोग किया जाना चाहिए ।

2. अकार्बनिक स्त्रोतों के साथ जैव उर्वरकों का प्रयोग

सहजीवी तथा स्वतंत्र रूप से रहने वाले जीवाणु वायुमण्डलीय नाइट्रोजन का स्थिरीकरण कर फसलों को उपलब्ध कराते हैं। विभिन्न फसलों में जैव उर्वरक तथा एजोटोबैक्टर राइजोबियम, एजोस्पाईरिलम, नील हरित षैवाल एवं एजोला के प्रयोग से 15–30 कि.ग्रा. नत्रजन (प्रति हैक्टेयर) की बचत की जा सकती है। इनके प्रयोग से उपज वृद्धि के साथ साथ मृदा के स्वास्थ्य पर भी अनुकूल असर पड़ता है। उपरोक्त जैव उर्वरकों में राइजोबियम पहला ऐसा जैव उर्वरक है जिसका बड़े पैमाने पर उपयोग किया जा रहा है।

3. फसल अवशेषों के साथ समन्वित उपयोग

विभिन्न फसलों के अवशेषों द्वारा प्रतिवर्ष पर्याप्त मात्रा में नत्रजन, स्फुर एवं पोटैशियम की मृदा में वृद्धि होती है इसके अतिरिक्त विभिन्न सूक्ष्म पोषक तत्वों की वषद्धि भी मृदा में होती है तथा सूक्ष्म जीवों की संख्या बढ़ जाती है ।

4. हरी खाद एवं पत्ती खाद के साथ समन्वित प्रयोग

हरी खाद एवं पत्ती खाद के प्रयोग से मृदा पोषक तत्वों की वृद्धि के साथ मृदा संरचना अच्छी हो जाती है जिससे मृदा सूक्ष्मजीवों को अच्छा वातावरण मिल जाता है इस प्रकार ये सूक्ष्मजीव वायुमण्डल की नत्रजन का स्थिरीकरण कर खनिज नत्रजन की बचत करते हैं।

5.अन्य अवशिष्ट पदार्थों के साथ समन्वित उपयोग

गन्ना मिलों से निकला हुआ प्रेसमड एवं सीवर का कचरा जिन क्षेत्रों में उपलब्ध हो उन्हें उर्वरकों के रूप में उपयोग किया जा सकता है। प्रेसमड में लगभग 3.2 प्रतिशत नत्रजन, 8.4 प्रतिशत फास्फोरस, 0.9 प्रतिशत पोटैशियम, 13.5 प्रतिशत कैल्शियम एवं 17 प्रतिशत कार्बन पाया जाता है। लवणीय एवं क्षारीय मृदाओं में प्रेसमड का प्रयोग सुधारक के रूप में किया जाता है।

जैविक खेती: एक टिकाऊ एवं लाभदायक खेती पद्धति

भारत वर्ष एक कृषि प्रधान देश है जहाँ पर अधिकांश जनसंख्या गॉवों में निवास करती है एवं 70 प्रतिशत रोजगार खेती से ही प्राप्त होता है। वर्तमान में जनसंख्या वृद्धि के साथ–साथ खाद्यानों की मांग भी बढ़ी है। जनसंख्या वृद्धि के साथ खाद्यानों की आपूर्ति सुनिश्चित करने एवं अधिकाधिक उत्पादन हेतु एक ओर रासायनिक उर्वरकों के साथ–साथ कीट एवं रोगनाशी का कृषि में प्रयोग बढ़ता जा रहा है वही दूसरी ओर देशी और परम्परागत खादों का उपयोग निरंतर कम हो रहा है । उर्वरकों एवं कृशि रसायनों के अंधाधुंध, अविवेकपूर्ण एवं अनियमित प्रयोग से भूमि की उर्वरक षक्ति, भूमिगत जल एवं पर्यावरण पर विपरीत प्रभाव पड़ रहा है । कवकनाषियों के अधिक मात्रा में अविवेकपूर्ण प्रयोग से मिट्टी मे ताँबें की मात्रा में बढ़ोत्तरी हो रही है एवं कीटनाशियों के अधिक प्रयोग से उनके अवशेषों की उत्पादित बीजों/फलों में जाने की सम्भावना प्रबल हो रही है । इसके अलावा इनके प्रयोग से मृदा के कुछ लाभकारी जीव–जन्तु जैसे केचुएं, सूक्ष्म जीव आदि भी मर जाते हैं, कीटों में प्रतिरोधकता पैदा होती है और पर्यावरण भी प्रदूशित होता है ।

भारत में मृदा उर्वरता को बनाये रखने एवं मृदा उर्वरता में वृद्धि के लिए कार्बनिक खादों के उपयोग करने की प्रथा बहुत लंबे समय से चली आ रही है । साठ के दशक के दौरान भारत में हरित क्रान्ति का प्रादुर्भाव हुआ और फसलोत्पादन में रासायनिक उर्वरकों का बहुतायत से उपयोग होने लगा । हरित क्रांति के चमत्कारिक परिणामों, मशीनीकरण एवं रासायनिक खेती से जितना आर्थिक लाभ किसानों को मिला उससे कहीं

अधिक ऐसी खेती के दुश्परिणाम दषश्टिगोचर हो रहे हैं । ऐसी परिस्थितियों में जैविक खेती एक बेहतर विकल्प है जैविक खेती एक परिपूर्ण उत्पादन प्रक्रिया है जिससे जैव विविधता एवं जैविक क्रिया को बढ़ावा मिलता है । यह पर्यावरण को स्वस्थ्य बनाने के साथ ही उच्च गुणवत्ता वाले भोजन के उत्पादन में सहायक होता है । इसमें बाहरी आदानों (खेत के बाहर के साधनों) का कम से कम उपयोग एवं रासायनिक खादों एवं कीटनाशकों का प्रयोग वर्जित है । प्रमाणित जैविक खेती में कृषि उत्पादों को उच्च मानकों में उगाया एवं प्रसंस्करण किया जाता है और प्रतिवर्ष राज्य सरकार या निजी संस्थाओं द्वारा प्रमाणित किया जाता है । प्रमाणीकरण में प्रक्षेत्र का निरीक्षण तथा प्रसंस्करण सुविधा का आँकलन षामिल है । प्रक्षेत्र निरीक्षण के दौरान मृदा प्रबन्धन, जैविक कृषि प्रक्षेत्र तथा पड़ोस में की जाने वाली रीतिगत कृषि के जीव के प्रत्यारोध, उत्पादन लेबल तथा फार्म पर रखे जाने वाले रिकार्ड का ध्यान रखा जाता है । जैविक खेती को प्राकृतिक खेती, कार्बनिक खेती एवं मशीन तथा रसायन विहीन खेती आदि नामों से भी जाना जाता है । इसका उद्देश्य भूमि से इस प्रकार से फसल उगाना है कि मृदा , जल एवं वायु को प्रदूशित किए वगैर दीर्घकालीन एवं स्थिर उत्पादन लिया जा सके। इसमें मिट्टी को एक जीवित माध्यम माना जाता है एवं मृदा उर्वरता को बढ़ाने के लिए उत्तरदायी सूक्ष्मजीवों की खुराक को विभिन्न कार्बनिक पदार्थो जैसे – गोबर की खाद, कम्पोस्ट एवं वाहित मल तथा कार्बनिक अपशिष्टों द्वारा पूरी करते हैं । खेती की यह पद्धति अधिक उपज प्राप्त करने के लिए मूलतः जैविक प्रक्रियाओं पर आधारित है । कभी–कभी इस पद्धति से भी परम्परागत खेती के बराबर उपज प्राप्त होती है ।

जैविक खेती क्या है ?

जैविक खेती कृषि की वह पद्धति है जिसमें स्वच्छ प्राकृतिक संतुलन को देखते हुए मृदा, जल एवं वायु को प्रदूशित किए बिना दीर्घकालीन व स्थिर उत्पादन प्राप्त कर सकते हैं । इसमें मिट्टी को एक जीवित माध्यम माना जाता है, जिसमें सूक्ष्मजीवी जैसे – राइजोबियम, एजोटोबेक्टर, एजोस्पाइरीलम, माइकोराइजा और अन्य जीव जो कि मृदा

में उपस्थित होते हैं कि क्रियाओं को बढ़ाने और उनका दोहन करने के लिए कार्बनिक व प्राकृतिक खादों का गहन उपयोग सुझाया जाता है ।

आज कल कार्बनिक खेती द्वारा उत्पादित खाद्यानों की माँग यूरोप, अमेरिका, जापान, आस्ट्रेलिया व अन्य देशों में तेजी से बढ़ रही है। वर्तमान में इन देशों में कार्बनिक खेती से उत्पादित खाद्यान्नों का हिस्सा लगभग 1–1.5 प्रतिशत है । चूंकि कार्बनिक खाद्य रासायनिक प्रदूशकों से मुक्त होते हैं अतः भविष्य में इन खाद्य पदार्थो की माँग तेजी से बढ़ने की सम्भावना है । आज विश्व में करीब 130 से अधिक देश प्रमाणित कार्बनिक खाद्यान्न उत्पादित कर रहे हैं ।

जैविक खेती के लिए पोषक तत्वों का स्त्रोत

भारत में फसल अवशेष एवं प्रक्षेत्र कचरा जैसे धान का भूसा, गेहूॅ का भूसा, चावल की भूसी, गन्नें की पत्तियॅा, आलू की पत्तियां, अखाद्य खलियॅा, खरपतवार का कचरा, कपास का कचरा, पेड़ पौधों की पत्तियॅा एवं अवशेष तथा जलकुम्भी की विषाल क्षमता है। परन्तु अधिकांष अवशेषों का उपयोग ईधन एवं पषुचारे के रूप में किया जाता है केवल एक तिहाई अवशेष ही कार्बनिक पदार्थों के स्त्रोत के रूप में उपयोग किया जाता है। यह अत्यधिक महत्वपूर्ण है कि देश में कृषि आधारित उद्योगों का कचरा, शहरों का कचरा एवं प्राकषतिक खरपतवारयुक्त जीवांश प्रचुर मात्रा में उपलब्ध हैं, जिसे मृदा उर्वरता बनाये रखने में उपयोग किया जा सकता है । फसल उत्पादन के आधार पर यह अनुमान लगाया गया है कि भारत की दस प्रमुख फसलों जैसे धान गेहूॅ, ज्वार, बाजरा, गन्ना, आलू एवं दलहनों से इतना अवशेष प्राप्त हो सकता है जिसमें 6.5 लाख टन पोषक तत्व प्रदान करने की क्षमता है । भारत में लगभग दो तिहाई फसल अवशेषों का उपयोग पषु चारा एवं ईधन के रूप में होता है और एक तिहाई का उपयोग कार्बनिक पदार्थ के स्त्रोत के रूप में । देश में अखाद्य खलियों का वार्षिक उत्पादन लगभग 38 लाख टन है जिसमें 16.9 लाख टन एन.पी. के होता है । भारत में शहरों का कचरा एवं सिवेज–स्लज से प्राप्त कार्बनिक पदार्थ का अनुमानित भंडार लगभग 1460 दस लाख टन है । प्रतिवर्ष लगभग 8.2 लाख टन, 4.1 लाख टन एवं 9.5 लाख टन

पोषक क्षमता की हानि क्रमषः पशु एवं मुर्गी कचरे, शहरी कचरे एवं सीवेज–स्लज से होती है। रासायनिक उर्वरकों की बढ़ती कीमतों एवं उर्जा की कमी से भारत में पषु कचरे एवं शहरी कचरे को खाद के लिए स्थिर स्त्रोत के रूप में पुनः स्थापित करने पर जोर दिया जा रहा है। लगभग 350 शक्कर कारखाने एवं 310 डिस्टलरियों (आसवन कारखानों) में संदूशित जल का उत्पादन प्रतिदिन होता है । भारत में कृषि आधारित औद्योगिक कचरा जैसे तेल, तम्बाकू, मांस, मछली, आरा मशीन एवं जूट उद्योगों, चाय अवशेष आदि से प्रतिवर्ष लगभग 438 लाख टन कचरा उत्पन्न होता है । कचरे के फायदे का निर्धारण इसके उपयोग से कृषि उत्पादन में बढ़ोतरी के मूल्य, रोजगार सृजन, उर्वरकों की बचत एवं पर्यावरण के नुकसान से बचाने की लागत से कर सकते हैं । कार्बनिक स्त्रोतों से पोषक तत्वों की क्षमता तालिक 1 व 2 में दर्शाई गई है ।

तालिका 1 : पशु, कुक्कुट, शहरी अवशेष एवं सिवेज–स्लज में कार्बनिक पदार्थ की मात्रा एवं पोषक क्षमता (दस लाख टन)

	मात्रा (दस लाख टन)	नाइट्रोजन	फास्फोरस	पोटेशियम
गाय और भैस का गोबर	1227.8	1.84	1.23	0.61
जानवरों का मूत्र	800	1.60	0.08	1.60
भेड़ और बकरी	45	0.27	0.06	0.45
कुक्कुट कचरा	1.00	2.17	2.00	4.20
घोड़ा	0.48	1.51	0.35	1.80
नगरीय कचरा	150	0.75	0.34	0.63
सीवेज–स्लज	1460 दस लाख टनप्रति वर्ग मीटर प्रति वर्ष	0.04	0.01	0.18
कुल		**8.18**	**4.07**	**9.47**

तालिका 2 : विभिन्न फसल अव□िशों में कार्बनिक पदार्थ की मात्रा एवं पोशक क्षमता

प्रक्षेत्र कचरे का प्रकार	उपज मात्रा	मात्रा (दस लाख टन)	प्रतिशत एन.पी.के.			कुल पोषक तत्व (दस लाख टन) एन. पी.के	क्षमता उपलब्ध (दस लाख टन)
			एन	पी	के		
चावल	1.5	110.5	0.61	0.81	1.39	2.39	0.77
गेहूँ	1.5	82.6	0.48	0.16	1.18	1.50	0.50
ज्वार	1.5	21.0	0.52	0.23	1.34	0.44	0.15
मक्का	1.5	12.5	0.52	0.23	1.34	0.44	0.15
बाजरा	1.5	15.6	0.45	0.16	1.14	0.27	0.09
जौ	1.5	2.5	0.52	0.18	1.30	0.05	0.02
कोंदों	2.0	5.3	1.00	0.20	1.00	0.12	0.04
गन्ना	1.5	40.9	0.40	0.18	1.28	0.76	0.25
आलू	0.5	7.9	0.52	0.21	1.06	0.14	0.05
दलहन	1.5	13.7	1.60	0.51	1.75	0.53	0.18
कुल	—	**312.6**	—	—	—	**6.46**	**2.15**

जैविक खेती के उद्देश्य

- पर्याप्त मात्रा में उच्च गुणवत्ता युक्त खाद्यान्न पैदा करना ।
- मिट्टी की दीर्घकालीन उर्वरता को बनाए रखना एवं उसे बढ़ाना।
- कृषि तकनीकों द्वारा पैदा होने वाले सभी प्रकार के प्रदूषणों को न होने देना ।
- प्राकृतिक पद्धति पर हावी होने के बजाय उनके साथ कार्य करना।
- खेती में सूक्ष्मजीव, मृदा पादप एवं जीव, पौधे और जानवरों के जैविक चक्र को प्रोत्साहित करना एवं बढ़ाना ।

- कृषि पद्धति एवं उसके आसपास में आनुवांषिक कृषि विविधता को बनाए रखना। पौधों एवं वन्यजीवों के शरण स्थल को सुरक्षित रखना।
- सुरक्षित वातावरण में कृषि कार्य में लगे व्यक्तियों को समुचित आय प्राप्त होना। सघन कृषि व्यवस्थाओं में जैविक खेती से उपज घटती है जो कि बाहरी स्त्रोतों की उपलब्धता पर निर्भर है, जो परिवर्तन से पूर्व उपयोग की गई है।
- हरित क्रांति क्षेत्रों का परिवर्तन जैविक कृषि में करने से उपज में कोई ज्यादा अंतर नहीं होता है।
- परम्परागत खेती करने से उपज में बढ़ोत्तरी होती है।
- जैविक खेती द्वारा खाद्य उत्पादन की पद्धति परम्परागत खेती से काफी भिन्न है।
- जैविक तरीके से फार्म की व्यवस्था के पूर्ण विकास को ध्यान मे रखकर अपनाया जाता है जैसे फसलों और पशुपालन क्षमता में बराबर वृद्धि।
- केवल भोजन के रूप में खाद्यान फार्म के बाहर जाता है फसलों के अवशेषों को जलाया नहीं जाता। पशु मलमूत्र का प्रयोग जमीन पर खाद के रूप में किया जाता है।
- रूढ़िगत खेती से पर्यावरणीय नुकसान होता है जबकि जैविक खेती से पर्यावरण का सुधार होता है ।
- यह देखा गया कि रूढ़िगत खेती से मानव स्वास्थ पर नकारात्मक प्रभाव अधिक होता है। खासकर कीटनाशक के उपयोग से। यह अनुमानित किया गया है कि 250 लाख किसान विकासशील देशों में कीटनाषक के कारण जहर से प्रभावित होते हैं ।

जैविक खेती का उपज पर प्रभाव

- अनेक षोधों से यह प्रदर्शित हुआ है कि सूखा की स्थिति में जैवित

खेती से अधिक उपज प्राप्त होती है ।

- जैविक खेती करने से उपज में औसत बढ़त 5–10 प्रतिशत तक पाई गई है ।
- जैविक खेती में शुरूवाती वर्षों में उपज में कमी होती है परन्तु इसके बाद में रासायनिक खेती के बराबर अथवा अधिक उपज प्राप्त होने लग जाती है ।
- जैविक कपास की खेती में किए गए प्रयोगों से ऐसे परिणाम मिले हैं कि जैविक प्रक्षेत्र अर्थात् जहॉ रसायनों का उपयोग न किया गया हो, वहाँ 3 साल बाद कपास की उपज बहुत अच्छी पाई गई।

जैविक खेती के मुख्य कारक

- जैविक खेती को हमेषा कृषि का आधार मानते हैं जिसमें सिर्फ जैविक संसाधनों का ही प्रयोग किया जाता है ।
- पोषक तत्वों का संभरण, कीट और रोगों की रोकथाम भी जैविक स्त्रोतों से की जाती है। यह विविध प्रकार की कृषि की तकनीक में से एक विशेष पद्धति है जिसमें सारी परेशानियॉ स्थानीय संसाधनों का प्रयोग करके सुलझाई जाती हैं ।
- मृदा और वातावरणीय कारकों के कारण यह रासायनिक खेती से ज्यादा लाभदायक होती है ।
- जैविक खेती मृदा में जैविक पदार्थो की लाभदायक मात्रा पर निर्भर करती है। जैविक पदार्थो से मृदा के रासायनिक, भौतिक एवं जैविक गुणों में वृद्धि होती है ।
- अच्छी मृदीय जैविक क्रिया, खरपतवार कीट और रोगों को नियंत्रित करने में जैविक खेती महत्वपूर्ण भूमिका निभाती है ।

जैविक उत्पाद की मांग

- जैविक खाद्य पदार्थो की मांग तेजी से बढ़ रही है। यह उपभोक्ताओं

के भोजन की गुणवत्ता और सुरक्षा से संबंधित जागरूकता होने के कारण हुआ है ।

- जैविक लेबल स्वास्थ्य का दावा नहीं बल्कि यह जैविक उत्पादन की प्रक्रिया को दर्शाता है।
- यह भी दावे किए गए हैं कि जैविक तरीकों से प्राप्त भोजन का स्वाद अच्छा होता है और विटामिन्स एवं लवण का अच्छा अनुपात होता है जो रूढ़िगत तरीकों से प्राप्त भोजन की तुलना में बहुत अच्छा होता है ।
- कुछ षोधों में जैविक खेती द्वारा विटामिन सी में वृद्धि पाई गई है? साथ ही लवण और प्रोटीन भी बढ़े हैं जैविक खेती से ज्यादा मीठे और कम खट्टे सेव प्राप्त किये जा सकते हैं ।
- भारत सरकार द्वारा गठित टास्क फोर्स ने जैविक खेती के संदर्भ में रिपोर्ट प्रस्तुत की है वह यह दर्शाती है कि जहॉ रसायनों का कम प्रयोग किया जाता है और उत्पादन भी कम होता है वहॉ जैविक खेती से अधिक लाभ लिया जा सकता है ।
- यह मिट्टी में जैविक पदार्थो की कमी होने से रोकता है जो जैविक खेती का अहम् हथियार है। मिट्टी में जैविक कार्बन को बढ़ाने के लिए जैविक खाद का उपयोग उचित है इससे मिट्टी की गुणवत्ता और भविष्य में उत्पादक क्षमता बढ़ती है ।

विभिन्न फसलों की जैविक खेती विधि एवं प्रयोगों के परिणाम

भारतीय कृषि अनुसंधान परिशद के मध्य प्रदेश स्थित भारतीय मृदा विज्ञान संस्थान द्वारा विभिन्न फसलों की जैविक खेती पर किए गए प्रयोगों के परिणाम इस प्रकार हैं।

सोयाबीन

सोयाबीन में लगभग 4 टन प्रति हेक्टर गोबर की खाद तथा लगभग 100 किलो ग्राम प्रति हेक्टर रॉक फास्फेट का उपयोग बुवाई के दो सप्ताह पहले करने के साथ–साथ बुवाई के समय बीजों को राइजोबियम

तथा पी.एस.बी. कल्चर से उपचारित करने से रासायनिक उर्वरक के बराबर या थोड़ा अधिक उपज प्राप्त कर सकते हैं। खरपतवार उन्मूलन के लिए बुवाई के 30 और 60 दिन के बाद हाथ से गुड़ाई करना चाहिए। ढैंचा, जो एक हरी खाद फसल है, को बार्डर फसल के रूप में सोयाबीन के चारों तरफ उगाया जाना चाहिए । ढैंचा गर्डल बीटल के लिए एक ट्रैप फसल के रूप में कार्य करता है। सोयाबीन फली छेदक से बचने के लिए बुवाई के 35–40 दिन उपरान्त फैरोमोन ट्रैप का उपयोग करना चाहिए जो कि फली छेदक के नर कीट को ट्रैप कर लेता है। 3–4 कीट प्रतिदिन पाये जाने पर एन.पी.बी. का छिड़काव करना चाहिए । इसके साथ–साथ बुवाई के 30, 40 एवं 60 दिन पष्चात् नीम के तेल (एड्जारिक्टीन 0.03 प्रतिशत) का छिड़काव करने से सोयाबीन को कीटों से बचाव किया जा सकता है । प्रयोग के परिणाम इंगित करते हैं कि पहले वर्ष में सोयाबीन के दाने में प्रोटीन रासायनिक खाद डालने से जैविक खाद की अपेक्षा अधिक पायी गयी। जबकि बाद के वर्षों में इस तरह का कोई अन्तर नहीं पाया गया। तेल प्रतिशत में किसी भी तरह का अंतर जैविक व रासायनिक खाद डालने से प्राप्त नहीं हुआ ।

गेहूँ

डयूरम गेहूँ (मालवा शक्ति) में लगभग 3.5 टन प्रति हेक्टर गोबर की खाद + 2.5 टन प्रति हेक्टर केंचुआ खाद + 1.5 टन प्रति हेक्टर मुर्गी की खाद को सम्मिलित रूप में बुवाई से 15 दिन पहले खेत में डालकर गेहूॅ के बीजों को एजोटोबेक्टर तथा पी.एस.बी. कल्चर से उपचारित करने से रासायनिक उर्वरक के बराबर या कुछ अधिक उपज प्राप्त कर सकते हैं। रबी में खरपतवार की समस्या नहीं होती है परन्तु फिर भी अधिक खरपतवार होने पर एक बार बुवाई के 25–30 दिन के बाद हाथ से गुड़ाई करने पर खरपतवारों की रोकथाम की जा सकती है। गर्मी में गहरी जुताई के अलावा अच्छी पौधों की संख्या एक हद तक खरपतवारों की वृद्धि नहीं होने देती है ।

सामान्यतः डयूरम गेहूॅ की किस्में चपाती गेहूॅ की तुलना में पत्ती का रतुआ, अनावृत कंड एवं करनाल बंट जैसी बीमारियों के लिए

प्रतिरोधक हैं। ड्यूरम गेहूँ की किस्मों को लगाने से इन बीमारियों का स्वतः ही प्रबंधन हो जाता हैं। यह गेहूँ सूखे के प्रति सहिष्णु होता हैं तथा 3 सिंचाई करने पर अच्छी पैदावार देता है। पलेवा के उपरान्त पहली सिंचाई बुवाई के 20–25 दिन पश्चात्, दूसरी सिंचाई दौजे निकलने के समय (बुवाई के 40–45 दिन पश्चात्) तथा तीसरी सिंचाई दुधिया अवस्था (बुवाई के 80–85 दिन पश्चात्) के समय करनी चाहिए ।

सरसों

सरसों (पूसा बोल्ड) की जैविक खेती के लिए लगभग 4 टन प्रति हेक्टर गोबर की खाद तथा 2 टन प्रति हेक्टर मुर्गी की खाद को सम्मिलित रूप से बुवाई से 15 दिन पहले खेत में डालकर सरसों के बीजों को एजोस्पाईरिलम तथा पी.एस.बी. से उपचारित करने से रासायनिक उर्वरक के बराबर या कुछ अधिक उत्पादन प्राप्त कर सकते हैं। रबी मौसम में खरपतवार की समस्या नहीं आती है। गर्मी में गहरी जुताई के अलावा अच्छी पौध संख्या एक हद तक खरपतवारों की वृद्धि नहीं होने देती है। सरसों की बुवाई समय पर करने पर बीमारियॉ एवं कीटों से स्वतः ही बचा जा सकता हैं ।

चना

चनें (जे.जी.–74) की जैविक खेती के लिए लगभग 2 टन प्रति हेक्टर गोबर की खाद तथा 1.5 टन प्रति हेक्टर केंचुआ खाद को सम्मिलित रूप में बुवाई से 15 दिन पहले खेत में डालकर बुवाई के समय खेत में ट्राइकोडरमा 5 किलो ग्राम प्रति हेक्टर की दर से उपयोग करके चने के बीजों को राइजोबियम तथा पी.एस.बी. कल्चर से उपचारित करने से रासायनिक उर्वरक के बराबर या कुछ अधिक उपज प्राप्त की जा सकती है । इसके साथ ही बुवाई के 25–30 दिन पश्चात् फैरोमोन ट्रेप का उपयोग फली छेदक नर को पकड़ने के लिए करना चाहिए । यदि 3–4 नर प्रति दिन पकड़ में आये तो एच.एन.पी.बी. का छिड़काव 10 दिन के अन्तराल पर दो बार करना चाहिए । गर्मी में गहरी जुताई के अलावा अच्छी पौध संख्या एक हद तक खरपतवारों की वृद्धि नहीं होने देती है।

ट्राइकोडरमा के उपयोग से जड़ गलन रोग का उपचार हो जाता हैं ।

ईसबगोल

ईसबगोल (जी.आई.–2) की जैविक खेती के लिए लगभग 1 टन प्रति हेक्टर गोबर की खाद, 1 टन प्रति हेक्टर केंचुआ खाद तथा 0.5 टन प्रति हेक्टर मुर्गी की खाद को सम्मिलित रूप से बुवाई के 15 दिन पहले खेत में डालकर बुवाई के समय खेत में ट्राइकोडरमा 5 किलो ग्राम प्रति हेक्टर की दर से उपयोग करके ईसबगोल की बुवाई करने से रासायनिक उर्वरक की तुलना में अधिक उपज प्राप्त की जा सकती है। इसमें ट्राइकोडरमा का उपयोग खादों के डालने के समय भी कर सकते हैं। ट्राइकोडरमा जड़ गलन रोग से सुरक्षा प्रदान करता है। रबी में खरपतवार की समस्या नहीं होती है गर्मी में गहरी जुताई के साथ पौधों (ईसबगोल) की खेत में प्राप्त संख्या एक हद तक खरपतवारों की वृद्धि नहीं होने देती हैं। परन्तु फिर भी अधिक खरपतवार होने पर एक बार बुवाई के 25–30 दिन पश्चात् हाथ से गुड़ाई करने पर इनकी रोकथाम की जा सकती हैं। पलेवा के साथ 20–25 दिन के अन्तराल पर 3 सिंचाई करनी चाहिए।

जैविक खेती से लाभ

- कार्बनिक खादों का प्रयोग उच्च उत्पादकता एवं अच्छी गुणवत्ता की फसलों को पैदा करने की क्षमता प्रदान करती है ।
- जैविक खाद पौधों द्वारा चाहे गये सभी आवश्यक पोषक तत्वों की आपूर्ति करती है ।
- जैविक खाद पौधों की बढ़वार एवं पादप कार्यिकी गतिविधियों में सुधार करती है ।
- नाइट्रोजन एवं फास्फोरस युक्त उर्वरकों, कीटनाशी, शाकनाशी आदि का प्रयोग न होने की वजह से प्रदूशण का खतरा कम रहता है तथा इनका कोई अवशेषिक प्रभाव भी नहीं होता है जिससे पशुओं एवं मनुष्य के स्वास्थ पर बुरा प्रभाव नहीं पड़ता । जैविक कृषि में कम ऊर्जा की आवश्यकता होती है ।

- मषीनों के कम प्रयोग की आवश्यकता होती है तथा फसल के खराब होने का खतरा भी कम रहता है। इससे कृषि उत्पादन में लागत कम लगती है तथा मृदा स्वास्थ्य में भी सुधार होता है।
- प्राकृतिक संसाधनों का इष्टतम् उपयोग होता है ।
- जैविक खेती द्वारा पैदा किए गए उत्पादों की कीमत अधिक मिलती है ।
- जैविक खेती से पैदा हुए उत्पादों की गुणवत्ता में भी सुधार होता है ।

5. संरक्षित खेती

जीरो टिलेज तकनीक से गेहूं व ग्रीष्मकालीन मूंग की खेती : एक सफलता गाथा

भारतवर्ष में गेहूं की खेती तकरीबन 30 मिलियन हेक्टेयर क्षेत्रफल में होती है। मध्यप्रदेश में करीब 60 लाख हेक्टेयर रकबा गेहूं के अंतर्गत आता है और इस रकबे का कम या ज्यादा होना प्रत्येक वर्ष की वर्षा पर निर्भर करता है। मध्यप्रदेश में गेहूं का औसत उत्पादन 18 क्विंटल प्रति हैक्टेयर है तथा भारत का औसत उत्पादन 29 क्विंटल प्रति हैक्टेयर है जो कि म.प्र. के औसत उत्पादन से कहीं ज्यादा है। गेहूं के कग उत्पादन होने के प्रगुख कारणों गें बुवाई के समय अधिक तापमान होना, फसल अवधि औसतन 125 दिन से कम होना, एवं सिंचाई जल की कमी है। वर्तमान में प्रदेश में 70 प्रतिशत रकबे में यह फसल अर्धसिंचित एवं सिंचित दशा में पैदा की जा रही है। उन्नत किस्म एवं उन्नत उत्पादन तकनीकी तथा एकीकष्त पोषक तत्व प्रबंधन अपनाकर निष्चित ही उत्पादन में आषातीत वष्द्वि की जा सकती है।

प्रदेश के जबलपुर जिले में सिंचाई संसाधनों के विकास के साथ फसल सघनता में आशातीत वृद्धि हो रही है। वर्तमान में जिले में गेहूं की खेती तकरीबन एक लाख हेक्टेयर क्षेत्रफल में हो रही है। धान–गेहॅू फसल प्रणाली में ग्रीष्मकालीन मूंग का रकबा भी तेजी से बढ़ रहा है। धान की कटाई के बाद गेहॅू की बुवाई के लिए खेत की तैयारी करना श्रम साध्य, अधिक लागत की आवश्यकता के साथ उचित समय चाहने वाली एक आवश्यक कृषि क्रिया है। साथ ही गेहॅू की बुवाई में अवांछित विलंब के कारण कम उत्पादन एवं ग्रीष्मकालीन फसलों की विलंब से बोनी के कारण किसानों को बहुत कम उत्पादकता प्राप्त होती है।

किसानों की इस व्यवहारिक कठिनाई का समाधान कृषि विज्ञान केन्द्र द्वारा जीरो टिलेज तकनीक के प्रभावी प्रदर्शन एवं तकनीकी के प्रचार–प्रसार के द्वारा संभव हो सका है। गहरी काली भारी मृदाओं में धान की कटाई के उपरांत परंपरागत ढंग से खेत की तैयारी करके आगामी गेहूँ फसल की बुवाई करने पर 20 से 25 दिन का समय लग जाता है। इसी प्रकार गेहूँ की कटाई के उपरांत आगामी ग्रीष्मकालीन मूंग–उड़द की बुवाई के लिए खेत की तैयारी कर बोनी करने पर 10 से 15 दिन का समय लग जाता है। इस बहुमूल्यवान समय की बचत करने के लिए हैप्पी टर्बो सीडर का प्रयोग लाभकारी सिद्ध हुआ है। हैप्पी टर्बो सीडर का प्रयोग करके जीरो टिलेज तकनीक से बोनी करने पर निम्नलिखित लाभ प्राप्त होते हैं।

- धान–गेहूँ–ग्रीष्मकालीन मूंग फसल प्रणाली में गेहूँ एवं मूंग की बुवाई करने के लिए 20 से 35 दिन तक के मूल्यवान समय की बचत की जा सकती है। वांछित समय पर बुवाई हो जाने से उत्पादकता में वृद्धि, लागत में कमी एवं अन्य कृषि संबंधित समस्याओं से निजात मिलती है।
- सिंचाई जल की बचत होती है एवं मृदा में संरक्षित नमी का बेहतर उपयोग होता है।
- खेत की तैयारी के लिए ट्रैक्टर में प्रयुक्त होने वाले डीजल की बचत होती है।
- पर्यावरण प्रदूषण जो वर्तमान में चिंता का विर्शय है, उक्त तकनीकी अंगीकरण से डीजल बचत के साथ–साथ प्रदूषण में भी कमी आती है।

जबलपुर जिले के संदर्भ में जीरो टिलेज तकनीकी प्रदर्शन से प्राप्त परिणामों का विश्लेषण

कृषि विज्ञान केन्द्र द्वारा जिले के विभिन्न विकास खंडों में धान–गेहूँ एवं धान–गेहूँ–ग्रीष्मकालीन मूंग फसल प्रणाली में क्रमशः गेहूँ एवं मूंग में हैप्पी टर्बो सीडर द्वारा जीरो टिलेज तकनीक से बुवाई पर तकनीकी प्रदर्शन आयोजित किये गये जिससे प्राप्त परिणाम तालिकावार प्रदर्शित हैं।

तालिका–1: धान फसल कटाई बाद गेहूँ एवं ग्रीष्मकालीन मूंग

विवरण	गेहूँ	मूंग
किस्म पी.एम. 02–03	जी.डब्लू–322जी.डब्लू–273	पी.डी.एम.–139आई.
उपज क्विंटल/हे.	44.5	11.69
बुवाई के लिए दिनों की बचत	20 दिन	15 दिन
सिंचाई जल की बचत/हे. (एक सिंचाई एक इंच गहराई का पानी)	9075 घन फुट	9075 घन फुट
लाभः लागत अनुपात	2.98	3.66

तालिका–2 : जीरो टिलेज तकनीक का क्षैतिज प्रसार

फसल	किस्म	तकनीक अंगीकरण वाले ग्रामों की संख्या	तकनीकी अपनाने वाले कृषकों की संख्या	तकनीकी के अंतर्गत क्षेत्रा–च्छादन (हे.)	औसत उपज क्वि./हे.	शुद्ध लाभ रू./हे.	लाभ : लागत अनुपात
गेहूँ	जी.डब्लू–322	86	775	3550	44.8	59217	2.98
मूंग	पी.डी.एम.–139 आई. पी. एम.02–03	105	1655	2835	11.75	41730	3.66

तालिका–3: जीरो टिलेज तकनीक अपनाने से परंपरागत पद्धति में प्रयुक्त होने वाले डीजल बचत

फसल प्रणाली	डीजल उपभोग		डीजल की बचत
	परंपरागत ढंग से खेत की तैयार एवं बुवाई – 52 ली./हे.	जीरो टिलीज तकनीक से बुवाई – 12.5 ली./हे.	
धान–गेहूँ : 3550 हे.	184600 ली.	44375 ली.	140225 ली.
गेहूँ–मूंग : 2835 हे.	147420 ली.	35437.5 ली.	111982.5 ली.
कुल डीजल बचत	**252207.5 ली.**		

तालिका–4: जीरो टिलेज तकनीक अपनाने से होने वाली सिंचाई जल बचत

फसल	सिंचाई जल की बचत	सिंचाई कार्य की लागत रू./हे.	सिंचाई लागत में बचत
गेहूँ	9075 घनफुट/हे. X 3550 हे. = 3.222 करोड़ घनफुट	1000	3550 X 1000 = 35.5 लाख
ग्रीष्म कालीन मूंग	9075 घनफुट/हे. X 2835 हे. = 2.573 करोड़ घनफुट	1000	2835 X 1000 = 28. 35 लाख

जीरो टिलेज तकनीक का धान–गेहूँ–ग्रीष्मकालीन मूंग फसल प्रणाली पर प्रभाव

आर्थिक प्रभाव : जिले में तकनीकी अंगीकरण से धान–गेहूँ (जीरो टिलेज तकनीक रकवा – 3550 हे.), धान–गेहूँ–मूंग (जीरो टिलेज तकनीक रकवा – 2835 हे.) फसल प्रणालियों में कुल 252207.5 लीटर डीजल की बचत।

सिंचाई जल संरक्षण : तकनीकी अंगीकरण से धान–गेहूँ–मूंग फसल प्रणाली में 5.795 करोड़ घनफुट सिंचाई जल की बचत।

उर्जा संरक्षण : जिले में सिंचाई हेतु प्रयोग में लाए जाने वाले बहुमूल्य संसाधन विद्युत की 38310 किलोवाट की बचत।

पर्यावारण पर दुश्प्रभाव में कमी : 252207.5 लीटर डीजल की बचत से वायु प्रदूशण में कमी।

सामाजिक प्रभाव : धान–गेहूँ–ग्रीष्म कालीन मूंग फसल प्रणाली अपनाने से एक फसल वर्ष में औसत 35 दिन की बचत होने से कृषकों को अन्य गतिविधियों के लिए समय की उपलब्धता।

6. फसल सुरक्षा

बीजोपचार का महत्व

प्रमुख फसलों में कृषक धान, गेहूँ, उड़द, मूंग, अरहर, सोयाबीन, सरसों, चना, ज्वार, अलसी और मसूर की ज्यादा पैदावार देने वाली उन्नतशील प्रजातियों के बीज का रासायनिक उर्वरकों का इस्तेमाल कर रहे हैं मगर उनका ध्यान फसल सुरक्षा की तरह कम ही रहता है। इससे कभी–कभी उन्हें बहुत नुकसान उठाना पड़ता है और अच्छी पैदावार भी नहीं मिल पाती लेकिन अगर किसान फसल सुरक्षा आधुनिक वैज्ञानिक पद्धति के मुताविक करे तो अवश्य ही उसे ज्यादा पैदावार लेने के लक्ष्य को हासिल करने में मदद मिलेगी।

फसलों में अनुकूल वातावरण न होने की वजह से बीमारियों और कीटों का प्रकोप ज्यादा होता है। इन बीमारियों के रोग प्रेरक बीजजन्य जमीनजन्य तथा वायुजन्य द्वारा खेतों में फैलते रहते हैं। बीज जन्य रोगों की जानकारी और उनकी रोकथाम के सरल उपायों को अपनाने से ज्यादा पैदावर मुमकिन है। विश्व व्यापार संगठन के तहत कोई भी बीज किसी भी देश से आयात किया जा सकता है। ऐसी दशा में बीजजन्य रोगों का फैलाव एक देश से दूसरे देश में बढ़ने की संभावना बढ़ जाती है। इसलिये जरूरी है कि बीज को शोधित करके ही बोने से बीजों द्वारा फैलने वाले रोग जैसे पौध अंगमारी, पदगलन, कंड या म्लानी इत्यादि से छुटकारा पाया जा सकता है।

बीजोपचार का मुख्य उद्देश्य बीज तथा भूमि में मौजूद रोग जनकों से बीज की रक्षा करना है। इसकी रोकथाम के लिये अपनाई जाने वाली विभिन्न विधियों यथा रासायनिक दवाओं (जैसे जीवाणु नाशक, फफूँदनाशक, कवक नाशक तथा कषमि नाशक) का इस्तेमाल मुख्य रूप से किया जाता है। बीजोपचार संरक्षण कवच के रूप में बीज के चारों तरफ एक घेरा बना लेता है

जिससे बीज सड़ने से तथा पौध अंगमारी रोग से बचाता है। बीज उपचार आमतौर पर भौतिक रसायनिक व जैविक विधियों द्वारा किया जाता है।

बीजोपचार विधियॉ

(क) उष्ण जल उपचार विधि

गर्म पानी द्वारा तापीय उपचार ज्यादातर जीवाणु उन रोगाणुओं के लिये किया जाता है। जो बीज के अंदर मौजूद रहते हैं। आमतौर पर बीज को 105, 110, 115 डिग्री ताप के जल में क्रमशः 8,6 और 4 घंटे तक डुबोने से रोग पर पूरा काबू पाया जा सकता है। गेहूॅ के बीज को अनावृत कंड से बचाने के लिये सबसे पहले ठंडे पानी में 4 घंटे तक डुबोते हैं। इसके बाद 132 डिग्री फा. के पानी में 10 मिनट तक डुबोया जाता है और आखिर में बोने से पहले दोनों को सुखा लिया जाता है। इसी तरह अगर गाजर के बीज को गर्म पानी में 50 डिग्री से. पर 10 मिनट तक रखा जाय तो आल्टरनेरिया रेडिसिना कवक नष्ट हो जाता है।

गर्म हवा का उपचार का प्रभाव गर्म पानी के मुकाबले कम होता है। टमाटर के बीजों को 6 घंटे तक 29.5 से 37 डिग्री से. पर सुखाया जाय तो झुलसा रोग पर काबू पाया जा सकता है। इस विधि द्वारा विषाणु नाशक रोग पर भी कुछ हद तक काबू पाया जा सकता है। गर्म हवा के प्रयोग से बीज कम क्षति ग्रस्त होते हैं।

(ख) रासायनिक विधियॉ

इसके तहत कवकनाशियों से बीजोपचार किया जाता है। इसके द्वारा वर्षों से लाभ होता आ रहा है। और यह एक तरह से फसल का कम खर्चीला फफूंदनाशक बीजजन्य रोगाणुओं को आसानी से मार देता है या फैलने से रोकता है। इस विधि के तहत वाष्पशील तथा वाष्प रहित दोनों तरह के रसायनों का इस्तेमाल किया जाता है। कवक जनित रोगों का संक्रमण बीज पर या बीज में होता है। जो कवक बीज अथवा बीज के बाह्यआवरण पर स्थित होते हैं उन्हें बाह्य बीज व्याधिनाशक द्वारा खत्म किया जाता है। कुछ बीज की उपरी सतह पर तथा मध्य में प्रवेश कर सुशुप्तावस्था में पड़ा रहता है और जब बीज का अंकुरण होता है तब ये कवक भी सक्रिय हो जाते हैं और बीज व पौधे को खत्म कर देते हैं। ऐसे कवकनाशिओं का जीवाणुनाशियों को अंतः बीज व्याधिजन्य नाशक विधि द्वारा खत्म किया जाता है। इस विधि के तहत ज्यादातर सर्वांगीण

फफूंदनाशक का इस्तेमाल करते हैं। बीज सुरक्षा विधि के तहत फफूँदनाशक का लेप बीज की उपरी सतह पर किया जाता है जिससे मिट्‌टी में स्थित पादप रोग जनक अंकुरण के समय बीजांकुर को नुकसान न पहुँचा सकें। इस विधि के तहत आमतौर पर वाष्पशील कवकनाशियों का इस्तेमाल किया जाता है तथा शीघ्र ही मिट्‌टी के कणों के बीच भी खाली जगह में भर जाते हैं और पूरे खेत में फैल जाते हैं।

फसल का नाम	संक्रमित करने वाले रोग का नाम	प्रबंध के लिये संतृप्त रसायन का नाम	रसायन की मात्रा	बीजोपचार की विधि
धान	ब्लास्ट, आभासी कण्डवा	कार्बेन्डाजिम	2 ग्राम / किग्रा बीज	शुष्क विधि
गेहूँ	अनावृत्त कंड	कार्बेन्डाजिम	2 ग्राम / किग्रा बीज	शुष्क विधि
गेहूँ	दीमक	क्लोरोपायरीफास	6 मिली / किग्रा बीज	गीली विधि से
उड़द, मूंग	पीत शिरा रोग	कार्बेन्डाजिमइ मिडाक्लोप्रिड 48 प्रतिशत	2 ग्राम / किग्रा बीज 2 मिली / किग्रा बीज	शुष्क विधि गीली विधि से
सोयाबीन	पीत शिरा रोग	कार्बेन्डाजिमइ मिडाक्लोप्रिड 48 प्रतिशत	2 ग्राम / किग्रा बीज 2 मिली / किग्रा बीज	शुष्क विधि गीली विधि से
अरहर	फाइटाफ्थोरा	कार्बेन्डाजिम	2 ग्राम / किग्रा बीज	शुष्क विधि
टमाटर	उकठा, जड़सडन, तना सड़न	कार्बेन्डाजिम	2 ग्राम / किग्रा बीज	शुष्क विधि
फूलगोभी, पत्तागोभी	आल्टरनेरिया पर्ण धब्बा, जड़ सड़न, तना सड़न	कार्बेन्डाजिम	2 ग्राम / किग्रा बीज	शुष्क विधि
पत्ता गोभी	जीवाणु झुलसा (ब्लैक लेग)	स्ट्रैप्टोसाइक्लिन	2 ग्राम / 10 लीटर (0.02 प्रतिशत)	बीज को घोल में 30 मिनट तक डुबायें
चना मसूर एवं अलसी	उकठा, जड़ सडन	कार्बेन्डाजिम	2 ग्राम / किग्रा बीज	शुष्क विधि
नर्सरी	आर्दगलन, पौध विगलन	कार्बेन्डाजिम	2 ग्राम / किग्रा बीज	शुष्क विधि

(ग) जैविक विधियाँ

जैविक रोकथाम का हानिकारक प्रभाव रासायनिक रोकथाम से कम होता है और इस्तेमाल करने वाले को इनसे कोई खतरा भी नहीं होता और साथ ही प्रदूषण से बचा जा सकता है। यह पादप रोग जनकों की वृद्धि रोक देते हैं और इसका प्रभाव लंबे समय तक रहता है। कवकों में इनके प्रतिरोध की क्षमता आसानी से विकसित नहीं होती है। पादप रोग की रोकथाम की यह एक बहुत बढ़िया और सुरक्षित विधि है। कवक विरोधी कवक जैसे कि ट्राइकोडर्मा हारजियानम वायरेन्स ग्लाायोक्लेडियम कीटोमियम ग्लोबोसम व जीवाणुओं में स्यूडोमोनास फ्लोरोसेन्स वैसिलस सब्टिलस आदि संभावी अभिकर्ता के रूप में सफलतापूर्वक इस्तेमाल किया जा रहा है। बीजोपचार द्वारा जैविक रोकथाम ज्यादातर दलहनी फसलों व सब्जियों में ग्लानि उकठा जड़ सड़न व स्तम्भ विगलन और आर्द्रपतन आदि बीमारियों की रोकथाम सफलतापूर्वक की जाती है। फसलों में गेहूँ, जई, व मक्का आदि पर मिट्टी में पाये जाने वाले कवकों जैसे राजोक्टोनिया फ्यूजेरियम पिथियम आदि के संक्रमण को वैसिलस सब्टिलिस द्वारा बीजोपचारित करने से पौधे में बढ़ोत्तरी पायी गयी है। पौध अंगमारी रोगो पर ट्राइकोडर्मा प्रजाति व स्ट्रेप्टोमाइसीज प्रजाति का विरोधी प्रभाव पाया गया है। अनावष्त कंड जैसे आंतरिक बीजोढ़ रोगों की रोकथाम ट्राइकोडर्मा विरिडी, ग्लायोक्लेडियम डेलिक्यूसेन व वैसिलस सब्टिलिस द्वारा बीजोपचारित करने से खाद में आ जाता है। शिखर पिटिका रोग जो एग्रोबैक्टीरियम पीवीटयमी फेशियन्स में होता है। जिसकी सफल रोकथाम बीजों का ए. रेडियोबैक्टर के टीकाकरण करके की जा सकती है। एर्विनिया कैरोटोवोरा द्वारा पैदा आलू के रोग की रोकथाम स्यूडोमोन्स फलूओरेसेन्स व स्यूडोमोनास प्यूटिडा द्वारा की जाती है। यह पौधों की वृद्धि को भी बढ़ाया है पर्ण कवकों जैसे किट्ट रोगों की रोकथाम के लिये डारलुका फाइलम टयूबरकुलिना विनासा व वर्टीसिलियम लिकानी उपयोग करते हैं।

फसल का नाम	**संकमित करने वाले रोग का नाम**	**प्रबंध के लिये संतृप्त जैव अभिकर्ता का नाम**	**जैव अभिकर्ता की मात्रा**	**बीजोपचार की विधि**
फूल गोभी, पत्ता गोभी	जड़ सड़न, तना सडन	*ट्राइकोडरमा हरजेनियम*	5 ग्राम / किग्रा बीज	लेई विधि

चना, मसूर, अलसी	उकठा, शुष्क एवं मृदु गलन, तना सडन	*ट्राइकोडरमा हरजेनियम*	5 ग्राम / किग्रा बीज	लेई विधि
टमाटर	उकठा, जडसड़न, तना सड़न	*ट्राइकोडरमा हरजेनियम*	5 ग्राम / किग्रा बीज	लेई विधि
गेहूँ	अनावृत्त कंड	*ट्राइकोडरमा विरीडी व ग्लीक्लेडियम*	5 ग्राम / किग्रा बीज	लेई विधि
गेहूँ	करनाल बंट	*ट्राइकोडरमा विरीडी व ग्लीक्लेडियम*		
धान	ब्लास्ट, आभासी कण्डवा	*ट्राइकोडरमा विरीडी व ग्लीक्लेडियम*	5 ग्राम / किग्रा बीज	लेई विधि
सोयाबीन	राइजोक्टोनिया	*वैसिलस सब्टिलिस*	5 ग्राम / किग्रा बीज	लेई विधि
आलू	जड़ सडन	*स्यूडोमोनास फलुओरेसेन्स*	5 ग्राम / किग्रा बीज	लेई विधि

बीजोपचार के तरीके

कवकनाशी द्वारा सभी फसलों के बीजों का नियमित रूप से बीजोपचार किया जाना चाहिये जिससे अंकुरण तथा अच्छी फसल सुनिश्चित की जा सके। बीजों को फफूँदनाशक के साथ मिलाकर घूर्णा बीज संसाधक में डालकर मिलाया जाता है। इस विधि द्वारा शुष्क बीजों को उपचारित करते हैं। इसे विपरीत सभी सरकारी और व्यक्तिगत बीज उत्पादकों द्वारा लगाये गये बीज संसाधन संयंत्रों में पंक उपचारक होते हैं। जिससे कवकनाशी पंक की अपेक्षित मात्रा बीजों को बोरों में भरने पहले बीज की निर्दिष्ट मात्रा में स्वतः ही मिल जाती है। यह विधि घूर्णा संसाधकों की तुलना में ज्यादा सक्षम है।

बीज को डुबोने की विधि में कवकनाशी का पानी में निलम्बन तैयार करके बीज को एक खास समय तक डुबोते हैं। यह विधि उन बीजों के लिये सही होती है जिनकी बाह्य्य त्वचा मोटी होती है। प्लांटर अथवा हापर वाम्स उपचार में मिलाई जाती है। इस विधि के द्वारा रसायनों का नुकसान नहीं होता

है। रोगाणुओं को पानी में मिलाकर एक गाढ़ा घोल बनाकर बीज पर उसका लेप किया जाता है। इस विधि द्वारा बीजोपचार संयंत्रों में भी किया जाता है। नम बीजोपचार को सबसे अच्छा माना जाता है। इसमें कवकनाशी को पानी में मिलाकर छोटी–छोटी बूँदों में परिवर्तित करके बीज के साथ अच्छी तरह से मिला दिया जाता है। यह विधि बीज विधायन संयंत्रों में भी इस्तेमाल की जाती है।

जैव अभिकर्ता का इस्तेमाल फसल की बोवाई से कुछ समय पहले बीजों पर किया जाता है। बीज को किसी सुविधाजनक बर्तन में रखकर उपर से हल्का पानी का छिड़काव करते हैं उसके बाद जैव अभिकर्ता के पाउडर को छिड़क कर बर्तन को तब तक हिलाते हैं जब तक जैविक अभिकर्ता की परत अच्छी तरह से बीज के उपर चढ़ न जाय और इसको कुछ समय के लिये छाया में सूखने के लिये रख देते हैं। इसके आलावा जैव अभिकर्ता का इस्तेमाल घोल बनाकर भी किया जाता है। इस विधि द्वारा जैव अभिकर्ता को पानी में घोलकर बीज या पौधों की जड़ों को आधे घंटे तक डुबोकर रखा जाता है। इसके बाद बीज या पौध की बोवाई या रोपाई कर देते हैं।

एकीकृत नाशीजीव प्रबंधन

नाशीजीव मतलब ऐसे जीव जो हमेषा नुकसान पहुँचाते हैं । एकीकृत नाशीजीव प्रबंधन एक ऐसी प्रणाली है जिसमें वातावरण को नुकसान पहुँचाये बिना कीटों की बढ़ती हुई सख्या को रोका जा सकता है । ऐसा करने के लिए कीट व रोग नियंत्रण की विभिन्न विधियों को सम्मिलित करा ऐसा समन्चय किया जाता है जिससे कीटों को एक निश्चित सीमा में बांधकर रखा जा सके। किसी भी फसल में नाशीजीव प्रंबधन इस बात पर निर्भर करती है कि उस फसल में लगने विभिन्न रोग व कीटों की जानकारी जैसे उनके आकार, प्रकार, व्यवहार एवं प्रकट होने का संभावित समय मालूम होना चाहिए

एकीकृत नाशीजीव प्रबंधन के प्रमुख घटक

1. प्रतिरोधी व सहनशील फसल की प्रजातियाँ
2. कृषिगत क्रियाओं में सुधार व समन्वय – फसल चक्र, ग्रीष्मकालीन जुताई, समय पर बुवाई, अन्तवर्तीय फसलें लेना, समय पर निंदाई।
3. जैविक कीट व्याधि नियंत्रण
4. सीमित रासायनिक उपयोग

प्रतिरोधी व सहनशील फसल की प्रजातियाँ

विभिन्न फसलों की रोगों व कीटों के प्रतिरोधक क्षमता वाली उन्नत किस्में उपलब्ध हैं। इन किस्मों के प्रयोग करने से रोगों एवं कीटों के संभावित प्रकोप को काफी हद तक कम किया जा सकता है।

जैविक कीट व्याधि नियंत्रण

जैविक नियंत्रण वह प्रक्रिया है जिसमें कुछ लाभदायक जीवों/जैविक नियंत्रकों/रोगनाशकों/कीटनाशकों द्वारा हानिकारक एवं रोगकारक जीवों का अंशिक अथवा पूर्णरूपेण विनाश किया जाता है। रोगकारकों का विनाश करने वाले रोग नियत्रंण (एण्टागोनिस्ट) तथा कीटों का विनाश करने वाले परजीवी कीट कहलाते हैं।

जैविक कीटनाशियों/रोगनाशियों से लाभ

पर्यावरण सतुलित रहता है। हानिकारक कीटों के प्राकृतिक शत्रु/मित्र कीट बचे रहते हैं। ये मानव स्वास्थ्य के लिये लाभकारी हैं तथा एकीकष्त कीट/रोग प्रवंधन के लिये आवश्यक अवयव हैं। इनके प्रयोग से फफूँदनाशक/कीटनाशकों के अवशेषों से मुक्त उत्पाद प्राप्त होता है।

कृषिगत कियाओं से एकीकृत नाशीजीव प्रबंधन

1. भूमि का चुनाव

अच्छे जल निकास वाली समतल भूमि में रोग कम लगते हैं। खेत में सिंचाई अथवा वर्षा द्वारा पानी एकत्रित होता है जो धान के अतिरिक्त अन्य किसी भी फसल को रोग ग्रसित करने के लिय अनुकूल परिस्थिति प्रदाय करता है। इसलिए खेत से जल निकास का उत्तम प्रबंध होना चाहिए। बीज सड़न, जड़ सड़न, आर्द्र गलन, अरहर में फाइटोफ्थोरा ब्लाइट आदि रोगों का प्रकोप जल निकास का अच्छा होने पर काफी हद तक रोका जा सकता है। तिल और अरहर की खेती भारी काली भूमि निचली असमतल भूमि में करने से रोग अधिक लगते हैं।

2. खेत की स्वच्छता व पौध अवशेषों को नष्ट करना

खेत में फसल कटने के बाद रोगी पौधों के अवशेष रह जाते है। इन अवशेषों पर रोग जनक अगली फसल तक सुरक्षित रहते हैं। अतः इन अवशेषों को इकट्ठा कर नष्ट कर देने से रोगजनक का जीवनचक्र टूट जाता है और आने वाले वर्ष के लिये प्राथमिक संक्रमण का स्त्रोत उपलब्ध न होने से रोग निदान हो जाता है। चना, मसूर, अरहर का उक्ठा रोग, गेहूँ का मूलविगलन रोग, कण्डवा आदि को पूर्व फसल के अवशेषों को नष्ट कर नियंत्रित किया जा सकता है। विर्शाणु जनित रोगों के नियंत्रण में भी खेत की सफाई का विशेष महत्व है।

3. ग्रीष्मकालीन जुताई

मृदा जनित रोग जनकों के नियंत्रण का यह सबसे सस्ता व सरल उपाय है। मार्च–अप्रैल में फसल कटाई के बाद एक सिंचाई करके गहरी जुताई कर ग्रीष्म ऋतु में खेत खाली छोड़ देते हैं। सिंचाई करने से सुप्तावस्था में पड़े हुये रोगजनक भी सक्रिय हो जाते हैं जो ग्रीशम में तेज धूप व तापमान से नष्ट

हो जाते हैं। इस विधि द्वारा जीवाणु जनित व फफूंद जनित उक्ठा रोग, जड़ सड़न एवं सूत्रकृमियों का सफलतापूर्वक नियंत्रण किया जा सकता है।

4. फसल चक्र

मृदा जनित रोगों के नियंत्रण का यह एक कारगर उपाय है मिट्टी में उपस्थित रोगकारक एक निश्चित अवधि तक ही जीवित रह सकते हैं। उसके बाद उन्हें परपोशी की आवश्यकता होती है। यदि उचित फसल चक्र अपनाया जाये तो परपोशी लम्बी अवधि तक रोगजनक के लिये उपलब्ध नहीं होते और नष्ट हो जाते हैं। चना, मसूर के उक्ठा रोग, गेहूँ के करनाल बंट, बाजरा के कागियारी रोग के नियंत्रण हेतु 3–4 वर्ष का फसल चक्र अपनाना चाहिए।

5. बीज

बीज फसल की आत्मा है, स्वस्थ सुडौल प्रमाणित बीज भरपूर फसल उत्पादन में सहायक है। रोग रहित बीज को अपनाने से रोग के फैलाव को रोका जा सकता है। रोग प्रतिरोधक जातियों को प्रयोग सबसे आसान, सरल व कारगर तरीका है जिससे मृदा व बीज जनित रोगों को नये क्षेत्रों में फैलने से रोका जा सकता है। चना की जवाहर 130, 322 उक्ठा रोग के लिये, सी–235 झुलसा रोग के लिये प्रतिरोधी है, हरियाणा चना–1 जड़न सड़न व उक्ठा रोग के लिये सहनशील है।

6. बुवाई का समय

सही समय पर बुवाई करने से अनेक पादप रोगों का प्रकोप कम हो जाता है। जैसे– सरसों की अगेती बुवाई से सफेद रतुआ कम आता है, मटर की अगेती बुवाई से भभूतिया रोग का प्रकोप कम होता है। धनियॉ की शीघ्र बुवाई से तना पिट्ट बीमारी का प्रकोप कम होता है।

7. अंर्तवर्तीया फसल

किसी मुख्य फसल के साथ अन्य एक या दो असमान फसलों को भूमि के उसी क्षेत्र में पंक्तियों में उगाने को अंतरवर्ती फसल प्रणाली कहते हैं। अनुसंधान से यह पाया गया है कि चना+अलसी एवं अरहर+ज्वार (2:2) अंतरवर्ती फसल उगाने से इनमें उक्ठा रोग का प्रकोप कम होता है। इसी प्रकार तिल की उड़द के साथ (4:2) अंर्तवर्तीय फसल लेने से फाइटोफ्थोरा तथा फाइलोडी रोग कम लगते हैं।

8. समय पर निंदाई

समय पर निंदाई करने से पौधों की बाढ़ अच्छी होती है। कुछ रोग जैसे जड़ सड़न कमजोर पौधों पर आक्रमण करते हैं। जबकि स्वस्थ व तेज बढ़वार वाले पौधे उनसे बच जाते हैं। इसी प्रकार माहू, सफेद मक्खी आदि नींदा पर जीवन यापन कर मुख्य फसल में विर्षाणु जनित रोगों को फैलाते हैं। निदाई करने से इन रोगों से भी बचा जा सकता है।

शुरू–शुरू में खेत में केवल कुछ ही पौधे रोगी होते हैं जिनसे रोग अन्य पौधों पर फैलता है ऐसे पौधों को अगर समय पर निकाल कर नश्ट कर दिया जाये तो रोग को फैलने से रोका जा सकता है। यह क्रिया विशेष रूप से विर्षाणु रोगों, गन्ने व गेहूँ के कण्डवा रोग आदि को रोकने में सहायक होती है।

9. उर्वरकों का उपयोग

खेती में खाद एवं उर्वरकों का संतुलित मात्रा में प्रयोग करना फसल की सुरक्षा की दृष्टि से बहुत जरूरी है नहीं तो कभी–कभी इसके परिणाम आशा के अनुरूप नहीं होते। जमीन में कोई पोषक तत्व अगर बहुत अधिक मात्रा में दे दिये जायें अथवा उनकी बहुत कमी हो तो फसल पर विपरीत प्रभाव पड़ता है।

नत्रजन पौधों की बाढ़ एवं उपज के लिए जरूरी है किन्तु इसकी बहुत अधिक मात्रा पौधे के तंतुओं को नरम बनाती है जिससे कुछ रोगों की फफूंद आसानी से पौधे की एपीडर्मिस को भेदकर अंदर पहुँचकर षीघ्रता से रोग फैलाती है। जैसे– गेहूं का गेरूआ, गेहूँ का पत्ती झुलसन रोग, धान का जीवाणु झुलसन, तम्बाकू का पर्ण कुंचन व मोजेक टमाटर का स्पाटेड विल्ट, आलू के विर्षाणु रोग नत्रजन की अधिकता से अग्र रूप में आते हैं। दूसरे तरफ कुछ रोग ऐसे भी हैं जो कम नत्रजन देने पर अधिक उग्र हो जाते हैं जैसे– आलू का अंगमारी, गेहूँ का पद गलन, मक्का का झुलसन रोग, गेहूँ का कण्डवा आदि।

स्फुर पौधे की जड़ों के विकास के लिए अति आवश्यक तत्व है, पौधों के पकने में भी यह सहायक होता है। कम स्फुर होने पर गेहूँ में जड़ सड़न एवं भभूमिया रोग, चने में उक्ठा रोग का अधिक प्रकोप होता है।

पोटाश का पौध रोगों से बहुत गहरा संबंध है। पोटाश पत्ती आदि के

वाह्य ततुंओं को कड़ा करके सुरक्षा प्रदान करता है जिससे रोग पैदा करने वाली फफूँद अंदर प्रवेश नहीं कर पाती है भण्डारण में भी ऐसी फसल से ली गयी उपज सुरक्षित रहती है विषेषकर आलू, प्याज आदि।

सीमित रासायनिक उपयोग

एकीकृत नाशीजीव प्रवंधन का सिद्धांत है कि कीट–ब्याधि प्रबंधन हेतु जैविक स्रोतों का प्रयोग किया जाय एवं आवश्यकता पड़ने पर ही रासायनिक कीट/रोगनाशियों का सीमित एवं युक्तिसंगत तरीके से उपयोग किया जाय ताकि मृदा व पर्यावरण पर इसका कोई प्रतिकूल असर न हो एवं फसल उत्पादन भी प्रभावित न हो।

पौध रोगों का समन्वित जैविक प्रबंधन

कृषि पर मनुष्य की निर्भरता हमारी सभ्यता जितनी ही प्राचीन है। जीवन में स्थायित्व की ललक ने ही संभवतः मानव को संयोजित एवं व्यवस्था परक कृषि पद्धतियों को अपनाने को प्रेरित किया होगा। कालांतर में आदि मानव द्वारा भोजन–योग्य चिन्हित कुछ खास किस्म की वनस्पतियों को बारंबार उगाया जाने लगा एवं प्रकारांतर में क्षुधा–तृप्ति के लिये इन्ही वनस्पतियों पर मानव की निर्भरता लगातार बढ़ती चली गयी। वर्तमान में भी हम भोजन के लिये जिन वनस्पतियों पर निर्भर हैं, उनकी संख्या पृथ्वी पर पायी जाने वाली कुल वनस्पतियों की तुलना में नगण्य है। सदियों पुरानी कर्षशि की इसी बारंबारता–पद्धति के कारण वर्तमान में तेजी से बढ़ती जनसंख्या के लिये भोजन जुटाना कठिन चुनौती बनता जा रहा है। तेजी से संकुचित होती जा रही कृषि योग्य भूमि तथा वर्तमान में असंतुलित होती पर्यावरणीय परिस्थितियों ने इस समस्या को और भी विकट बना दिया है। इसके अतिरिक्त एक अन्य प्रमुख कारण है। रोगों आदि से प्रतिवर्ष लगभग 30–35 प्रतिशत फसलों का नुकसान होना साथ ही इनकी रोकथाम के लिये वर्तमान में किये जा रहे उपायों, जिनमें सबसे प्रभावी उपाय कृत्रिम रसायनों (कीटनाशकों, फफूंदनाशकों, जीवनाशियों एवं कर्षमि नाशकों) का है, के कारण उत्पन्न प्राकृतिक असंतुलन के चलते भी मानव एवं पशु स्वास्थ्य तथा पर्यावरण संबंधी अनेक प्रकार की समस्याओं ने जन्म ले लिया है। अतः वर्तमान में कीटों एवं रोगो से फसलों को होने वाले नुकसान के साथ ही साथ उनकी रोकथाम के लिये प्रयुक्त होने वाले कृत्रिम रसायनों के दुष्प्रभावों की तुलनात्मक विवेचना के आधार पर रोगों/कीटों को नियंत्रित करने की सटीक पद्धतियों के विकास एवं उसके अनुप्रयोगों को खेतों में प्रबंधन के तौर पर प्रयोग करना ही वर्तमान में कृषि की सबसे बड़ी सेवा है।

फसल सुरक्षा हेतु समन्वित प्रबंधन क्यों ?

फसल सुरक्षा का आशय न केवल पौधो में लगने वाले विनाशकारी कीटों, रोगों, कृमियों आदि के संपूर्ण नियंत्रण के माध्यम से फसल उत्पादकता में होने वाले ह्रास से बचाव का है, बल्कि खाद्यान की गुणवत्ता, उसके आकार–प्रकार, रंग–रूप, स्वाद एवं उसमें उपलब्ध पोषक तत्वों आदि के संरक्षण से भी है। इन परिस्थितियों में, फसल सुरक्षा के ऐसे कारक जो

कीटों/रोगों से रोकथाम में स्थायी रूप से कारगर तो सिद्व हो सकते हैं परंतु साथ ही फसलों को दूशित एवं पर्यावरण को दूषित भी करते हैं, के प्रयोग को वर्तमान में लगातार हतोत्साहित किया जा रहा है। इसका कारण बहुत ही स्पश्ट है। कृत्रिम रसायनों के उपयोग ने फसल सुरक्षा एवं फसल उत्पादकता में वष्द्वि दर्ज तो हो गई है लेकिन इनके प्रयोग ने मानव स्वास्थ्य, जल, भूमि तथा वायु प्रदूशण, मित्र कीटों/कषमियों की मिट्टी में अनुपलब्धता, कीटों/जीवों में इन रसायनों के प्रति बढ़ता प्रतिरक्षण, मृदा तंत्र के क्षरण जैसे अनेक दुश्प्रभावों को जन्म दिया है जो भविष्य में कमोवेश फसल उत्पादकता के ह्रास का स्वयं एक बड़ा कारण बनने जा रहा है। अतः वर्तमान में मात्र कृत्रिम रसायनों पर ही अधिकाधिक निर्भरता सर्वथा अनुचित प्रतीत होती है।

पौधों के रोगों, उनके कारकों एवं उनके नियंत्रण के सिद्वांतों का ज्ञान एवं कृषि में उसका अनुप्रयोग वस्तुतः एक प्रबंध शास्त्र है। बीमारियों, कीटों के आगमन का समय, तीव्रता, उसके जनक, जनक का जीवनवृत्त, प्रभावित करने वाले मानवीय कारक, उसके रोकथाम के उपाय एवं फसलों को होने वाले नुकसान का ऑकलन आदि एक प्रभावी प्रबंधन प्रक्रिया है जो प्रत्येक रोग/कीट, फसल एवं फसलीय परिक्षेत्र के हिसाब से अलग–अलग हो सकती है। समन्वित प्रबंधन मुख्यतः रोकथाम की अनेक कारगर विधियों का एक संकलित उपक्रम है जिससे सर्वथा सुरक्षित एवं न्यूनतम ह्रास की उम्मीद की जा सकती है।

पादप रोगों के समन्वित प्रबंधन के लिये रोगों के जनक जीवाणुओं/कीटाणुओं तथा वातावरणीय परिस्थितियों का चरणबद्व मूल्यांकन आवश्यक है। इसके साथ ही रोकथाम के लिये अपनायी जाने वाली समस्त विधियों में समन्वयन करते हुये उन्हे जीवाणुओं के प्रतिकूल एवं पौधों एवं वातावरणीय स्थितियों के अनुकूल बनाना अति आवश्यक है। इस प्रकार के समन्वयन से रोगकारी जीवाणुओं की संख्या हांनिकर स्तर से नीचे रखने का प्रयास किया जाता है। जिससे फसल उत्पादकता का लाभ मिल सके। इसके साथ ही ऐसे समय में जब व्याधिजनक जीवाणु अपने जीवन की दुर्बलता अवस्था में हो तथा पौधे अपनी वृद्वि एवं विकास की सबसे सबलतम अवस्था में हों, रोकथाम अपनाये जाने पर सर्वथा प्रभावी नियंत्रण मिल सकता है। समन्वित नियंत्रण में अपनायी जाने वाली विधियों में जैविक नियंत्रण प्रतिरोधी

पौधों/जीवाणुओं के प्राकृतिक तत्वों/उत्पादों का प्रयोग, फसल चक्र में बदलाव, पौधों में आंतरिक प्रतिरोधी क्षमता का विकास आदि प्रमुख हैं।

समन्वित प्रबंधन के संसाधन

पौधों में पाये जाने वाले रोगों, प्रकोपों के वातावरण, रोगकारी व्याधि जनक जीवों एवं परपोशी पौधों में गहन अंर्तसंबंध है। इन्ही अर्न्तसंबंधों का समन्वयन करते हुये ऐसी वातावरणीय स्थितियाँ उत्पन्न करना जो परपोशी जीवों के अनूकूल एवं व्याधिजनक जीवों के प्रतिकूल सिद्व हो सके, ही समन्वित प्रबंधन का प्रमुख उद्देश्य है। समन्वित प्रबंधन के अंतर्गत विशेष रूप से जैविक रोग/कीट नियंत्रण, मिट्टी के पोषक तत्वों की जाँच, जीवनाशियों का उपयोग, प्रतिरोधी पौधों का विकास फसल चक्र में सम्यक बदलाव एवं आवश्यकतानुसार कीटनाशियों का प्रयोग आदि गतिविधियाँ शामिल हैं जिसके द्वारा विभिन्न प्रकार के रोग कारकों को फसलों के पक्ष में नियंत्रित रखा जा सके।

समकालिक पौध सुरक्षा प्रणाली में रोगों/कीटों/कृमियों के नियंत्रण हेतु कृत्रिम रसायनों का प्रयोग सर्वाधिक महत्वपूर्ण है, परंतु इसके अत्यधिक उपयोग के चलते पैदा होने वाली वातावरणीय समस्याओं के चलते वैकल्पिक सुरक्षा प्रणालियों पर ध्यान देना परम आवश्यक है। वैकल्पिक सुरक्षा प्रबंधों में पौधों से प्राप्त होने वाले मूलसत् अथवा जैव रसायनों का रोगों/कीटों से बचाव में उपयोग विगत कई दशकों से सर्वाधिक सुरक्षित एवं कारगर सिद्व होता चला आ रहा है। यही कारण है कि इन प्रकृति–प्रदंत रसायनों का उपयोग दिनों–दिन बढ़ता ही जा रहा है और वर्तमान में अनेकों औद्योगिक उत्पाद बाजार में उपलब्ध हैं। इनके अतिरिक्त प्रभावी रोग नियंत्रण की मूल धारा में जीवनाशियों एवं कवनाषियों का उपयोग भी सर्वथा लाभकारी सिद्व हुआ है।

हरित क्रांति के दौरान फसल उत्पादकता में आयी वृद्धि का एक प्रमुख कारण पौध रोगों के नियंत्रण हेतु कष्त्रिम रसायनों का उपयोग भी रहा है। द्वितीय विश्व युद्व के बाद से अब तक कीटों एवं पौध रोगों के नियंत्रण हेतु प्रयोग किये जाने वाले कृत्रिम रसायनों की कई पुस्तों का व्यापक उपयोग कुल मिलाकर पर्यावरण, मिट्टी एवं मानव स्वास्थ्य के लिये तो हानिकारक रहा ही, साथ ही कृषि के अत्याधिक रसायनिकीकरण के कारण फफूदों जीवाणुओं विर्षाणुओं आदि की नई प्रजातियों को जन्म देकर उन्हें अत्याधिक कारगर रोग कारक बनाया। वर्तमान में कृषि रसायनों के अत्यधिक उपयोग से फसल

उत्पादकता में लगातार गिरावट एवं मिट्टी की उर्वरता में लगातार कमी बढ़ते प्रदूशण के रूप में सामने आ रही है। जो भविश्य में कृषि के लिये घातक सिद्ध हो सकती है। " सकल पदारथ एहि जग माही " को चरितार्थ करते हुये नई वैज्ञानिक खोजों ने मिट्टी से ही कई ऐसी फफूँद प्रजातियों को खोज निकाला है जो स्वयं सूक्ष्मजीवी होते हुये भी अन्य कई रोगकारक फफूँद एवं जीवाणओं की बढ़वार को प्राकषतिक तौर पर नियंत्रित करने में सक्षम हैं। रोग कारक फफूँद एवं जीवाणाओं के स्वयं सूक्ष्मजीवी प्रजातियों द्वारा नियंत्रण की इस पद्वति को जैविक नियंत्रण (बायोकन्ट्रोल) के नाम से जाना जाता है। तथा नियंत्रक प्रजातियों को बायोकन्ट्रोल एजेंट कहते हैं। बायोकन्ट्रोल एजेण्ट मिट्टी में ही सामान्य फसलीय परिस्थितियों में विद्यमान होते हैं हालांकि इनकी संख्या काफी कम होती है। ये सूक्ष्मजीवी अपनी कोषिकाओं के कई प्रकार के जैविक रसायनों का उत्पादन एवं उत्सर्जन करते हैं। जिसके कारण हानिकारक अथवा रोगकारक सूक्ष्मजीवियों की संख्या वृद्वि सर्वथा बाधित होती है। और स्वस्थ, पर्यावरण सह, जैविक एवं कम लागत रोग नियंत्रण पद्वति प्राप्त की जा सकती है।

प्रमुख जैविक कीट/रोग नाशक सूक्ष्मजीवी

- एस्पर्जिलस नाइजर
- फजेबिया गिगैन्सिया
- बीवेरिया बैसियाना
- बैसिलस थूरिन्जिएन्सिस
- प्सूयोडोमोनास सीपेसिया
- मेटाराइजियम एनिसोप्ली
- बैसिलस सबटिलिस
- स्यूडोमोनास फ्लूयोरेसेंस
- वर्टीसिलियम एनिसोप्ली
- बरखोल्डेरिया सीमेसिया
- पिथियम ओलिगैन्ड्रम
- ग्रेनुलोसिस वाइरस
- कैन्डिका ओलीयोफिला
- स्ट्रेप्टोमाइसीज ग्रिजियोविरिडी
- ट्राइकोडर्मा
- कोनियोथाइरियम मिनिटैंस
- ग्लियोक्लेडियम
- फ्यूजेरियम आक्सीस्पोरम
- न्यूक्लियर पाली हेड्रोसिस वाइरस (एनपीवी)

जैविक कीट व्याधि नियंत्रण

जैविक नियंत्रण वह प्रक्रिया है जिसमें कुछ लाभदायक जीवों /जैविक नियंत्रकों/रोगनाशकों/कीटनाशकों द्वारा हानिकारक एवं रोगकारक जीवों का अंशिक अथवा पूर्णरूपेण विनाश किया जाता है । रोगकारकों का विनाश करने वाले रोग नियत्रंण (एण्टागोनिस्ट) तथा कीटों का विनाष करने वाले परजीवी कीट कहलाते हैं ।

जैविक कीटनाशियों/रोगनाशियों से लाभ

पर्यावरण सतुलित रहता है। हानिकारक कीटों के प्राकृतिक शत्रु/ मित्र कीट बचे रहते हैं। ये मानव स्वास्थ्य के लिये लाभकारी हैं तथा एकीकष्त कीट/रोग प्रवंधन के लिये आवश्यक अवयव हैं। इनके प्रयोग से फफूॅदनाशक/कीटनाशकों के अवशेषों से मुक्त उत्पाद प्राप्त होता है।

नीम जैव कीट नियत्रंण के रूप में

नीम के विभिन्न भाग जैसे पत्ती, नीम की खली, नीम तेल, निम्बोली का उपयोग दीमक, टिड्डी, मॉहू, फौजी कीट, तम्बाकू की इल्ली, सफेद लट, चने की इल्ली, कद्दू का भंषा के नियत्रंण में किया जा रहा है । नीम की पत्ती का निष्कर्ष बनाने के लिए 100 ली0 पानी में 10 किग्रा0 हरी पत्तियों को पीसकर 24 घण्टे तक भिगोयें, निम्बोली निष्कर्ष बनाने के लिये 100 ली0 पानी में 5 किग्रा0 निम्बोली को पीसकर 24 घण्टे गलायें, इसी प्रकार नीम के तेल का 5 मिली0 प्रति लीटर पानी में मिलाकर छिड़काव करें जिससे कीटों द्वारा नीम युक्त कड़वा भोजन नहीं किया जायेगा ।

पादप रोगों के नियंत्रण हेतु जैविक बीजोपचार

जैविक पौध रोग नियंत्रण कवकीय या जीवाणुवीय उत्पत्ति के होते हैं जो मृदा जनित फफूंदों जैसे– फ्यूजेरियम, राइजोक्टोनिया, स्क्लेरोशियम, मैक्रोफोमिना इत्यादि के द्वारा होने वाली बीमारियों जैसे– जड़ सड़न, आर्द्रगलन, उकठा, बीज सड़न, अंगमारी आदि को नियंत्रित करते हैं। ट्राइकोडर्मा विरडी, ट्राइकोडर्मा हरजिनेयम, ग्लोमस प्रजाति आदि प्रमुख कवकीय प्रकृति के रोग नियंत्रक हैं जबकि बेसिलस सबटिलिस, स्यूडोमोनास, एग्रोबैक्टीरियम आदि जीवाणुवीय प्रकृति के जैव नियंत्रक हैं जो कि हानिकारक फफूंदियों के लिये या तो स्थान, पोषक पदार्थ, जल, हवा आदि की कमी कर देते हैं या इनके द्वारा

विभिन्न प्रकार के जैविक पदार्थों का स्त्रावण होता है जो रोगजनक की वृद्धि को कम करते हैं अथवा उसे नष्ट करते हैं जबकि कुछ जैव नियंत्रक रोगकारक के शरीर से चिपककर उसकी बाहरी परत को गलाकर उसके अंदर का सारा पदार्थ उपयोग कर लेते हैं जिससे रोगकारक जीव नष्ट हो जाते हैं। जैविक फफूंदनाशियों की 5–10 ग्राम मात्रा द्वारा प्रति कि.ग्रा. बीज के उपचार में किया जाता है। मृदा में रोगजनक का प्राथमिक निवेश द्रव्य अधिक है तथा रोग का प्रकोप पूर्व में अधिक तीव्रता से हुआ है ऐसी स्थिति में मृदा उपचार अधिक कारगर रहता है। मृदा उपचार हेतु 50 कि.ग्रा. गोबर खाद में एक कि.ग्रा. ट्राइकोडर्मा अथवा बेसिलस सवटिलस या स्यूडोमोनास को मिलाकर छाया में 10 दिनों तक नम अवस्था में रखते हैं। तत्पष्चात् एक एकड़ क्षेत्र में फैलाकर जमीन में मिलाते हैं।

कृषि में जैव कीटनाशी एवं रोगनाशी उपयोग : एक पर्यावरण हितैशी उपाय

आधुनिक कृषि में रोगों एवं कीटों के द्वारा फसलों को भारी आर्थिक क्षति (25 प्रतिशत तक) पहुँचती है। आँकड़ों के अनुसार खरपतवार से 33 प्रतिशत, रोगों से 26 प्रतिशत, कीटों से 20 प्रतिशत, भंडारण के दौरान 7 प्रतिशत, चूहों से 6 प्रतिशत एवं अन्य कारणों से 8 प्रतिशत नुकसान होता है। कृशक इस नुकसान को रोकने के लिये रासायनिक कीट/रोगनाषकों का उपयोग करते हैं। हालांकि मध्य प्रदेश में कृषि रसायनों की औसत खपत राष्ट्रीय स्तर, (288 ग्राम/हे.) से कम है परंतु कृषि रासायनों के लगातार बढ़ते उपयोग से जहाँ भूमि की उर्वरा शक्ति कम होती जा रही है वहीं ये कृषि रासायन न केवल मनुष्य एवं अन्य स्तनधारियों के लिये हानिकारक हैं बल्कि ये जल, वायु एवं मृदा को प्रदूशित कर रहे हैं तथा कीट एवं रोगजनकों में इनके प्रति प्रतिरोधिता विकसित हो रही है जिससे कीट एवं रोगजनक भविष्य के लिये एक गम्भीर चुनौती बनते जा रहे हैं। विश्व स्वास्थ्य संगठन की एक रिपोर्ट के अनुसार विश्व का प्रत्येक नागरिक प्रत्यक्ष या अप्रत्यक्ष रूप से 26 मिलीग्राम कृषि रासायनों का सेवन प्रतिदिन कर रहा है अतः उपरोक्त समस्याओं के एक मात्र विकल्प के रूप में जैव रोग/कीट नाशक सम्पूर्ण समाधान प्रस्तुत करता है। फसलवार प्रमुख जैव रोग एवं कीटनाशक निम्न हैं –

क.	जैव अभिकर्ता	कीट/रोगजनक	फसल
01	ट्राइकोग्रामा ब्रेसिलेन्सिस	हेलियोथिस प्रजाति (फली छेदक कीट)	टमाटर, कपास
02	ट्राइकोग्रामा चिलोनिस	बेधक कीट	गन्ना, धान, दलहन, एवं सब्जी वर्गीय फसलों के लिये
03	न्यूक्लियर पाली हाइड्रोसिस विर्शाणु	स्पोडोप्टेरा प्रजाति (तम्बाकू की सूण्डी) एवं हेलियोथिस प्रजाति के कीटों के लिये	सब्जी वर्गीय फसलों में

04	क्राइसोपरला	इल्ली सफेद मक्खी, माहू एवं थ्रिप्स	सब्जी वर्गीय फसलों में
05	ब्यूवेरिया वेसियाना	हेलीकोवर्पा, स्पोडोप्टेरा, बेधक कीट, रोमिल इल्ली एवं मकड़ी	फल, अनाज एवं सब्जी वर्गीय फसलों में
06	मेटराइजियम एनीसोपली	श्वेतगिडार, इल्ली, बीटिल्स, सेमीलूपर एवं मीलीबगस	गन्ना, मूँगफली, धान, आलू, कपास, अनाज वाली फसलें
07	वरटीसिलियम लैकनी	सभी रस चूसक कोमल शरीर धारी कीट	गन्ना, मूँगफली, धान, आलू, कपास, अनाज वाली फसलें
08	फैसिलोमाइसीटीज	निमेटोड्स	सभी प्रकार की फसलों में
09	बैसिलस थुरिजेन्सिस	हेलीकोवर्पा, स्पोडोप्टेरा बेधक कीट, रोमिल इल्ली, मकड़ी	अनाज, फल एवं सब्जी वर्गीय फसलों में
10	न्यूक्लियर पाली हाइड्रोसिस विर्षाणु	स्पोडोप्टेरा (तम्बाकू की सूण्डी)	कपास, मूँगफली, दलहन, पत्तागोभी एवं मिर्च
11	न्यूक्लियर पाली हाइड्रोसिस विर्षाणु	हेलीकोवर्पा आर्मीजेरा (हरी फली छेदक इल्ली)	मूँगफली, दलहन, पत्तागोभी, एवं मिर्च में
12	ट्राइकोडरमा विरीडी	फ्यूजेरियम (उकठा), राइजोक्टोनिया (मूल विगलन), स्केलेरोटिनिया (श्वेत तना गलन), पिथिएम (आर्द्रपतन) एवं फाइटोफ्थोरा (झुलसा एवं आर्द्रपतन) एवं अस्टिलेगो प्रजाति (कंडवा)	कपास, गन्ना, तम्बाकू अरहर, चना, मसूर, सब्जी वर्गीय फसलें टमाटर, मिर्च, बैगन, गर्मी वर्गीय सब्जियाँ राजमा, लोबिया, फल वृक्षों एवं गेहूँ में
13	ट्राइकोडरमा हरजिएनम	फ्यूजेरियम (उकठा), राइजोक्टोनिया (मूल विगलन), स्केलेरोटिनिया (तना विगलन), पिथिएम (आर्द्रपतन), फाइटोफ्थोरा	दलहन, तिलहन, सब्जी वर्गीय अदरक, हल्दी, गन्ना, तम्बाकू कपास इत्यादि

		(झुलसा) एवं बोट्राइटिस ग्रे मोल्ड	
14	स्यूडोमोनास फ्लोरसेन्स	फ्यूजेरियम प्रजाति (उकठा)	आलू, एवं सब्जी वर्गीय फसलों में
15	बेसिलस सबटिलिस	चुर्णिल एवं मृदुरोमिल आसिता	अंगूर एवं कद्दू वर्गीय फसलें
		अगेती, पिछेती झुलसा एवं आलू का स्कैब	आलू, टमाटर, मिर्च एवं बैंगन
		उकठा, जड़ विगलन, अल्टरनेरिया पर्णधब्बा एवं पदविगलन	मटर, चना, अरहर, मूंगफली, कपास, गाजर एवं उद्यानिकी फसलें
16	स्यूडोमोनास सिरिंजी	बोट्राटिस ग्रे मोल्ड	चना, गेंदा
17	स्यूडोमोनास सिपेसिया	मूल विगलन, उकठा एवं आर्द्रपतन	मक्का, कपास एवं सब्जी वर्गीय फसलें

जैव कीट एवं रोगनाशक जहां अपना दीर्घकालिक प्रभाव रखते हैं। ये कीटों, फफूँद, विर्षाणु एवं जीवाणु आधारित होते हैं। जो फसलों को कीट व्याधियों से बचाकर उत्पादन वृद्धि में सहयोग करते हैं तथा मृदा में शीघ्र विघटित हो जाते हैं। जिससे इनका कोई अवशिष्ट अवशेष नहीं रह जाता है। जिसके कारण ये पर्यावरणीय दृष्टि से सुरक्षित होते हैं। कम लागत वाले एवं स्तनधारियों के लिये भी सुरक्षित होते हैं।

जैव कीट नियंत्रण के सिद्धांत

जैविक कीट नियंत्रण में निम्नलिखित सिद्धांत प्रयोग किये जाते हैं –

- परजीवी एवं शिकारी कीटों एवं व्याधियों को ऐसे स्थान से जहाँ प्राकृतिक रूप से ये अधिक संख्या में मिलते हैं, एकत्रित करके उन स्थानों पर छोड़ना जहाँ ये लाभदायक हो सकते हैं।
- परजीवी एवं शिकारी कीटों का इस प्रकार प्रयोग करना कि ये पोषक कीटों को मारने के पश्चात दूसरे कीटों को भी ग्रसित करें तथा ऐसा न हो कि ये पोषक कीटों के साथ स्वयं नष्ट हो जायं।

- परजीवी एवं शिकारी जीवों को प्रयोगशाला में अधिक संख्या में पालकर आवश्यकतानुसार ऐसी जगह पर छोड़ना जहाँ पर पोषक कीटों की संख्या अधिक हो।

जैविक कीट नियंत्रण की कियाविधि

1. **परभक्षिता** – जैविक रोग/ जैव अभिकर्ता हानि पहुँचाने वालें कीटों के अण्ड एवं लार्वा को खाकर अपना जीवन व्यतीत करते हैं। जिससे पारिस्थितकीय तंत्र में हानिकारक कीटों एवं रोगकारकों की संख्या में कमी आती है। जैसे मादा ट्राइकोग्रामा कीट अपने अण्डे हानिकारक कीटों के अण्डों के बीच में रख देती है जिससे लार्वा निकलकर हानि पहुँचाने वाले कीटों के अण्डों के भ्रूण को खाकर अपना जीवन चक्र पूरा करते हैं। इसी प्रकार क्राइसोपर्ला के लार्वा भी सफेद मक्खी, माहू, जैसिड एवं थ्रिप्स के अण्डो एवं लार्वो को खाते हैं।
2. **परजीविता** – यह कीट परपोशी से हमेशा छोटा होता है। इसमें परपोशी की मृत्यु नहीं होती है। बल्कि परजीवी कीट परपोशी कीट को उत्तेजित, कमजोर एवं क्षीण करते हैं। जिससे परपोशी की मृत्यु हो जाती है।
3. **परजीव्याम** – यह परजीविता का ही एक रूप होता है। इसमें परजीवी, परपोशी के आकार में लगभग बराबर होते हैं। अपनी अविकसित अवस्था मे ही परजीवी होते है। तथा यह परपोशी के ऊपर या अन्दर कहीं भी विकसित होते हैं। परजीव्याम के डिम्मक के विकास होते हैं। परपोशी की मृत्यु हो जाती है।
4. **रोग उत्पन्न करने वाले सूक्ष्म जीव** – इसके अन्तर्गत फँफूद, बैक्टीरिया, विर्षाणु एवं प्रोटोजोआ की बहुत सी जातियाँ परपोशी कीटों के बाहर अथवा अन्दर अपना जीवनचक्र पूरा करती हैं। एवं परपोशाी कीट की दैहिक क्रियाओं को विभन्न रसायनों के स्रवण द्वारा प्रभावित करते हैं। एवं रोग उत्पन्न करते हैं। जिससे परपोशी की मृत्यु हो जाती है।

जैविक रोग नियंत्रण की कियाविधि

1. **परिजीविता** – इसी प्रकार विभिन्न प्रकार के जैव अभिकर्ता कीटों एवं

रोगजनकों के शरीर पर निवासकर उनसे भोजन लेकर अपना जीवन चक्र पूरा करते हैं एवं अपनी विविध दैहिक क्रियाओं के द्वारा रोगजनकों को हानि पहुँचाते हैं। जिससे वे मृत अवस्था को प्राप्त हो जाते हैं।

2. **प्रतिजैविकता** – जैव अभिकर्ता के द्वारा विभिन्न प्रकार के प्रति जैविक पदार्थ एवं विर्श उत्पन्न किये जाते हैं जैसे – एल्केलाइट्स, फिनॉलिक्स, टरपेनोइड्स, ट्राइकोथीसीन, ट्राइकोडरमिन एवं स्पाइन इत्यादि जो रोग जनकों के लिये सीधे विर्श का कार्य करते हैं एवं रोग उत्पन्न करते हैं जिससे रोगजनक/कीट मष्त अवस्था को प्राप्त हो जाते हैं।

3. **प्रतिजीविता** – जैव अभिकर्ता रोगजनक एवं कीटों के षरीर (कवक काय) के चारों ओर चिपक जाता है तथा विभिन्न प्रकार के एन्जाइमों जैसे क्यूटिनेज, ग्लुकोनेज का भ्रमण कर रोगकारक के शरीर (कवककाय) के बाह्य परत को गलाकर उसके अन्दर के सारे पदार्थ जीवाणु का उपयोग कर लेता है। जिससे रोगकारक जैसे फ्यूजेरियम, सोलेनाई, फाइटोफ्थोरा कोलोकैषिया एवं स्केलोशियम स्पेशीज। विभिन्न प्रकार के फफूँद जनित जैव कीट नाषक हानिकारक कीटों के शरीर में प्रवृष्टि कर विभिन्न प्रकार के रसायनों का उत्पादन करते हैं जिससे कीटों के दैहिक क्रियाओं पर प्रतिकूल प्रभाव पड़ता है।

4. **प्रतिस्पर्धा** – ट्राइकोडर्मा एवं फफूँद जनित जैव अभिकर्ता द्वारा इस क्रिया में जैव नियंत्रक वातावरण में उपलब्ध पोषक पदार्थों, जल एवं स्थान के उपयोग के लिये रोगकारकों से स्पर्धा करते हैं।

जैविक विधि द्वारा कीटों का प्रबंधन

क.	जैव अभिकर्ता	कीट/फँफूद/विर्शाणु/जीवाणु	कार्य पद्वति	प्रयोग दर मात्रा
01	ट्राइकोग्रामा	कीट	परजीवी	1.5 लाख अण्डे प्रति हे. (50,000 –50000 की दर से एक सप्ताह के अन्तराल पर 3 बार)
02.	एन.पी.वी.	विर्षाणु	परजीवी/	250 – 500 एल.ई./हे. (15 परआश्रिता दिन के

				अंतराल पर 2–3 छिड़काव)
03	व्यूबेरिया बौसियाना	फँफूद	परजीवी / रोगकारक (यह जैविक अभिकर्ता कीट की सभी अवस्थाओं पर प्रभावी होता है)	1.0 किग्रा / हे.,
04	वरटिसिलियम लैकनी	फफूँद	परजीवी / रोगकारक	0.5 से 1.0 प्रतिशत की दर से छिड़काव
05	मेटराइजियम	फफूँद	परजीवी / रोगकारक	0.5 से 1.0 प्रतिशत की दर से छिड़काव
06	क्राइसोपर्ला	कीट	परजीवी	5000–10000 अण्डे / हे. (15 दिन के अन्तराल पर 3 बार)
08	बेसिलस थ्यूरिजिएन्सिस	जीवाणु	रोगकारक / पराआश्रिता	0.5–1.0 किग्रा / हे. की दर से 15 दिन के अंतराल पर 2–3 छिड़काव करते हैं।

पर्णिम छिड़काव प्रायः सायंकाल में करना चाहिये।

जैविक विधि द्वारा रोगजनकों का प्रबंधंन

प्रबंधन हेतु संस्तुत जैव अभिकर्ता का नाम	कार्य पद्धति	जैव अभिकर्ता की मात्रा	प्रयोग विधि	
			बीजोपचार की विधि	भूमि उपचार / अन्य
ट्राइकोडरमा हरजेनियम	प्रतिस्पर्धा, परजीविता, प्रतिजैविकता एवं प्रतिजीविता	5 ग्राम / किग्रा बीज	लेई विधि	5 किग्रा + 50 किग्रा कम्पोस्ट प्रति हे. की दर से अंतिम जुताई के समय
ट्राइकोडरमा विरीडी	प्रतिस्पर्धा, परजीविता, प्रतिजैविकता एवं प्रतिजीविता	5 ग्राम / किग्रा बीज	लेई विधि	5 किग्रा + 50 किग्रा कम्पोस्ट प्रति हे. की दर से अंतिम जुताई के समय

ट्राइकोडरमा विरीडी व ग्लीक्लेडियम	प्रतिस्पर्धा, परजीविता, प्रतिजैविकता एवं प्रतिजीविता	5 ग्राम / किग्रा बीज	लेई विधि	–
स्यूडोमोनास प्रजाति	प्रतिजीविता / प्रतिजैविकता	4ग्राम (10^7 सी.एफ.यू. / ग्राम) / किग्रा बीज	लेई विधि	2.5 किग्रा + 25 किग्रा कम्पोस्ट प्रति हे. की दर से अंतिम जुताई के समय तथा बुवाई के 30 एवं 60 दिन बाद पौध उपचार हेतु 20 ग्राम / लीटर पानी में घोल बनाकर पौधों की जड़ों को रोपाई पूर्व डुबाते हैं। पर्णिम छिड़काव हेतु 1 किग्रा / हे.
बैसिलस सबटिलिस	प्रतिजीविता / प्रतिजैविकता	5 ग्राम (1.3 x 10^6 सी.एफ.यू. / ग्राम) / किग्रा बीज	लेई विधि	2.5 किग्रा + 25 किग्रा कम्पोस्ट प्रति हे. की दर से अंतिम जुताई के समय पर्णिम छिड़काव हेतु 1.0 किग्रा / हेक्टेयर

बीजोपचार हेतु जैव अभिकर्ता का प्रयोग बुवाई के कुछ समय पहले बीजों पर किया जाता है, बीजों को सुविधाजनक बर्तन में रखकर ऊपर से हल्का पानी का छिड़काव करते हैं। उसके बाद जैव अभिकर्ता के पाउडर को छिड़ककर तब तक हिलाते हैं जब तक जैव अभिकर्ता की परत अच्छी तरह बीज के ऊपर चढ़ न जाय तत्पश्चात छाया में सुखाकर बीज को बुवाई हेतु उपयोग करते हैं। इसके अतिरितक्त जैव अभिकर्ता का प्रयोग घोल बनाकर भी किया जाता है। इस विधि में जैव अभिकर्ता को पानी में घोलकर बीज एवं पौधों की जड़ों को आधे घंटे तक डुबोकर रखा जाता है। उसके उपरान्त बीज अथवा

पौधे की बुवाई/रोपाई कर देते हैं।

जैव कीट एवं रोग नाशक से लाभ

- जीवों एवं वनस्पितियों पर आधारित उत्पाद होने के कारण ये भूमि में कोई अवशेष अंश नहीं छोड़ते हैं।
- ये केवल लक्षित कीटों एवं बीमारियों को मारते हैं। कृषक मित्र कीटों को कोई हानि नहीं पहुँचाते हैं।
- जैविक कीट एवं रोगनाशक के प्रति कीटों एवं रोग जनकों में प्रतिरोधिता नहीं विकसित होती हैं।
- इनके प्रयोग से कीटों के जैविक स्वभाव में कोई परिवर्तन नहीं होता है जबकि रासायनिक कीट नाषक के प्रयोग से कीटों के जैविक स्वभाव में परिवर्तन होता है।
- जैव कीट एवं रोग नाशक सुरक्षित, हानिरहित तथा पारिस्थितकीय मित्र होने के कारण इनके प्रयोग से उत्पादित खाद्यान, दलहन, तिलहन, सब्जियों एवं फलों का मूल्य अधिक मिलता है।
- पर्यावरण संतुलन को बनाये रखने में सहायक होते हैं।
- इनका प्रभाव दीर्घ कालिक होता है।

7. कृषि आधारित उद्यम

केंचुआ खाद का व्यवसायिक उत्पादन

भारत वर्ष में दिन प्रतिदिन रासायनिक खादों व कीटनाशक दवाइयों का प्रयोग बढ़ता जा रहा है । अधिक उत्पादन व लाभ लेने के लिए फसल, सब्जी या फल उत्पादन को शीघ्र ही समय से पहले उत्पन्न करके बाजार से अच्छा लाभ अर्जित करना उद्देश्य बनता जा रहा है। रासायनिक खाद हो या फिर कीटनाषक दवा इनके अवशेष का असर खाद्य पदार्थ के ऊपर बना रहता है और इन खाद्य पदार्थो को उपयोग करने से किसी न किसी बीमारी, एलर्जी या अन्य रोग के रूप में परेशानियॉ सामने आती हैं । बढ़ती माँग के कारण रासायनिक खाद दिन प्रतिदिन मॅहगा हो रहा है । निरन्तर रासायनिक उर्वरकों के प्रयोग से जहाँ भूमि में कार्बनिक पदार्थ के लगातार घटते जा रहे स्तर से भूमि का स्वास्थ्य जर्जर होता जा रहा है वही इसके लगातार उपयोग से भूमि की उत्पादकता स्थिर हो चुकी है । फलस्वरूप उत्पादन दर को बनाये रखने के लिए प्रति वर्ष प्रति इकाई भूमि में रासायनिक खाद की मात्रा बढ़ानी पड़ती है। धीरे–धीरे एक समय ऐसा आता है कि भूमि बंजर एवं अनुपजाऊ बनने लगती है अतः इसे बचाने के लिए जैविक खाद के प्रयोग पर बढ़ावा देना चाहिए। बढ़ती जनसंख्या के फलस्वरूप प्रति व्यक्ति घटती जोत एवं रसायनों के प्रयोग से मंहगी होती जा रही खेती कृषकों की कमर तोड़ रही है । इसका समाधान अब प्राकृतिक संसाधनों के समुचित उपयोग एवं पोशण पर आधारित जैविक खेती से ही संभव हो सकता है । प्रमुख समस्या यह है कि इतनी अधिक मात्रा में कार्बनिक खाद की पूर्ति कैसे और कहाँ से की जाए जो रासायनिक उर्वरकों को पूर्णतः प्रतिस्थापित कर सके । भारत में आज भी कृशि अपशिष्ट, पशु का गोबर, शहरी कचरे के रूप में कार्बनिक अपशिष्ट पदार्थ का भारी स्त्रोत उपलब्ध है जिसे कार्बनिक खाद में बदला जा सकता है। आवश्यकता है तो बस ऐसी

तकनीकों की जिससे कार्बनिक अपशिष्ट पदार्थ कम से कम समय में कम्पोस्ट खाद में बदला जा सके । इस क्रम में वर्मी कम्पोस्ट (केंचुआ खाद) बहुत ही लाभदायक, कम खर्चीली व पोषक तत्वों से भरपूर जैविक खाद है ।

एक आंकलन के अनुसार खेती योग्य पोषक भूमि से 32 मिलियन टन पोषक तत्वों का प्रतिवर्ष दोहन हो रहा है। जिससे मृदा में पोषक तत्वों की धीरे–धीरे कमी होती जा रही है । पोषक तत्वों की मात्रा मृदा में संतुलित बनाये रखने के लिए अब जैविक खाद का उपयोग मृदा की उपजाऊ शक्ति बढ़ाने के लिए किया जाने लगा है। भारत में अनुमानतः सात हजार मिलियन टन कूड़ा–करकट प्रतिवर्ष एकत्र होता है । इस अपषिश्ट पदार्थ से वर्मी कम्पोस्ट बनाया जाए तो रासायनिक कारखानों में बनने वाली खाद की मात्रा में 50 से 60 प्रतिशत तक की कमी की जा सकती है । स्मरण रहे कि रासायनिक खाद फसलों की गुणवत्ता के साथ ही भूमि की उर्वरा शक्ति पर भी प्रतिकूल प्रभाव डालता है ।

केंचुआ खाद (वर्मी कम्पोस्ट) क्या है ?

केंचुओं के प्रयोग द्वारा कार्बनिक कूड़े–करकट से खाद बनाने की प्रक्रिया को वर्मीकम्पोस्टिंग कहते हैं तथा इससे बनने वाली खाद को वर्मीकम्पोस्ट कहते हैं । अपघटनशील अपशिष्ट कार्बनिक पदार्थो जैसे भूसा, सूखी घास, पुआल, सब्जियों के छिलके आदि का केंचुओं से विसर्जित पदार्थ वर्मी कम्पोस्ट कहलाता है । केंचुआ खाद में वर्मी कास्ट के अतिरिक्त उसके मल, अण्डे, कोकून, लाभकारी सूक्ष्म जीवाणु, मुख्य एवं सूक्ष्म पोषक तत्व और अपचित जैविक पदार्थो का मिश्रण सम्मिलित रहता है, जो मृदा से अधिक समय तक उपजाऊ एवं कृषि हेतु उपयोगी बनाता है । यह प्रक्रिया सामान्य खाद बनाने की प्रक्रिया से तेज होती है । क्योंकि इसमें कार्बनिक पदार्थ केंचुओं की आँतों से होकर गुजरते हैं जिसके कारण केंचुआ खाद में सूक्ष्म जीवाणु और पादप वृद्धि नियंत्रक तत्वों की अधिकता हो जाती है और साथ ही इसमें कीट निवारण गुण भी होता है ।

केंचुआ खाद का पोषक महत्व

केंचुए कई तरह के कार्बनिक अपशिष्ट पदार्थो को खाकर उसके आयतन को 40 से 60 प्रतिशत तक घटा देते हैं । वह अपने षरीर के भार बराबर खाता है और दिन भर में जितना खाता है उसका 50 प्रतिशत खाद के रूप में

बदल देता है । केंचुओं की खाद के रासायनिक एवं जैविक गुणों का विश्लेषण किया गया है जो तालिका 1 में वर्णित है । केंचुआ खाद में नमी 46.5 प्रतिशत और इसका पी–एच मान सामान्य होता है। इसमें सूक्ष्म पोषक तत्वों का प्रतिशत परम्परागत खाद से कहीं अधिक तथा कुछ पोषक तत्व लगभग दुगने होते हैं।

तालिका 1 : केंचुआ खाद व साधारण खाद का पोषक मान

पोषक तत्व	केंचुआ खाद	परम्परागत खाद
नमी (%)	46.5	41.5
घुलनशील कार्बन (%)	0.88	1.60
खजिन (%)	52.5	49.0
कुल कार्बन (%)	27.2	28.0
नत्रजन (%)	1.9	1.4
कार्बन : नत्रजन अनुपात	13.6	20.6
फास्फोरस (%)	2.0	1.8
पोटैषियम (%)	0.8	0.7
जिंक (पीपीएम)	100	80
ताँबा (पीपीएम)	48	40
मैंग्नीज (पीपीएम)	500	260

वर्मीकास्ट

केंचुए कई तरह के कार्बनिक अपशिष्ट पदार्थों को खाकर उसके आयतन को 40 से 60 प्रतिशत तक घटा देते हैं । इस खाद में केंचुओं का मल उनका कोकून और अपचित भोजन होता है। यह पदार्थ विटामिन्स, जीवप्रतिरक्षी और एंजाइम्स जैसे प्रोटीनेज, एमाइलेज, लाइपेज, सेल्युलेज और काईटीनेज आदि से परिपूर्ण होते हैं । केंचुओं से कास्ट के रूप में बाहर आने के बाद यह एंजाइम्स कार्बनिक पदार्थ का निरंतर विघटन करते रहते हैं । हालांकि वर्मीकास्ट और वर्मीकम्पोस्ट में पोषक तत्वों की मात्रा मानक रासायनिक खादों की तुलना में बहुत कम होती है परन्तु परम्परागत खादों से अधिक होती है ।

तालिका 2 : वर्मीकम्पोस्ट, वर्मीकास्ट व वर्मीवाश में पोषक तत्वों की मात्रा

पोषक तत्व	वर्मीकम्पोस्ट	वर्मीवाश	वर्मीकास्ट
कुल कार्बन (%)	27.2	0.009	14.38
नत्रजन (%)	1.9	0.006	0.64
फास्फोरस (%)	2.0	0.004	0.31
पौटेषियम (%)	0.8	0.005	0.60
तॉबा (पी.पी.एम.)	48	––	29
मैंग्नीज (पी.पी.एम.)	500	25	315
जिंक (पी.पी.एम.)	100	––	34

वर्मीवाश

केंचुआ पालन तकनीक में आधुनिकता आने से कई नवीन उत्पादनों का निर्माण हुआ है जैसे कि वर्मीवाश। किसान अपने तरीकों से वर्मीवाष बनाकर उसका छिड़काव पत्तियों पर करते हैं। कई स्थानों पर किसान एक लीटर वर्मीवाश को 10–15 लीटर पानी में डालकर सब्जियों एवं फल वाले वृक्षों पर छिड़काव करते हैं जिससे सब्जियों एवं फलों की पैदावार बढ़ जाती है ।

वर्मीवाश तैयार करना

वर्मीवाश बनाने के लिए 1 किग्रा. प्रौढ़ केंचुए (1000–1200 केंचुए) जिसमें वर्मीकास्ट न हो, को टब या बाल्टी में डाला जाता है जिसमें 1 लीटर गुनगुना पानी (35–40 डिग्री सेल्सियस) डालते हैं और फिर इसे 2 से 3 मिनिट के लिए हिलाया जाता है । केंचुओं को निकालकर फिर उसे 1 लीटर पानी से धोकर (कमरे के तापमान पर) टब या बाल्टी में डाल दिया जाता है । हिलाने से केंचुए पर्याप्त मात्रा में चिपचिपा (म्यूकस) व तरह पदार्थ षरीर से निकालते हैं । केंचुओं को गुनगुने पानी से सामान्य पानी में वापस डालने से उनके षरीर पर लगा चिपचिपा पदार्थ (म्यूकस) को भी अलग कर सकते हैं और साथ ही साथ ऐसा करने से केंचुओं को पुर्नजीवित होने में मदद मिलती है।

केंचुओं की प्रजातियाँ

केंचुओं की गई प्रजातियाँ होती हैं । लेकिन कुछ महत्वपूर्ण केंचुओं का

प्रयोग विशेष रूप से खाद बनाने में किया जाता है । केंचुओं के रहने की क्षमता के आधार एवं पारिस्थितिक स्तर पर तीन समूहों में विभाजित किया गया है ।

1. एपीजेइक केंचुए :

ये केंचुए जमीन में बिल नहीं बनाते । यह जमीन की सतह पर पड़ी दरारों में प्रवेष कर जाते हैं । यह कूड़ा–करकट या घास के ढेर में या खुली मिट्टी जिसमें नाइट्रोजन की मात्रा अधिक हो उसमें संगठित रूप में पाये जाते हैं। यह विशेष तौर पर अपघटित कार्बनिक अपशिष्ट पदार्थो पर निर्भर रहते हैं। यह अनुकूल पर्यावरण एवं परिस्थितियों में पूर्ण रूप से वर्ष भर सक्रिय रहते हैं। खाद बनाने वाले केंचुओं की मुख्य प्रजातियॉ यूड्रिला युजिनी, आइसेनिया फोटिडा, पेरियोनिक्स एक्सकेवेटस और पेरियोनिक्स सन्सीवेरिकस प्रमुख हैं ।

2. एन्डोजेइक केंचुए :

यह जमीन की सतह के नीचे बिल बनाते हैं । यह उर्ध्वाकार बिल की जगह अनुप्रस्थ बिल बनाते हैं। ये बिल स्थायी नहीं होते हैं और वर्षा से आसानी से नष्ट हो जाते हैं। इनके शरीर से होने वाला स्त्राव इनकी बिल की दीवारों को सील कर चिकना कर उन्हें टूटने से बचाता है। यह जमीन में 30 सेमी. या उससे अधिक गहराई तक जाते हैं ।

3. ऐनासिइक केंचुए :

यह जमीन के अंदर पाए जाते हैं । यह जमीन में जटिल बिल बनाते हैं तथा अपने बिल की दीवारों को अपनी कास्टिंग से मजबूत करते हैं । यह अपने बिल से बाहर आकर, सतह पर पाए जाने वाले कचरे को बिल में ले जाते हैं। जब यह आहार सूक्ष्म जीवाणुओं की क्रिया द्वारा नरम पड़ जाता है तो कुेचएं इसे खा लेते हैं । यह एपीजेइक केंचुए की तरह शीतोष्ण देशों में पाए जाते हैं। उष्ण देशों में यह रोपणी क्षेत्रों में पाए जाते हैं । इनकी वृद्धि दर धीमी और जीवन चक्र लम्बा होता है । यह भूमि की सतह से 30 से.मी. की गहराई तक पाए जाते हैं।

वर्मी कम्पोस्ट के गुण

केंचुआ खाद के भौतिक, रासायनिक एवं जैविक गुणों के आधार पर यह कह सकते हैं कि कृषि हेतु केंचुआ खाद काफी लाभकारी हो सकती है। सामान्य खाद की तुलना में केंचुआ खाद में अनेक विशेषताऐं पायी जाती हैं ।

- दानेदार प्रकृति के कारण वर्मी कम्पोस्ट भूमि के वायु परिसंचरण, जल धारण क्षमता को सुधारने के साथ ही पेड़ पौधों की जड़ों को बढ़ाने में सहायक होता है ।

- वर्मी कम्पोस्ट एन्जाइम्स की क्रिया से अपघटित जैविक पदार्थो का भुरभुरा दानेदार पुंज है जिसमें पोषक तत्वों की अधिकता होती है तथा पेड़–पौधों को आसानी से उपलब्ध हो जाती है । चूँकि वर्मी कम्पोस्ट केंचुए की ष्लेश्मा से घनीभूत होती है इसलिये यह ऊर्जा का भी महत्वपूर्ण स्त्रोत है ।

- वर्मी कम्पोस्ट में बहुत से जैव सक्रिय यौगिक जैसे ऑक्सिन्स, जिब्रेलिन्स, साइटोकाइनिन्स, विटामिन्स एवं एमीनो अम्ल होते हैं जो पौधों की बढ़वार, विकास, प्रजनन एवं उपज को प्रभावित करने में सक्षम होते हैं ।

- केंचुआ तथा उससे संयुक्त सूक्ष्म जीव अमोनिया, हाइड्रोजन सल्फाइड व मरकेप्टान्स जैसे रसायनों का विघटन करने में सहायक होते हैं जो कम्पोस्टिंग क्षेत्र व कम्पोस्ट में दुर्गंध पैदा करने के लिए जिम्मेदार होते हैं। उल्लेखनीय है कि अन्तिम रूप से तैयार वर्मी कम्पोस्ट दुर्गन्ध रहित मिट्टी जैसी सुगंध वाला होता है ।

- केंचुआ खाद में बहुत से ऐसे हयूमिक एसिड्स विद्यमान रहते हैं जो पौधों की बढ़वार में वृद्धि करने के साथ ही भूमि की भौतिक दशा में भी सुधार करते हैं ।

- केंचुआ खाद में मनुष्यों तथा पौधे को हानि पहुँचाने वाले रोगाणुओं की संख्या सामान्य कम्पोस्ट व रासायनिक खाद की अपेक्षाकृत कम होती है ।

- वर्मी कम्पोस्ट में नाइट्रोजन फिक्सिंग बैक्टीरिया, फास्फेट सोल्युबिलाइजिंग बैक्टीरिया, एक्टिनोमाइसिन, फंजाई पौधों की बढ़वार को प्रोत्साहित करने वाले बैक्टीरिया के अलावा सेल्युलोज व लिग्निन को विघटित करने की क्षमता रखने वाले अनेक सूक्ष्म जीव उपस्थित रहते हैं जो पौधों के लिए लाभकारी होते हैं ।

- सामान्य खाद की तुलना में केंचुआ खाद का उत्पादन व भंडारण काफी

सरल होता है। इसका उपयोग कर भूमि की उर्वरा शक्ति को बढ़ाया जा सकता है, क्योंकि वर्मी कम्पोस्ट में पोषक तत्वों की मात्रा अधिक होती है ।

- वर्मी कम्पोस्ट का प्रयोग करने से अनुउपजाऊ भूमि में सुधार आता है तथा उर्वरता भी बढ़ती है। वर्मी कम्पोस्ट के प्रयोग से भूमि में केंचुओं की संख्या बढ़ती है ।

केंचुआ पालन (वर्मीकल्चर)

केंचुआ पालन में कुछ महत्वपूर्ण तथ्यों को ध्यान में रखना बहुत आवश्यक है जो निम्नलिखित हैं –

गड्ढे का स्थान और आकार

- गड्ढा या ढेर पेड़ों की छाया या जानवरों के रहने के स्थान के समीप (जहां सामान्य एवं अनुकूल तापमान बना रहे) बनाना चाहिए ।
- आसमान पानी का स्त्रोत होना आवश्यक है ।
- गड्ढा या ढेर छाया में जमीन के ऊपर होने चाहिए जिससे कि वह वर्षा और अधिक तापमान से सुरक्षित रहे ।

केंचुओं का भोजन

- केंचुओं को भोजन के लिए अर्धविघटित कार्बनिक पदार्थ जैसे अर्धविघटित गोबर, अपशिष्ट वनस्पति और नरम पत्तियाँ आदि की आवश्यकता होती है ।
- केंचुए की जूट से भी काफी वृद्धि एवं पैदावार होती है। इसलिए जूट से बने फटे पुराने बोरे को गड्ढे के तल, दीवारों और ऊपरी सतह को ढाँकने के लिए प्रयोग में लाना चाहिए। इससे ढेर या गड्डे को नमी भी बनी रहती है साथ–साथ केंचुओं को उचित नमी मिलती रहती है।

गड्ढे में केंचुआ और कोकून डालना –

- केंचुआ और उनके कोकून को ढेर की सतह पर डाला जाता है। अर्ध–विघटित कार्बनिक पदार्थ के ऊपर हाथ से छोटी–छोटी नालियां बनाकर केंचुओं को उसमें डाल दिया जाता है।

- नालियों को फिर हाथ से ढक दिया जाता है ।
- इसी क्रमानुसार कार्बनिक पदार्थ और केंचुओं की सतह बिछाई जाती हैं । इससे गड्ढे में केंचुओं और कार्बनिक पदार्थो की एकांतर सतह बनती जाती है ।
- केंचुआ और कोकून डालने के बाद ढेर या गड्ढे को जूट की फटी पुरानी बोरी से ढक दिया जाता है और पानी का छिड़काव कर दिया जाता है ।

पर्याप्त वायु संचार

सतह पर क्रियाशील होने के कारण केंचुओं के लिए अच्छे वायु संचार की आवश्यकता होती है इसीलिए कम्पोस्ट बनाने की उन विधियों में जिनमें कि पर्याप्त वायु संचार रहता है, कम्पोस्ट बनाने की प्रक्रिया तेज होती है । अतः यह ध्यान रखा जाना चाहिए कि कम्पोस्टिंग के लिए उपयोग किया गया कार्बनिक अपशिष्ट पदार्थ बहुत दबाकर ऐसे ठोस रूप में एकत्र न किया जाए, जिसमें की वायु का संचार एवं केंचुओं की सक्रियता अवरोधित होती हो । यदि कम्पोस्टिंग गड्ढों या बक्सों में की जाती है तो केंचुए सतह पर सक्रिय रहेंगे। अतः तीव्र परिणाम के लिए अपशिष्ट कार्बनिक पदार्थ की परतें सामान्यतः दो फीट तक मोटी होनी चाहिए और किसी भी स्थिति में दो फुट से अधिक नहीं होनी चाहिए । अपशिष्ट कार्बनिक पदार्थ को छत में शंक्वाकार ढेर में रखना सर्वोत्तम विधि है, क्योंकि इसमें वायु का संचार अच्छा होता है और केंचुए चारों ओर से प्रभावी ढंग से भ्रमण कर सकते हैं ।

पर्याप्त नमी

केंचुए में त्वचा की सतह चूँकि ष्वसन अंग के रूप में गैसों के आदान–प्रदान का कार्य करती हैं, अतः शरीर की बाहरी सतह का नम बने रहना जरूरी है। उनकी समुचित क्रियाशीलता के लिए 40–50 प्रतिशत नमी कम्पोस्टिंग के लिए निर्मित क्यारियों में नियमित छिड़काव करके बनाए रखना सर्वोत्तम है। नमी की अधिकता वायु संचार व केंचुओं की सक्रियता को घटाती हैं। अतः वायु युक्त वातावरण बनाए रखने के लिए अधिक पानी के निकास की व्यवस्था भी सुनिश्चित की जानी चाहिए । अधिक पानी की निकासी के लिए वर्मी बैड, गड्ढे एवं बक्सों में बुरादा, नारियल की जटा अथवा बालू रेत की एक पर्त आधारित पर्त के रूप में दी जा सकती है । यदि नमी अधिक बढ़ गयी, तो

उसमें उपयुक्त सूखे पत्ते अथवा गोबर इत्यादि सड़नशील पदार्थ मिलाए जा सकते हैं। अपेक्षित नमी (40 फीसदी) का स्तर जानने के लिए एक सरल विधि यह है कि एक बांस की डंडी लेकर खाद माध्यम में डालें, यदि माध्यम के कण उस पर चिपक जाते हैं तो नमी का स्तर ठीक है ।

उपयुक्त तापमान

अधिकांश प्रजातियों के लिए उपयुक्त तापमान साधारणतया 20 से 30 डिग्री सेंटीग्रेड माना गया है, परंतु कुछ प्रजातियां इससे कम अथवा 48 डिग्री सेंटीग्रेड तक ऊँचा तापमान के लिए सहनशील पायी गई है । सूर्य की सीधी किरणों व अधिक तापमान से बचने के लिए कम्पोस्टिंग बैड पर छाया की व्यवस्था की जानी चाहिए । खाद्य पदार्थ को बैड में कभी दबाकर नहीं भरना चाहिए । वायु का परिसंचरण हल्के दबे माध्यम में ठीक रहता है । यह तापमान को संतुलित करने के लिए भी सहायक होता है । क्यारियों पर आच्छादन भी केंचुओं को गर्मी व ठण्ड से बचा सकता है । केंचुआ पालन या केंचुआ खाद बनाने के लिए ऐसी जगह का चुनाव करें जहॉ पर किसी पेड़ की छाया हो या छाया के लिए शेड की व्यवस्था हो। साथ–साथ पानी की उचित व्यवस्था भी अति आवश्यक है ।

उपयुक्त पी.एच. मान

पी.एच. मान माध्यम की अम्लता व क्षारीयता को इंगित करता है । उत्तम तो यह है कि पी.एच. मान उदासीन हो, परन्तु यह 4.5 से 7.5 तक भी हो सकता है । ऐसे कार्बनिक पदार्थ जिनमें क्षार व विर्षाक्त पदार्थ की सान्द्रता अधिक होती है, केंचुओं की समुचित क्रियाशीलता के लिए उपयुक्त नहीं है उन्हें उपयोग करने से बचना चाहिए ।

केंचुआ पालन (वर्मीकल्चर) में सावधानियॉ

- केंचुआ पालन के लिए ऐसी जगह का चुनाव करें जहां पर पानी न ठहरता हो । धूप एवं वर्षा से बचने के लिए उपयुक्त छाया केंचुआ पालने के लिए अति उत्तम है ।
- जिस जगह पर केंचुआ पालन करना हो वहां पर सीमेन्ट या ईट का पक्का टैंक बनाकर उसमें आधी सड़ी हुई गोबर की खाद एवं कुछ मिट्टी डालकर केंचुए को टैंक में छोड़ देना चाहिए । गोबर की खाद

एवं मिट्टी डालने से पहले टैंक को यदि पुराने बोरे से नीचे एवं बगल से लगा देना चाहिए जिससे टैंक की नमी बराबर बनी रहती है । टैंक में केंचुआ डालने के बाद उसमें 2–3 इंच गोबर की सड़ी खाद डालने के बाद उसे बोरे से अच्छी तरह से ढंक देना चाहिए ।

- टैंक में 40–45 प्रतिशत तक नमी एवं 28–30 डिग्री सेन्टीग्रेड तक तापक्रम होना चाहिए । इससे ज्यादा तापमान व नमी होने से केंचुआ मरने लगता है। आदर्श स्थिति में 2–3 महीने के अन्दर 2–3 किलो केंचुआ तैयार हो जाता है ।

केंचुआ खाद बनाने के लिए आवश्यक सामग्री

- वर्मीकम्पोस्टिंग के लिए फार्म के अपषिश्ट पदार्थ जैसे (सोयाबीन, गेहूँ, सरसों, चना का भूसा, पेड़ों की पत्तियॉ, खरपतवार आदि) का प्रयोग किया जाता है ।
- रॉक फास्फेट (30–32 प्रतिशत फास्फोरस) जब वर्मीकम्पोस्ट फास्फोरस युक्त बनाना हो ।
- अपशिष्ट पदार्थ एवं गोबर का एक–एक भाग सूखे भार के आधार पर मिलाना चाहिए ।
- 1000–1200 प्रौढ़ केंचुए को लगभग (1 किग्रा./क्विंटल अपशिष्ट पदार्थ) की दर से मिलाना चाहिए ।
- 3–5 लीटर पानी हर गड्ढे में प्रत्येक सप्ताह डालना चाहिए ।
- अपषिश्ट कार्बनिक पदार्थ को अपघटन के लिए 30–35 दिन तक रखा जाता है जिससे तापमान स्थिर हो सके और थर्मोफिलिक अवस्था से मीसोफिलिक अवस्था 30–35 डिग्री सेन्टीग्रेड प्राप्त की जा सके ।
- तापमान स्थिर हो जाने के बाद ढेर या गड्ढे में केंचुआ डाला जाता है ।
- यह अवलोकन किया गया है कि जंगल के अवशेष का अपघटन जल्द (75–85 दिन) में होता है जबकि फसल अवशेष का अपघटन होने में (110–120 दिन) लग जाते हैं ।

केंचुआ खाद (वर्मीकम्पोस्ट) बनाने की विधि

जिस फसल अवशेष, कूड़ा करकट या कचरे से केंचुआ खाद तैयार करना हो उसे सबसे पहले छोटा–छोटा भाग करके, उसमें से कांच, पत्थर, धातु के टुकड़े अलग कर लेना चाहिए । इसके बाद जिस कचरे से या फसल अवशेष का खाद बनानी हो उसे पहले अलग टैंक या गड्ढे में 1:2 के अनुपात में (एक भाग फसल अवशेषः दो भाग ताजा गोबर) करीब एक महीने तक रखना चाहिए। ताजा गोबर एवं फसल अवशेष को एक साथ मिलाने पर एकाएक तापक्रम बढ़ जाता है जो करीब 60–70 डिग्री सेंटीग्रेड तक पहुँच जाता है। ऐसी अवस्था में केंचुआ उसमें जिंदा नहीं रह सकता । केंचुआ इतने तापमान पर मर जाता है। जब तापक्रम धीरे–धीरे गिरकर 30–35 डिग्री सेन्टीग्रेड तक आ जाये तो उसे गड्ढे या टेंक से निकाल कर उसे अलग गड्ढे में डालकर या ढेर बनाकर उसमें केंचुआ 500 ग्राम प्रति क्विंटल के हिसाब से डाल देना चाहिए। केंचुओं को डालने के उपरान्त इसके ऊपर गोबर, पत्ती आदि की 6 से 8 इंच की सतह बनानी चाहिए। इसके बाद टाट–पट्टी से ढांक देना चाहिए। झारी से टाट–पट्टी पर आवश्यकतानुसार पानी छिड़कते रहें ताकि 50 से 55 प्रतिशत तक नमी बनी रहे । इससे अधिक नमी/गीलापन रहने से हवा अवरूद्ध हो सकती है । जिससे सूक्ष्म जीवाणु तथा केंचुए कार्य नहीं कर पाते और केंचुए मर भी सकते हैं। ढेर को तेज धूप एवं वर्षा से बचाने के लिए घास–फूस का शेड बनाकर खाद बनाना अति उत्तम रहता है। ढेर (नर्सरी बेड) का तापमान 28 से 30 डिग्री सेन्टीग्रेड तक होना चाहिए। यदि ढेर के ऊपर या बगल में गोबर के ढेले बन गये हों तो उसे तोड़ते रहना चाहिये। इस पद्धति से 90–100 दिन में अच्छी गुणवत्ता वाली केंचुआ खाद तैयार हो जाती है। यह चाय के पाउडर जैसी दिखती है तथा इसमें मिट्टी के समान सोंधी गंध आती है खाद निकालने के आठ दिन पूर्व से सिंचाई बंद कर देना चाहिये तथा खाद के छोटे–छोटे ढेर बना देना चाहिए जिससे केंचुए खाद की निचली सतह में चलें जावे और खाद को हाथ से अलग करना चाहिये। केंचुआ खाद यदि पहली बार बनाते हैं तो खर्चा ज्यादा आता है क्योंकि पहली बार खाद बनाने के लिए षुरू में गड्ढे बनाना व केंचुआ खरीदने में खर्च आता है जिससे खाद बनाने का खर्च बढ़ जाता है जो करीब 5–6 रूपये प्रति किलो के हिसाब से आता है। परन्तु दूसरी बार बनाने पर खर्चा कम लगता है क्योंकि केंचुआ ढेर या गड्ढे में तैयार हो जाता हैं जिसे पुनः खाद बनाने के काम में लाते हैं। इस तरह 1.50 से 2.00 रूपये प्रति किलो केंचुआ खाद बनाने में खर्च आता हैं। आमतौर

पर जमीन पर दो प्रकार से केंचुआ खाद बनाया जाता है–

1. गड्ढे खोदकर अपशिष्ट पदार्थो से केंचुआ खाद बनाना

गड्ढे का उपयुक्त आकार 10 फीट लम्बा, 3 फीट चौड़ा व 2 फीट ऊंचा तक रखा जाता है । गड्ढे की लम्बाई को कार्बनिक अपशिष्ट पदार्थो की मात्रा के अनुसार घटाया या बढ़ाया जा सकता है जबकि चौड़ाई क्रमशः 3 फीट उपयुक्त रहती है। गड्ढे को हमेशा किसी पेड़ की छाया के नीचे या ऊपर से छाया के लिए शेड की व्यवस्था करनी चाहिए ।

2. ढेर बनाकर केंचुआ खाद बनाना –

ढेरों का उपयुक्त आकार 10 फीट लम्बा, 3 फीट चौड़ा व 2 फीट ऊँचा तक रखा जाता है। ढेर की लम्बाई को कार्बनिक अपशिष्ट पदार्थो की मात्रा के अनुसार घटाया बढ़ाया जा सकता है जबकि चौड़ाई क्रमशः 3 फीट व ऊँचाई 2 फीट उपयुक्त हरती है ।

3. सिल्पोलिन वर्मी वेड विधि –

सिल्पोलिन वर्मी बैड केंचुआ खाद बनाने की नई विधि है। इस विधि को पोर्टेबल वर्मी बैड कहते हैं इसे कहीं भी उपयुक्त जगह में रखकर केंचुआ खाद बनाया जा सकता है। इसका आकार 10–12 फीट लम्बा, 4 फीट चौड़ा व 2 फीट ऊंचा होता है । इसमें जल निकास व वायु संचार का उचित प्रबन्ध होता है ढेर या गड्ढे विधि की तरह इस विधि द्वारा अच्छी खाद बनायी जा सकती है साथ–ही–साथ समय ज्यादा नहीं लगता। यह विधि ज्यादा आसान होती है जिसे कहीं पर रखकर केंचुआ खाद बना सकते हैं ।

4. फास्फोरस युक्त केंचुआ खाद बनाना –

फास्फोरस युक्त केंचुआ खाद बनाने के लिए झाबुआ रॉक फास्फेट जिसमें 30–32 प्रतिशत फास्फोरस होता है, उसे 2.5 प्रतिशत फास्फोरस प्रति क्विंटल अपशिष्ट पदार्थ के हिसाब से मिलाकर उसी गड्ढे या ढेर में केंचुआ खाद बनाते हैं। इस विधि में कार्बनिक अपशिष्ट पदार्थ व गोबर का अनुपात भी पहले जैसा ही रखते हैं अन्तर सिर्फ इतना है कि इसमें राक फास्फेट मिलाया जाता है जो फास्फोरस की मात्रा व उपलब्धता को बढ़ाता है। फास्फोरस युक्त केंचुआ खाद बनाकर डालने से फसलों में फास्फोरस की आवश्यकता को पूरा किया जा सकता है साथ–साथ रासायनिक खाद की निर्भरता को कम किया

जा सकता है ।

तालिका 3 : सोयाबीन भूसा से निर्मित केंचुआ खाद व फास्फोरस युक्त केंचुआ खाद के रासायनिक गुण

मानक (परिमाप)	वर्मी कम्पोस्ट	फास्फोरस युक्त वर्मीकम्पोस्ट
खनिज (%)	51.0	52.5
कुल कार्बन (%)	27.2	26.5
कार्बनःनाइट्रोजन अनुपात	14.3	13.6
नाइट्रोजन (%)	1.90	1.95
फास्फोरस (%)	2.05	4.0
पोटैषियम (%)	0.80	0.86
जल विलेय कार्बन (%)	0.94	0.88
मैग्नीज (पीपीएम)	500	540
जिंक (पीपीएम)	100	100
ताँबा (पीपीएम)	44	46

तालिका 4 : तैयार केंचुआ खाद एवं अन्य अवशेषों से निर्मित खादों में पोषक तत्व की मात्रा

पोषक तत्व	लेन्टाना	गाजर घास	गोबर	वी.सी.1	वी.सी.2	देशी खाद
कार्बन (%)	47.56	44.08	42	42.48	41.32	36
नत्रजन (%)	2.52	2.04	0.70	2.94	2.38	1.40
फास्फोरस (%)	0.37	0.33	0.45	0.51	0.42	1.41
पोटाश (%)	1.92	1.60	0.65	0.80	0.72	0.40
मैगनीज (मिग्रा./कि.ग्रा.)	18	8	20	33	28	22
लोहा (मिग्रा./किलो)	830	630	2080	8010	7040	7370
कापर (मिग्रा./किलो)	67	47	54	80	72	44

जिंक (मिग्रा./किलो)	6.2	3.3	14.2	15.0	11.3	10.5
कार्बन : नत्रजन	18.9:1	21.6:1	60:1	14.5:1	17.4:1	25.7:1
कार्बन : फास्फोरस	128.5:1	133.6:1	93.3:1	84.3:1	98.4:1	87.8:1

इसके अतिरिक्त वर्मीकम्पोस्ट का निर्माण विंडरो विधि से भी किया जा सकता है। इस विधि से अपशिष्ट पदार्थो के उपलब्धता के अनुसार शेड या झोपड़ी बनाते हैं फिर उसके नीचे ढेंर विधि की तरह ही आधा सड़ा हुआ कार्बनिक पदार्थ एवं गोबर में केंचुआ डालकर खाद बनाते हैं, तापक्रम व नमी का बराबर ध्यान रखा जाता है ।

वर्मी कम्पोस्ट का पौधों पर प्रभाव

वर्मी कम्पोस्ट का पौधों पर उर्वरक खाद की अपेक्षा बहुत अच्छा प्रभाव होता है। वर्मी कम्पोस्ट के उपयोग से सब्जियों, फलों व सजावट के लिए उगाए जाने वाली बहुत सारी प्रजातियों के पौधों में बीज का जमाव अपेक्षा से बहुत तेजी से होता है ऐसा वैज्ञानिक शोधों से सिद्ध किया जा चुका है । इसके प्रयोग से जल्दी जमाव के साथ–साथ सीडलिंग की बढ़वार भी अच्छी पायी गयी है। इसके अतिरिक्त पौध अभिवर्द्धन में जब इसका प्रयोग किया गया तो इससे जड़ों के निकलने, उनकी लम्बाई, जैव पदार्थ तथा जड़ प्रस्फुटन प्रतिशत में वृद्धि पायी गयी । इतना ही नहीं बड़े पौधों में इसका प्रभाव हॉरमोन्स जैसा पाया गया और पौधों का सम्पूर्ण विकास तेज गति से हुआ। वर्मी कम्पोस्ट से प्रकाष संश्लेषण दर, पुष्पीकरण एवं फलीकरण जैसी महत्वपूर्ण क्रियाओं पर भी सकारात्मक प्रभाव पाया गया है। वर्मी कम्पोस्ट का प्रयोग पौधों के उपयोगी भागों में भारी धातु व नाइट्रेट के अंश को घटाने के लिए भी उपयोगी समझा जाता है। इन सब प्रभावों के परिणामस्वरूप वर्मी कम्पोस्ट के प्रयोग से उगाए गए पौधे अल्पव्ययी, बेहतर व स्वादिष्ट उपज के होते हैं । वर्मी कम्पोस्ट के उपयोग का प्रभाव अंततः उसकी उपयोग की गई मात्रा, उपयोग का समय, पौधों की अवस्था आदि पर निर्भर करता है ।

अध्ययनों के परिणाम यह बताते हैं कि यदि केंचुआ खाद का प्रयोग अनार के पौधों में किया जाय तो अनार में फलों की पैदावार, फलों की संख्या व उच्च गुणवत्ता वाला फल रासायनिक उर्वरक प्रयोग से प्राप्त फलों की अपेक्षा अधिक पैदा हुआ इसी तरह केंचुआ खाद का प्रयोग जब गेहूं, चना, ईसबगोल,

मक्का व सरसों की खेती में किया गया तो फसलों की पैदावार रासायनिक खाद की अपेक्षा अधिक पाई गई ।

तालिका 5 : केंचुआ खाद व अन्य खादों का अनार के फलों की गुणवत्ता पर प्रभाव

घटक	कुल घुलनशील ठोस (%)	शर्करा (%)	अम्लीयता (%)	विटामिन सीमि.ग्रा./ 100	कैरोटीन मिग्रा./ 100
किसी खाद का प्रयोग नहीं	15.5	10.4	0.31	16.0	2.10
केंचुआ खाद	16.8	11.7	0.26	17.5	2.29
फास्फो–कम्पोस्ट	16.7	12.0	0.24	17.7	2.25
देशी खाद	17.4	12.5	0.25	17.8	2.37
रसायन+खाद	16.5	11.5	0.27	17.4	2.29
रसायन+देशी खाद	17.3	12.6	0.25	17.9	2.48

इसी प्रकार कुमारी व अन्य ने वर्ष 1997 में केंचुआ खाद का प्रयोग करके केले के फलों की गुणवत्ता का अध्ययन किया जिसमें देखा गया कि केंचुआ खाद के प्रयोग से केले की गुणवत्ता में वृद्धि पाई गई ।

तालिका 6 : केंचुआ खाद/केंचुआ पालन का केले की गुणवत्ता पर प्रभाव

घटक	विघटित शर्करा (%)	अविघटित शर्करा(%)	कुल शर्करा(%)	अम्लीयता (%)
गोबर खाद + रसायन खाद	16.6	5.2	22.0	0.51
केंचुआ खाद + रसायन खाद	17.5	5.5	23.0	0.41
केंचुआ खाद +) नत्रजन केंचुआ खाद से	16.5	6.3	22.8	0.43
केंचुआ खाद + पूरा नत्रजन केंचुआ खाद से	18.3	4.3	22.6	0.43
केंचुआ को सीधे खेत में (250 केंचुए) डालकर	16.5	6.4	22.9	0.41

वर्मीकम्पोस्ट के लाभ

- वर्मीकम्पोस्ट, मृदा में पोषक तत्वों का संग्रहघर (स्टोर हाउस) है ।
- मृदा के भौतिक, रासायनिक और जीव–रासायनिक गुणों को बढ़ाती है जिससे फसलों की उत्पादकता बेहतर होती है ।
- जैविक खेती में वर्मीकम्पोस्ट, साधारण कम्पोस्ट एवं परम्परागत खाद का एक महत्वपूर्ण विकल्प बन गया है । गोबर की कमी के कारण इसका उत्पादन व उपयोग बढ़ा है ।
- प्राकषतिक खाद्‌य श्रष्ंखला में केंचुए एक महत्वपूर्ण कड़ी हैं । मृदा में की जाने वाली प्रक्रियाओं के अतिरिक्त यह लाभदायक एवं हानिकारक दोनों तरह के पदार्थो को सरल तत्वों में परिवर्तित कर देते हैं ।
- ये लाभकारी मृदा सूक्ष्म जीवों के लिए प्रभावषाली कवच हैं तथा जमीन के हानिकारक पैथोजन को नष्ट करते हैं और कार्बनिक अपशिष्ट पदार्थो को विटामिन, एन्जाइम, जीव प्रतिरक्षी, वृद्धि हारमोन्स, प्रोटी युक्त उत्पादों एवं अन्य कार्बनिक पदार्थो में परिवर्तन कर देते हैं ।
- प्रक्षेत्र पर पाये जाने वाले कार्बनिक अपशिष्ट पदार्थ जैसे कृषि अपशिष्ट, पशुमल, फारेस्ट लिटर और कृषि आधारित उद्योग से उत्पादित पदार्थ केंचुआ खाद उत्पादन में उपयोग किये जा सकते हैं । केंचुआ खाद के प्रयोग से सिंचाई में बचत होती हैं ।
- लगातार रासायनिक खादों के प्रयोग से कम होती जा रही मृदा की उपजाऊ शक्ति को वर्मी कम्पोस्ट का प्रयोग कर बढ़ाया जा सकता है।
- वर्मी कम्पोस्ट मृदा में सूक्ष्म जीवाणुओं को सक्रिय कर पौधों की प्रतिरोधक क्षमता बढ़ाने वाले पोषक तत्व पौधों को उपलब्ध करवाता है जिससे फसल उत्पादन में वृद्धि होती है।
- केंचुआ खाद में पाये जाने वाले सूक्ष्म जीवाणु, हारमोन्स व हयूमिक अम्ल मृदा की पी.एच. को संतुलित रखते हैं।
- केंचुआ खाद के उपयोग से कम लागत में अच्छी फसल का उत्पादन संभव हो सकता है जिससे सस्ता एवं पौष्टिक भोजन सुगमता से उपलब्ध हो सकता है।

- वर्मी कम्पोस्ट मृदा में नत्रजन, फास्फोरस तथा पोटाश की मात्रा को बढ़ाते हैं। गोबर की खाद की अपेक्षा वर्मी कम्पोस्ट में दोगुनी नाइट्रोजन की मात्रा प्राप्त होती हैं।
- वर्मी कम्पोस्ट द्वारा उत्पन्न की गई सब्जियाँ, फल और फूल पोषक तत्वों की दृष्टि में अधिक गुणकारी होते हैं।

मधुमक्खी पालन

मधुमक्खी पालन एक लघु व्यवसाय है जिसमें हमें बहुगुणीय शहद एवं मोम प्राप्त होता है। इसके साथ–साथ मधुमक्खी का कृषि उत्पादन बढ़ाने में भी महत्वपूर्ण योगदान है। क्योंकि अधिकतर फसलों पर परागण की क्रिया में भी यह सहायक है। अतः यह कीट किसानों का सच्चा मित्र है। यही कारण है कि मधुमक्खी पालक धीरे–धीरे ग्रामीण कुटीर उद्योग का रूप धारण कर रहा है। उद्योग शुरू करने एवं अधिक उत्पादन प्राप्त करने के लिये मधुमक्खी पालक को निम्नांकित बातों का ज्ञान होना अत्यन्त आवश्यक है।

जगह का चुनाव

मधुमक्खी पालन की जगह समतल एवं ऐसी हो जहाँ ताजा हवा पानी, छाया तथा धूप हो इसके अलावा आस–पास पानी का जमाव, भारी वाहनों के आने–जाने के लिये सड़क या आबादी नहीं होना चाहिये।

मधु का प्राकृतिक स्त्रोत

कुछ पौधे ऐरो होते हैं जो सिर्फ पुष रस प्रदान करते हैं, कुछ ऐसे रहते हैं जो सिर्फ पराग प्रदान करते हैं मधुमक्खी प्रायः उसी फूलों पर जाती हैं जो पराग तथा पुष्प रस दोनों प्रदान करते हैं। अतः पराग स्त्रोत पर कीट नाशक दवाओं का छिड़काव नहीं होना चाहिये। जिनकी सूची निम्नानुसार है–

फलदार एवं जंगली वृक्षः अमरूद, आम, केला, नींबू वर्गीय फल, बेर, इमली, जामुन, अमलतास, नीम, बाँस, खैर, यूकेलिप्टेस, साल, शीशम, रतनजोत, बबूल, पीपल, गूलर, महुआ, आदि।

घासः बरसीम, दूब वन अजवाइन आदि।

खेती की फसलें: सरसों, तोरई, रामतिल, तिल अरहर, अलसी, सूरजमुखी, चना, गेहूँ मक्का, ज्वार बाजरा आदि।

सब्जियाँ: कद्दूवर्गीय, चुकन्दर, चौलाई, टमाटर, बैंगन, भिण्डी, लौकी, धनिया, प्याज, गोभी, मिर्च, मेथी, लहसुन, बरबटी आदि।

फूलों की फसलें: गुलदाउदी, गुलाब, गुलमोहर, गेंदा, ग्लैडियोलस, डैजी,

कौसमूस के अतिरिक्त हजारों जंगली पौधों की जड़ी बूटियाँ हैं। जिनसे मधुमक्खी को भोजन प्राप्त होता है।

उपयुक्त समय

इसके लिये जनवरी–मार्च या अक्टूबर–नवम्बर का समय सर्वोत्तम माना जाता है। क्योंकि बंसत एवं शीत ऋतु में वृक्षों तथा खेती की फसलों में फूलों की भरमार होती है इस कारण रानी मक्खी की कार्यशीलता बढ़ जाती है क्योंकि अधिक मधुस्त्राव होने लगता है अतः रानी अधिक अंण्डे देती है। जिससे कालोनी की जल्दी वृध्दि हो जाती है। इस काल में सामान्य व्यक्ति भी जल्दी से अनुभव प्राप्त कर सकता है।

आवश्यक सामग्री

मधुमक्खी पालक को मधुबक्सा, मधुबक्सा स्टैण्ड, मुहरक्षक जाली, दस्ताने, धुँआदानी, शहद निकालने की मशीन, चिमटा, चाकू, खुरपा, कृत्रिम भोजन देने के लिये पात्र तथा मधुमक्खी वंश आदि सामानों की आवश्यकता पड़ती है।

मधुबाक्स

प्राचीन समय में शहद निकालने के लिये मधुमक्खी के पूरे छत्ते को निचोड़ा जाता था जिसके कारण अण्डे एवं शिशु मर जाते थे। आधुनिक विधि के अंन्तर्गत मधुमक्खी का छत्ता नष्ट नहीं होता है एवं उसके अण्डे एवं शिशु दोनों सुरक्षित रहते हैं। इस विधि में कृत्रिम छत्तों का प्रयोग किया जाता है। यह छत्ता छोटे लकड़ी के बाक्स का बना होता है। इस बाक्स में फर्श के नीचे एक छेद होता है। जिससे मधुमक्खी अंदर व बाहर आसानी से आ जा सकती है। बॉक्स के भीतरी भाग में लोहे या लकड़ी की जाली की अनेक पट्टियाँ लगी रहती हैं। इस बाक्स के दो भाग होते हैं। ऊपर वाला छोटा हिस्सा जिसमें शहद इकठ्ठा किया जाता है तथा दूसरे नीचे की तरफ का बड़ा हिस्सा इस भाग की जाली से श्रमिक मक्खियाँ ही बाहर आ जा सकती हैं। रानी मक्खी का आकार बड़ा होने के कारण इस जाली से बाहर नहीं निकल पाती है। कभी–कभी रानी मक्खी के पंख काट दिये जाते हैं ताकि वह उड़ न सके। एक मधुर बक्से के निर्माण में लगभग 2500 रूपये की लागत आती है। इसके अच्छे रखरखाव से लगभग 20 किग्रा शहद प्राप्त किया जा सकता है। जिससे प्रथम वर्ष में ही कीमत वसूल हो जाती है। उसके बाद इस बाक्स पर

केवल 15–20 रूपये ही प्रति वर्ष खर्च होते हैं।

मधुमक्खी की किस्में: भारत वर्ष में प्रमुखतः चार प्रकार की किस्में पाई जाती हैं।

1. एपिस डोर्साटा (सारंग मक्खी)
2. एपिस फ्लोरिया (भुगना मक्खी)
3. एपिस इंडिका (भारतीय मक्खी)
4. एपिस मेली फेरा (इटैलियन मक्खी)

इनमें से एपिस डोरसाटा को चट्टानी मक्खी भी कहते हैं। ये खतरनाक गुस्सैल स्वभाव की होती है। तथा इनमें स्थान परिवर्तन की प्रवृत्ति होती है। अतः इनका पालन संभव नहीं है। दूसरी एपिस फ्लोरिया अत्यन्त छोटी एवं क्रोधी स्वभाव की होती है अतः अभी तक इन्हें भी पाला नहीं गया। एपिस इंडिका बहुत कम मात्रा में शहद एकत्रित करती है अतः इन्हें भी पाला नहीं जाता है। अतएव एपिस मिलीफेरा सबसे ज्यादा लाभप्रद है क्योंकि यह सबसे ज्यादा एवं सबसे अच्छा शहद एकत्रित करती है एवं पूर्ण रूप से घरेलू तथा दूसरी मक्खी की तुलना में कम खतरनाक है।

मधुमक्खी वंश

मधुमक्खी सामाजिक कीट है जो संगठित होकर अपने वंश में तीन सदस्यों सहित रहती है। ये हैं रानी, नर, एवं श्रमिक मक्खियाँ। लिंग भेद के आधार पर इनका कार्यभार बँटा रहता है।

अ. रानी मक्खी: यह भूरे रंग की होती है इनका पिछला भाग नुकीला रहता है। आकार में यह सभी सदस्यों से बड़ी होती है। इसका कार्य मात्र अण्डे देकर वंश वृद्धि करना है। यह प्रतिदिन 800 से 1200 अण्डे अनुकूल अवस्था में देती है। उम्र के साथ–साथ इसके अण्डा देने की क्षमता घटती जाती है। रानी की आयु 2–3 वर्ष की होती है।

ब. नर मक्खी: एक छत्ते में इनकी संख्या 1 प्रतिशत तक ही रहती है। जो कि 300–500 संख्या प्रति छत्ता तक रहती है। इसका मुख्य कार्य रानी मक्खी को गर्भित करना है एवं बक्से के बाहर निकलकर धूमती रहती हैं। इन्हें श्रमिक मक्खियाँ ही भोजन उपलब्ध कराती हैं।

स. श्रमिक मक्खियाँ: यह आकार में छोटी तथा अविकसित मादायें होती हैं इनकी संख्या छत्ते में सर्वाधिक होती है। ये अण्डे देने के योग्य नहीं होती हैं। छत्ते से किसी कारणवर्ष रानी की अनुपस्थिति में कुछ श्रमिक भी अण्डे देने लगते हैं। जिनसे सिर्फ नर मक्खियाँ ही पैदा होती हैं। इनका मुख्य कार्य रानी को अण्डे देने हेतु स्थान की व्यवस्था करना पुष्प रस तथा पराग का सेवन करके मोम बनाना तथा छत्ते का निर्माण करना पुष्प रस में उपलब्ध अधिक पानी को सुखाना छत्तों की सफाई करना एवं रक्षा करना तथा छत्तों का तापक्रम बनाये रखना आदि प्रमुख है। इसके अतिरिक्त बड़ी मक्खियाँ अपने क्षमता के अनुसार ढाई से तीन किलोमीटर पुष्प रस एवं पराग की खोज कर लाने का निर्देश दूसरी मक्खियों को गूँजकर या नाचकर देती हैं। शिशु श्रमिक 20 दिन बाद सभी दिशाओं को पहचान कर बाहरी कार्य प्रारंभ कर देता है। इनका जीवन काल 4–5 सप्ताह तक रहता है।

भात्रु एवं रक्षा

मधुमक्खी के मुख्य शत्रुओं में पतंगा, गिरगिट, बर्रै, पक्षी, छिपकली, तिलचट्टा, गिलहरी, मेढ़क टोड चीटें एवं चीटियाँ आदि आते हैं। इनके बचाव के लिये सबसे बेहतर तरीका मधुमक्खियों के छत्ते बढ़ाना माना गया है। ताकि शत्रु इनकी संख्या देखकर हमला करने का साहस न कर सके। साथ ही समय–समय पर बक्सों का निरीक्षण तथा तली की तख्थी की सफाई करते रहना चाहिये। बक्से की दीवार पर छेद आदि हो तो उन्हे गोबर या गीली मिट्टी से बंद कर देना चाहिये। कभी–कभी मधुमक्खियाँ विभिन्न प्रकार के जीवाणु एवं कीटाणु के प्रसार से संक्रमित हो जाती हैं। संक्रमित मक्खियाँ उड़ नहीं पाती हैं। इधर–उधर कूदते या रेंगते हुये तली की तख्थी पर गिर जाती हैं। इनका पेट फूल जाता है। इनको लकवा से मार जाता है। ऐसे लक्षण दिखाई देते ही फार्मिक एसिड की 5 मिली मात्रा को एक छोटी शीशी में डालकर उसके मुँह को रूई से बंद करके रात्रि में बीमारी से निदान पाया जा सकता है।

आवश्यक प्रबंधन

मधुमक्खी वंशों का ग्रीष्मकालीन प्रबंधन– अप्रैल एवं मई के महीनों में फूलों की संख्या कम हो जाती है जिसके कारण मौन वंशों के देखभाल के लिये निम्नांकित बिंदुओं पर ध्यान देना चाहिये।

1. मधुपेटियों को छायेदार स्थान पर रखें।
2. गर्मी की मौसम में मधुमक्खियों को अधिक जगह की आवश्यकता पड़ती है इसलिये शक्तिषाली मौन वंश वाली पेटियों पर अतिरिक्त मधुखण्ड चढाने में विलम्ब नहीं करना चाहिये।
3. विभाजन रोकने हेतु नर के छत्तों एवं रानी के सेलों को काट–काट कर प्रति सप्ताह निकालते रहना चाहिये।
4. इस समय नये छत्तों का निर्माण तेजी से करती हैं। अतः पुराने एवं खराब छत्तों को बदलने का यही उपयुक्त समय है।
5. पुरानी एवं खराब रानी को बदलने का भी यही उपयुक्त समय होता है।
6. मधुखण्ड के छत्तों में जब शहद भर जाय और उस पर 80 प्रतिशत मोमी ढक्कन लग जाय तब मधु निकाल लेना चाहिये देर करने पर उत्पादन घट जाता है।
7. अधिक शहद उत्पादन के लिये जहॉ तक सम्भव हो मधुवंशों को फूलों के निकट रखें।

वर्षा काल में मौनवंशों का प्रबंधन– इस क्षेत्र में जून माह में वर्षा प्रारंभ हो जाती है यह मधुमक्खियों के लिये अभाव काल होता है। क्योंकि इस समय प्रकृति से समय पर पर्याप्त भोजन नहीं मिलता है। तेज वर्षा की वजह से जो कुछ प्राप्त होता है। उसे संग्रह भी नहीं कर पाती हैं। अतः इस ऋतु में मधुमक्खी वंशों के रखरखाव के लिये निम्नांकित बातों का ध्यान रखना चाहिये।

1. मधुपेटी को सामने की तरफ थोड़ा झुकाकर रखें तथा इसके अंदर पानी न घुसने पाये इसके लिये उचित व्यवस्था करनी चाहिये।
2. इस काल में भोजन की कमी की वजह से मधुमक्खियाँ घर छोड सकती हैं। जिन वंशों में भोजन की कमी हो उन्हें प्रतिदिन चीनी की चासनी सूर्यास्त के बाद देनी चाहिये। इस प्रक्रिया को तब तक चालू रखें जब तक प्रर्याप्त भोजन उपलब्ध नहीं हो जाता है।
3. वर्षा काल में छत्तों पर मोमी कीड़ों का आक्रमण अधिक होता है। अतः इससे बचने के लिये तलपट की सफाई सप्ताह में एक बार अवश्य करनी चाहिये तथा इन छत्तों को पेटी के अंदर नहीं रहने देना चाहिये।

क्योंकि खुले छत्तों पर मोमी कीड़ों का आक्रमण अधिक होता है। इनके प्रबंधन हेतु गंधक का धुँआ बक्से में करना चाहिये।

4. इस मौसम में मधुमक्खियों पर बर्रों का आक्रमण अधिक होता है। ये मधुमक्खियों को पकड़कर ले जाते हैं। अतः इनके छत्तों का पता लगाकर नष्ट कर देना चाहिये।

5. वर्षा काल में भोजन की कमी की वजह से दो या दो से अधिक वंशों के बीच भोजन के लिये प्रतियोगिता होती है जिसमें भारी संख्या में मधुमक्खी वंश मारे जाते हैं। इससे बचाने के लिये मधुपेटी का प्रवेश द्वार छोटा रखना चाहिये एवं दिन में भोजन नहीं देना चाहिये।

6. इस समय शिशु छत्तों पर मकड़ी का भी आक्रमण होता है। इससे बचने के लिये सप्ताह में एक बार गंधक पाउडर का इस्तेमाल एक ग्राम प्रति फ्रेम की दर से करना चाहिये।

मधुमक्खियों का कीट नाशक दवाओं से बचाव

मधुमक्खी पालकों को अपने फसलों एवं उद्यानों को विभिन्न प्रकार की बीमारियों एवं कीटों से सुरक्षित रखने के लिये कीट नाशक दवाओं का छिड़काव करना अति आवश्यक हो गया है। अतः इन विषैले रसायनों के कारण मधुमक्खी एवं अन्य दूसरे कीट जो परागण में सहायक होते हैं इनकी संख्या में भारी कमी आ जाती है। फसलों पर फूल खिलने की अवस्था में विषैले रसायनों के छिड़काव से मधुमक्खियाँ मर जाती हैं जिससे से वंश नष्ट हो जाते हैं। परिणाम स्वरूप रानी मक्खी अण्डे देना कम कर देती है। अतः मधुमक्खी पालकों को कीटनाशकों के छिड़काव के समय निम्नांकित सावधानी रखनी चाहिये।

1. कीटनाशकों के प्रयोग से कुछ दिन पूर्व मधुमक्खी पालकों को इसकी सूचना दे दी जाय जिससे वे उसकी सुरक्षा के समुचित उपाय कर सकें।

2. कीट नाशक दवाओं का प्रयोग फसलों की फूल अवस्था आने के पूर्व या फल बनते समय करना चाहिये।

3. प्रायः मधुमक्खियाँ दिन में ही अपना कार्य करती हैं। सायंकाल में अपना कार्य बंद कर देती हैं। अतः कीट नाशकों का छिड़काव सायंकाल में करना चाहिये। जहाँ तक सम्भव हो दानेदार कीट नाशकों

का उपयोग मधुमक्खियों के लिये सर्वाधिक सुरक्षित होता है।

4. दवाओं का डस्ट का बुरकाव मधुमक्खियों के लिये छिड़काव के अपेक्षा अधिक हानिकारक होता है।
5. तेज हवा चलने पर कीट नाशकों का छिड़काव बंद कर देना चाहिये।
6. कीट नाशक दवाओं के प्रयोग में लाये गये बर्तनों को नाली या प्राकषतिक जल स्त्रोतों में नहीं धुलना चाहिये।
7. जिन स्थानों पर कीटनाशक दवाओं का छिड़काव करना हो वहाँ से मधुबक्सों को हटा देना चाहिये।
8. ऐसे कीट नाशक दवाओं का छिड़काव करें जो मधुमक्खियों के लिये सुरक्षित हों।

भाहद को स्पेशल ग्रेड स्तर का बनाने हेतु निम्न बातों का ध्यान रखना चाहिये–

1. जिन मधु चौखटों में मधु पूर्णतः पका हो तथा 50 प्रतिशत से अधिक मधुकाष्ट मोम की परत से बंद हो। शहद को निकालने के पश्चात स्वच्छ मलमल के कपड़े से छानना चाहिये। तथा उसे कम से कम 72 घंटे तक किसी बर्तन में रखें जिससे परागकण मोम ऊपर आ जाते हैं तथा अन्य पदार्थ नीचे बैठ जाते हैं।
2. शहद को 60 डिग्री सेल्सियस तक गर्म पानी के बर्तन में गर्म करना चाहिये तथा ठंडा होने पर सफेद मलमल के कपड़े से छानकर भण्डारण करना चाहिये। शहद में शुगर टालरेंट नामक बैक्टीरिया होता है जो कि शहद में वातावरण, मधुपुष्पों या मधुनिष्कासन यंत्रों से आ जाता है। यह 25 से 45 डिग्री सेल्सियस तापक्रम पर अधिक बढ़ता है। जिससे शहद में सड़न प्रारंभ हो जाती है।
3. शहद को सीधे सीधी आँच पर गर्म न करें।
4. शहद का भण्डारण ऐसे बर्तनों में किया जाय जिसको सील बंद किया जा सके।
5. नमी रहित भंडार में ही शहद रखें।
6. दो प्रकार के फूलों से बना षहद आपस में न मिलायें।

लाख उत्पादनः एक लाभदायक व्यवसाय

लाख एक प्राकृतिक राल है जो मादा लाख कीट द्वारा मुख्य रूप से प्रजनन के पश्चात् स्त्राव के फलस्वरूप बनता है। लाख कीट की दो जातियाँ होती हैं जिन्हें कुसमी और रंगीनी कहते हैं। प्रत्येक जाति से वर्ष में दो फसलें ली जाती हैं। लेकिन पश्चिम बंगाल के कुछ समुद्री क्षेत्र के आस–पास बिलायती सिरिस, कुसुम और बेर पर एक वर्ष में तीन फसलें ली जाती हैं। भारतवर्ष में लगभग 80 प्रतिशत लाख का उत्पादन रंगीनी लाख कीट और शेष कुसमी द्वारा होता है। विभिन्न फसलों हेतु कीट संचारण और परिपक्व फसल काटने का समय निम्न है।

लाख	फसल	बीहन बढ़ाना कीट संचारण	फसल की कटाई
रंगीनी	कतकी वैसाखी	जून–जुलाई, अक्टूबर – नवम्बर	अक्टूबर – नवम्बर, जून–जुलाई
कुसमी	अगहनी जेठनी	जून–जुलाई, जनवरी – फरवरी	जनवरी – फरवरी जून–जुलाई

वर्ष में तीन फसल वाली लाख मार्च, जुलाई और अक्टूबर में परिपक्व होती है। अधिकतर स्थानों में फसल तैयार होने का समय यही है। लेकिन कुछ स्थानों में यह समय एक माह तक आगे पीछे हो सकता है।

रंगीनी	कुसमी
पलास, बेर, गलवांग, आकाषमनी, संदन एवं पीपल आदि	कुसुम, बेर, आकाषमनी, गलवांग आदि

कीट पालन की कार्य विधियाँ

1. वृक्षों की काट–छाँट। 2. कीट संचारण। 3. फुंकी संचारण। 4. दवा का छिड़काव। 5. फसल की कटाई। 6. लाख छिलाई।

वृक्षों की काट–छांट क्यों आवश्यक है?

1. वृक्षों के स्वास्थ्य एवं विश्राम के लिए। 2. अधिक टहनियों एवं अधिक लाख के लिए। 3. मुलायम एवं रसदार टहनिया के लिए। 4. सूखी फटी एवं टूटी टहनियों को हटाने के लिए।

वृक्षों की काट–छांट कब करें?

- पलास, बेर, गलवांग और भालिया में संचारण के 6 माह पूर्व।
- कुसुम और आकाशमनी में संचारण के 18 माह पूर्व।

पलास	कतकी	मध्य फरवरी, बैसाखी – अप्रैल
बेर	बैसाखी	अप्रैल
गलवांग	जेठवी	जून / जुलाई
भालिया	अगहनी	जनवरी / फरवरी
कुसुम	अगहनी	जनवरी / फरवरी

वृक्षों की काट–छांट कैसे करें?

काट–छांट हल्की करें। अंगूठे से मोटी (2.5 से.मी. व्यास) टहनियां न काटें। 1.25 से.मी. से 2.5 से.मी. व्यास की टहनियों को एक हाथ (एक से डेढ़ फीट) की ऊँचाई से काटें। आकाशमनी की काट–छांट के लिए 7 से.मी. व्यास से पतली टहनियों को निकलने के स्थान से डेढ़ फीट छोड़कर काटें। 1.25 से. मी. व्यास से कम मोटाई की टहनियां को उनके उत्पत्ति स्थान से काटें। सूखी रोगग्रस्त, टूटी या फटी हुई टहनियों को क्षतिग्रस्त स्थान से काटें। सूखे ठूंठ को भी उनके उत्पत्ति स्थान से काट कर निकाल दें। तेजधार की दावली या लंबे हत्थे का प्रूनर प्रयोग करें। टहनियां तिरछी, साफ और एक बार में काटें।

कीट संचारण

परिपक्व मादा लाख कीटों से निकल रहे शिशु कीटों को पोषक वक्ष की टहनियों पर फलाने (संचार) की प्रक्रिया ही संचारण कहलाती है। जिसमें बीहनलाख (गर्भयुक्त मादा लाख कीट सहित टहनियां) का बण्डल बनाकर वक्षों की कई डालियों पर बांध दिया जाता है।

कब ?

- शीतकाल में शिशु कीट, लाख के ऊपर पपड़ी के ऊपर देखकर।
- ग्रीष्मकाल में शिशु कीट निकलने के लगभग एक सप्ताह पूर्व।

कुसमी	जेठवी	–	जनवरी या फरवरी
	अगहनी	–	जून या जुलाई
रंगीनी	बैसाखी	–	अक्टूबर या नवम्बर
	कतकी	–	जून या जुलाई

कैसे करें ?

- बीहन की टहनियों से पत्तियां एवं बेकार डंडी काट कर हटा दें।
- बीहन में दुश्मन कीट होने पर एण्डोसल्फान –35 ई.सी. (थायोडान) 0.05 प्रतिशत के घोल में 8–10 मिनिट तक डुबोकर दुश्मन कीटों को कम करें।
- उपलब्ध होने पर बीहन को 60 मेश की नाइलान जाली के थैलें में (33 से.मी. 10 से.मी.) में भरकर बांधें।
- आधा फीट लंबी 3–4 टहनियों के बण्डल बनायें।
- बण्डल बनाते समय दोनों छोरों पर सुतली थोड़ी बड़ी रखें जिसका उपयोग पेड़ों पर बांधते समय करें।
- बीहन लाख के टुकड़ों (टहनियों से अलग हुए) का उपयोग नाइलान की जाली में भरकर करें।

फुन्की उतारना

- शिशु कीट निर्गमन के पश्चात बची हुई लाख डंडी की फुंकी कहलाती है।

क्यों ?

- शत्रु कीटों को लाख की नई पीढ़ी की फसल पर जाने से रोकने के लिए।
- सूखने के पश्चात फुन्की लाख डंडी से अलग होकर जमीन पर गिरने से रोकने के लिए।

कब ?

- कीट निर्गमन समाप्त होते ही या संचारण के लगभग तीन सप्ताह के

भीतर फुंकी लाख को वक्षों से उतार लें।

कैसे ?

- फुंकी उतारने के लिए बाँस पर लगे हुए धारदार आकड़े (हुक) या छोटी दावली का प्रयोग करें जो रस्सी काट सके।

दवा छिड़काव

कीटनाशकः ट्राइजोफास–40 ई.सी., डाइक्लोरवास 76 ई.सी।

फफूँदनाशकः कारबेन्डाजिम 50 प्रतिशत डब्ल्यू.पी.।

क्यों ?

शत्रु कीटों एवं फफूँद की रोकथाम के लिए। अधिक उपज पाने के लिए।

कब ?

- सामान्यतः ट्राइजोफास–40 ई.सी. की 0.05 प्रतिशत सभी फसलों में कीट संचारण के एक माह पश्चात या फुंकी हटाने के एक सप्ताह के भीतर तथा दूसरी बार नर कीट निकलने के पहले का छिड़काव करें।
- **रंगीनी – पलास, बैसाखी** – नवम्बर के दूसरे या तीसरे सप्ताह और फरवरी के प्रथम सप्ताह **कतकी**– अगस्त प्रथम सप्ताह ट्राइजोफास–40 ई.सी. की 0.05 प्रतिशत) का छिड़काव करें ।
- पलास या बेर पर बैसाखी अरी लाख (अपरिपक्व) में छिड़काव की आवश्यकता नहीं होती।
- **कुसुमी – कुसुमः जेठवी** – फुंकी उतारने के पष्चात् फरवरी के अंतिम या मार्च के प्रथम सप्ताह में (ट्राइजोफास–40 ई.सी. की 0.05 प्रतिशत और कारबेन्डाजिम 0.01 प्रतिशत संयुक्त) अप्रैल के अंतिम या मई के प्रथम सप्ताह में डाइक्लोरवास 0.03 प्रतिशत **अगहनी** – कीट बैठने के पश्चात अगस्त प्रथम सप्ताह में (ट्राइजोफास–40 ई.सी. की 0.05 प्रतिशत) सितम्बर और अक्टूबर के प्रथम सप्ताह (डाइक्लोरवास 0.03 प्रतिशत और कारबेन्डाजिम 0.01 प्रतिशत संयुक्त रूप से) का छिड़काव करें ।

ऑयस्टर मशरूम की खेतीः अतिरिक्त आय का स्रोत

अधिकांश भारतीय जनसंख्या शाकाहारी होने से उनमें प्रोटीन की कमी महसूस की जा रही है। ऐसे में मशरूम एक स्वास्थ्यवर्धक, प्रोटीनयुक्त पूर्ण आहार है जो सभी उम्र वर्ग के लोगों के लिये अत्यन्त उपयोगी है। भारत के विभिन्न महीनो में तापक्रम अलग–अलग होने से अलग–अलग समयों पर विभिन्न प्रकार के मशरूमों की खेती की जा सकती है। मशरूम उत्पादन की मौसमी वार्षिक योजनाओं पर अमल कर छोटे एवं भूमिहीन कृषक रोजगार प्राप्त कर सकते हैं। खाली घरों, घास फूंस के छप्पर, कच्चे कमरों में इसे सफलता पूर्वक उगाया जा सकता है जिससे यह ओलावृष्टि, पाला, तूफान तथा आवारा पशुओं आदि से सुरक्षित है। मशरूम एवं मशरूम उत्पादों को निर्यात कर इससे विदेशी मुद्रा भी अर्जित की जा सकती है। हमारे देश में मुख्यतः चार प्रकार के मशरूम की खेती की जाती है– बटन मशरूम, ओयस्टर मषरूम, श्वेत मिल्की मशरूम एवं पैडी स्ट्रा मशरूम ।

ओयस्टर मशरूम का उत्पादन आदि काल से हमारे पूर्वज खाने एवं रोगों के रोकथाम के लिये करते चले आ रहे हैं। सीपनुमा, खुशबूदार मशरूम की यह प्रजाति स्वादिष्ट एवं पोषण का अच्छा स्त्रोत है। अत्यन्त आसानी से कम खर्च मे पैदा होने वाली इस प्रजाति को वर्ष के दो महीनों मई एवं जून को छोड़कर वर्ष भर उगाया जा सकता है इसकी खेती के लिये अनुकूल तापक्रम 20–30 डिग्री. एवं आर्द्रता 80–90 प्रतिशत होनी चाहिये एवं एक फसल चक्र पूरा होने में 40–45 दिन का समय लगता है। मशरूम की ओयस्टर प्रजाति में 30.4 प्रतिशत प्रोटीन 2.2 प्रतिशत वसा, 9.8 प्रतिशत खनिज तत्व, 8.7 प्रतिशत रेषा, 57.6 प्रतिशत कार्बोहाइट्रेस एवं 265 कैलोरी उर्जा प्रति 100 ग्राम शुष्कभार के आधार पर पाया जाता है। मशरूम में पाये जाने वाले वसा में असंतृप्त वसीय अम्लों की अधिकता, कोलेस्ट्राल की अनुपस्थिति, उच्च सोडियम एवं पोटैषियम अंश की उपस्थिति के कारण यह हृदय उच्च रक्तचाप रोगियों के लिये उत्तम है इसके साथ ही मशरूम विटामिन बी (फोलिक अम्ल, थायमिन, राइबोफ्लोबिन एवं नायसिन) एवं विटामिन सी का उत्तम स्त्रोत है। यह निम्न उर्जा आहार होने के कारण यह मोटापा घटाने में सहायक होता है मशरूम में पाये जाने वाले

सेलेनोप्रोटीन्स इसे कैंसर रोधी बनाता है, उच्च मात्रा में उपलब्ध ताँबा कोलेन कैंसर घटाने में मदद करता है। कैंसर की कई प्रमुख दवायें जैसे पोलीसैकराइड–के (करिन्सीन) मशरूम में पाये जाने वाले अवयवों से बनाई जाती है।

मशरूमउत्पादन गृह

ओयस्टर मशरूम को बाँस, कच्ची ईंट, मिट्टी, पुवाल अथवा पोलीथीन से निर्मित कक्षों में उगाया जा सकता है। 300 बैग मशरूम को एक साथ उगाने हेतु 18 फीट लम्बा, 15 फीट चौड़ा एवं 10 फीट ऊँचा कक्ष आर्दश होता है। आवश्यकतानुसार एक साथ उगाने/लगाये जाने वाले बैगों की संख्या के आधार पर कक्ष का आकार घटाया बढ़ाया जा सकता है। कक्ष की संरचना इस प्रकार हो कि उसमें वायु का सुचारू आवागमन एवं पर्याप्त नमी बनी रहे।

खाद सामाग्री

ओयस्टर मशरूम का उत्पादन धान, गेहूँ, सरसों, उड़द, मूँग, कोदो, इत्यादि के भूंसे, गन्ने का छिलका कपास की पत्तियाँ एवं डंठल, सूरजमुखी एवं सरसों के डंठल, सूखी घास, मक्का, ज्वार की कुट्टी पर आसानी से उगाया जा सकता है। उपरोक्त पौध अवशेषों की 4–6 सेमी. की कुट्टी तैयार कर लेते हैं।

खाद सामाग्री का निजर्मीकरण

उपर्युक्त आकार की तैयार कुट्टी से सूक्ष्मजीव जैसे फफूँद, बैक्टीरिया एवं रोगजनकों से मुक्त करने हेतु विभिन्न विधियों से उपचारित करते हैं। खाद सामग्री को उपचारित करने के लिये मुख्यतः 100 लीटर पानी में 5 ग्राम कार्बेन्डाजिम एवं 150 मिली फार्मेलीन को मिलाकर उसमें 12–14 किलोग्राम भूंसे को किसी ड्रम में भिगोकर पोलीथीन शीट अथवा ढक्कन से अच्छी तरह बंद कर 12–14 घंटे तक रखते हैं इसके उपरान्त भूंसे को ड्रम से निकालकर किसी प्लास्टिक शीट अथवा लोहे की जाली पर फैलाकर 2–4 घंटे के लिये छोड़ देते हैं जिससे की अतिरिक्त पानी निकल जाय एवं फार्मेलीन की गन्ध समाप्त हो जाय। इसके बाद उपचारित खाद सामग्री में बिजाई करते हैं। इसके अतिरिक्त खाद सामग्री को अन्य विधियों जैसे उष्णजल विधि (30 मिनट तक उबलते हुये पानी में रखना) रेडियेशन विधि (अल्ट्रावायलेट प्रकाश में खाद सामग्री) अथवा सौर विकिरण (नम भूंसे को पतले परत में पोलीथीन पर प्रातः 11 बजे से शांय 4 बजे तक धूप में सुखाते हैं) विधि द्वारा भी उपचारित किया

जा सकता है।

बीजाई

उपचारित नम ठण्डे भूंसे अथवा कुट्टी (खाद सामग्री) में ओयस्टर मशरूम के स्पान (मशरूम बीज) को 3 प्रतिशत की दर से अच्छी तरह से मिलाते हैं। अथवा स्पान को सतह विधि द्वारा भी खाद सामग्री में बीजाई की जा सकती है।

पोलीथीन बैग में भरना

बीजाई किये गये खाद सामग्री को कवकजाल वृध्दि एवं पिण्ड बनने हेतु 45 X 30 सेमी आकार की पारदर्शी पालीथीन में 2/3 हिस्से तक भरकर पालीथीन के मुख को धागे अथवा रबर की सहायता से बाँध देते हैं बैग को अंदर आक्सीजन की उपलब्धता को बनाये रखने हेतु एक सेंटीमीटर आकार के 25–30 छिद्र प्रति बैग की दर से करते हैं। इस प्रकार तैयार बैग को हवादार अन्धेरे स्थान पर कवक जाल वृध्दि हेतु 20–25 सेंटीग्रेड ताप पर रखते हैं। मशरूम कक्ष में नमी को बनाये रखने हेतु फसल भूसा खण्डों, कमरे के फर्श पर 24 घंटे में दो बार पानी का छिड़काव (स्प्रेयर द्वारा) करते हैं।

कवक जाल वृध्दि

बीजाई के 15–20 दिन बाद मशरूम का कवक जाल पूरे खाद (भूसे) को ढंक (सिक्त) कर लेता है। जिससे पूरा भूंसा सफेद होकर एक पिण्ड के रूप में जम जाता है। बैगों का समय–समय पर निरीक्षण करते रहना चाहिये। अगर किसी बैग में हरा काला या नीले रंग की फफूँद या मोल्ड दिखाई दे तो ऐसे बैगों को उत्पादन कक्ष से बाहर निकालकर दूर फेंक दें। यदि कवक जाल वृध्दि के समय कमरे का तापमान 30 सेन्टीग्रेड से उपर बढ़ने लगे तो कमरे की दीवारो एवं फर्श पर दिन में 2–3 बार पानी का छिड़काव करना चाहिये अथवा कूलर चला दें इस समय प्रकाश की आवश्यकता नहीं होती है।

पालीथीन को हटाना

बीजाई के 12–15 दिन बाद जब मशरूम का कवक जाल खाद में पूरी तरह से सिक्त हो जाय (कवकजाल पूरे भूसे में फैल जाय एवं भूसा सफेद नजर आने लगे तो) पालीथीन को हटा देना चाहिये जिससे कि फलनकाय निकल सके। पालीथीन हटाते समय यह ध्यान रखना चाहिये कि पिण्ड टूटने न पायें

एवं लकड़ी एवं रस्सी की सहायता से इस प्रकार बॉधकर लटकाते हैं कि चारों तरफ से फलनकाय (फ्र्यूटिंग बाडी) निकल सके। मशरूम उत्पादन कक्ष में पर्याप्त नमी (70–80 प्रतिशत ओपेक्षिक आर्द्रता) बनाये रखने के लिये दिन में 2–3 बार पानी का छिड़काव स्प्रेयर द्वारा करते रहना चाहिये एवं मशरूमकक्ष में प्रकाश की उचित व्यवस्था होनी चाहिये।

फलनकाय का निकलना एवं तुड़ाई

बीजाई बाद अर्थात पालीथीन हटाने के 5–6 दिन फलनकाय निकलना प्रारंभ हो जाता है। जब फलकाय पूरी तरह से विकसित हो जाय तो इनकी तुड़ाई करना चाहिये। ओयस्टर की छतरी के बाहरी किनारे उपर की तरफ मुड़ने लगे तो फलनकाय तोड़ने लायक हो जाती है। तुड़ाई हमेशा पानी छिड़काव के पहले करना चाहिये। मशरूम तोड़ने के बाद डंठल में लगे भूसे को चाकू की सहायता से काटकर हटा देना चाहिये। पहली फसल के 8–10 दिन बाद दूसरी फसल आ जाती है। एक बार लगाने के बाद तीन फसल ली जा सकती है। पहली फसल कुल उत्पादन की आधी या उससे ज्यादा होती है। इस प्रकार एक किलोग्राम भूसे से 0.8 से 1.0 किलोग्राम ताजा मशरूम पैदा किया जा सकता है। उत्पादन के बाद बचे हुये खाद पदार्थ के अवशेष को गड्ढे में डालकर अच्छी खाद बनाकर खेतों में प्रयोग किया जा सकता है।

ओयस्टर मशरूम उत्पादन में सावधानियाँ

मशरूम फलनकाय की तोड़ाई के 2 घंटे पहले प्रातः मशरूम कक्ष के दरवाजे एवं खिड़की खोल देना चाहिये जिससे मशरूम कक्ष में उपस्थित बिजाणु (स्पोर्स) जो कि फलनकाय से निकल कर धुँयें की तरह दिखाई देते हैं निकल जाय नहीं तो कक्ष में काम करने वाले लोगों को एलर्जी हो सकती है।

फलनकाय की तुड़ाई के तुरंत बाद पालीथीन में पैक नहीं करना चाहिये कुछ समय के लिये कपड़े पर फैलाकर खुला छोड़ दें जिससे की अतिरिक्त नमी निकल जाय।

मशरूम उत्पादन कक्ष में रोशनी की पर्याप्त व्यव्स्था होनी चाहिये एवं प्रतिदिन 1–2 घंटे ताजी हवा के आवागमन को भी सुनिश्चित करना चाहिये जिससे उत्पादन कक्ष में कार्बन डाई आक्साइड की मात्रा अनुकूलतम एवं स्तर (800 पी.पी.एम) पर बनी रहे एवं फलनकाय का डंठल भी छोटा रहता है।

फलनकाय के किनारों के मुड़ने से पहले खींचकर नहीं बल्कि मरोड़ते हुये तोड़ें। किसी भी बैग से एक बार में ही पूरी तुड़ाई कर लेना चाहिये जिससे अगली फसल एकसार निकले।

उपयोग

ओयस्टर मशरूम का उपयोग मटर मशरूम, आमलेट मशरूम, मशरूम पकोड़ा, मशरूम बिरियानी, आचार एवं मशरूम सूप आदि बनाने में किया जा सकता है। इस मशरूम को ताजे अवस्था में छिद्रदार पालीथीन में रेफ्रिजरेटर में 2–4 दिन तक रक्खा जा सकता है एवं इसे ओवेन एवं धूप में सूखाकर रखा जा सकता है।

लाभ–लागत अनुपात

यह एक लाभकारी व्यवसाय है जिसमें प्रारंभिक लागत अत्यन्त कम आती है। एक फसल चक्र पूरा होने में 45–50 दिन का समय लगता है तथा 1 किलोग्राम ओयस्टर मशरूम की उत्पादन लागत 15–20 रूपये तक आती है जिसे आसानी से 60–75 रूपये प्रति किलोग्राम बेचा जा सकता है। ताजे मशरूम की बिक्री न होने पर धूप में सूखाकर भण्डारित कर ले। सूखे मशरूम की बाजार कीमत 250–300 रूपये प्रति किलोग्राम है।

8. निंदाई व छिड़काव के उन्नत यंत्र

खरपतवार प्रबंधन हेतु आधुनिक यान्त्रिक विधियाँ

फसलों के बीच उगे अवांछित पौधों को खरपतवार कहा जाता है। कृषि उपज में कुल हानि का 33 प्रतिशत नुकसान अकेले मात्र खरपतवार द्वारा होता है। खरपतवार उपज के साथ फसलों के बीच होने वाली अन्य कर्षण क्रियाओं में भी बाधा डालते हैं। खरपतवार बिना चाहे बहुप्रजनक, प्रतिस्पर्धी, कभी–कभी जहरीले तथा परिस्थितिकी के लिये हानिकारक सिद्व होते हैं। ये खेत में फसलों के साथ उगते हैं एवं फसलों के विकास एवं वृद्वि में बाधा उत्पन्न करते हैं। अन्तर्राष्ट्रीय चावल अनुसंधान संस्थान, मनीला, फिलीपीन्स के एक अनुमान के अनुसार खरतवार के कारण फसलों की उपज में 33–55 तक की उपज क्षति आंकी गयी है। खरपतवार फसलों को निम्न प्रकार से हानि पहुँचाते हैं।

1. खरपतवार के पौधे भोजन एवं प्रकाश हेतु मुख्य फसल से प्रतिस्पर्धा करते हैं जिससे फसलों हेतु दी जाने वाली उर्वरक एवं जल पर्याप्त मात्रा में फसलों को उपलब्ध नहीं हो पाती है। जिससे फसले कमजोर हो जाती है।

2. विभिन्न प्रकार के के कीट एवं रोगजनक खरपतवार के पौधों पर, फसलों की अनुपस्थिति में भोजन एवं स्थान हेतु आश्रय लेते हैं जो फसलों के उगने पर इन पर आक्रमण कर क्षति पहुँचाते हैं एवं उपज को सीमित कर देते हैं।

3. खरपतवार नियंत्रण पर अतिरिक्त लागत से फसल उत्पादन लागत में वषद्वि होती है एवं लाभांश में कमी आती है।

4. खरपतवारों के कारण सिंचाई जल उपभोग क्षमता एवं उर्वरक उपभोग क्षमता घटती है एवं उत्पादन व्यय में वृद्वि होती है।

5. खरपतवारों की रोकथाम की पारम्परिक विधियों से जहाँ उर्जा समय एवं मजदूरी अधिक लगती है वही समय पर मजदूरों की अनुपलब्धता एवं उच्च पारिश्रमिक दर से समय पर सही तरीके से खरपतवार नियंत्रण नहीं हो पाता है। निदाई में यंत्रीकरण द्वारा समय, श्रम एवं लागत में कमी आती है एवं कार्यक्षमता में वर्षद्वि होती है।

फसलों की निदाई के लिये प्रयुक्त होने वाले उन्नतशील यान्त्रिक उपकरण निम्नानुसार हैं।

मानव चलित खरपतवार नियंत्रण यंत्रः

ड्राईलैण्ड पेग वीडर (खुंटीदार शुष्क भूमि निदाई यंत्र)

यह एक ऐसा हस्त चालित यंत्र है जो फसल की पंक्तियों के बीच खरपतवार को नष्ट करता है। इसमें एक रोलर होता है जिसमें लोहे की राड द्वारा फिट की गई दो डिस्क लगी होती है। राड पर छोटे समचतु र्भुज आकार हुक के आकार का होता है। रोलर असेम्बली के पीछे हैंडल के राड पर "बी" आकार के ब्लेड लगे होते हैं। कार्य की गहराई के अनुसार ब्लेड की उँचाई व्यवस्थित की जा सकती है। मशीन की भुजायें हैंडल के साथ जुड़ी होती हैं। हैंडल की उँचाई भी चालक की आवश्यकतानुसार व्यवस्थित की जा सकती है। इस यंत्र को खरपतवार हटाने के लिये फसलो की पंक्तियों में खड़ी हुई स्थिति में बार–बार धकेलने एवं खींचने की प्रक्रिया द्वारा चालित किया जाता है। इसका प्रयोग सब्जी, फलो के बागों में तथा अंगूर इत्यादि में खरपतवार हटाने के लिये किया जाता है। यह भूमि की सख्त मिट्टी की परत को तोड़कर उसे उपजाऊ बनाने में भी सहायक है। इसकी कार्य क्षमता लगभग 0.05 हेक्टेयर प्रतिदिन होती है। इससे एक हेक्टेयर की निदाई में 111.12 घंटे का समय लगता है।

व्हील हैंड हो

व्हील हैंड हो जो फसल की पंक्तियों के मध्य खरपतवार नियंत्रण हेतु उपयोग किया जाता है यह एक लम्बे हैंडिल का यंत्र है जो आगे–पीछे धकेलने एवं खींचने की प्रक्रिया द्वारा चालित होता है। इसमें पहियों की संख्या एक या दो हो सकती है। एकल पहिया वाले व्हील हैंड हो की कार्य क्षमता 0.009 हेक्टेयर प्रति घंटा है एवं एक हेक्टेयर की निदाई में 111 घंटे का समय लगता है। जबकि द्विपहिया व्हील हैंड हो की कार्य क्षमता 0.8 हेक्टेयर प्रतिदिन है एवं एक हेक्टैयर की निदाई में 100 घंटे का समय लगता है। इस यंत्र द्वारा

खपतवार जड़ से कट जाते हैं या उखड़ जाते हैं तथा घास कटकर मिट्टी में दब जाती है।

कोनोवीडर

इस यंत्र में दो रोटर, फ्लोट, फ्रेम और हैंडल लगे होते हैं। रोटर त्रिशंकु आकार के होते हैं एवं इसकी सतह पर लम्बाई में चौरस दांतेदार स्ट्रिप्स जुड़ी होती है। रोटर विपरीत अनुकूलनीय आगे–पीछे क्रम में लगे होते हैं। फ्लोंट, रोटर और हैंडल फ्रेम के साथ जुडे होते हैं। फ्लोट कार्य की गहराई को नियंत्रित करते हैं तथा रोटर असेम्बली में मिट्टी में धसने नही देता है। कोनोवीडर दबाव प्रक्रिया से चालित किया जाता है जिससे खरपतवार को जड़ से उखाड़ने में मदद मिलती है। कोनोवीडर का प्रयोग पंक्तियुक्त धान की फसल में कुशलता पूर्वक खरपतवार हटाने के लिये किया जाता है। यह आसानी से चलाया जा सकता है। इस यंत्र की कार्य क्षमता 0.18 हेक्टेयर प्रतिदिन है।

शक्ति चालित निदाई यन्त्र

पावर चालित टिलर निदाई–गुड़ाई यन्त्र

यह उपकरण 8–10 अश्वर्शक्ति के आकार के पावर टिलर हेतु बनाया गया है। इसके द्वारा अन्तर वाली फसलों की निदाई एवं गुडाई एक मानव के द्वारा की जा सकती है। इस यंत्र में स्वीप टाइन के ब्लेड, मुख्य ढॉचा हत्था, प्रचालन पहिया एवं खिंचाव प्रणाली इत्यादि लगे होते हैं। 0.18 से 0.25 हेक्टेयर प्रति घंटा एवं एक हेक्टेयर की निदाई में 4–6 घंटे का समय लगता है तथा घंटे में 0.7 से 1.0 लीटर ईंधन की खपत होती है।

स्वचालित पावर वीडर

तीन कतारों वाला स्वचालित पावर वीडर द्वारा कतारों मे बोयी गई अनाज/दलहन/तिलहन/सब्जी तथा अन्य फसलों में खरपतवार नियंत्रण हेतु प्रयोग करते हैं। पावर ट्रिलर फ्रेम पर एक 3.5 अश्वर्शक्ति का मिट्टी के तेल से चलने वाला पेट्रोल से स्टार्ट इंजन लगा होता है। फ्रेम के पीछे की ओर एडजस्ट की जाने वाली 150 से 200 मि.मी. की तीन स्वीप लगी होती है। इसे एक व्यक्ति कतारों के बीच चलाता है। पहिये भी कतारों के अनुसार दूर या पास किये जा सकते हैं। इसकी कार्य क्षमता 0.25 से 0.4 हेक्टेयर प्रति घंटा है।

खरपतवार नाशी, फफूँदनाशी एवं कीटनाशी छिड़काव व भुरकाव के यन्त्र

विभिन्न फसलों में रासायनिक विधि से खरपतवार नियंत्रण हेतु खरपतवारनाशक, रोगनाशक एवं कीटनाशकों के छिड़काव/भुरकाव हेतु विभिन्न यंत्रों का प्रयोग किया जाता है ये यंत्र निम्नानुसार हैं।

छिड़काव हेतु विभिन्न यंत्र

नैप सैक स्प्रेयर

अधिकतर किसान हस्तचालित नैपसैक स्प्रेयर का प्रयोग करते हैं। पीठ पर लादकर हॉथों से चलाने वाला यह स्प्रेयर जिसमें एक प्लास्टिक की टंकी होती है इस टंकी के अंदर एक प्लंजर टाइप पम्प लगा होता है। जिसे हॉथों से चलने वाले हैण्डल से उपर नीचे चलाया जाता है जो कि इस पम्प से लगा होता है इस पम्प से एक प्लास्टिक पाइप जुड़ा होता है। जिसका दूसरा सिरा प्लास्टिक की बूम से जुड़ा होता है बूम में एक नोजल लगा होता है जिसका वाल्व चलाने वाले की उंगलियों के पास बूम के हैण्डल पर लगा होता है। जब हैण्डल चलाया जाता है तब टंकी के अंदर चलने वाला पम्प टंकी से दवा का घोल खींच कर नोजल तक भेजता है जहॉ से छिडकाव होता है। टंकी की क्षमता आमतौर पर 16 लीटर होती है। दौ नैपसैक स्प्रेयर को 8 नोजलों की बूम से जोड़ कर भी दो व्यक्ति इन्हें चला सकते हैं जिससे अधिक क्षेत्र में छिड़काव किया जा सकता है।

ट्रेक्टर माउंटेड स्प्रेयर

वे किसान जो बड़े स्तर पर खेती करते हैं, उन किसानों के लिये यह स्प्रेयर एक उपयुक्त यंत्र है क्योंकि इससे एक दिन में 8 से 10 हेक्टेयर फसल पर छिडकाव कार्य किया जा सकता है। ट्रेक्टर के हाइड्रोलिक लिफ्ट पर माउंट होने वाली फाइबर प्लास्टिक की टंकी होती है जिसकी क्षमता लगभग 200 लीटर होती है। ट्रेक्टर की पीटीओ से एक रेसीप्रोकेटिंग पम्प को जोड़ा जाता है जो ट्रेक्टर के हिच पर लगा होता है जिस फ्रेम पर टंकी माउंट होती है उसके पीछे के हिस्से में 14 नोजलो की एक बुम होती है जिसकी लम्बाई 6000 मिमी.

होती है तथा यह फोलिंडग टाइप होती है। छिड़काव हेतु खेत में जब ट्रेक्टर चलाया जाता है तब पीटीओ पर लगा पम्प टंकी मे से दवा के घोल को खींचता है।

ट्रेक्टर चलित छः कतारी अंकुरण पूर्व खरपतवारनाशी छिड़काव यंत्र

इस यंत्र से सोयाबीन, अरहर इत्यादि फसलों की बुवाई के समय खरपतवारनाशी रसायनों के छिड़काव हेतु उपयोग किया जाता है। यंत्र के मुख्य भाग छः नोजल, पिस्टन पम्प, दाब नियंत्रण वाल्व, दाबमापी, पाइप बीज सह खाद उन्नत यंत्र इत्यादि हैं। फसल की कतार से कतार के दूरी के अनुसार नोजल को समायोजित किया जाता है इस यंत्र के उपयोग से 40–50 प्रतिशत खरपतवार नाशक की बचत होती है।

यंत्र का नाम	कार्यवाही चौडाई, मिमी.	कार्य क्षमता हे./घंटा	आवश्यक श्रम श्रमिक कार्य घंटे/हे.	अनुमानित मूल्य रूपये
ट्रेक्टर चलित 6 कतारी खरपतवार पट्टी छिड़काव यंत्र	1800	0.4	1–2	40,000

वृक्ष छिड़काव यंत्र

पाइप के फ्रेम पर बना एक छिडकाव यंत्र वृक्षों पर छिड़काव करने के लिये उपयुक्त है। पाइप के फ्रेम पर 3 हार्सपावर का 4 स्ट्रोक पेट्रोल इंजन लगा होता है। यह इंजन एक हाउसिंग के अंदर सेन्ट्रीफ्यूगल पंखे को तेजी से घुमाता है। पंखे की हाउसिंग के निकासी सिरे पर नोजल लगा होता है। फ्रेम पर 10–90 लीटर क्षमता वाली टंकी लगी होती है जिसमें दवा का घोल भरा जाता है। एक छोटे से पम्प द्वारा इस टंकी से दवा का घोल खींचकर नोजल तक भेजा जाता है। ब्लोअर से निकलती तीव्र हवा से दवा का घोल अत्यन्त सूक्ष्म कणों में परिवर्तित कर ऊपर की ओर फेंकता है। जो 6000–8000 मिमी. ऊपर तक जाते हैं। जिससे वृक्षों पर छिड़काव होता है। इस यंत्र को वृक्ष के नीचे रखकर चलाया जाता है। इसे एक दिन में 3–4 हे. क्षेत्र का छिड़काव हो सकता है।

अल्ट्रा लो वाल्यूम स्प्रेयर

यह यंत्र वजन में अत्यन्त हल्के होते हैं तथा इससे दवा के सान्द्र घोल का ही छिड़काव किया जाता है। एल्युमीनियम का एक हैण्डलनुमा पाइप होता है जिसके एक सिरे पर मुठिया लगी होती है तथा दूसरे सिरे पर एक छोटी सी मोटर लगी होती है जिससे एक डिस्क जुड़ी होती है उसी सिरे पर दवा का सान्द्र घोल रखने के लिये 1 लीटर क्षमता की प्लास्टिक बोतल होती है। मोटर चलाने के लिये पीठ अथवा कंधे पर टांगने वाली 6 वोल्ट बैटरी होती है। हैण्ड में लगे स्वीच को दबाने पर मोटर अत्यंत तेजी से घूमती है। जो डिस्क को घुमाती है बोतल पर लगी टी खोल देने पर दवा का घोल बूँद–बूँद कर डिस्क पर गिरता है जिससे बूँदे अत्यन्त बारीक कणों में बदल जाती हैं एवं पौधों पर गिरती हैं। इसे एक व्यक्ति चलाता है नर्सरी आदि में उपयोग के लिये यह उत्तम यंत्र है।

आटोमाइजर

1 अथवा 2 लीटर साइज में उपलब्ध यह आटोमाइजर (छिड़काव यंत्र) नर्सरी के लिये बहुत उपयोगी है। इसमें एक छोटी टंकी होती है जिसमे दवा का घोल भरा जाता है। एक छोटा हाथ में चलने वाला पम्प होता है। जिसे चला कर टंकी में हवा भर दी जाती है टंकी के उपरी भाग में एक नोजल व एक वाल्व हेण्डल लगा होता है। वाल्व दवाने पर दवा के घोल की अत्यन्त बारीक फुहार निकलती है जिससे छोटी–छोटी क्यारियों में छिड़काव किया जाता है।

मिस्ट ब्लोअर

इसे साधारण तौर पर पीठवाही इंजन युक्त छोटे से फ्रेम पर एक 25. 35 सी.सी. का 2 स्ट्रोक पेट्रोल इंजन लगा होता है। इस इंजन से एक सेन्टीफयूगल पंखा जुडा होता है। फेम के उपरी हिस्से में प्लास्टिक की टंकी होती है जिसमें दवा का घोल भरा जाता है। पंखा जिस हाउसिंग में होता है उससे एक मोटा प्लास्टिक पाइप जुड़ा होता है। घोल की टंकी से एक बारीक पाइप टी की सहायता से जुडा होता है। जिसका दूसरा सिरा मोटे पाइप के सिरे पर आकर खुलता है। जब इंजन चालू होता है तब पंखा बहुत तेजी से हवा फेंकता है यह हवा मोटे पाइप से होती हुई बाहर निकलती है। मोटे पाइप के सिरे पर जुड़े बारीक पाइप से दवा का घोल बूँद–बूँद कर गिरता रहता है। यह बूदें निकलती हुई तेज हवा के संपर्क में आकर अत्यन्त सूक्ष्म कणों में विभाजित

हो जाती हैं तथा धुंध का रूप ले लेती हैं। यह स्प्रेयर सब्जियों बागों तथा वृक्षों पर छिड़काव करने के लिये सुविधाजनक है इस यंत्र की कीमत 18000–20000 रूपये है।

भुरकाव हेतु यंत्र

हैण्ड रोटरी डस्टर

पाउडर वाली दवाओं के भुरकाव के लिये हॉथ से चलने वाला यह रोटरी डस्टर सभी फसलों के लिये उपयोगी है। इस यंत्र को पट्टों की सहायता से सीने के नीचे पेट पर लटकाकर चलाया जाता है। इस यंत्र में पाउडर रखने के लिये एक डिब्बा होता है तथा भुरकाव करने के लिये एक पंखा लगा होता है। हैण्डल चलाने पर यह पंखा डिब्बे से पाउडर खींचकर हवा में उड़ाता है। पंखे पर एक चौड़े मुँह वाला पाइप लगा होता है। जो पाउडर को नीचे की ओर गिरने के लिये दिशा देता है। डिब्बे में लगे गेट वाल्व से छिड़काव किये जाने वाले पाउडर की मात्रा घटाई या बढाई जा सकती है।

शक्ति चालित डस्टर

ट्रेक्टर अथवा इंजिन से चलने वाले अनेकों प्रकार के डस्टर बाजार में उपलब्ध हैं। परंतु सभी हैंड रोटरी डस्टर के सिद्वात पर कार्य करते हैं। इनमें पाउडर रखने के लिये एक कन्टेनर होता है तथा हवा फेंकने के लिये एक पंखा होता है तो इंजिन अथवा ट्रेक्टर की पी.टी.ओ. साफ्ट से चलता है यह पंखा कन्टेनर से पाउडर खींच कर पाइप की सहायता से फसल अथवा पेड़ पौधों पर समान रूप से गिराता है।

9. कीटनाशकों एवं फफूँदनाशकों के तकनीकी नाम, व्यापारिक नाम, प्रयोग दर तथा लक्षित कीट एवं रोग

कीटनाशक

क्र.सं.	रासायनिक नाम	व्यापारिक नाम	प्रयोग दर (प्रति हेक्टेयर)	लक्षित कीट
01.	क्लोरोपाइरीफॉस – 20 ई.सी.	धनवान, त्रिसूल, क्लोरगार्ड, रडार, फैन्टम, लीथल, कमांड, वर्दान, स्टरवान	1250–2500 मिली.	जड़ छेदक, काटने वाली इल्ली, भूमिगत कीट एवं फली छेदक कीट
02.	ट्राइजोफास –. 40 ई.सी	तहलका, कारगिल –400, होस्टाथियांन, टार्जन, ब्लैक बेल्ट, करंट, राइडर, ट्राइफॉस, घातक, फुल स्टाप	1000–1200 मिली	तना छेदक इल्लियँ, फली छेदक, गर्डिल विटिल
03.	एसीफेट –75 एस.पी.	धनराज, टारपीडो, एसीटॉफ, श्रीटाफ, टार्गेट, लान्सर, एसीटाक्स, केरूचेम, डिफेन्स, मिसाइल, स्टारथिन	375–500 ग्राम	रस चूसक कीट, इल्लियाँ, डायमंड बैकमॉथ
04.	मेलाथियान–50 ई.सी.	देवीमाल्ट, मेलाथियान,	1000–1250 मिली	माहू, पपड़ी कीट, मिलीबग, भश्ंग,

		सायथियान, मेलाटाफ, कोरोथियान		थ्रिप्स, एवं मकड़ियाँ
05.	इमिडाक्लोप्रिड –17.8 एस.एल	कान्फीडोर, टाटामिडा, इमिडागोल्ड, इमिडासेल, मिडास, आल्टीमो, मीडिया, विक्टर, मिडास, सेन्सर, जोश	100–125 मिली	रस चूसक कीट
06.	मिथाइल डेमेटान– 25 ई.सी.	मेटासिस्टाक्स, धानुसिस्टाक्स, कोरोमिटान, देवीसिस्टाक्स, शूर	750–1000 मिली	रस चूसक कीट एवं लाल मकड़ी
07.	डायमेथोएट – 30 ई.सी.	रोगोर, रोगोश्री, तारा, देवीगोन, डाईमेटाक्स, नोवागोर,	1000–1500 मिली	माहू, फुदका, थ्रिप्स, सफेद मक्खी
08.	फोरेट 10 जी	थीमेट, धन 10 जी, तेज, इनमेट, फोरिल, हर्ट, स्टार फोर	10–15 किग्रा	भूमिगत कीट सूत्रकृमि, रस चूसक कीट तना बेधक भश्ंग
09.	क्यूनॉलफॉस – 25 . ई.सी	बज्र, शक्ति स्मैस, क्विनगार्ड, सतरंज, आवार्ड, रोवोट, मैजिक, वीनस	1000–2000 मिली	फली छेदक, तना छेदक एवं रस चूसक कीट
10.	प्रोपेनोफॉस – 50 ई.सी.	अजन्ता, शोल्जर, प्रहार, सेलक्रॉन, करीना, प्रोवेस, बेन्जो, प्रबंल, सिल्टांग, प्रोग्रेस, प्रोबीर	1500–2000 मिली	सभी प्रकार की इल्लियाँ मकड़ियां एवं बेधक कीट
11.	इथियॉन – 50 ई.सी.	धानूमिट, लेजर, टोपे, वरमाईट, टार्गेट, देवीअस्त्र, डेलपावर, इथियोसेल, कृश,	750–2000 मिली	रस चूसक कीट एवं मकड़ियां

		फास्माइट		
12.	डाईक्लोरोवास–76 ई.सी.	नुऑन, ब्लूम, बजट, डिमांड, धूम, देवीकोल, डिसेन्ट, स्टार क्लोर, लुवॉन	300–450 एम.एल	रस चूसक कीट, सुरंग बनाने वाले कीड़े एवं अनाज भंडार कीट
13.	एबोमेक्टिन–1.9 ई.सी.	वर्टीमेक, कार्टेज, इस्पर्ट	125 एम.एल	सूक्ष्म मकड़ियां
14.	कार्टप हाइड्रक्लोराइड 50 एस.पी.	केल्डान, क्रिटेप, कार्वा, इंडियन, कार्बन, हेराल्ड, द्रोण, निदान, डालर	18–25 किग्रा	तना छेदक इल्लियाँ
15.	कार्बारिन 5/10/ चूर्ण	सेविन, धानुविन, केविन, टैफिन	25 किग्रा (5), 250 ग्राम (10)	समस्त रस चूसक एवं भशंग
16.	कार्बोफ्यूरान–3जी	फ्यूराडान, सूमो, केप्टर, फास्ट, डान	30 किग्रा	भूमिगत कीट एवं तना बेधक इल्ली
17.	कार्बोसल्फॉन 25 ई.सी.	मार्शल, आतंक	875–1000 मिली	इल्लियाँ बेधक, टिड्डे रस चूसक कीट
18.	इन्डेक्साकार्ब–14.5 एस.पी.	कार्बो, आवान्ट, डोक्सा, धावा, दक्ष, फीको, लस्कर, केयर, यमराज, सिकंदर	500 मिली	इल्लियाँ तना एवं फली छेदक
19.	साइपरमेथ्रिन–10 ई.सी., 25 ई.सी.	सापरगार्ड, जावा, विल सिप, सिम्बुस, पोलेट्रिन, कोबरा, उस्ताद, साइरक्स	550–750 मिली (10/), 200–300 मिली (25/)	इल्लियाँ फल एवं फली छेदक तथा रस चूसक कीट
20.	डेल्टामेथ्रिन–2.8 ई.सी.	डेसिस, पावर, विल्टाप,	1000–1250 मिली	इल्लियाँ फल छेदक तना छेदक रस चूसक एवं पत्ती लपेटक कीट
21.	अल्फामेथ्रिन 10 ई.सी.	फरसा, विलसिप, फारवर्ड, एन्कर,	625–750 मिली	समस्त प्रकार की इल्लियाँ एवं रस

		डेल्फा, अल्फाधन, अल्फावीर, सिक्सर, नायक, गुरू, क्लिक		चूसक कीट
22.	फेनवेलरेट–20 ई.सी.	एक्शन, टाटाफेन, फ्लेम, स्टारफेन, लूफेन, ट्रमकार्ड	375–500 मिली.	इल्लियाँ, बेधक एवं रस चूसक कीट
23.	लेम्डा साइहेलोथ्रिन 2.5 ई.सी.	कराटे, तेज, चीता, गार्ड, ब्रेबो,वीरा, सिल्वा, एक्सग्लो	400–500 मिली	रस चूसक कीट
24.	फेनफ्रोपेथ्रिन–10 ई.सी.	डेनीटाल	750–1250 मिली	रस चूसक कीट
25.	परमेथ्रिन–25 ई.सी.	अग्नीवाड़	750 मिली.	इल्लियाँ, तना एवं फली छेदक
26.	एसिटामिप्रिड–20 एस.पी.	इक्का, प्रोटेक्ट, रैपिट, एसिटा, प्राइम, सार्प, एसिटासेल	50–100 ग्राम	रस चूसक कीट
27.	फिप्रोनिल–5 एस.पी.	रीजन्ट, सालवो, सार्जेन्ट	600–700 एम.एल	तना छेदक एवं रस चूराक कीट
28.	थायोमेथाक्जिम–70 डब्ल्यू.जी.	क्रूजर, पैटर्न	5 ग्राम / किग्रा बीज उपचार	रस चूसक कीट एवं दीमक
29.	थायोमेथाक्जिम–25 डब्ल्यू.जी.	एकटारा, रक्षक, मैक्सिमा, ऐरो, बटालियन, ऐक्ट्रासुपर	100 ग्राम	रस चूसक कीट
30.	स्पाइनोसेड–45 एस.पी.	स्पिनटोर, स्पिनर,	125 मिली	फली छेदक, इल्लियाँ
31.	साइपर मेथ्रिन–5 ई.सी. + क्लोरोपाइरी फास–50 ई.सी.	हमला, टेरर, सुपरडी, थण्डर, अंत, उल्का, जुड़वा, लीथर, डबल स्टार	750–1000 मिली	समस्त प्रकार की इल्लियाँ
32.	प्रोपेनोफॉस 40 ई.सी. + साइपर मेथ्रिन–4 ई.सी.	पोलीट्रिन, राकेट, हिटसेल, प्रोरिन, परमिट	875–1250 मिली	इल्लियाँ, लाल मकड़ी एवं बेधक कीट

33.	इथियान 40 ई.सी. + साइपर मेथ्रिन–5 ई.सी.	क्रांती, स्पेक्ट्रम, रिमझिम, ड्रैगन, अजन्ता सुपर	875–1250 मिली	इल्लियाँ, सूक्ष्म मकड़ियां एवं बेधक कीट
34.	ट्राइजोफॉस–35 ई.सी. + डेल्ट्रा मिथ्रिन–1 ई.सी.	स्पार्क, टार्गेट, टार्जन, लावा, सरपंच, पटाखा	875–1250 मिली	इल्लियाँ बेधक कीट एवं रस चूसक कीट
35.	वैसिलस थ्रुरेन्जेन्सिस (वीटी)	हाल्ट, डायपेल, वेक्टोवेक	1 किग्रा	समस्त प्रकार की इल्लियाँ
36.	इमामेक्टिन बेन्जोऐट–5 एस.जी.	प्रोक्लेम, मिसाइल, इस्पर्ट	180–225 ग्राम	सभी प्रकार की इल्लियाँ
37.	रिनाक्सीपायर– 18.5 एस.सी.	कोरोजेन	125 मिली	बैंगन की तना एवं फल छेदक कीट एवं इल्लियाँ
38.	इमामेक्टिन– 1.9 ई.सी.	वर्मीटेक	125 मिली	सूक्ष्म मकड़ियां एवं इल्लियाँ
39.	प्रोपर गाइड– 57 ई.सी.	ओमाइट	1000–1200 मिली	सभी प्रकार की मकड़ियां
40.	फेन्जाक्वीन – 10 ई.सी.	मेजिस्टर	1000 मिली	सूक्ष्म मकड़ियां

फॅफूदनाशक

रासायनिक नाम	व्यापारिक नाम	उपयोग विधि	आवश्यक मात्रा	लक्षित रोग नियंत्रण
कापर आक्सीक्लोराइड	धानुकॉप, ब्लाइटाक्स, फाइटोलान, ब्लू कापर, अनुकॉप, विलकाप, देवीकॉपर	बीजोपचार व छिड़काव	3 ग्राम / किग्रा एवं 2 ग्राम / लीटर	जड़ सड़न, डाइबैक, ब्लाइट, पर्णदाग, फाइटोप्थोरा, अंगमारी, राइजोम रॉट

कार्बाक्सिन 37.5 + थाइरम –37.5 प्रतिशत	बीटावेक्स पावर,	बीजोपचार	2 ग्राम / किग्रा बीज	अंतः एवं वाह् बीज जनित रोग
कार्बेन्डाजिम–12 प्रतिशत + मैन्कोजेब 63 प्रतिशत	सिक्सर, सफल, स्टफ, कॉम्बी	बीजोपचार एवं छिड़काव प्लस	2 ग्राम / किग्रा बीज एवं 2 ग्राम / लीटर	पर्णधब्बा, अंतः एवं वाह्य बीज जनित रोग
मेटालेक्जिल 4 प्रतिशत + मैन्कोजेब 64 प्रतिशत	रिडोमिल गोल्ड, हिटालेक्जिल, अनुमिल एवं धानुक्जिल	बीजोपचार एवं छिड़काव	2 ग्राम / किग्रा बीज एवं 2 ग्राम / लीटर जल	पर्णधब्बा, फाइप्टोप्थोरा अंगमारी वाह्य एवं अंतः बीज जनित रोग
कॉपर हाइड्राक्साइड–77 डब्ल्यू पी.	कोसाइड, हाइडाइस	छिड़काव	2 ग्राम / लीटर	अगेती झुलसा, श्यामवर्ण एवं फाइटोप्थोरा अंगमारी
मेटालेक्जिन–35 डब्ल्यू.पी.	सुपरहिट, अनूमिल	छिड़काव	2 ग्राम / लीटर	फाइटोप्थोरा अगमारी, डाउनीमिल्डो, एवं आर्द्रगलन रोग
ट्राइसाइक्लोजोल –75 डब्ल्यू.पी.	वीम, ट्रायब्लास्ट, सिविक, फोर्स, ड्रीम, ट्रिक, धानटीम	छिड़काव	0.6 ग्राम / लीटर	रतुआ एवं धान का झोंका रोग
प्रेपीकोनाजोल–25 ई.सी.	टिल्ट, सोना, हिल्ट आफ, रिजल्ट,	छिड़काव	1एम.एल. / लीटर	कालर सड़न जड़ सड़न, सभी प्रकार के फफूंद जनित पर्ण धब्बा रोग
हेक्साकोनोजोल –5 एस.सी.	कन्टाफ, हेक्साधन, कम्फर्ट, उड़ान, क्रिजोल, हीटाजोल	छिड़काव एवं बीजोपचार	1 एम.एल प्रति लीटर	कालर सड़न जड़ सड़न, सभी प्रकार के फफूंद जनित पर्ण धब्बा रोग

मेंकोजेब–75 डब्ल्यू. पी.	डायथेन एम–45, एमगार्ड, धानू एम 45, हाइड्रोमेन	छिड़काव	2.5 ग्राम / लीटर	बाह्य बीज जनित रोग डाउनी मिल्ड्यू फाइटोफ्थोरा अंगमारी एवं रतुआ
सल्फर–80 डब्ल्यू.पी	सल्फेक्स, थायोविट, देवीसल्फर, अनुसल्फर, हाइसल्फर	छिड़काव	2.5 ग्राम / लीटर	डाउनीमिल्ड्यू, पाउड्री मिल्ड्यू, रतुआ, एवं माइट
थायोफिनेट–70 डब्ल्यू.पी	टाप्सिन एम–70	छिड़काव	2 ग्राम / लीटर	सरकोस्पोरा पर्णधब्बा
कार्बेन्डाजिम–50 डब्ल्यू.पी.	वाविस्टीन, फंगीगार्ड, देवीस्टीन, धानुस्टीन, कार्बस्टीन, अनुस्टीन, हिटास्टिन	बीजोपचार एवं छिड़काव	2 ग्राम / किग्रा बीज एवं 1 ग्राम / लीटर	वाह्य एवं अंतः बीज जनित रोग हेतु बीजोपचार, पाउड्रमिल्ड्यू, डाईबेक इत्यादि हेतु
कार्बोक्सीन–75 डब्ल्यू.पी	बीटावैक्स	बीजोपचार	2 ग्राम / किग्रा बीज	कण्डवा एवं उकठा रोग हेतु